Verdad de Dios

Neale Donald Walsch
Dr. Brad Blanton

Verdad de Dios

**Neale Donald Walsch (*Conversaciones con Dios*)
y Brad Blanton (*Honestidad Radical*),
dos grandes de la superación personal,
unidos contra un mundo de mentiras.**

Grijalbo

VERDAD DE DIOS

Título original en inglés: *Honest to God.*
A Change Of Heart That Can Change the World.

© 2002 Neale Donald Walsch y Brad Blanton

Primera edición, 2004

Traducción: Pilar Obón.

D.R. 2004, Random House Mondadori, S.A. de C.V.
 Av. Homero No. 544, Col. Chapultepec Morales,
 Del. Miguel Hidalgo, C.P. 11570, México, D.F.

www.randomhousemondadori.com.mx

ISBN 970-05-1802-7

Impreso en México / *Printed in Mexico*

Índice

PARTE III
TRANSFORMACIÓN SOCIAL A TRAVÉS DE LA HONESTIDAD

PARTE IV
JUNTOS SER VERDAD DE DIOS

APÉNDICE

Prólogo

"La verdad te hará libre" — Juan 8:32

Cosas extraordinarias ocurren cuando la gente es abierta y honesta. Cosas increíbles ocurren cuando lo hace todo el tiempo.

Casi todos concuerdan en esto. Sin embargo, difícilmente alguien sabe qué hacer al respecto. El presente libro discute lo que se puede hacer.

Nadie realmente habla de esto. No en una forma directa. No con el enfoque frontal que encontrará usted aquí. Algunos verán este libro como peligroso, porque constituirá una amenaza a su estilo de vida y a las instituciones sociales que lo sustentan.

Y, ¿qué es tan amenazante aquí? Sólo, ¿qué es tan *amenazante?*

El mensaje de este libro, después de todo lo que se ha dicho y hecho, se resume en tres palabras:

SEAMOS TODOS HONESTOS

Ese mensaje podría cambiar su vida. Y también podría cambiar al mundo.

Eso es lo que le preocupa a algunas personas.

No a todas. Sólo a algunas. Principalmente a personas que tendrían mucho que perder si el mundo *cambiara*.

En gran medida, éstas son personas que ostentan el poder, y que piensan que necesitan mantener el poder para ser felices. Y no sólo ostentarlo, sino hacerlo de una forma en particular. Llamémosle poder *sobre*, no poder *con*.

9

Las personas que están dispuestas a compartir el poder con otras no tienen problemas con la idea de honestidad total. Sólo aquellos que quieren mantener el poder sobre otros tienen dificultad con esta idea. Estas personas son minoría.

La gran mayoría de la gente está intrigada acerca de la idea de transparencia y completa honestidad en las relaciones —una forma de ser que para el propósito de esta discusión, llamaremos *honestidad radical*. Brad ha escrito un libro con ese título que ha tocado a cientos de miles, y Neale ha hablado acerca de *transparencia* y *visibilidad* total como un estilo de vida en sus best-sellers "Conversaciones con Dios", libros que han sido leídos por millones de personas. Por lo tanto, ambos tenemos el mismo mensaje que transmitir y hemos decidido unir fuerzas para hacerlo.

¿Por qué? Porque la gente tiene miedo. Aun cuando está intrigada, también tiene miedo. La gente que quiere tener poder sobre de ellos les ha hecho tener miedo. Les han contado historias terribles acerca de lo que ocurre cuando se dice la verdad, toda la verdad y nada más que la verdad, y han hecho correr la voz que esto debe ser evitado a toda costa. De hecho, la estructura de poder en nuestra sociedad actual recompensa a aquellos que no dicen la verdad, y castiga a aquellos que lo hacen. ¿Por qué supone usted que la gente miente todo el tiempo?

Ya nadie dice la verdad acerca de nada. No acerca de algo que sea importante. Todo el mundo le miente a todo el mundo, y todo el mundo lo sabe. Antes era nuestro pequeño y sucio secreto, y ahora no es ni siquiera sucio, porque se ha convertido en algo tan común que quienes dicen la verdad son ahora los sucios. Son los soplones y los que dicen la verdad los que son criticados, y es la persona totalmente honesta la que es mostrada como un ejemplo de comportamiento social inaceptable.

Por lo tanto, la gente está temerosa de ser honesta. Después de siglos de esta práctica han caído en una trampa que ellos mismos han diseñado, sin embargo viven con miedo de la única cosa que puede liberarlos. La verdad cura y ellos piensan que la verdad los lastimará.

En una lectura que Neale dio en Boston en la que habló acerca de "la transparencia total como un estilo de vida", un miembro de la audiencia se inquietó mucho. ¿Significa esto —preguntó— sostener la verdad, toda la verdad y nada más que la verdad, sin importar cuánto hiera a los demás?

Comenzaremos aquí nuestra exploración de este tema explosivo, porque aquí es donde el neumático se encuentra con el camino. Y a medida que avancemos en nuestra exploración, le advertiremos que usaremos algunas palabras que tal vez lo hagan sonrojarse. Podemos decir aquí cosas que le incomoden. Y podríamos proponer soluciones que le hagan gritar, exclamando: Estos tipos están locos.

Quizás sea una locura pensar que mucho de lo que está mal en nuestro planeta (y en nuestras vidas personales) se podría arreglar mediante el uso de una sola herramienta: la verdad. Por otra parte, tal vez aquellos que le están diciendo que no diga la verdad (no de manera directa, por supuesto, sino indirectamente a través de sus comportamientos) sean los locos. La demencia ha sido definida como hacer lo mismo una y otra vez, esperando obtener un resultado diferente. Hemos estado mintiéndonos unos a otros y a nosotros mismos por siglos y hasta ahora no ha funcionado. Sin embargo, lo seguimos haciendo y somos alentados a seguir haciéndolo por una sociedad que no conoce otro camino.

Nuestros políticos, en sus intentos de ganar aprobación de todos y sin ofender a nadie, no conocen otro camino.

Nuestras empresas, en su desesperada competencia una con otra, no conocen otro camino.

Nuestras escuelas, en sus reflexiones acerca de las decisiones y valores de la sociedad en la cual existen, simplemente no conocen otro camino.

Incluso nuestras religiones, en su maniática carrera por convencer a todo el mundo de que su camino es el único que lleva a Dios, no conocen otro camino.

Y así, con todas nuestras instituciones modelando el comportamiento hacia la mentira, se nos enseña a mentir y a apoyar a otros en sus mentiras. Nos mentimos unos a otros en los detalles más pequeños. Olvidemos las grandes cosas; éstas quedaron al borde del camino hace mucho tiempo. Ahora estamos en plena era de la Mentira Social. Ni siquiera decimos la verdad acerca de por qué elegimos no jugar al bridge esta noche.

Hay una forma de salir de esto, y es la transparencia total. Es la honestidad radical. Y funciona. Cambia todo. Fortalece, no debilita. Cura, no lastima. Se enfoca en la intimidad. Intimidad verdadera, del tipo que se basa en compartir la forma en que su vida es actualmente. No un romance hollywoodense. No tranquilidad como en la película "Pleasantville" (Villa Tranquilidad). No ese tipo de cosas. Es un reconocimiento de la verdad a través de nuestra experiencia, sin construir o acelerar ninguna distorsión. Es el amor de lo que es. Es el amor de ser uno mismo lo que nos permite amar y honrar a otros seres con la verdad.

Puede parecer, a medida que usted empieza a leer este libro, que no tiene nada que ver con la crisis mundial actual. Sólo una introspección profunda y un deseo de ver lo que muchos de nosotros no hemos querido ver acerca de nosotros mismos, le hará percibir lo extraordinariamente relevantes que las siguientes palabras son ante lo que está sucediendo actualmente en el planeta. Así, para aquellos de ustedes que vean tal relevancia, habrá grandes recompensas. Les invitamos a dar vuelta a la hoja y escribir un nuevo capítulo en la historia de la humanidad.

Neale Donald Walsch y Brad Blanton
Noviembre 2001

1. Introducción:
El democrático no convencionalismo

Vamos a hablar acerca del poder de la honestidad de una forma inusual. Este libro no sólo va a ser inusual por su contenido sino por la forma en la que dicho contenido es presentado. Vamos a hacer algo que los autores "no están autorizados" a hacer. Vamos a mezclar convencionalismos en este libro.

Un convencionalismo es la manera en que un libro es construido. Si un libro es escrito totalmente en primera persona, por ejemplo, ése es un convencionalismo. El tipo de diálogo que Neal usa en "Conversaciones con Dios" podría ser llamado un convencionalismo. Es lo que en realidad sucedió, pero el hecho de que él presentara el material que recibió en esta forma podría ser llamado, en términos literarios, un convencionalismo.

En este libro vamos a mezclar convencionalismos. Algunas partes de este libro están escritas en voz narrativa. Como lector usted sabe que el libro está escrito por ambos, y por lo tanto el convencionalismo es que ambos decimos cada una de sus palabras. La verdad es que uno de nosotros escribió algunas palabras y el otro escribió otras, y ambos hemos leído las palabras y hemos acordado su contenido, o en su caso las hemos modificado y después hemos estado de acuerdo. Y la verdad completa es que muchas de las palabras no fueron escritas por ninguno de nosotros.

En efecto. Ninguno de nosotros escribió muchas de las palabras de este libro. Las dijimos. Uno al otro.

Este libro está tomado de un diálogo que tuvimos frente a las cámaras de televisión, que duró varias horas en un cuarto de hotel en Boston. Decidimos que queríamos estar juntos y hacer esta grabación para la televisión de nuestros puntos de vista, ideas, preguntas y comentarios acerca del tema de decir la verdad, de ser transparente y radicalmente honesto. Esa grabación salió muy bien y de ella salió no sólo un programa de video, sino también un programa de audio, porque simplemente pusimos una cinta en la grabadora y la encendimos.

Y ahora lo que hicimos fue hacer que un estenógrafo transcribiera el diálogo, lo hemos leído línea por línea y le hemos añadido más de nuestros comentarios escritos para expandir el diálogo, y lo hemos puesto todo en este libro.

Y aquí es donde viene la mezcla de convencionalismos. Hay momentos en que el intercambio de comentarios entre nosotros en el diálogo original, es, pensamos, más estimulante (y simplemente más divertido de leer) que una continua narrativa simple. Hay momentos también en que no necesariamente estamos de acuerdo con cada palabra expresada por el otro. Así que de vez en cuando rompimos la narrativa para volver al diálogo original, cuando el hacer esto preservaba la chispa y la intención, el matiz y el sabor y, muy importante, la identidad y autoría de nuestros puntos de vista más personales. También nos hemos tomado la ligera libertad de actualizar algunas de las referencias en pasado del diálogo original, para mantenerlo actual.

Usaremos "BB" para identificar las palabras dichas por Brad Blanton y "NDW" para identificar las palabras dichas por Neale Donald Walsch. Esperamos que los cambios de un convencionalismo a otro no le desalienten. De hecho esperamos que lo encuentre lo bastante "diferente" a otros libros como para hacer de ésta una lectura todavía más emocionante y atractiva.

Hay un segundo no convencionalismo en la forma en que hemos decidido presentar el contenido de este libro. Esto es: la primera parte de este texto es acerca de la transformación personal a través de la honestidad, acerca de cómo la primera prisión de la que tiene que escapar está en su propia mente. La segunda parte trata de cómo la verdad puede liberarle (cómo se manifiesta en la vida familiar, personal y en sus relaciones con los demás). La parte tres es acerca de la transformación social a través de la honestidad (cómo el mentir se manifiesta en el orden social actual), y cómo la honestidad puede manifestarse para traer el necesitado cambio social. Finalmente, en la cuarta parte le damos nuestro análisis de cómo la mentira hiere y la honestidad cura en el amplio ámbito social y que lo que eso tiene que ver con nuestro mundo actual, después de los sucesos del 11 de septiembre de 2001.

Al final, en el epílogo, cerramos el círculo hablando acerca de la función de liderazgo que tiene la honestidad personal para lograr el muy necesario cambio social en nuestros tiempos actuales.

Esta estructura del libro surgió a medida que éste y nuestra sociedad evolucionaban. Los trágicos eventos del 11 de septiembre de 2001 tuvieron lugar cuando estábamos casi listos para imprimir. Nos reunimos y hablamos y ambos nos sorprendimos de cómo el libro que estábamos por sacar a la luz, era extremadamente relevante en este nuevo mundo en que vivimos, donde ya no se puede tener la certeza de cierto nivel de seguridad. Hemos decidido hacer explícita la relación entre lo que hemos aprendido acerca de la honestidad y los cambios sociales y personales, usando eventos actuales como un ejemplo claro de la necesidad que se tiene de una mayor honestidad.

Una cosa que nos da esperanza para el mundo es algo que hemos descubierto ser una verdad con respecto al espíritu humano. Hay un coraje y habilidad de supervivencia que tenemos los seres humanos. Es como si la fuerza vital fuera simplemente más fuerte, al final del día, que las fuerzas de la tragedia. Ya sea que estemos hablando del cambio psicológico personal o social, una manifestación del espíritu humano aparece una y otra vez y reclama ser reconocida.

Cuando un individuo o una pareja atraviesan una intensa tragedia personal como la pérdida de un hijo, o la muerte repentina de algún miembro de la familia, el proceso de duelo y de adaptación a la pérdida, a veces, nosotros diríamos a menudo, se manifiesta como un cambio positivo en el estilo de vida para la persona. Ese cambio, a largo plazo, se convierte en un crítico momento de decisión con resultados positivos en la vida de dicha persona. Una amiga dijo a uno de nosotros hace tiempo: "Todavía desearía que mi esposo estuviera conmigo, pero debido a esa pérdida, he aprendido mucho, acerca de mí misma y de la bondad de otros y de la vida en sí, no cambiaría esa experiencia por nada". A menudo hay una clara transformación a través del sufrimiento en un nivel personal. También sabemos por nuestra historia que de las pérdidas colectivas

—como durante la Gran Depresión, la Segunda Guerra Mundial, o la muerte del Presidente Kennedy, o el asesinato de Martin Luther King— ha surgido una transformación social positiva.

Deseamos profundamente ver el surgimiento de una transformación positiva a través del sufrimiento que ha acompañado a los ataques terroristas contra el World Trade Center y el Pentágono, y de nuestras respuestas a ello. Oramos porque un mejor mundo surja de lo que hemos aprendido de este sufrimiento, y ofrecemos la última sección de este libro como un comienzo hacia ese fin.

Empecemos entonces a hablar ahora acerca de la intimidad, acerca de la transparencia y acerca de la honestidad radical.

PARTE I

LA TRANSFORMACIÓN PERSONAL
A TRAVÉS DE LA HONESTIDAD

2. Intimidad

Es verdad que para lograr la intimidad a veces es necesario arriesgarse a ofender a otras personas, o a herir sus sentimientos. Brad ha sido un psicólogo clínico por más de 25 años y ha impartido talleres y retiros en "Honestidad Radical" por los últimos 12 años. Lo que él entrena a la gente a hacer es a quedarse con los demás aun si son ofendidos o lastimados, hasta que sientan su forma de salir y superarlo.

No pasen de lado. No corran allá y compartan un conjunto de resentimientos o cosas que puedan lastimar los sentimientos de otros para luego irse. Al contrario, digan: "Estoy aquí. Estoy aquí para hablar contigo, para perdonarte. Lo que debo hacer para perdonarte es decirte la verdad acerca de mis juicios acerca de ti, de mis resentimientos hacia ti y de mis apreciaciones con respecto ti. Entonces podré Experimentar el estar en contacto contigo y con aquello que siento hacia ti al mismo tiempo. Y cuando yo pueda hacer esto, podré ser capaz de perdonarte y eso me beneficiará, y quiero también que aguantes conmigo en esta conversación hasta que lleguemos al punto en el que podamos perdonarnos uno al otro".

A menudo los otros no sienten que haya razón alguna para que les perdones. Su reacción instantánea podría ser el decir: "¡Espera un momento! No creo que haya razón alguna para que me perdones. Yo no te hecho nada. Tú te estás haciendo todo a ti mismo".

Esto, por supuesto, es absolutamente cierto. Son nuestras expectativas sin satisfacer las que son la fuente de nuestro enojo, y cuando decimos que otros han violado nuestras expectativas, somos nosotros quienes hacen tal juicio y nosotros quienes nos aferramos a él. Filosóficamente, no hay desacuerdo con la persona que pueda decir esto. *Sabiamente, sin embargo, no puede usted llegar a una conclusión con su mente y conseguir con su psique la conclusión a la que ha llegado su mente,* hasta que pase por el proceso de *contactar* a la otra persona *y decir la verdad y estar en contacto con su propia experiencia mientras sigue ligado a su mente y a su psique.* Esto es lo que permite que el perdón ocurra y, sí, algunas veces el perdón es un proceso difícil.

Hay una especie de modelo espiritual narcisista del perdón del que no estamos hablando. No hablamos de un Marin County, California, ilusiones, elitismo de quienes pertenecen al grupo, la tan cacareada espiritualidad donde todo es fácil y si-sólo-nos-amamos-unos-a-los-otros-todo-estará-bien-cariño-no-te-preocupes-por-ello. No estamos hablando de esto. Estamos hablando de superar los obstáculos en la vida real, en las interacciones humanas reales, siendo honesto y sintiendo su camino hacia el perdón. Usted hace esto compartiendo la forma en que es su vida realmente con otras personas que de manera temporal podrían ser sus enemigos.

Brad está ahora trabajando en un libro titulado: "Los que dicen la verdad: Historias de éxito de personas honestas". Éstas son historias de personas que regresaron y vieron a sus padres y les reprodujeron el video de la historia de sus vidas, el cual hicieron en un taller de ocho días titulado "El curso sobre honestidad". En este taller tienen una hora para contar la historia completa de su vida ante un grupo de compañeros. Luego se les pide que muestren el video a sus padres, parejas o hermanos y que entablen con ellos una conversación acerca de esto.

Es un proceso fabuloso, y los participantes saben, antes de contar su historia, que se les pedirá mostrar el video a sus padres, y tienen siempre la decisión de hacerlo o no. Cuando hacen su relato en el contexto de una comunidad de amigos que se han jurado unos a otros ser totalmente honestos, lo que aparece en la cinta no siempre es exactamente igual a la "versión" que la mayoría de la gente muestra a sus padres.

A menudo cuando ven la cinta con sus familias, sus padres dicen: "Bueno, eso no es lo que pasó", o sus hermanos o hermanas dicen: "No es así como lo recuerdo", o "no sé de dónde sacaste eso" o: "lastima mis sentimientos que digas eso". Es entonces cuando los participantes del taller recuerdan que se les pidió que se quedaran con aquellos a quienes han revelado la verdad acerca de su versión de la historia más allá de la reacción inicial, y continúen con la conversación. Sus padres, hermanos, hermanas, amigos, exesposos y esposas tienen sus propios resentimientos y sus propias versiones acerca de lo que ocurrió. Algunas veces surgen conversaciones muy animadas.

Lo que nos dicen acerca de estas conversaciones es que transforman a la familia entera. Y en una forma positiva. La gente descubre que en realidad se aman unos a otros y que el amor no es un acto a ser mantenido sino una *experiencia real de calor y emociones*. Y las palabras *reveladoras* crean esta experiencia. Y las palabras que *ocultan* evitan que esto ocurra. La conversación transcurre el siguiente Día de Gracias, y luego en Navidad, y luego en Pascua y de nuevo en Día de Gracias. Es realmente el comienzo de una nueva conversación acerca de lo que *la vida realmente es* para ellos, porque ese nivel profundo que alcanzaron va más allá de la superficialidad de sus tradicionales interacciones familiares "normales".

Miedo a la intensidad de los sentimientos

¿Alguna vez se ha usted preguntado por qué la gente pasa años —no semanas o meses, sino treinta, cuarenta, cincuenta años— en la superficialidad? ¿Por qué pasa eso? ¿Y de qué tienen miedo?

Tienen miedo de los sentimientos mismos.

La mayoría de nosotros lo tenemos. Hay algo acerca de la intensidad de los sentimientos, *per se*. Hay cierta evasión de dicho nivel de sensación. Usualmente vamos al nivel de interpretación emocional y tratamos de "entender" nuestros sentimientos como una forma de evitar experimentar dichos sentimientos en un nivel de sensación en nuestros cuerpos. El nivel de interpretación emocional está de hecho más apartado de la experiencia que el nivel de sensación.

Por ejemplo, tomemos la ira. La ira no es nada más que una serie de sensaciones en el cuerpo. Es una tensión de todo el cuerpo, una falta de aire, un latido cardiaco más rápido, tensión en la espalda, etc. Son sólo eso: meras sensaciones y nada más. Y si está dispuesto a experimentar esas sensaciones, descubrirá que vienen y van, como pasa con todas las sensaciones. Sin embargo, la mayoría de las personas no está lista para hacer ese descubrimiento. Tienen miedo de vivir en el lugar donde la vida es sólo "sensacional". Piensan que saldrán lastimados, y por eso buscan protección en un sistema de creencias. Algunas personas prefieren una interpretación de la realidad que la realidad misma.

John Bradshaw dijo que si se tiene un grupo de personas codependientes y se les hace marchar a través de un corredor, y una puerta dice "CIELO" y la segunda puerta dice "CONVERSACIONES ACERCA DEL CIELO", todas cruzarán la segunda puerta. Preferirán solamente hablar acerca de ello.

¿Cuándo fue que, como raza, como especie, tomamos esta decisión cultural de tener la historia en vez de la experiencia? ¿Tomamos en algún momento como cultura dicha decisión de manera consciente? Tal vez no. Podría ser sólo un proceso que se desarrolló a través de un largo periodo de tiempo. La autoprotección o supervivencia se convirtió en la protección y la supervivencia de la autoimagen. Podría ser instintivo, sólo para evitar el dolor. Podría ser una extensión natural del instinto de evitar un posible daño al propio ego. Alguien dijo que todo en la vida es un esfuerzo por evitar el malestar y el desagrado.

Esta protección de la autoimagen podría haber evolucionado debido a que los seres humanos parecen presentir que hay peligro en otros seres humanos. Podría no ser tanto la evolución del hombre con la naturaleza, sino del hombre con el hombre, porque los seres humanos se han descubierto los unos a los otros como criaturas peligrosas.

En un libro titulado el "Tercer Chimpancé" escrito por un sociobiólogo llamado Jared Diamond, el autor mira a los seres humanos y a sus primeros primos para tratar de entender en qué diferimos exactamente. Diamond trata de correlacionar lo que hemos encontrado al dilucidar el código genético con los registros arqueológicos y antropológicos de la historia humana. Fue hacia atrás y estudió lo que ocurría en las cuevas entre los seres humanos, y observó la evolución de la estructura genética. Diamond encuentra que nuestro primo más cercano es el chimpancé, porque tenemos exactamente 98.6% del mismo material genético, y por lo tanto muchas diferencias entre los chimpancés y los seres humanos, genéticamente hablando.

¿Entonces dónde está la diferencia? Los chimpancés tienen sexo de una forma ligeramente diferente y esto es probablemente la fuente de muchas de las más grandes diferencias entre ambos. Cuando la hembra chimpancé está en celo, emite un vago olor almizclado, y su cuerpo cambia en forma y color, lo que atrae a los machos. Los primeros cinco o seis machos más fuertes ahuyentan al resto y tienen sexo con ella. Entonces cuando ella sale del celo, ellos pierden el interés.

Diamond dice que estos cambios en la hembra durante el estro se llaman "despliegue" y que es algo muy común en la naturaleza. Ya sea el macho o la hembra el que entra en el "periodo de despliegue" atrae una respuesta del sexo opuesto. Lo qué ocurrió con nosotros hace unos 500 mil años, fue que nuestras hembras entraron en un despliegue permanente. Sus senos y glúteos redondeados llaman la atención constantemente a los machos. En vez de tener sexo sólo durante la ovulación como ocurre con nuestros primos chimpancés, la fecundación sucede básicamente a partir de que el macho y la hembra tienen sexo siempre que surge la oportunidad. De esta forma hay a menudo esperma presente cuando el óvulo baja a través de la trompa. Aunque éste es un cambio menor en la estrategia reproductiva tiene grandes implicaciones sociales. Los machos con frecuencia son solicitados sin ningún alivio y las mujeres son constantemente requeridas para tener sexo. Existe en nosotros ese nivel de testosterona que sube y se mantiene constante, causando más agresiones y peleas. Esto tal vez influyó en la evolución de la mente. Y fue probablemente un factor significativo en lo que nos hizo la especie más mala que el planeta haya visto.

También somos la especie más inmisericorde. Aniquilamos al mamut peludo en tan sólo 11 mil años o algo así, mientras cruzábamos el Estrecho de Bering hasta la punta de Sudamérica. Matamos a todos los mamuts eliminando a uno cada vez que queríamos un filete y dejando el resto ahí para que se pudriera. Los seres humanos haríamos eso.

Pero no sólo matamos animales. Los seres humanos hemos barrido a grupos enteros de nuestra propia especie. En tiempos recientes, la invasión de América y Australia diezmando subsiguientemente a las poblaciones nativas, la Alemania Nazi, Kosovo, y actualmente los ataques terroristas y sus consecuencias son sólo el verso más reciente de una muy vieja canción. Una vez que un ser humano puede categorizar a otro como su "enemigo", puede hacer lo que quiera contra él. Puede matar a todas las mujeres, los niños, las mascotas, los esclavos y cualquier cosa viviente que esté en los alrededores. Mientras un grupo de nosotros se considere mejor que sus vecinos, los otros se convierten en presa fácil. Ahora, con una población mundial de más de seis mil millones como resultado de esta comparativamente muy exitosa estrategia de reproducción sexual (no hay tantos chimpancés), la cuestión de cómo controlar esta tendencia a la violencia se ha vuelto crítica. Debemos preguntarnos: "¿Cómo podemos salvar a un planeta en peligro, de nosotros mismos?"

Poniendo fin a "Mejor"

Lo que salvará al planeta es cuando pongamos fin al "mejor". Un final a la idea de que de alguna forma somos mejores que otra clase de gente. Ése es el nuevo evangelio, escrito por Neale en "Amistad con Dios". Él pregunta en ese diálogo: "Si hubiera una sola cosa" —y es una pregunta enorme—, "si hubiera una sola cosa que pudiéramos hacer para solucionar los conflictos, o al menos bajar el nivel de interacción negativa entre nosotros, ¿cuál sería?" La respuesta vino inmediatamente. Sólo pongan fin al "mejor", pongan fin a la idea de superioridad: —que de alguna forma ustedes son "el pueblo elegido" o "una nación bajo el manto de Dios" o "los que cumplen la voluntad de Alá" o lo que sea que piensen que son o que hacen que los vuelve más especiales que cualquier otro grupo— porque la idea de ser mejor o más especial es, de hecho, lo que les da la justificación para tratar a todos en la forma en que lo hacen.

Si usted piensa que los otros son exactamente lo mismo que usted y que ninguno de ustedes es mejor y, aun más, si usted piensa que ellos *son* usted —una extensión *de* usted—, si usted entiende que "todos somos Uno", entonces todo aquello desaparecerá automáticamente.

Los Sufis hablan acerca de lo que llaman el Sagrado Prototipo Humano. Es cuando yo te miro y tú me miras y yo noto que el par de ojos allá, es muy parecido al par de ojos que veo cuando miro en un espejo. Yo saludo diciendo: "Hola, compañero humano". Entonces está este Ser por allá y este Ser por acá. Eso es lo que los Sufis llaman el Sagrado Prototipo Humano. Un SPH reconoce al otro: "hola". Eso es lo que dicen que es el amor. Y es lo que dicen que es la base para el final de las guerras, el reconocimiento de un Sagrado Prototipo Humano hacia otro.

La pregunta ante la raza humana es: ¿Por qué no podemos llegar a eso? No solamente el fin de la guerra entre naciones, sino el fin de la guerra en la mesa de la cena. ¿Qué nos detiene?

La respuesta es que nuestras mentes no siempre son nuestro mejor sirviente. Se nos ha criado en nuestra cultura para tener mucha fe en nuestras mentes. Hay un dicho en los libros de Brad... "La mente es una cosa terrible. Deséchala".

El Ser nota cosas y la Mente piensa cosas. Los dos no son lo mismo. Ahora, para reconocer a otro ser humano como igual a usted —para decir: "soy un ser igual a ti, y tú eres un ser igual a mí, y así es para con otros seres"— tenemos que *Percibirlo*. Percibir es una experiencia que surge de prestarle atención a otro. Percibir es distinto que pensar. Pensar es cuando usted busca en sus categorías acerca de su experiencia de ser y percibir es cuando está siendo parecido a Dios, lo que los Sufis llaman, reconocer el Sagrado Prototipo Humano, reconocer la divinidad en tu compañero humano.

A la gente le gusta *pensar* en vez de *percibir* porque cree que está al mando de sus pensamientos, y por lo tanto, puede tener control sobre sí misma y sobre otros a través del pensamiento. Por su puesto, ésa es también una ilusión, pero altamente valorada. La gente se siente "segura" al pensar que está a cargo de sus vidas a través del pensamiento.

Pero a lo que la mente entra cuando piensa es el miedo. Y la mente entra al miedo porque está *imaginando* cosas basada solamente en recuerdos parciales conscientes de experiencias previas, en vez de *experimentar* lo que está pasando en este momento. Si usted reconoce a los otros como sus iguales en el nivel del ser, esto es atemorizante para la mente. A la mente no le gusta eso, dado que le gusta considerarse especial y que quien tú eres, *es* tu mente, en vez de un *ser* con una mente.

Así que imaginamos que no va a ser bueno para nosotros reconocer simplemente lo que notamos. No será bueno para nuestro gobierno, no será bueno para nuestra economía, no será bueno para nuestra religión o para nuestras relaciones o para cualquier aspecto de cómo vivamos nuestra vida. Esto es lo que *imaginamos*, porque es lo que nos han dicho muchas otras personas asustadas.

Si ponemos atención a nuestros *sentimientos* más que a nuestras *mentes*, tal vez encontremos que nuestra identificación con el *ser* que somos y el *ser de otros*, tendrá poder sobre nuestras mentes. Eso sería problemático en un sin número de formas. Haríamos lo que nuestros corazones nos dijeran. Emplearíamos nuestras mentes al servicio de nuestros seres. Tampoco podríamos ser capaces de predecir lo que está por suceder por que no podríamos saberlo de antemano.

Se nos ha advertido repetidamente en contra de la compasión como el principio organizador de nuestras vidas. Y por una buena razón. Es una amenaza a nuestro conocido estilo de vida.

Recordar es meramente otra forma de imaginar. Es imaginar que lo que alguna vez sucedió es lo que está pasando ahora. Esto le ha sido dicho por aquellos que desean ejercer poder *sobre* usted no *con* usted. Y ellos han creado también sucesos y ocurrencias de acuerdo con este mensaje, para que no se le olvide. Sus maestros y padres le han enseñado a ser paranoico y alerta por su propio bien.

Pero imaginar desde el pasado, o imaginar desde lo que se le ha dicho, no es lo mismo que experimentar lo que está pasando aquí y ahora. Nosotros (es decir Brad y Neale), creemos que quedarnos fuera del pasado y no proyectarlo hacia el futuro, sino quedarnos en nuestra experiencia, aquí y ahora, es el camino para llegar a amar la verdad, y su manifestación, y entonces amarnos a nosotros mismos y, finalmente, amarnos los unos a los otros. Creemos que el Amor y la Verdad realmente son lo mismo y que los dos van de la mano, y que en el grado en que no digamos la verdad, sólo la verdad y nada más que la verdad, no amamos totalmente.

Es comprensible que hayamos hecho esto en el pasado. El miedo es una cosa muy poderosa. Pero no tiene por qué durar para siempre y no debe hacerlo si es que vamos a cambiar la forma en que son las cosas en este mundo y en nuestras vidas individuales.

Y eso es lo que muchas personas desean hacer. Porque la forma en que estamos creando nuestras vidas en este momento, colectiva e individualmente, no está funcionando y podemos verlo. Los conflictos aumentan. Se están convirtiendo en una forma de vida. Ahora estamos lastimando a la gente, y matando a la gente aun por los más pequeños desacuerdos. Tenemos tiroteos en las escuelas, ira en las calles, violencia doméstica, índices disparados de divorcios y suicidios, y ahora el terrorismo y sus consecuencias —realmente, una sociedad fuera de control— revelándonos, mostrándonos, diciéndonos esto. Y así queremos cambiar el mundo y nuestras vidas. Y este libro contiene una herramienta increíble para lograrlo:

La honestidad.

3. Cuando lastima su "miera"
(Una combinación de Miedo e Ira)

Cuando hablamos de la transparencia, que es el modelo que usamos y la forma en que articulamos esta idea de la honestidad, estamos hablando de la transparencia total en nuestras relaciones. Mientras escribíamos este libro, ambos nos dimos cuenta que habíamos llegado a un punto de desacuerdo en algunos aspectos. Esto nos llevó a una serie de comentarios entre nosotros mientras buscábamos aclarar nuestros puntos de vista. Finalmente llegamos a un punto de reconciliación en nuestro diálogo; entonces Brad dijo: "Hey, hagamos que todos sepan que estamos en desacuerdo, y que vean cómo usamos el decir la verdad el uno al otro como un medio de seguir conectados y movernos hacia delante. ¡Pongamos nuestros desacuerdos en el libro!"

Así que aquí está. Lo compartimos con la esperanza de que cuando usted vea cómo y cuándo terminamos, habiendo viajado con nosotros a lo largo de esa senda, sabrá más de lo que sabía acerca de la moralidad, la ira y la transformación social e individual.

NDW: Mucha gente dice: "Bien, usted sabe, hay momentos en los cuales usted no puede ser transparente. Hay momentos en que la transparencia, la honestidad total, se convierte en brutalidad". Y eso puede ser cierto, dependiendo de como sea dicha la verdad. Conocí a un maestro hace tiempo que era llamado Futzu, una palabra china generalmente traducida como "maestro". Era un maestro de artes marciales. Él solía decir: "Habla tu verdad, pero suaviza tus palabras con paz".

BB: No estoy de acuerdo con eso y no me lo trago. Futzu no estaba diciendo nada diferente al pabulum usual. Esto acaba por alentar a la gente a tener tacto. No me gusta el tacto. Es tan sólo otra forma de la mentira. Si él quería decir: "Enfócate en la paz, aun si insultas a otro", eso funcionaría para mí. Pero la mayoría no lo interpretaría así. La mayoría de los occidentales lo vería como un "deber ser" moral, y uno muy dañino. Lo escucharían como: "Di lo que quieras, pero sé cuidadoso en tus frases para no ofender a nadie o lastimar sus sentimientos".

Muchos de los maestros orientales no están conscientes de lo que se comprende cuando hablan: no están conscientes de que sus palabras se convierten en moral vacía, empotrada en significados anteriores de nuestra herencia Judeo-Cristiana. "Suaviza tus palabras con paz" se ajusta bien a la enfermedad de moralismo de la cultura en la que tú y yo nos hemos criado.

La verdad a veces lastima. Yo pienso que necesitamos lastimarnos los unos a los otros con la verdad y quedarnos los unos con otros hasta que lo superemos. No es un daño insoportable y no es lo mismo que un daño físico, como una herida.

Lo que es "lastimado" es el ego de la persona, o su visión de sí misma. Llevar a cabo ataques verbales lo mismo que ataques físicos es una forma de psicosis. Cuando equiparamos el daño físico con el daño emocional, cometemos un gran error.

Yo no pienso que debamos de tener cuidado de no lastimar los sentimientos ajenos, y pienso que la falta de distinción entre un daño físico y una molestia emocional, es la fuente de esa basura sobre de bailar sobre cascarones de huevo y de la furia que resulta de mentir acerca de juicios y reacciones emocionales que nuestra cultura resuma. Nada depende de la forma en que se dice la verdad. No estamos creando una escuela de buenos modales aquí. La brutalidad debe ser reservada para el daño físico. La honestidad no es brutalidad.

NDW: Estoy de acuerdo conque "brutalidad" es la palabra equivocada —demasiado evocadora, demasiado fuerte— para ser usada al describir el proceso de decir la verdad. Estoy de acuerdo en que hay una gran diferencia entre la "brutalidad" física y el tipo de herida que puede causar el escuchar la verdad de otro. Tomo tu punto de que el término "brutalidad" es excesivo. Pero la palabra "crueldad" no lo es, y crueldad con el corazón no es una ofensa menor que la brutalidad con el cuerpo físico. Lastima menos físicamente, por supuesto que eso es cierto. Pero aún así lastima.

Mientras "brutalidad" puede ser la palabra incorrecta, la palabra "crueldad" tal vez sea muy adecuada —y la crueldad mental no es aceptable entre los seres afectuosos seres humanos en mi mundo— ni siquiera al servicio de la honestidad. ¿Es la intimidad al precio de la amabilidad, la más alta prioridad?

BB: La intimidad es en efecto una alta prioridad. Y la intimidad frecuentemente surge después de una gran falta de amabilidad.

NDW: Mi pregunta era, ¿es la intimidad al *precio* de la amabilidad la *prioridad más alta*? Mi pregunta se refiere a la elección —la elección última que hacemos en las relaciones humanas. Mi concepto es que es posible tener intimidad y honestidad sin tener jamás que ser cruel o poco amable.

BB: No estoy de acuerdo. Yo soy de la opinión de que fuiste criado en una peor versión de la escuela de buenos modales de la que fui yo, y tu siempre presente preocupación por tener cuidado de no ofender, me resulta ofensiva. Me encanta lo que hemos dicho antes y lo que viene después, pero no estoy de acuerdo contigo ni con tus ideas acerca de enmarcar la verdad según un estándar de "amabilidad". Y mi respuesta a dicha pregunta, aun cuando es una pregunta cargada, es sí. La intimidad al costo de la amabilidad *es* la más alta prioridad.

NDW: En mi experiencia, eres un ser humano excepcional, y pienso que hay algo de ira en ti (¿tal vez te han mentido mucho en tu vida?) y pienso que está muy enraizada y que distorsiona la parte de ti que nunca sería conscientemente cruel con nadie. ¿Qué es la crueldad? ¿Es cruel decir la verdad a alguien en una manera que lastime? ¿No puede la verdad ser dicha en una forma que no sea cruel?

BB: Creo que se necesita hacer una distinción. Estamos de acuerdo en que a veces la verdad lastima. Pero no concuerdo en que la "crueldad" con la mente sea lo mismo que la crueldad con el corazón. La compasión es *despiadada* con la mente y completamente *fortalecedora* con el corazón. E.E. Cummings dijo alguna vez: "Si poeta es cualquiera, él es entonces alguien anormalmente afecto a esa precisión que crea movimiento". Como terapeuta y líder de grupo me considero un artista de ese tipo. Yo creo movimiento cuando ofendo a la mente para rescatar al ser de su prisión mental. Amo al ser de la persona con la que estoy en contacto, y tengo práctica, con una cierta, casi quirúrgica precisión, en *ofender* a la *mente* mientras *amo* al *ser*.

El confundir la compasión con la amabilidad al confrontar las creencias de la mente —aun cuando la persona piensa que ellos son sus mentes— es un error que cometen muchos terapeutas y consejeros poco efectivos. Algunas de las intervenciones terapéuticas en mi propia vida personal han sido impactantes, y dañinas, y muy benéficas —burdamente, el equivalente a tirar de una vendita adhesiva con todo y vellos— aunque terminé apreciando mucho la ayuda que se me dio de esa forma.

No sólo eso —muchos de los consejeros y asesores con los que estoy en contacto, en entrenamiento, a menudo han relatado experiencias con la gente que vemos. Nos enloquece el ver gente que amamos por su forma de ser, maltratándose a sí mismas con sus propias mentes. La gente es muy cruel consigo misma, más de lo que somos nosotros. Exponer esta ridiculez de la autocrueldad es nuestro trabajo y es en ocasiones una experiencia dolorosa para la persona que es expuesta.

Muchos están orgullosos de ser severamente autocríticos y sabemos que son unos idiotas que se dejan llevar por su ego al hacer eso. Es nuestro trabajo decírselos. Aferrarse a una autocrítica negativa es tan egoísta como a una positiva. Necesitan que alguien se los diga, alguien que los quiera, sin importar cuántas veces ni en cuántas formas haya que hacerlo, para ayudarlos a liberarse de la prisión de sus propias mentes. Entonces la pregunta se transforma: "¿Deberíamos querer a esta persona y lastimar sus sentimientos o deberíamos ser "amables" y dejarlos que se autotorturen?" O: "¿Deberíamos ofender a esta persona al grado de que quizá se vaya para siempre, o dejarla sola con su pequeña mente incómoda y ruidosa?"

Cuando soy realmente compasivo y estoy en contacto con otro ser, amándolo y usando mi mente para interrumpir a la suya, puede decir, con amor: "¡Tú pobre y tonto bastardo, tienes la cabeza tan arriba del trasero, que no puedes ni siquiera alcanzar tu oreja para jalártela!" Y encuentro que es muy posible estar completamente ligado con ese *ser* y comunicarle al mismo tiempo mi total amor y aceptación del "Ser Que Observa" —esa identidad fundamental del ser humano, justo como la mía. Ofendo a la mente. Pero en realidad *honro* al *ser* al decirle que su mente está llena de porquería como un pavo de Navidad. Puedo y hago esto. Gran parte del tiempo tal confrontación termina en risas y lágrimas de gratitud y liberación para ambos.

Tú has sido muy bueno acerca de ello, pero sólo me has honrado al decirme que me quieres y que piensas que tengo algunos sentimientos sin resolver con respecto a la ira. Has sido amable y lo entendí, y funcionó. Solo te quise y te dije, básicamente, como en mi opinión estabas lleno de porquería. Y pensando en eso, he sido bastante amable al respecto, también. Probablemente ambos estamos en lo cierto. Estos enunciados pueden ser interpretados como crueles o dañinos pero, de hecho, me han hecho sentirme más cerca de ti y, creo, tú de mí. Ninguno de nosotros salió muy lastimado u ofendido, aun cuando nuestras mentes podrían haber tenido la oportunidad de haberlo hecho, de haberlo querido.

Pero tomar una postura moral acerca de ser siempre amable tiene las mismas fallas que cualquier otra postura moral de la mente y refuerza una de nuestras principales enfermedades culturales. Por eso digo que el moralismo es lo opuesto a la compasión. Moralidad con respecto a la compasión es lo peor de todo.

NDW: Esto no es acerca de "moralidad", es acerca de espiritualidad. Y las dos no son lo mismo en mi mundo. La "amabilidad" es una cualidad espiritual, no un asunto moral. En mi realidad, la gentileza, la amabilidad y la dulzura son estados del ser, no imperativos morales. ¿Puedo darte un ejemplo? Yo jamás usaría el tipo de lenguaje que tú usas para hacer las afirmaciones que haces. Ni siquiera para darles impacto. De hecho he observado que usar ese lenguaje *reduce* el impacto de tus puntos.

No creo que sea necesario hablar como Howard Stern. Yo hablaría mejor como Mahatma Gandhi. Y observo que lo abrasivo resiente y la gentileza cura.

BB: En ocasiones el resentimiento cura también. De acuerdo con la biografía escrita por Eric Erikson, Gandhi era bastante malo con su esposa e hijos.

NDW: Oh, Dios mío, ¡espero que no me vayas a juzgar en el futuro basado en la idea que algún escritor tenga de mí!

BB: Eric Erikson no es cualquier escritor. Es una de las más grandes mentes del siglo XX, y él sabía que el diablo estaba en los detalles. ¡Pero, por supuesto, tú serás juzgado en el futuro según la idea que algún escritor tenga de ti, tal y como lo seremos todos, y no hay mucho que podamos hacer al respecto!

NDW: Brad, mi punto es que es posible decirle a alguien que crees que se está haciendo daño a sí mismo y a otros con su mente, sin lastimarlo con la tuya. ¿Estás de acuerdo?

BB: Es posible. De hecho diría incluso que gran parte del tiempo es posible, y cuando pueda hacerse, está bien. También es posible decirles y lastimarlos y estar con ellos hasta que lo superen. Cuando estamos enojados, necesitamos experimentarlo y superarlo. Cuando nos lastiman, tenemos que experimentarlo y superarlo. Cuando nos enojamos y lastimamos mutuamente tenemos que quedarnos con la experiencia, y quedarnos uno con el otro hasta superarlo. Sucede. No es algo malo. Es algo bueno. Surge una gran intimidad. Surge el perdón. Surge la confianza y un vínculo nuevo y más estrecho. Aprecio a la otra persona por estar ahí conmigo y ella me aprecia por lo mismo. Vamos juntos. Nos perdonamos y seguimos.

NDW: Bien, mi amigo, cuando dices: "Cuando nos enojamos, tenemos que experimentarlo y superarlo. Cuando nos lastimamos tenemos que experimentarlo y superarlo. Cuando nos enojamos y lastimamos mutuamente tenemos que quedarnos con la experiencia y quedarnos uno con el otro hasta superarlo", estoy de acuerdo, por supuesto. Yo he dicho las mismas cosas muchas veces. Sin embargo lo que estoy discutiendo aquí es la parte *que nosotros* jugamos en la experiencia de la otra persona de ser lastimada por la forma en que le presentamos nuestra verdad. Estoy diciendo una y otra vez aquí, que siempre es posible encontrar una forma de para decir tu verdad, y que palabras como "imbécil" y "lleno de porquería" e "hijo de perra" no son necesarias, ni siquiera productivas. Eso es lo que esto diciendo, Brad, estoy diciendo: "Di tu verdad, pero suaviza tus palabras con paz".

Por su puesto la ira aparece, Brad. Por supuesto, la gente se permite así misma sentir dolor. Sí, esas cosas ocurren. Y sí, estoy de acuerdo contigo en que aparece confianza y un nuevo y más estrecho vínculo cuando nos perdonamos mutuamente. Estoy de acuerdo con todo eso. Donde no me siento en armonía contigo es en el área que llamaré "Envío del mensaje". Tú pareces estarme diciendo que está bien, que es correcto hablarle a otros en el más abusivo lenguaje, siempre que ese lenguaje represente tu verdad.

No encuentro cómo eso podría funcionar para mí. Ese enfoque de decir la verdad no habla de quién soy ni de quién escogí ser.

Tú dices Brad, que en tu opinión esto es porque yo fui "criado en una peor versión de la escuela de buenos modales" de lo que tú lo fuiste. Sin embargo, es tu enfoque, amigo mío, lo que siento que es en mucho un reflejo de "la escuela de la vida" en la que la mayoría de la gente ha sido criada, en la que creemos que los "chicos buenos llegan al último" y que cualquier medida, incluida la violencia —y la crueldad emocional y mental es violencia— está justificada para resolver los problemas difíciles.

BB: Aquí vamos de nuevo. La crueldad mental no es violencia. Es lastimar los sentimientos de otras personas y puede ser muy dañina, pero no es violencia. Lastima los sentimientos de otros por la fijación de una persona a su imagen de quién es y cómo deberían ser las cosas. Por eso, muchas veces, los chicos buenos *sí* llegan al último.

NDW: Rayos, Brad, realmente tenemos una diferencia mayor de opinión aquí. Y, aparentemente, una diferencia en experiencia de vida. Yo tengo bastante claro que la crueldad mental es violencia, y violencia en primer grado. Las personas no son sus cuerpos, Brad. Las personas son sus almas. Son espíritus *con* un cuerpo, pero no son cuerpos. Cuando los Chicos Malos capturan a los Chicos Buenos y quieren realmente romper a alguien —dejarlo vivo, pero romperlo— no tratan de golpearlo hasta convertirlo en una pulpa, porque con los realmente fuertes eso no funciona. Sólo terminan matándolo y no obteniendo de él nada de lo que querían obtener. Lo que tratan de hacer es romper su espíritu. Todos los interrogadores lo saben.

La ardua labor —físicamente dolorosa— no es el peor castigo. El confinamiento en solitario lo es. "¿La crueldad mental no es violencia?" Vaya, ruego diferir contigo, amigo. Y en mi mundo, ser concientemente abrasivo, abusivo y poco amable al decir la propia verdad es cruel y, por lo tanto, una forma de violencia.

Brad, me gusta tu enfoque de la vida en términos de alentar a la gente a decir siempre la verdad y admiro tu práctica de siempre decir la verdad a tus amigos, familiares, y clientes. Y creo que ya ha quedado establecido que ambos estamos de acuerdo en tal enfoque. Simplemente no estoy de acuerdo con tu idea de que está bien decir tu verdad de manera que lastime. Si haces esto en las terapias, como dices que lo haces, me parecería como usar la energía que creó el problema para resolverlo.

BB: ¿Y qué hay de malo en ello?

NDW: Einstein dice que ésa es una forma de demencia. La demencia, dice, es usar la misma energía que creó el problema para tratar de resolverlo.

BB: No, él dijo que no puedes resolver un problema desde la misma perspectiva en la que éste ocurrió. Esto es, con relación a la perspectiva, la demencia es hacer la misma cosa una y otra vez esperando un resultado diferente.

NDW: Como el matar gente para lograr que la gente deje de matar gente. O usar la violencia para frenar a la gente de usar la violencia con otros, tal y como el padre que le pega a su hijo gritando: "¿Cuántas veces te he dicho que no le *pegues* a tu *hermanito*?"

BB: Resiento esa analogía, creo que es injusta y no encaja aquí. (Entonces esto significa que estoy aferrado a un ideal acerca de la bondad, de analogías apropiadas y a un ideal acerca de la justicia, y mi respuesta emocional es el resentimiento. Aunque teclear la expresión no es tan útil para superarlo como lo es decírtelo en persona, ayuda un poco.) Tampoco me gusta la expresión "tu verdad". No creo que exista eso de "tu verdad" y "mí verdad", simplemente porque las opiniones no son la verdad. La verdad es la verdad de la *experiencia*. Decir la verdad es reportar lo que *observas*, ya sea una sensación, un pensamiento que tuviste, o algo que has hecho u observado en el mundo. La verdad, que es básicamente la misma para todos es la *verdad de la experiencia*. Es un reporte de lo que *tú aprecias*. Puedes decir la verdad de que *tienes una opinión* y decir cuál es, pero la única honestidad involucrada es que se trata de un reporte de los pensamientos que notas en ese momento.

Reconozco que lo que observes puede ser diferente de lo que yo observé. Pero aunque lo que *pienso* de lo que observo y lo que tú *piensas* de lo que observas son básicamente porquería, necesitamos reportarlo por el bien de la honestidad y la mutua autocorrección.

Ser verdadero es lo que te libera. Ser verdadero es reportar lo que observas. *Incluye decir lo que no piensas que debas decir a veces*. Significa seguir a los *sentimientos* más que a los ideales. Como dijo E.E. Cummings: "(Uno) que se preocupa de la sintaxis de las cosas, jamás te besará totalmente". Y el seguir el sentimiento y experimentarlo y reportar honestamente ambos sentimientos y opiniones es lo que te permite ir a través de las cosas y superar la fijación a las opiniones, y cambiarlas. Es un poco atemorizante seguir a los sentimientos porque no se tiene tanta certeza como cuando piensas que sabes lo que debes hacer. Entonces resulta que menos ilusión de control es igual a más libertad.

NDW: En tu caso, dices que lastimas a la gente para detener a la gente de lastimar a la gente —ella misma incluida. Yo pienso que escuchar tus palabras, ser insultado con los apelativos que usas, hiere a la gente. Especialmente si esas palabras provienen de alguien a quien respetas.

Yo creo que piensas que tal brusquedad de palabras es necesaria a veces para despertar a la gente. Yo no. En mi mundo, no es necesaria una cachetada verbal en la cara, ni es tan efectiva como un abrazo verbal. No es acerca de que el abrazo sea moralmente correcto. Es acerca de que el abrazo es más efectivo. Más curativo. Y, para mí, es más un enunciado espiritual de amor y de Quién Soy.

BB: Bien, podríamos no estar tan alejados uno del otro aquí en la actualidad. De alguna forma la gente entiende que la quiero. Tal vez sea porque tengo un acento sureño, o porque es claro que les presto una atención cuidadosa o porque pueden decir los escucho. Entienden que estoy de su lado. Y lo estoy. Y cuando se dan permiso a sí mismos de escucharme y reaccionar —incluso maldiciéndome de regreso— me encanta. Entonces no soy la autoridad que les dicta cómo vivir, sino otro ser humano tratando de entender las cosas como ellos. No lo hago sólo para sacudirlos. Lo hago para atravesar sus defensas mentales usuales. Tal vez es una cosa sureña. Aunque mi amigo Raven, que creció en Nueva York dice: "es una cosa de Nueva York".

NDW: Para mí, cada acto es un acto de autodefinición. No escogí definirme a mí mismo como una persona que compara a otro ser humano con un imbécil o que le llama hijo de perra. Ni siquiera en el nombre del "amor rudo". *Especialmente* no en el nombre de *cualquier* tipo de amor.

BB: Estamos cerca de llegar a un acuerdo aquí y aún así estamos muy lejos todavía. Estamos de acuerdo en quién eres y quién soy, es ser seres enamorados. En nuestra esencia, ambos somos seres que observan. Pero cuando llegamos a la parte de la elección, o a la parte de la autodefinición, o a la parte donde nos estamos desempeñando o comportando para definir quienes somos socialmente, empezamos a dividirnos. Tú eres un católico de clase media. Yo soy una basura blanca. Ambos hemos sido lo bastante afortunados como para descubrir el amor. Lo manifestamos en formas algo distintas.

Esto es lo que creo, al menos por ahora. Somos seres. Tenemos mentes. Nuestras mentes hacen juicios y comparan, autocritican y juzgan a otros. Nos enojamos por nuestra fijación a tener razón en estos juicios. O decimos la verdad acerca de estos juicios y seguimos adelante y nos enojamos cuando nos enojamos, o no lo hacemos. Estoy seguro de que estás de acuerdo en que si "actuamos amablemente" cuando estamos enojados debido a algún ideal espiritual, entonces es una mentira. Y es muy venenoso para otros, particularmente para los niños, pero también para cualquiera en cualquier momento, fingir ser amable cuando no te sientes así. Nuestro desacuerdo es en ese punto de autodefinición (o más bien autodefinición social), porque lo que eres, ya lo hemos acordado, es un ser que observa en el momento o un ser que crea el mundo en el momento, al que podríamos llamar Presencia, o Dios.

Cuando manifiestas un comportamiento, a través de la elección, definiendo quien eres para ti mismo y a los ojos de otros, es uno de los lugares donde tienes que ser meticuloso acerca de decir la verdad. Si "actúas amablemente" para preservar tu imagen o debido a algún ideal espiritual, estás mintiendo y envenenándote de todas maneras. Esto es muy común. Es la fuente de mucha de la furia que veo en mucha gente, particularmente en las parejas. Creo que es mejor señalar este tipo particular de hipocresía que ponerse en riesgo de alimentarla. No dudo que tu amabilidad sea auténtica, o que valores la amabilidad o que hayas elegido ser amable. Creo que tienes un punto ciego cuando proyectas una especie de disposición uniforme hacia otros.

NDW: Bien, Brad, no creo que vayamos a vernos cara a cara en esto, y está bien. No comparto tu realidad de que si yo "actúo amablemente" cuando me siento enojado y estoy actuando amablemente debido a "algún tipo de ideal espiritual", es una mentira. Muy al contrario, pienso que es la más grande verdad acerca de Quién Realmente Soy. Muy a menudo **sí** actúo amablemente aun cuando estoy enojado. ¿Y puedes creer el siguiente enunciado? Creo que es posible para *todos* "sentirse amablemente enojados". Y no experimento que este tipo de comportamiento sea "venenoso" para otros.

La ira y la violencia no están intrínsicamente ligadas; la ira y el daño no están irrevocablemente casados; la ira y la agresión no tienen que ir de la mano; y la ira y el abuso verbal no son compañeros inevitables.

BB: No, no lo son, y no he dicho que lo sean. Pero en ocasiones son compañeros y *vives una mentira cuando te das cuenta de que estás conteniendo y NO manifestando tus juicios, o expresando honestamente lo que sientes.*

NDW: En mi cosmología, la ira es una de las cinco emociones naturales (dolor, ira, miedo, envidia y amor). Es muy natural el sentirse iracundo y la ira no es algo que debamos siempre sublimar o esconder, tapar o negar. En esto estamos de acuerdo. Ambos creemos que la ira debe ser verdaderamente expresada. Cuando estés enojado, di que lo estás. Cuando estés molesto, di que lo estás. Pero lo puedes decir con amabilidad. No tienes que hacerlo, pero puedes. Y en mi corazón y en alma y en mi mente no puedo encontrar una razón de por qué no.

No lo encuentro necesario, útil, efectivo o recomendable —si la paz, la confianza y la intimidad son los objetivos— anunciar o compartir la propia ira con agresión, abuso verbal o insultos.

La expresión de la ira para resolver la ira es el camino más largo a la paz. Y siento, también, que es un camino muy primitivo.

BB: Realmente espero que sea primitivo. La manera civilizada por cierto que no funciona.

4. Idealismo, ira y bondad

NDW: Tú has dicho, Brad: "Si actúas amablemente para preservar tu imagen o por algún ideal espiritual, estás mintiendo y envenenándote". Yo no sé acerca de preservar la imagen Brad, porque cuando tú dices imagen, se siente como si estuvieras hablando de una idea acerca de uno mismo, opuesta a la realidad de uno mismo —o, como podríamos decir, la experiencia de uno mismo.

BB: Sí, precisamente. Eso es lo que quiero distinguir. Hay una diferencia entre la idea de uno mismo y la experiencia de uno mismo.

NDW: Eso bien podría ser el significado de la imagen de uno mismo, pero un "ideal" es otro asunto completamente diferente. Yo pienso que un ideal es algo hacia lo que uno trabaja, y pienso que es un trabajo que vale la pena. Quizá no debemos de buscar el preservar una imagen de nosotros mismos, pero espero que siempre busquemos preservar un ideal acerca de nosotros mismos. En este mundo trabajamos todo el tiempo para preservar los ideales. Y en mi propia vida, busco crear un ideal cada día —ideal de acuerdo con mis propias escalas y definiciones, no de alguien más. "Conversaciones con Dios" llama a esto "la siguiente versión más grande de la gran visión que tengas de Quién Eres". Y es esto lo que busco crear y experimentar en y con y a través de mi vida.

BB: Bien, yo pienso que es una forma anticuada de considerarlo. Creo que el idealismo es la enfermedad *en sí mismo, cualquier* idealismo, sin importar cuál sea el valor idealizado. Pienso que el idealismo es la cosa esencial que uno debe curar para usar la mente y en vez de ser usado por ella. Pienso que separarnos de los ideales en vez de apegarnos a ellos, le permite a uno usar sus valores en vez de que uno sea usado por ellos. Creo que nos aferramos fácilmente a las ideas y que ésa es la fuente de la mayoría de nuestros problemas. Por ejemplo, el apego al ideal de ser amable cuando estás enojado, podría ser la fuente de mucha más ira.

NDW: Mi ideal es que la honestidad y la bondad van de la mano. De hecho, en mi mundo, la honestidad ES bondad. Pienso que estarás de acuerdo con esto.

BB: Sí lo estoy. Pero en los momentos en que no estoy atado a eso como un ideal, descubro como resultado que puedo ser más poderoso y amoroso. La honestidad es interpretada en ocasiones como crueldad, y no pretendo ser controlado por la interpretación de otra persona. De otra forma, ¿por qué molestarnos incluso en hablar? El corazón mismo de la superficialidad y el aislamiento es descubrir lo que la gente quiere escuchar y entonces decirlo. Lo que es vital es la *calidad del contacto* entre los dos seres y la honestidad es lo que permite que eso se logre. Si se ajusta o no a un ideal aparente, es enteramente secundario.

NDW: Y estoy de acuerdo que no podemos pasar nuestras vidas protegiendo a alguien, o a otros, de los sentimientos que ellos pueden permitir que surjan de cara a escuchar la verdad. No estoy de acuerdo en que debamos de ignorar por completo la bondad.

BB: Ni yo lo quiero...

NDW: En mi mundo, no es menos cruel golpear a alguien en el corazón con palabras agresivas que si herirle en el pecho con puñetazos. Encuentro una gran verdad en la enseñanza: "Habla tu verdad, pero suaviza tus palabras con paz".

Hay lugar para la compasión en la experiencia humana, y se extiende más allá de la compasión física a la compasión psicológica.

BB: Por su puesto que sí. No pienso que la honestidad y la bondad **no** puedan ir de la mano y nunca lo he dicho. Pueden ir de la mano. No debemos, sin embargo, crear una conducta estándar para pasar por encima de la honestidad. Hay una gran plenitud de apoyo en la cultura en la que crecimos a usar la bondad como una racionalización para reprimir la verdad: "Si no puedes decir algo amable, no digas nada".

Tener tacto, ser "políticamente correcto" o ser cortés es algo constantemente enseñado en la escuela y en casa como valores primordiales. He llegado a conocer íntimamente a varias generaciones de personas que estaban sufriendo por la mentira cuya fuente son ésos "deber ser" del moralismo. Este sufrimiento es más grande que el dolor causado por decir la verdad a otra persona acerca de sus juicios sobre él o ella, y lastimar sus sentimientos.

Aún más, *estar enojado* en vez de contar alguna historia de por qué está uno enojado, hace toda la diferencia del mundo acerca de si puedes o no superarlo. La historia es una representación del ego, hecha para ser coherente con la imagen de ti mismo o el ideal de cómo debes comportarte. No es quien eres, sigue siendo una representación. A veces las palabras iracundas o las acciones desencadenadas lastiman, pero puedes superarlo, y a menudo lo logras, si te comprometes a quedarte ahí para sentir tu camino a través del perdón mutuo. Superas las cosas mediante *decir la verdad y sentir el camino a través de ella*, no pensando en cómo evadirla. Un acuerdo para hacer esto, aunque duro de mantener en ocasiones, trabaja mucho mejor que un acuerdo para tratar de ser amable y cuidadoso de no herir los sentimientos mutuos. Mentir constantemente en aras de la bondad lastima en una forma de la cual es muy difícil recuperarse, y hace un daño recurrente a la persona hasta que se le dice la verdad.

Cuando está uno en contacto, de ser a ser, con otra persona, lo que es honesto es *tener reacciones* y *seguir en contacto*. Cuando monitoreas tus reacciones de acuerdo con un ideal, estás abandonando el contacto con la persona, para controlar tu representación. Quitas tu atención del ser con el que estás en contacto, para desviarla hacia a tu propia mente y a tu propia representación, por el bien del ideal espiritual preexistente, y en ese momento ya no estás en contacto con la persona. Esta ruptura de contacto no solamente es innecesaria, sino que hace más probable que empieces a hablar con alguien más dentro de tu mente, en vez de con la persona que tienes enfrente. Entonces terminas hablando con tu propia imaginación que está ante ti.

No estoy hablando de situaciones de terapia donde estás de alguna forma a salvo de ser ofendido por tu rol de autoridad, sino de situaciones reales con gente que vive y trabaja contigo. Si, de hecho, hay una obligación moral aquí, es ir en contra de la corriente cultural, donde se nos ha enseñado que nuestra representación *es* quienes somos, que es la razón de que mucha gente viva una mentira. Se nos ha enseñado que somos nuestras calificaciones, cuánto dinero hacemos, lo que otra persona piensa de nosotros... Yo enseño decididamente a la gente a que se resista a ello, no a que siga la corriente. El amor y el perdón ocurren fuera de la unión de ese control, no debido a él.

NDW: Escuchando tus comentarios, Brad, parece que no he sido claro en cuanto a lo que creo acerca de la bondad y la verdad. Yo no creo que la bondad deba "imponerse" a la honestidad. Creo que debe ir *con* la honestidad.

Si te ves a ti mismo, si deseas experimentarte a ti mismo y eliges crearte a ti mismo, como Honestidad y Amabilidad, nunca debía ser necesario alejarte de uno para pasar al otro. Los dos no son y nunca tienen que ser, mutuamente excluyentes. Y uso la palabra "nunca" deliberadamente.

"Suaviza tus palabras con paz" no significa reemplazar tu verdad con mentiras, significa que digas la verdad con amabilidad y bondad. Creo que siempre hay maneras de hacer esto. Yo no creo que la bondad no tenga ningún rol que jugar en la conducta de los asuntos humanos ni que la honestidad justifique la crueldad. Quiero repetir esto. No creo que la honestidad justifique la crueldad.

BB: Y yo quiero repetir que eso es una formulación muy simplista para ajustarse a la complejidad de la compasión. SI ESTÁS ENOJADO Y HABLAS AMABLEMENTE, ES UNA MENTIRA. Por supuesto, hay lugar para la bondad. Yo amo y soy bondadoso con muchas personas y ellas conmigo. En nuestra comunidad de amigos en Honestidad Radical nos amamos los unos a los otros y en ocasiones tenemos algunas peleas intensas. Pero terminamos teniendo tal festín de amor antes de que termine el día que casi no podemos soportarlo. Éste es el corazón de lo que quiero compartirle al mundo. Di la verdad acerca de tu gazmoñería y supérala. Todos tenemos esta enfermedad del moralismo. Podemos curarla siendo honestos acerca de lo que sentimos. No podemos hacer nada contra ella montando una actuación porque queremos ser "espirituales".

La posibilidad de la compasión verdadera va más allá de las reglas simplistas de orden de corrección política. El amor sólo puede existir si la verdad es dicha. Si se causa dolor en el curso de decir la verdad, entonces dejemos que ocurra, y sigamos con el proceso; al otro lado está la liberación. La gente puede superar sus sentimientos lastimados. La gente puede superar el haber sido ofendida. Lo que no puede superar es mentir y que le mientan.

El razonamiento principal para mentir en nuestra cultura es: "No quise lastimar los sentimientos de nadie". El segundo razonamiento mayor para mentir es: "No quise ofender a nadie". No puedo decirte cuántas veces he escuchado ese argumento en defensa de la mentira.

Te recomiendo que lastimes a otras personas y te quedes con ellas hasta que ambos lo superen. Te recomiendo que ofendas a otras personas y te quedes con ellas hasta que ambos lo superen. Te recomiendo que hagas lo mismo cuando seas lastimado u ofendido por otros. La mayoría de "daños", como la mayoría de las "ofensas" son sólo porquería de todas formas. Esto lo descubres después de repetir esta experiencia de superación. Después de un tiempo ves que *el beneficio de perdonar a otros es tu propia liberación.*

NDW: Igual que tú, Brad, he aconsejado personalmente a miles de personas. Pero he encontrado algo diferente de lo que dices que has observado. Has dicho: "El razonamiento principal para mentir en nuestra cultura es: 'No quise lastimar los sentimientos de otros'. El segundo razonamiento mayor para mentir es: 'No quise ofender a nadie'. No puedo decirte cuántas veces he escuchado ese argumento en defensa de la mentira".

Bueno, también he escuchado esto, por supuesto. Pero cuando lo he escuchado, lo he cuestionado. He dicho: "Amigo, quiero invitarte a que reflexiones acerca de lo que me acabas de decir. Acabas de decir que no dijiste la verdad porque no quisiste ofender, o porque no quisiste lastimar los sentimientos de alguien. Entiendo al no decir la verdad crees que estás protegiendo a alguien. Aún así en mi propia vida he observado que cuando no estoy diciendo la verdad, no es porque es a mí a quien estoy protegiendo. ¿Podría esto ser posible en tu caso también? ¿Qué piensas?"

Por supuesto, casi siempre reconocen, cuando escuchan esto, que eso es exactamente lo que está pasando. Y entonces les digo: "Gracias por verlo. Ahora, si hubiera forma de compartir tu verdad con otro sin que lo lastimes al decirla, ¿cuál crees que podría ser?"

¿Y sabes qué? Casi siempre encuentran la forma de hacerlo.

BB: Bien, eso está bien. Pienso que tu intervención es buena y ayuda.

NDW: Ahora, fíjate, he procurado discutir cómo la verdad es *entregada*, no cómo podría ser *recibida*. Aun cuando seamos amables, la otra persona podría escoger *sentirse* lastimada. Eso es lo que es. No podemos ser responsables de esto y *no debemos intentar* serlo. Si lo hacemos, *ahí* es cuando nos volvemos disfuncionales. Creo que esto es lo que me has estado tratando de decir, Brad. Esto es lo que estoy escuchando: Que no debemos hacernos responsables por lo que otros eligen sentir. Tan sólo podemos ser responsables por nosotros mismos.

Aún así parece que al hablarles a otros de la forma en que lo haces, estás tirando al bebé junto con el agua del baño. Parece que dices: "Como no soy responsable por tus reacciones hacia mí, y como tus sentimientos son sólo tuyos y como creo que los superarás eventualmente si tan sólo me quedo contigo aquí en este cuarto, puedo decirte lo que quiera, en la forma que quiera, y hacerlo con impunidad". Creo que ves esto como el punto más alto de la integridad de alguien, y es interesante. Yo lo vería como el abandono de mi integridad —del sentido mismo de Quién Soy— si hablara a otros como tú lo haces.

BB: No. Yo no creo que la gente escoja qué sentir. La gente reacciona y lo llama una elección pero en realidad no lo es. Es una racionalización de una reacción sensitiva, de tal forma que pueden actuar como si tuvieran el control cuando no lo tienen. Y *realmente* pienso que soy responsable por las reacciones de la gente hacia mí. Yo soy responsable por la forma en que marcha mi vida y por la causa de lo que me sucede.

NDW: Brad, estamos divergiendo más y más a medida que hablamos. Lo que estoy encontrando es que no hemos concordado en todos los puntos buenos de la psicología humana como para escribir un libro juntos. Pero déjame aclarar mis ideas acerca de lo que acabas de decir.

Brad, en mis talleres y seminarios enseño exactamente lo opuesto a lo que has dicho. Yo le digo a los participantes que el mundo dice que "la gente no puede escoger lo que siente, que la gente reacciona y lo llama una elección pero en realidad no lo es" y que "es una racionalización de una reacción sensitiva, de tal forma que pueden actuar como si tuvieran el control cuando no lo tienen". Eso es lo que los expertos dicen, y la gente se los cree.

BB: Si, yo soy uno de los expertos que lo dice.

NDW: Pero lo que sé y he experimentado en mi mundo es que los sentimientos *pueden* ser elegidos. Podemos *elegir sentirnos de cierta forma* acerca de algo, y aún más, podemos *decidir con antelación* cómo nos vamos a sentir cuando y si algo en particular llega a suceder. Ésta no es "una racionalización de una reacción sensitiva", es una *creación maestra*.

Los maestros hacen esto. Y los estudiantes en su camino a la maestría. Esto es llamado maestría en vivir. Es exactamente lo que comparto en mis retiros: "Recreándote a ti mismo" basados en el material de "Conversaciones con Dios". Es transformador. Cambia a la vida de las personas, moviéndolas de estar en los efectos de su propia experiencia a ser *la causa principal de la cuestión*.

Así que pienso que tenemos una diferencia fundamental, bastante fundamental, en cómo nos vemos a nosotros mismos y al resto de los seres humanos, Brad.

BB: Sí, la tenemos. Yo *no* pienso que la gente elige lo que siente. Yo pienso que la gente reacciona y lo llama una elección, pero en realidad no lo es. Aún más, pienso que somos ciento por ciento responsables por crear la forma en que las cosas funcionan con otras personas, pero la interacción puede tener algunos parches que poner para llegar a la resolución de nuestras mutuas reacciones ante el otro. Si nos adherimos a eso, la comunicación alcanza claridad y terminación. Si nos despegamos decimos: "Bueno, no es mi culpa cómo reacciones". Eso es desplazar la culpa. No estoy hablando de la culpa en este momento sino de responsabilidad.

Los que son Maestros no se enojan *precisamente porque no están aferrados a ideales que tengan que ver con el control*. Tienen que observar y decir la verdad en vez de monitorear sus reacciones para lograr ese grado de maestría. Aun cuando estoy de acuerdo contigo en que es transformador para la gente ir más allá del papel de víctimas y *ser la causa de la cuestión*. Es sólo que la forma de llegar ahí *no es a través de ningún tipo de idealismo*. El idealismo es una especie de fase de desarrollo a superar. Esto se logra a través de decir la verdad acerca de lo que notas, incluyendo aquello a lo que notas que estás aferrado y a lo que sientes. Es a través de compartir la honestidad con otros y de escuchar lo que tienen que compartir, como te rindes a la ilusión de control que provee el hecho de tener ideales. Descubres entonces la posibilidad actual de control a través del redescubrimiento creciente de la experiencia de compartir.

NDW: Me gusta la forma en que esto trae la pregunta de qué papel tiene la bondad en la experiencia humana —la bondad verdadera y la falsa. ¿Es la bondad verdadera el fracaso al expresar lo que otros pueden elegir experimentar como dañino? No. Creo que ambos estaremos de acuerdo en esto, ¿no? Más bien estamos en desacuerdo, creo, en cómo es mejor entregar la verdad. Pero pienso que los dos estamos de acuerdo en que esconder la verdad no es nada bondadoso.

BB: Sí, pero déjame decir de nuevo, una vez más para enfatizar. La bondad es un principio moral, impuesto como un "deber ser" por la mente, es la causa de gran represión e ira. Entonces si hablas de bondad, tienes que hablar acerca de los dos tipos de bondad. Hay bondad como *respuesta sensitiva* a otra persona. Hay bondad como *un imperativo moral*. Pienso que el lugar en el que impones el "deber ser" moral te hace falso, al ser "amable" porque piensas que "debes serlo". Si la bondad ocurre en un lugar y tiempo en particular, eres auténtico y si ocurre en otro lugar y tiempo no eres auténtico. Toma la regla de oro: "Ama a otros como te amas a ti mismo".

NDW: Haz a otros lo que quisieras que te hicieran a ti.

BB: Sí. Ahora; tú *harías esto automáticamente,* como una afirmación, *por tu* contacto con el Sagrado Prototipo Humano o cualquier otro ser, porque ves que tú y el otro son lo mismo, así que te tratas a ti mismo y a ellos en la misma forma. Harías esto debido a tu *experiencia.* Pero si vuelves esto un Principio Moral, puedes terminar en algo como las Cruzadas, porque insistes en cierto tipo de comportamiento, y terminarías matando a la gente si no es el "tipo de persona correcta" haciendo las "cosas correctas".

De modo que para mí es un asunto crítico. No es algo que puedas resolver fácilmente teniendo una idea o tratándolo como si fuera un problema a solucionar. Lo que sé es que la honestidad debe preceder a la imposición de reglas morales. Tú eres honesto en aras de tu libertad y para asegurar la calidad del contacto con otra persona. Si eres capaz de mantenerte en contacto con esa persona, de ser a ser, constantemente estarás operando bajo la regla de oro. Si tratas de ser honesto porque es un dictado moral, terminarás en algo como las Cruzadas. La honestidad en el contacto incluye también a la ira. Así que no hay forma de no reconocer la existencia de la ira. Tenemos que experimentarla e ir a través de ella honestamente, o si no se acumula en gazmoñería iracunda, o es suprimida en aras de la obediencia a un dictado moral.

NDW: Estoy perdiendo la conexión. Estoy de acuerdo contigo en lo fundamental. Mi mente me dice: "Espera un momento, déjame ver si puedo seguir esto". Ayúdame a entender. ¿Por qué seguir la honestidad como un dictado moral, porque te han dicho que seas honesto, conduce a algo como las Cruzadas? No puedo hacer la conexión.

BB: He visto a mucha gente recuperándose de su Escuela Católica Parroquial en la terapia, en el transcurso de veinticinco años como psicoterapeuta en Washington D. C. Lo que las monjas han estado enseñando a esos niños (de una forma disciplinada, sistemática y horrible, a menudo, como he escuchado en muchas de estas historias reales, con una rigurosidad moral en la instrucción) es cómo ser falsos. Les enseñaron a mantener su vida real en secreto y a un lado, y a jugar siempre el papel de "niños buenos" y "niñas buenas" como una representación publica de quiénes eran. Les enseñaron a hacer esto a cualquier costo. De modo que a medida que crecen esto se convierte en: "Voy a aparentar que soy un buen hombre, y que soy amable. Siempre presentaré una imagen de bondad adondequiera que vaya. Ya sea que me enoje o no, lo suprimiré y siempre seré 'bueno'".

NDW: Ya veo el modelo, ¿pero cómo lleva eso a las Cruzadas?

BB: Bueno, el tipo de ira que se empieza a acumular detrás de esa mentira debe encontrar una salida...

NDW: ...Y finalmente explota.

BB: Sí. Finalmente va a salir como un conflicto con otro individuo o una guerra. Si puedes tener suficiente gente en tu lado que esté alineada con tu método de represión, que esté convencida de que la otra gente es el problema, tienes una guerra.

NDW: Sí, porque finalmente somos tan lindos por aquí, lo estamos haciendo tan bien, estamos eligiendo lo correcto y tú sabes que realmente amamos a la gente por acá, pero no estás haciendo las cosas debidamente.

BB: ¡Así que te mataremos!

NDW: Bueno, puedo seguir esto. Más de una persona ha muerto en esa encrucijada.

BB: Hubiera pensado que si algo valioso nos ha enseñado el siglo pasado (el más sanguinario de todos) tendría algo que ver con la relatividad de los valores, y la relatividad de la imposición de los valores. No puedes simplemente imponer valores en ti mismo y en los demás a través de la fuerza. No puedes hacer que tú y otros los adopten. Todos harán lo opuesto sin importar qué. La imposición del moralismo *es* el problema, y estamos empezando el nuevo siglo sin haber aprendido nada.

NDW: Lo que he estado diciendo aquí es que la bondad no es un asunto moral para mí, es espiritual. Es una definición de Quién Soy, no una declaración de Cómo Debo Ser. Desde que recibí y escribí "Conversaciones con Dios" he enseñando que no hay absolutos y que la moralidad no puede ser legislada o impuesta, sino que venir genuinamente de nuestro propio sentido de nosotros mismos.

BB: Sí, me gusta eso. Estoy profundamente de acuerdo.

NDW: Me pregunto si algún día la raza humana lo entenderá.

BB: ¡Si nos mantenemos compartiendo la honestidad y ellos comprando nuestros libros lo harán!

NDW: ¡No puedo discutírtelo!

Aquí terminó nuestro diálogo sobre el tema y como conclusión a estos dos últimos capítulos —que esperamos hayan servido al doble propósito de ejemplificar cómo funciona el decir la verdad y dar algunos puntos importantes para que usted los pondere— ambos hemos acordado compartir las siguientes palabras con usted, que ya hemos compartido entre nosotros:

> *Honro el lugar en ti donde*
> *el universo entero reside.*
> *Honro el lugar en ti de amor y luz,*
> *de paz y verdad.*
> *Honro el lugar en ti donde,*
> *cuando estás en ese lugar en ti*
> *y yo en ese lugar en mí,*
> *sólo hay uno de nosotros.*
> *Namasté.*

5. ¿Cuáles son los momentos más honestos?

Los momentos honestos son momentos en los que la verdad está disponible para nosotros inmediata y claramente. Éstos son siempre lo que Neal llama, en su último libro, "Momentos de gracia". Estos momentos pueden ser creados para nosotros por otra persona o por una circunstancia o situación que nos revela una gran verdad.

En los momentos más radicales de honestidad en nuestras vidas, a menudo lloramos. Eso no significa que estemos tristes. Más a menudo, de hecho, significa que estamos aliviados o gozosos o ambos. Brad gusta de dar como ejemplo lo que él considera que es uno de los momentos más impactantes de honestidad que dice que ha experimentado en su vida. Fue cuando sus hijos nacieron.

BB: Estuve ahí cuando nacieron varios de mis hijos. Tengo cinco hijos. Estuve en el nacimiento de cuatro de ellos. Hay algo acerca de la experiencia de estar tan involucrado en el acto de la creación misma y participar con la mujer que está dando a luz a mi hijo que provoca que abandone la interpretación de mi mente y que me conecta con la percepción. Cuando estoy tan totalmente presente, usualmente estoy abrumado por el sentimiento y si no corro de ahí, lloro. Por lo general, lloro. Y, en el otro lado de ese llorar, estoy aún en contacto y en sentimiento, pero no me siento tan abrumado por ello. A todos nos han enseñado a contener el aliento cuando empezamos a sentir algo.

NDW: Literalmente. No sólo figurativamente. Yo le digo a la gente en mis talleres: "sólo respiren, sólo respiren". Ellos quieren dejar de respirar.

BB: Correcto: (Riéndose.) Se supone que es una función involuntaria del sistema nervioso, pero muchos de nosotros la hemos impuesto voluntariamente en nuestro sistema nervioso, así que usamos el músculo estriado para evitar que el músculo liso trabaje y así asegurar que no sentimos demasiado. Es ese miedo a sentir mucho que hemos traído varias veces a la conversación.

NDW: Aún así en "Conversaciones con Dios" se dice que los sentimientos son el idioma del alma. Por lo que si quieres estar en contacto con tu alma, si quieres saber lo que es verdadero para ti en la parte más interna de tu ser, no puedes hacerlo segregándote a ti mismo de tus sentimientos. No puedes hacerlo ignorando tus sentimientos o conteniendo tus sentimientos o maldiciendo tus sentimientos, o bien siendo un chico bueno o una buena niña y pretender que no son tus sentimientos.

Liberar el amor que está en el alma sólo es posible a través de la expresión de los sentimientos. Porque cuando expresas los sentimientos, expresas el alma, que es el Amor encarnado en ti. El amor es el sentimiento más profundo. Está en el fondo. Pero para liberarlo, tienes que sacar todo lo demás. Esto incluye aquellos sentimientos que puedas tener, que puedas sentir no son dignos de quién eres, o quieres ser. Si los reprimes, como decíamos antes, terminarás siendo no amoroso, sino peligroso.

***

Expresar nuestros sentimientos requiere de una sola herramienta.

La Honestidad.

¿Hay situaciones en que la gente deba mentir?

"Pero", preguntan algunas personas, "¿no hay ciertas situaciones, ciertas circunstancias, en las cuales decir la verdad simplemente no es una buena idea? Seguramente debe de haber algunas excepciones".

***

NDW: Voy a hacer una declaración muy radical aquí. Voy a decir que no hay tiempo ni lugar en los asuntos humanos en los que no sea apropiado no decir la verdad. Ahora, he provocado que en años recientes algunos miembros de la audiencia vengan y me digan: "Bueno, usted es un soldado detrás de las líneas enemigas y 1 600 de sus compañeros están allá y el enemigo le está diciendo que le revele su posición y sus planes. ¿No le mentiría entonces?" La respuesta que les doy es que no mentiría, diría la verdad. La verdad es: "No tengo intención de decirles eso".

Esto es mucho como la Quinta Enmienda, nuestra propia cláusula autoincriminatoria. En los Estados Unidos de América, a los ciudadanos no se les requiere que respondan cualquier pregunta que ellos piensen que los puede meter en problemas— debido a la verdad, debido a *cómo la verdad se pueda ver*. Cuando los testigos ante una junta del Congreso o el Gran Jurado "toman la Quinta", sólo dicen: "Me rehúso a responder la pregunta sobre la base de que puede tender a incriminarme". No están mintiendo. Están diciendo la verdad absoluta.

BB: Bueno, están diciendo la verdad de que no van a decir la verdad. Estoy de acuerdo. Se ha hecho una previsión especial para situaciones de guerra y de intriga política, y por causas razonables, dado el contexto en que ocurre.

Pero tomar la Quinta Enmienda, en las relaciones personales es diferente. No se estás lidiando con una situación de guerra o con la versión actual de las dementes leyes de la tierra y sus adeptos. Estás lidiando con una persona que conoces y con quien has jurado compartir tu vida. Cualquier cosa más que una retención temporal es una mentira en mi libro. (Por ejemplo, en el caso de una emergencia o que se tenga una fecha límite, o que haya un niño presente a quien no quieras asustar al gritar— el completar dicho asunto se puede postergar bajo un acuerdo mutuo.) Pero pienso que tomar la Quinta Enmienda en las relaciones personales es mentir. Retener la verdad es mentir. Mi definición de mentir incluye retener la verdad y pienso que la gente que ha acordado tener una relación íntima, si realmente desea intimidad, tendrá que estar de acuerdo en que tomar la Quinta Enmienda no es uno de sus acuerdos. Todo lo contrario. Tomarla es una forma cobarde de salirse.

Sin embargo, no recomiendo que se diga la verdad todo el tiempo.

NDW: ¿No? ¡Estoy sorprendido! Pienso: "¡Vaya mentiroso, tú!" (Risas.) ¿Cuándo piensas que es correcto mentir?

BB: He tenido infinidad de discusiones acerca de esto. Si tú tuvieras a Anna Frank en tu ático y un nazi tocara a tu puerta y dijera: "¿Hay algún judío es esta casa?" —¡Miente! Te recomiendo que mientas.

Y con otros representantes institucionales y autoridades, cuando están armados y estás en situaciones como ésa, usa el sentido común. No hay razón para poner en peligro tu vida y la de otras personas si hay por ahí una persona insana y respaldada por la fuerza de las armas tratando de obligarte a hacer algo. Anda y miente hasta que puedas superarlos o escapar.

Estuve en el movimiento de los derechos civiles de 1959-1964. Me dispararon, me arrojaron agua, me golpearon, me arrestaron, me detuvieron y varias otras cosas. Estuve también en el movimiento contra la guerra de Vietnam por siete años y también me arrestaron y me golpearon un par de veces. Durante esos años leí muchos reportes acerca de las actividades de las que era parte, pero cuando las leí en la revista "Time" no podía saber dónde habían estado los reporteros —no estaban en el mismo lugar que yo. Esas historias fueron escritas por un comité y eran sólo un montón de interpretaciones sin descripciones. Los reportes acerca de lo que las cosas significan no son lo mismo que las descripciones de lo que ocurrió. Mentir es muy fácil para la mente. Todo lo que tienes que hacer es dejar algunas cosas fuera de una descripción parcial y jugar con otros aspectos de una situación y dar opiniones sobre eso.

Tengo mucha ira en mí en contra de la autoridad de todas maneras, tal como adecuadamente lo percibes tú y como puede decirlo cualquiera que lea mis libros. (Risas.) Desde el momento en que esos seudorreporteros o comité daban todas sus interpretaciones del significado de lo que estaba sucediendo, en vez de decir lo que ocurría, sus reportajes fueron una mentira. Muchas instituciones nos mienten de esta forma. Por lo que yo les miento a las instituciones de vez en cuando, particularmente si pueden dañarme a mí o a la gente que amo.

Por ejemplo, en ocasiones le miento al FBI. A veces viene a verme a la psicoterapia gente con credenciales de alta seguridad. Entonces, para mantener actualizada la alta seguridad, el FBI viene a mí con un formato firmado por la persona que ha sido mi cliente, diciendo que les puedo decir todo lo que mi cliente ha dicho en la psicoterapia. (¡Esta revelación de cómo se mueve la seguridad ciertamente renovará la fe de la gente en Washington!)

El agente del FBI me dice: "¿En su opinión esta persona ha usado alguna vez drogas?" Sé que lo han hecho y digo: "No hasta donde yo sé". Les miento. Les miento a propósito. Incluso lo gozo. En una ocasión le pregunté a un agente de FBI: "¿Y usted, ha fumado marihuana?" Él dijo: "No". Yo respondí: "Está bien, estamos empatados ahora. Deme su siguiente pregunta de porquería".

Si estás en el sistema de justicia criminal de los Estados Unidos de América por algo serio, eres un tonto si no mientes, porque el sistema está esperando que lo hagas, y sólo puede funcionar si lo haces. La gente contrata abogados para mentir mejor. Para eso son los abogados. El sistema de justicia criminal está creado para *mantener* la mentira de donde surgirá la justicia para quien pueda dar los mejores argumentos para vender una *interpretación moralista* de lo que ha ocurrido, que es más importante que una *revelación y comprensión completas* de lo que ha sucedido.

Usualmente cuando eres atrapado por el sistema de justicia te dan un abogado para que distorsione las interpretaciones de lo que ocurrió, de manera que puedas ganar. Para eso fue creado todo el sistema.

NDW: Estás tocando algo que he dicho públicamente cuando discutí las acciones de Bill Clinton con respecto al caso de Mónica Lewinsky. No dije que hizo lo correcto, dije que entendía por qué hizo lo que hizo. La gente me dijo: "¿Cómo puede decir que entiende lo que él hizo? Él es el Presidente. ¿Cómo puede usted, entre todas las personas, que se supone posee ese elevado sentido de la espiritualidad, decir que entiende por qué un hombre puede hacer eso?"

Y dije: "A ver, esperen un momento, primero tienen que entender que nuestra sociedad entera está construida de tal forma que sustenta la Gran Mentira. Se espera que el Presidente mienta acerca de Lewinski y sustentara la Gran Mentira". Estoy seguro que la mayoría de la gente entendió, cuando él primero dijo lo que dijo, que no estaba diciendo la verdad. No estaba engañando a nadie, pero mintió porque en esta sociedad castigamos a la gente por decir la verdad.

BB: Absolutamente.

NDW: Sabía que él, Lewinski y la misma Presidencia, serían castigados, lastimados, si hubiera dicho la verdad. El único error que cometió Bill Clinton fue no ver a la cámara y decir: "¿Saben, damas y caballeros? Cuando me hacen esa pregunta, aquí está la respuesta que quiero darles. Si ustedes, el pueblo americano, si la sociedad humana, hicieran benéfico, provechoso o incluso correcto en cierto nivel decir la verdad en todos los asuntos del gobierno, vidas personales o cualquier otra cosa, entonces obtendrían la verdad bastante más a menudo. Cuando ustedes hacen que una persona pague por decir la verdad, a veces con sus propias vidas (incluso la vida de este país y la presidencia en este caso), cuando hacen que el precio de la verdad sea tan alto que la mentira sea la única alternativa, entonces obtienen lo que están buscando. Y ustedes no están pidiendo la verdad. Ustedes están pidiendo venganza".

BB: Estoy de acuerdo en tu interpretación, aunque yo hubiera recomendado que él fuera más radical. En el momento en el que adoptó la política de "no preguntes, no digas" para los homosexuales en el ejército, dejé de catalogar a Bill Clinton como persona con coraje. No es un hombre de coraje, sino un hombre de adaptabilidad. Bill Clinton nunca hubiera ido tan lejos como para decir lo que acabas de decir. Eso hubiera sido demasiado radical para él. Pero iré mas allá. Creo que debería de tener una "amigable" conversación con todo el mundo, con Hillary y Chelsea y, digamos, Jesse Jackson como moderador, y hacer que todos ahí platicaran con detalle sus experiencias sexuales.

Si yo fuera Clinton hubiera revelado todo en detalle. Y hubiera dicho: "Cuando Mónica y yo estábamos en ese cuarto y fumábamos nuestro puro...", y hubiera contado cada detalle de lo que ocurrió, y lo divertido que fue, y que no realicé la penetración sexual porque me sentía culpable, y que eso fue lo que pasó.. Entonces él podría decir: "Esto es lo que hice. Si quieren encerrarme por eso es cosa de ustedes. Tómenlo o déjenlo. La presidencia no es tan buen empleo después de todo". (Risas.)

NDW: Eso hubiera sido el fin de la discusión.

BB: Bueno no, no lo hubiera sido. Hubiera sido el inicio de una enorme discusión, en la que me hubiera gustado ayudar. Él pudo haber sido el más grande líder del siglo XX. Pero no tuvo el estómago para ello. Prefirió actuar correctamente.

NDW: Podemos situarnos en el justo medio. No estaba diciendo que no debiera haber sido honesto. Creo que el punto medio es, que él pudo haber dicho "lo hice". Entiendo por qué mintió, pero de haber sido Bill, probablemente no hubiera sido tan gráfico como tú, porque no estoy seguro de que la honestidad requiera de semejante nivel de revelación gráfica.

De haber sido Clinton, pienso que hubiera dicho: "Saben, tuve experiencias sexuales con Mónica Lewinsky". Es lo más lejos que hubiera ido, habría dicho: "No llegué al último nivel de intimidad sexual porque sentí que era inapropiado para esta experiencia momentánea de galanteo que estaba teniendo. En mi propio sistema de valores, sentí que hubiera sido una violación a la sagrada confianza de mi esposa, pero admito que la toqué y que tuvimos otras intimidades sexuales de vez en cuando. Tuve esa experiencia y eso es lo que ocurrió".

BB: Está cerca, pero sin puro. (Risas.) Aún siento que los detalles te facilitan las cosas porque ellos siempre van a ir tras todos los detalles en ese tipo de asuntos, así que bien puedes pasar al frente y decir toda la verdad. Porque de todas maneras, cuando retienes algo, ellos insistirán hasta que lo obtengan.

Creo que un día me postularé para algún cargo público, y me gustaría hacer una campaña de decir en voz alta la verdad completa y decir dónde he estado y lo que pienso, y lo que intento hacer: "Si soy elegido voy a jugar golf gran parte del tiempo y me daré mis pequeñas escapadas, sólo que no voy a pretender que se trate de asuntos de legítimo gobierno, voy a pasarla muy bien a sus expensas".

NDW: De la película de Warren Beatty "Bullworth". Sí, fue una gran película. ¿Te imaginas a un político que realmente dijera eso?

BB: ¡No a menos que tú o yo lo hagamos! Cuando Ralph Nader fue nominado y entró a la carrera presidencial fui a sus mítines y él estuvo más cerca que la mayoría de ser realmente honesto.

6. Honestidad Radical en la Política

El capítulo anterior nos trae la pregunta: ¿Está el público americano listo para la verdad en la política? ¿Está listo para un candidato como Bullworth, alguien que dijera las cosas como son y dijera absolutamente la verdad? No lo sabemos. Pero nos gustaría pensarlo. Y nos gustaría ver que pasara por una especie de prueba de detección de mentiras. Nos gustaría ver a alguien que lo intentara. Particularmente después de la campaña presidencial del 2000 y el fiasco de Florida, que fue una burla de todo lo que es verdadero.

Lo que pasó en Minnesota es lo más cercano a esa prueba que hemos tenido. Un hombre honesto fue elegido allí: Jesse Ventura. Él habla en voz alta, dice lo que piensa, lo que siente. Aún aquellos que no estaban de acuerdo con él tuvieron que admirar su honestidad. Él dijo, esencialmente: "si no están de acuerdo conmigo, por el amor de Dios no voten por mí. ¿ Pero cómo pueden saber si están o no de acuerdo conmigo si no les digo lo que es verdad para mí?"

Desde la elección del año 2000, se ha hablado mucho acerca de la reforma política. Todo lo que nuestros políticos tienen que hacer para reformar la política es decir la verdad de lo que han hecho, de lo que piensan y de lo que sienten. Eso es todo. Tan simple como eso. Pero es difícil de hacer si tienes miedo de perder y haces todo para ganar —incluyendo mentir. La mayoría de los políticos no mienten por comisión. Algunos lo hacen, pero no todos. La mayoría lo hace por omisión. No es lo que dicen lo que es falso; es lo que callan lo que crea lo que ellos llaman un "culebreo" (léase falso).

BB: Si estuviera yo postulándome para alguna elección, éste sería mi lema de campaña: "Voy a decirles la verdad acerca de lo que pienso y de lo que siento y de lo que he hecho. Mi vida es un libro abierto. Y he hecho muchas cosas malas: todo el mundo las ha hecho".

NDW: Hay una gran libertad en ello. Estoy de acuerdo contigo. Y quiero mencionar estos tres puntos de nuevo porque estos tres puntos son realmente importantes. Ayudan a aclarar lo que es la Honestidad Radical en términos prácticos. Es simplemente decir siempre la verdad acerca de lo que pensamos, lo que hemos hecho y cómo nos sentimos. Es realmente tan simple como eso. He aprendido esa lección en la vida. En años recientes cuando he sido entrevistado, y he sido entrevistado por todo el mundo, sólo digo la verdad.

La revista "People" me entrevistó y querían saber acerca de mi vida y les dije todo lo que había hecho. Les dije: "No necesitan siquiera hacer una investigación. Aquí hay unos números telefónicos a los que pueden llamar". El reportero quedó desarmado con esto. Cuando salió el artículo en la revista "People", aunque mencionaron algo de que yo tenía un "pasado enredado", no entraron en tantos detalles como hubieran hecho si ese muchacho se hubiera pasado tres semanas y media excavando acerca de mi pasado. Hubiera tenido que justificarlo, pero yo lo saqué para él, y él pensó: "Oh, y qué" y sólo agregó un par de líneas y ya estuvo.

BB: Sabes, parece como si los políticos se imaginaran esto.

NDW: Yo pensé, después de que Nixon lo arruinara todo tan tremendamente con lo de Watergate, que ningún otro político volvería jamás a cometer el mismo error, y todos lo han cometido desde Clinton. ¿Por qué no pueden aprender de algo tan obvio como lo que le pasó a Nixon? Somos una especie rara, ¿no, Brad? No aprendemos. No sólo acerca de mentir sino realmente acerca de nada. Noto que somos muy lentos para asimilar.

No estamos aprendiendo de nuestra propia experiencia

Y ¿por qué? Porque la mayor parte del tiempo no estamos "experimentando nuestra experiencia". Si estuviéramos experimentando nuestra experiencia estaríamos aprendiendo, pero estamos viviendo en la parte de nuestras mentes que está *pensando* no *percibiendo*. Está *interpretando,* no *observando*. Está creyendo en datos pasados o proyectando una realidad futura. Estamos viviendo nuestras interpretaciones y proyecciones; estamos evadiendo nuestra experiencia actual. Ni siquiera sabemos lo que es. Estamos tratando de venderle a la gente que nuestra interpretación de nuestra experiencia es la realidad, y ellos están tratando de vendernos la idea de que *su* interpretación de *su* experiencia es la realidad, mientras que ninguno está poniendo atención a lo que la realidad *de hecho* es.

Werner Erhard tiene mucho que decir acerca de esto en sus "est-Entrenamientos", un programa personal de crecimiento que fue muy popular en el último cuarto del siglo pasado. Él alentaba a la gente a ver "qué es así", en vez de mirar a sus ideas de lo que es así basadas en datos pasados o proyecciones futuras.

Los seres humanos no miran con frecuencia lo "qué es así". Una experiencia presente está, o empapada de mensajes de nuestro pasado, así que está "pasarizada", o enfocada en imágenes sobrecargadas de un futuro imaginario, así que está "futurizada". Esto ya sería lo bastante malo si los mensajes del pasado fueran exactos, si nos dijeran la verdad. Pero muchos de los mensajes de nuestro pasado (a partir de los cuales dibujamos nuestras proyecciones futuras) son mensajes que nos han sido dados por otras personas, mensajes recibidos de otras fuentes: fuentes fuera de nosotros mismos, de quienes hemos asumido que saben todo acerca de la vida, todo acerca de lo que estamos experimentando, y a quienes hemos así entregado nuestra autoridad.

Pero no hay ninguna autoridad y no hay verdad salvo nuestra propia experiencia. Todo lo demás es algo que alguien más está inventando. Por eso todos los verdaderos maestros nunca intentarán decirte Lo Que Es Cierto. Simplemente te dirán lo que es Cierto Para Ellos. Después te invitarán a que vivas Tu Propia Experiencia. Cualquiera que clame ser un "maestro" y no haga esto, no es un maestro. Cualquiera que clame ser un profesor y no haga esto, no es un profesor. Cualquiera que diga que te ama y no te haga esto, no te ama. Tan sólo se aman así mismos —o a la imagen de sí mismos— y desean continuar amando la imagen de sí mismos a través de ti.

Todo lo anterior podrá no ser cierto para ti, pero lo es en nuestra experiencia. Tienes que contemplar tu propia experiencia para ver si es verdadera para ti.

Los profesores podrán guiarte a tu propia experiencia, los maestros podrán guiarte a tu propia experiencia, los amantes podrán seducirte hacia tu propia experiencia, pero sólo tú puedes tener esta experiencia. Y sólo tú puedes saber lo que es. Podrás decirle a otros lo que es, pero ellos no podrán saberlo experiencialmente. Nadie más podrá saberlo que tú. Jamás podremos tener la misma experiencia. Jamás. Podemos tener casi la misma experiencia, podemos llegar a tener la misma experiencia, y todos podemos llamarla la "misma" experiencia, pero no es realmente la misma, y no puede serlo. Cada uno de nosotros está experimentando lo que está experimentando a través del filtro de su propia individualidad.

Las experiencias son como copos de nieve. No hay dos iguales. Eso es porque nosotros *somos* la experiencia. No hay dos de NOSOTROS iguales. En nuestro universo, no hay separación entre la Experiencia y el Experimentador. (De hecho, no hay separación entre nada —¡pero ésa es otra cuestión!)

Los más inspiradores y grandes accidentes políticos y conmociones de nuestra era son aquellos tiempos en que los maestros de este nivel de sabiduría fueron elegidos u obtuvieron el poder a través de protestas no violentas. Gandhi, King, Havel, Tutu, Mandela y otros que, debido a una perspectiva que trascendía las limitaciones de su grupo social, tuvieron muchos problemas, pero propiciaron un gran crecimiento que benefició a mucha gente.

Sean cuidadosos si son de ésos que se pueden sentirse tentados a pensar que todo esto es tan sólo "jerigonza de la nueva era". Algunos científicos y físicos cuánticos bastante serios han estado diciendo por años que "nada de lo que es observado, es no afectado por el observador". En otras palabras, estamos creando nuestra propia realidad. Estamos creando nuestra propia realidad al ser el organismo experimentador. Somos un organismo que tiene sensaciones y tenemos palabras que nos permiten reportar la realidad en una forma descriptiva, a través de decir lo que vemos, olemos, oímos, etc. Estamos también en posesión de una mente que distorsiona nuestro reporte de nuestra experiencia a través de interpretaciones basadas en registros de pasadas experiencias y aprendizaje cultural. ¡Pensando en eso, es asombroso que nos comuniquemos tan bien como lo hacemos!

Por supuesto, esto es exactamente lo que se ha dicho en los cinco libros de Neale "Conversaciones con Dios", y Brad ha hecho la misma aclaración en "Honestidad Radical", "Practicando la honestidad radical", "Paternidad radical", "Los que cuentan la verdad", "El harapo de la honestidad radical" y otras publicaciones.

¿Significa esto que no podemos crear una realidad basada en la experiencia conjunta? No. Lo que significa es que nuestra realidad conjunta no será idéntica de persona a persona. No puede ser experimentada en exactamente la misma forma por cada uno de los experimentadores. Aún más, no será interpretada en la misma forma por las mentes de los experimentadores. Aún así podemos cocrear una realidad que es experimentada en una forma muy, muy similar por mucha, mucha gente. De hecho lo hacemos día con día. Se le llama "vivir por acuerdo".

Todos estamos de acuerdo en que ciertas cosas son de cierta manera y acordamos no discutir acerca de eso. En esta forma podremos darle algún sentido a nuestra realidad colectivamente creada, y podemos pasar a través de algunos datos previamente acordados y ahorrarnos mutuamente mucho tiempo. El truco es no dejarse atrapar en los argumentos de otros acerca de mucho de lo que es realmente importante. Ése es el truco. El truco es saber cuándo entrar en La Ilusión y cuándo salirse de ella. El truco es saber la diferencia entre pensamientos, que piensas que estás pensando pero que en realidad te están pensando a ti, y tu experiencia de estar vivo en el aquí y el ahora, como un ser que percibe.

"Comunión con Dios" dice que toda la vida es una ilusión creada colectivamente y enlista las Diez Ilusiones de los Humanos. Éste es un discurso fascinante y ofrece un nuevo contexto dentro del cual poder contener la totalidad de nuestra experiencia en este planeta.

Bárbara Marx Hubbard, la eminente pensadora y futurista, dice en sus libros "Evolución de la conciencia" y "Emergencia" que nos hemos movido a un lugar en el que estamos ahora cocreando con más y más conciencia las experiencias que estamos teniendo, y, por lo tanto, quiénes somos y lo que significa ser humano.

La filósofa Jean Houston está de acuerdo. En su último libro, "Tiempo de saltar", afirma que la raza humana se está moviendo a un periodo donde más y más humanos están creando un futuro a propósito, en vez de un futuro con el que más o menos tropezaron. Dadas nuestras tecnologías vastamente mejoradas, todo esto está sucediendo un poco demasiado pronto. Aún así hay personas que todavía se mueven por el mundo de manera inconsciente.

Werner Erhard nos urge a todos a crear conscientemente, dándonos completa cuenta de lo que estamos haciendo y por qué. Y él ha dicho que el primer paso en esta transformación de nuestras vidas es simplemente —¡aquí vamos otra vez!— decir la verdad.

Hemos hecho eco de ello aquí. Y una de las cosas que urgimos a la gente a crear conscientemente es un mundo sin engaño, sin agendas ocultas, sin acuerdos detrás de la puerta, o manipulaciones bajo la mesa, o maniobras tras bambalinas, o acuerdos en lo oscuro, o entendimientos entre líneas, o *cualquier cosa* que no sea transparente. Un mundo en que decir y vivir la verdad traiga la más alta recompensa y reciba el honor más alto de la sociedad.

7. Intimidad contra cuidados

NDW: Aún así, Brad, tú has hablado acerca de situaciones donde mentirías, y yo pienso que sé lo que vas a decir aquí, pero quiero regresar a la clase de pregunta que siempre me hacen en mis conferencias y talleres y apariciones en público.

Mamá está muriendo; tiene ochenta y seis, y el doctor entra al otro cuarto y le dice a los hijos: "Le queda una semana". ¿Irías a decirle a Mamá: "Te queda una semana", para que pueda dejar sus asuntos en orden? Ella piensa que no es tan serio, Ella sabe que está enferma, pero piensa: "Todavía no estoy a las puertas de la muerte". Ahora el doctor está en el otro cuarto diciéndote que ella no va a vivir toda la semana.

La pregunta es: "¿Debes a tu madre el dejarla ser responsable por su propia reacción?"; ¿o piensas que es mejor jugar a ser Dios en esa situación y sólo decir: "Lo que mamá no sabe no la lastimará"? Entonces, cuando ella se da cuenta de que morirá (se tiene la bendición en ese momento de saber lo que está pasando), observas con impotencia cuando ella te mira con el último aliento y dice: "Perdona, pero sabes, hubiera hecho algunas cosas de manera diferente en estos últimos cinco días si hubiera sabido. Creo que deberías habérmelo dicho".

BB: Bueno, ya sabes cuál sería mi respuesta.

NDW: No, realmente no lo sé.

BB: Mi respuesta es absolutamente decirle y estar con ella cuando se lo digas y quedarte con ella.

NDW: La razón por la que no sabía cuál sería tu respuesta francamente, Brad, es porque dijiste que hay algunas situaciones en las que está bien no decir la verdad, y pensé que ésta sería una de ellas.

BB: En realidad hay sólo dos tipos de situaciones en las que puedo pensar en las que recomendaría la mentira. La primera es cuando estás siendo abordado por un representante institucional como un soldado nazi o un agente del FBI o un oficial de la corte. La segunda es cuando tienes un acuerdo de confidencialidad como, por ejemplo el de terapeuta/cliente, donde el terapeuta acuerda no decirle a otros lo que le has dicho.

Dado que no hay ninguna institución involucrada aquí, es crítico para la relación entre tú y tu madre, y para tu relación con el resto de la familia, y para que tu claridad y contacto en los últimos momentos de su vida. Es absolutamente crítico que le digas toda la verdad y traigas al doctor y hagas que le diga a ella lo que te ha dicho a ti. Eso es lo que recomiendo.

Y recomiendo que te quedes con ella cualesquiera que sean los sentimientos que afloren, y que crees una relación con ella antes de que muera —una de amor, apoyo y voluntad de estar uno con otro encarando la vida y encarando la muerte. Si fueras tú, ¿no te gustaría saber la verdad? A mí sí.

NDW: Sí, a mí también.

BB: Si alguien absolutamente me ha dicho: "No quiero saber y absolutamente no quiero que me digas si sabes algo", entonces tal vez haga ese acuerdo con esta persona, porque es su elección cuando esté muriendo. Si es un acuerdo que has hecho con alguien, entonces hazlo, pero te costará. Te costará algo en la relación con esa persona. Recomiendo que la gente sea tan completa como pueda con los demás todo el tiempo.

Pero esta situación de "intimidad contra administración de cuidado" es el corazón del asunto acerca de la condescendencia, no sólo en situaciones de muerte, sino también en relaciones de pareja. Cuando la gente en pareja simplemente se involucran en una barahúnda de protección, cuidando de no ofender o sorprender o herirse mutuamente es una forma de enajenamiento que tratan de hacer pasar por intimidad. El valor de la regla del pulgar "di la verdad ya sea que lastime u ofenda, o no", es que de esa forma crecemos juntos y cada vez más sabios. Es una unión en aras del crecimiento personal, como el referido tan bellamente en la ceremonia de boda que tú escribiste, Neale ("Los votos de boda de Conversaciones con Dios", por Nancy Fleming y Neale Donald Walsch, Hampton

Roads, 2000). Que una pareja se otorgue mutuamente el privilegio de interrumpir libremente la mente del otro, para que puedan seguir creciendo juntos, en vez de quedar atrapados en una conspiración de mentes como de la que hablábamos hace un momento, es una cosa maravillosa. En otras palabras, con respecto a mi pareja íntima, o a mi comunidad de amigos, o a toda mi sociedad ¿voy a contribuir con quien soy, verrugas y todo, y a recibir a quienes ellos son, verrugas y todo, para que podamos aprender y crecer juntos? ¿O voy a permanecer escondido, evadiendo cualquier enojo, siendo bueno y siendo secreto y estando aislado debido a mi cuidado de no ofender? No se pueden ignorar las verrugas. Sin embargo, puedes transformarlas en marcas bellas en un segundo. La forma de hacerlo es compartiendo tan abierta y honestamente como puedas.

Mentir acerca de las cosas: Decir la verdad y el perdón

NDW: Bien, ahora otro. Éste es el otro que frecuentemente surge. Es sorprendente que la gente venga con los mismos problemas ya sea que esté dando conferencia en Boston o en San Diego.

BB: Es sorprendente. Sabes, la razón es porque quieren un racional para justificar sus mentiras. Eso es lo que están buscando. Están atrapados.

NDW: Aquí hay uno. Has descubierto que el esposo de tu mejor amiga está teniendo un romance, y tu mejor amiga, la esposa, no lo sabe. ¿Se lo dices?

BB: Vas con él, y le dices que sabes y le preguntas que si está dispuesto a decírselo a ella. Le dices que no quieres quitarle su derecho a decírselo, pero el hecho de que tú lo sepas ahora es una interrupción en la relación de amistad con tu amiga. Dile que si hay algo que puedas hacer para apoyarlo en decir la verdad, lo harás, y después, quédate con ellos mientras atraviesan el dolor y la ira que esto cuesta —sí, un amigo para él y un amigo para ella, haciéndoles saber que estás ahí para apoyarlos. Después, déjale la decisión a él.

NDW: ¿Y si no quiere le das un ultimátum?

BB: Bueno, no lo sé, tienes que tomar una situación a la vez y conocer más detalles, pero tienes que estar detrás de él. Tal vez hacerlo que lea "Honestidad radical".

NDW: En mis talleres he respondido de la misma forma en que acabas de hacerlo. Mi respuesta fue parecida a la tuya, y mi respuesta va un paso adelante. ¡Podrías decir que es un poco más "radical"!

Vas con él una o dos veces. Pienso que le das a cualquiera hasta tres oportunidades para hacer algo. Después de la tercera oportunidad, si no hace nada, le dices: "Tienes treinta días para resolver esto y si no voy a tener que decirle a tu esposa, para poder mantener la integridad de quién soy. No quiero que tu esposa venga en cinco, diez o veinte años, o incluso en cinco semanas, diciendo: '¿Cómo pudiste haberte llamado mi amigo y no decirme lo que sabías?' Así que ahora, para no violar la integridad de quién soy, ahora te digo que realmente no me importa lo que hagas. Sólo te estoy informando que en treinta y un días voy a ir a ver a tu esposa".

BB: Bien, me gusta la respuesta. Usualmente funciona de esa manera en las situaciones reales, que suceden mucho. Como terapeuta veo ocurrir muchas de estas cosas y en treinta días diré que hay momentos cuando vas y lo haces, pero que debes darle a la persona que es el agente primario en ese asunto, tantas oportunidades como puedas.

Cuando la gente está en psicoterapia conmigo, si no están dispuestos a decir la verdad a su pareja acerca de alguna aventura, les doy algo de tiempo, un par de semanas para que lo piensen. Luego les digo: "Lo siento, no voy a verte más en la psicoterapia. No tiene caso perder tu tiempo y el mío, porque si no estás dispuestos a decir la verdad, entonces la terapia no te ayudará".

Y no creo que le ayude. Pienso que muchos psicoterapeutas no saben cuál es el trabajo. En lo que a mí concierne, el trabajo es ayudar a la gente a distinguir entre lo que sucede en el mundo real y lo que se imaginan. Si ése es el trabajo, tienen que decir la verdad. Deben ser capaces de percibir y reportar y no modificar de acuerdo con algún idealismo tonto que aprendieron cuando crecieron en cualquiera que haya sido cultura a la que los aventaron.

NDW: Bueno, me imagino que serías un terapeuta muy efectivo, pero tal vez algo rudo. Me sentiría abandonado por ti y diría: "Hey, no me hagas eso; necesito tiempo. Vine a ti porque sabía que tenía problemas".

BB: Sí. Obtengo frecuentemente esa respuesta lastimera —usualmente después de que la persona hizo un salto a la honestidad; entonces toda su vida cambia porque abandona su historia de víctima en su intento por hacerme el victimario.

NDW: Aún así, tenemos una sociedad entera —eso es lo más asombroso para mí— que está construida sobre "lo que no sabes no te lastimará".

BB: Lo sé. Y lo que no sabes te lastima como el demonio.

***

Ambos estamos de acuerdo en esto. Sin embargo, hay una pregunta que frecuentemente se nos plantea.

"¿Si decidiera empezar a ser radicalmente honesto, está bien decir: 'A partir de este día, de ahora en adelante' o tengo que mirar atrás de mi hombro? ¿Tengo que sentarme con mi esposa, mi cuñado o con quien sea que tenga un asunto pendiente y limpiarlo? ¿Tengo que decir todo lo que me ha pasado con respecto a ellos en los últimos veinte años que no les he dicho? O puedo sólo decir: ¿Saben Brad y Neale? Estoy de acuerdo con ustedes. Ésta es una gran forma de vivir y estoy convertido. Lo entiendo y lo compro y me salí con la mía los últimos veinticinco años, ¿y ahora sólo tengo que avanzar?"

Freud llamaba a esta pregunta un intento de no ser responsable del pasado haciendo una nueva declaración moral y decidiendo ser bueno de aquí en adelante, un "vuelo a la salud". Es una declaración típica de un cliente reconociendo que ha aprendido bastante y tiene miedo de aprender más. Ha confesado lo suficiente, no quiere confesar más. Se supone que el psicoanálisis debe tomar unos tres a cinco años, tres veces a la semana y pasas a través de todo el proceso de identificarte con el terapeuta como si fuera tu padre y luego tu madre y así sucesivamente. Una de las cosas que suceden es que cuando una persona tiene un salto y entra en contacto con ciertas experiencias, se vuelve un poco temerosa de haber experimentado demasiado y toma un salto a la salud. Y dejan de venir. Un día dicen: "Gracias Doctor, usted es el doctor más grandioso que he visto. Gracias, ésta es una cura milagrosa. ¡Y ahora me largo de aquí!"

Es muy similar cuando la gente escucha las noticias acerca de que la honestidad radical es la base de la intimidad y que sin honestidad no hay intimidad y sin intimidad mueres veinte años más joven porque realmente no estás en contacto con nadie. La gente puede tener de pronto toda clase de enfermedades y toda clase de problemas con sus cuerpos y con sus relaciones. Y así quiere "alejarse de su terapeuta original". Encontrará otro terapeuta que no la conozca, encontrará otra moda o alternativa que busque; seguirá "trabajando" por sí misma; o cerrará este libro y no lo volverá a tomar durante meses, si es que lo hace alguna vez.

Fundamentalmente, por tu propio bien y el de quienes te rodean, lo que debes hacer es comenzar con la honestidad radical. Ser honesto es simple. A veces es difícil de hacer. Pero todo lo que tienes que hacer es decir la verdad acerca de lo que piensas, de lo que sientes y de lo que has hecho. El continuo entero de tomar conciencia se puede dividir en tres partes: (1) lo que percibes como fuera de tu cuerpo en este momento; (2) lo que percibes dentro de los confines de tu piel en este momento; y (3) lo que percibes que estás pensando en este momento. Eso es todo. Entonces cuando decimos que la honestidad es simple, nos referimos a que todo lo que tienes que hacer es reportar lo que percibes en este momento. El problema que es la fuente de mucho sufrimiento es que la gente está constantemente modificando lo que reporta, basada en pensamientos acerca de lo que debería o no debería estar hablando. Si meramente reportara lo siguiente: "Me preocupo acerca de _____ en este momento" y sólo continuara describiendo lo que percibe, su vida y el mundo entero cambiarían. Brad y Neale están de acuerdo en esto, pero no coinciden qué tan atrás se debe ir.

***

BB: Absolutamente tienen que ir hacia atrás y limpiar su pasado. Todo. Si están escondiendo algo del pasado es como tener un caballo muerto en la sala de la casa. Todo mundo camina alrededor como si no estuviera ahí. Se pudre y apesta peor cada día, pero sigues fingiendo de todas maneras.

NDW: Yo estoy más a favor de algo como el enfoque de la Quinta Enmienda del que hablaba hace rato.

BB: Definitivamente no estoy de acuerdo contigo, y pienso que "estar a cargo" de tu juicio es la principal fuente de enajenación y de jugar roles, y hacer que tu relación sea un acto y no algo compartido. La condescendencia en "no decirte porque no me parece apropiado a las circunstancias" (por cualquier razón, incluyendo el no hacerle a la persona un daño innecesario porque "después de todo, está en el pasado y ya no puedes hacer nada al respecto de todos modos"), es tan sólo una racionalización para mentir y preservar la ilusión de estar a cargo. El caballo en la sala apesta peor y peor. La familia completa se enferma de aspirar los vapores.

NDW: Brad, ¿qué bien hace ir con una mujer con la que has estado casado por cuarenta y siete años y decirle que en el segundo año de matrimonio tuviste una aventura de fin de semana en ese viaje a Minneápolis? Digo, ¿qué más hay para hacer en Minneápolis? (Risas.)

¿Qué bien haría eso, cuando sabes que eso la lastimará profundamente? El peor escenario: cuarenta y siete años de matrimonio, una gran relación. Hubo un solo mal paso, una falta de integridad en cuarenta y siete años. Fue esa tarde de domingo en Minneápolis. Nunca había sucedido antes, nunca volvió a suceder.

Ahora, has creado esta grandiosa relación que está basada en el nivel de confianza que ella tiene en ti, y salvo por este devaneo, no fue una confianza tan mal depositada. Así que te sientes muy bien contigo mismo. Tienes una relación maravillosa y te das cuenta de que esta dama es una persona muy sensible y tiene toda esta idea de ti. Le dice a todo el mundo: "En cuarenta y siete años Bill y yo siempre hemos sido rectos uno con el otro". Ahora tienes que dar un paso al frente por ninguna otra razón más que porque tomaste un taller de Honestidad Radical, por Dios. O por ninguna otra razón más que porque mi terapeuta se rehúsa a verme otra vez. Me está lanzando de su oficina a menos que vaya a casa y diga: "Esther, tengo que decirte algo. Allá en el año de 1956..." y ella queda devastada, y tú sabes que ella va a quedar devastada y no se va a recuperar de esto porque su concepto entero de ti está basado en la idea que ella tiene de quién eres. Y —con excepción de aquella tarde de domingo— eso ES lo que eres. Así que, vamos, ¿qué bien hace todo esto? ¿Cuál es el sentido? (Risas.)

BB: El problema con tu historia es que nunca ocurrió. Si la persona se estuviera ocultando culpablemente detrás de esa retención, entonces no tienen la maravillosa relación íntima que describiste, y no te dijo todo. Si esta persona tuvo la aventura y mintió sobre ella en 1957, te aseguro que al retener la información él o ella se sentiría tentado de hacerlo otra vez, o inhibido por siempre en su relación con su cónyuge. No hay ninguna historia donde alguien lo hizo una vez y luego no lo hizo por 47 años. Bueno, puede haber una o dos entre los millones y millones y millones de personas, pero en mi experiencia las cosas simplemente no pasan así.

Yo diría sí, cuéntalo, aún si hubiera pasado de esa forma, porque ahora, lo que hace que tu relación sea falsa es que, en tu mente, *la calidad de tu relación está basada en que tú mantengas tu imagen en la mente de tu esposa.* Tienes una imagen acerca de su imagen. Su confianza está basada en lo que tú imaginas que ella cree acerca de ti. Tienes que manipular y controlar esa imagen ante sus ojos para poder manejar la relación. Y nada de esto es cierto porque hay una verdad que está siendo retenida.

NDW: ¿Podría discutir contigo un poco en esto?

BB: Seguro, adelante

NDW: ¿Qué pasa si tu verdadera razón para no decirle —digo, vas con el terapeuta y él te conecta a un detector de mentiras y descubre que estás diciendo la verdad— es que realmente estás preocupado por los sentimientos de esta anciana de ochenta y seis años? Estás más allá de preocuparte por lo que ella piensa de ti. Es decir, tú mismo eres de ochenta y seis. La verdad de esto es que tú estás diciendo: "Mira, yo sólo no quiero lastimarla" ¿Cuál es el punto? ¡Ella tiene ochenta y seis y esto sucedió hace cuarenta y seis años! Tú mismo dijiste, Brad: "Usen el sentido común".

BB: ¡Pero en este caso ese "sentido común" es un problema! Podría llamársele más bien engaño común. Te han enseñado que al lastimar a alguien, el daño es irreparable, y no lo es. Te han enseñado que el daño, el daño psicológico, es lo mismo que el daño físico y no lo es. Te han enseñado que se supone que debes de pasar toda tu vida bailando sobre cascarones para asegurarte de no lastimar los sentimientos de nadie. Por esa razón, mucha gente no tiene un contacto auténtico con otros seres humanos. Es una pregunta muy importante.

Yo digo: *lastimen los sentimientos de la gente y quédense con ella hasta que lo supere, porque se puede superar el daño en un periodo de tiempo relativamente corto.* Si es una aventura que alguien que amas tuvo con alguien más, puede tomarte un par de meses. La mayor parte del tiempo tus sentimientos son heridos y lo superas en una hora o menos. La mayor parte del tiempo estás realmente enojado, muy ofendido, y superarlo en una hora más o menos.

Si tú y yo nos enfrascáramos en una gran pelea, si llego una hora tarde y estás enojado conmigo, resentido conmigo, dices: "¡Estoy resentido contigo por llegar tarde!" Entonces yo digo: "¡Estoy resentido contigo porque estás resentido conmigo!" y nos gritamos un poco. Después, diez minutos más tarde salimos a tomarnos una cerveza.

Y ahora somos amigos más cercanos que lo que éramos antes de enojarnos. ¿Por qué? Porque yo sé que me estás diciendo la verdad acerca de lo que sientes y tú sabes que yo te digo la verdad acerca de lo que siento. Sé que puedo confiar en que me digas la verdad y en que no serás condescendiente conmigo ni protegerás mis sentimientos como si tú fueras el maestro y yo el alumno, como si tú fueras mejor y yo peor.

Cada vez que eres condescendiente con alguien y no le dices la verdad porque piensas que no lo soportará, estás creando ese mundo del que hablábamos en el que tú eres mejor y ellos son peores. Eso es lo que causa más ira y resentimiento.

Si yo confío que serás capaz de manejar tu propio dolor al igual que confío en mí mismo para manejar mi propio dolor; si me relaciono auténticamente contigo, y te doy la oportunidad de ser lastimado y superarlo, de volverte a enojar y superarlo, y si me quedo contigo mientras lo haces, entonces estoy honrando al Ser que tú eres, mucho más que si estuviera honrando a tu interpretación mental de lo que debe evitarse..

NDW: Te escucho y debes saber que estoy de acuerdo en un 99.9% de lo que has dicho. Aun así hay una décima de un uno por ciento donde podría discrepar. Había una mujer anciana que estaba en sus ochentas, y su esposo era un poco mayor; él tenía ochenta y seis u ochenta y siete. Ella vino a un retiro porque amaba los libros, así que compró éste. Y preguntó: "¿Debo ir a casa y decírselo a Bill?"

BB: Bueno, ella se ha sentido culpable durante cuarenta y siete años.

NDW: Lo tengo. Lo entiendo. Bueno, incluso con respecto a su propia culpa, el tiempo cura todas las heridas. Ella tiene ochenta y dos años ahora y dice: "Bueno, eso sucedió cuando tenía treinta y dos, por el amor de Dios", Y lo deja ir. Deja ir su culpabilidad porque le ha dado al hombre los siguientes cuarenta y cinco años de su vida en total integridad.

BB: Si ella realmente lo deja ir puede hablar con él al respecto. Por cierto, no estoy de acuerdo en que con respecto a su culpa, "el tiempo cura todas las heridas": En vez de eso me gustaría decir: "el tiempo daña todas las heridas". El caballo continúa pudriéndose y secándose en la sala, quizás ya no huele tan mal, ya momificado. Pero sigue estorbando el paso.

NDW: Pero su pregunta real no era que si debería hablar con él. La pregunta real era: "¿Cómo manejará eso Bill, a sus ochenta y siete?" Para empeorar las cosas, el hombre está en su lecho de muerte y ésa es la razón de que no esté con ella en el retiro. Sólo tiene dos meses de vida. Ella me miró con lágrimas en los ojos y pregunta: "¿Se lo digo a Bill?"

Bueno, debo decirte, Brad, yo contesté: "No creo que yo lo haría. No pienso que lo dejaría morir con eso. Bill ha tenido este matrimonio de cincuenta y dos años contigo y tú tuviste una aventura cuando tenías treinta y dos. ¿Y qué?"

Lo que sí le dije fue: "¿Necesitas decírselo para poder superar esto?" ¿De forma que él no se vaya dejándote con el sentir de que deberías habérselo dicho?" Ella dijo que sentía que tenía que lidiar con eso, resolverlo, y que tenía remordimientos, pero no culpabilidad. Así que le pregunté por qué quería decírselo. Ella dijo: "Eso es lo que le estoy preguntando".

BB: Además, había querido decírselo todos estos años.

NDW: Entiendo. La pregunta es si se lo diría cuando él estuviera ahí acostado conectado al oxígeno, esperando morir. Yo dije: "Si fuera yo, no lo haría" ¿Cuál es el sentido? ¿Sería por el principio de las cosas?

BB: No. No, no, no, claro que no por los principios. ¡Yo no hago las cosas por principios!

NDW: (Risas.) ¡Ya lo sé! ¿No podría argumentarse que el "no decir" es un mayor acto de amor? Después de todo, te deja con asuntos pendientes, pero ya lidiarás con ellos por amor. Pasarás por eso en vez de obligar a que el otro lo haga.

BB: Es por completar en forma práctica del amor que se tienen antes de que él muera. ¡Él necesita la oportunidad de decirle a ella acerca de sus DOS aventuras cuando tenía treinta y siete y treinta y nueve!

NDW: Eso es asumir demasiado. A veces la gente se casa y no hay ninguna aventura.

BB: Sí. A veces sucede. Pero, el que él pueda tener secretos que no ha compartido ella no es asumir demasiado. Al menos una de esas dos personas se ha aferrado a un gran secreto durante toda su vida. Ella no podría saber si él le está mintiendo o no, simplemente porque su culpabilidad hace que sea muy selectiva en lo que escucha. Estadísticamente, las apuestas son de un 35% de que él probablemente anduvo de coscolino y mintió sobre eso, también. Si entrevistaras ahora a todas las parejas en los Estados Unidos de América, si les garantizaras el anonimato diciéndoles: "Su nombre no estará en esta forma ni se asociará jamás con sus respuestas de ninguna manera", el 35% te diría que ha tenido, o está teniendo, una aventura extramarital. (Esto es de una encuesta reportada en el libro "El día que América dijo la verdad".) Jared Diamond, el sociobiólogo que mencioné antes, que categoriza a las especies según su comportamiento sexual, dice que los seres humanos son 70% monógamos. Lo que sabemos de los seres humanos es que tienen mucho sexo fuera de la monogamia. Lo hemos sabido desde que hemos sido capaces de hacer pruebas de ADN.

Como resultado, puedes ir a cualquier hospital del mundo y sin importar la cultura, sin importar la religión, sin importar dónde se ubican en el planeta, las estadísticas nos dicen que cerca del 20 o 30% de los bebés no son hijos del macho primario de la pareja. Ahora, esto es solo para la gente que se embaraza cuando tiene sexo. Las probabilidades son de que al menos algunos más tienen sexo con protección más frecuentemente, y no se embarazan.

Genéticamente hablando sólo mira el animal que somos y no te preocupes por la imposición de ningún valor, sólo mira cómo nos comportamos, comparados con cómo se comportan los chimpancés, comparados con cómo se comportan los caballos y verás que tenemos muchísimo sexo.

Uno de los valores de decir la verdad es que podemos empezar a tener un comportamiento basado en lo que es, en vez de estar basado en alguna clase de histérica proyección pensada de lo que debe ser para que podamos ser "buenos".

NDW: Bien, no difiero de este último enunciado.

BB: Esa proyección de lo que debe ser para que podamos "ser buenos" es la fuente de nuestra furia combinada. Es la fuente de que tengamos la habilidad de destruir el mundo doce veces. Como dices, tratar de ser "mejor" que otras personas es la fuente de muchos problemas entre los seres humanos.

NDW: Estoy completamente de acuerdo contigo. Pienso que hay algunas situaciones donde sólo decides, por un acto de amor, llevar la carga después de su muerte antes que hacer que se vaya con este trago amargo. Digo, por qué decírselo al hombre en su último aliento. No sé si...

BB: *Esa es la clase de telenovela que todos creemos porque todos hemos crecido en esta cultura, que dice que mentirle a alguien es un acto de amor y sacrificio.* Pensamos que si lo haces por proteger sus sentimientos, estás haciendo algo bueno y maravilloso. Yo digo que estás siendo un idiota. Estás siendo atrapado en la cárcel de tu propia mente cuando lo haces. Digo que cuando lo haces le estás costando a la otra persona una relación auténtica contigo y le estás haciendo pagar al vivir en una ilusión. Estás creándole una fantasía de la realidad y has entrado en la fantasía y tienes una relación de fantasía. ¿Entonces qué quieres con tu pareja, un arreglo para evitar problemas, o intimidad? Elige.

NDW: Aclaremos esto. ¿Estoy correcto en decir que tú piensas que realmente hay sólo una excepción mayor para decir la verdad, además del arreglo de confidencialidad explícito entre personas? ¿Y que esa excepción es sólo cuando hay instituciones involucradas y la persona que quiere saber representa o actúa como funcionario de la institución? En ese caso ¿tú piensas que no decir la verdad en esas condiciones puede estar bien?

BB: Sí. ¡No sólo es correcto, sino que abogo por mentir con gran entusiasmo! Mentirle a los Nazis puede ser muy divertido. ¡Di la patraña más grande que pienses, te creerán!

NDW: Yo puedo pensar en situaciones en las que el no ofrecer una verdad, o donde pueda ofrecer una segunda verdad sobre la primera, como: "No quiero discutir eso en este momento. No pienso que tenga sentido hablar de eso en estas circunstancias. Y ésa es mi verdad".

BB: Lo que quiero decir con verdad es la verdad de la experiencia. No la "verdad" de la interpretación... "Mi verdad", de la manera en que la has usado aquí, es el razonamiento usual para evadir responsabilidad de decir lo que tu interpretación es, en voz alta y adueñándote de ellos. Cuando dices "una verdad" o "una segunda verdad sobre una primera" no te refieres a la verdad de la experiencia, te refieres a tu mente interpretativa. Esto no es diferente del razonamiento usual de porquería del mentiroso habitual.

Estoy en desacuerdo con esto completamente. Pienso que es pura evasión. Está bien diferir una conversación por acuerdo, digamos en circunstancias donde tienes que ocuparte primero del trabajo, de los niños o de algo más, y después hablar. Pero hacer una interpretación de: "No pienso que tenga sentido hablar de eso en estas circunstancias y a menos que las circunstancias cambien no hablaré de ello", sin fijar un tiempo para hablar de eso tan pronto como sea posible, probablemente es pura evasión.

Todo el meollo de la cuestión es mentir en una relación de individuos, sin importar la razón que puedas tener para evadir la verdad. Éste es un desacuerdo serio. Yo pienso que decir "ésa es mi verdad" o "ésa es tu verdad" es simplemente una forma de no hacer la distinción entre la verdad experiencial y las interpretaciones de la mente. De esta manera evitas la responsabilidad de reportar la verdad de la experiencia, reportando honestamente lo que percibes que es tu interpretación.

NDW: Estamos de acuerdo en esto: la honestidad radical significa estar dispuestos a decir la verdad a cualquiera acerca de todo.

BB: Sí.

NDW: No significa que debas pasar el tiempo caminando por la calle y diciéndole a cualquier dama en la parada del camión que su vestido es una garra, o a cualquier hombre que su colonia huele horrible.

BB: No significa que debas: Pero tampoco significa que no lo debas hacer. Puedes hacerlo si quieres.

NDW: De cualquier forma, no significa soltar lo que es tu propia realidad singularmente experimentada (a alguien puede gustarle esa colonia).

BB: ¡Sí significa eso! ¡Tú reportas tus juicios e interpretaciones! De otra manera nunca los superas. Dices la verdad acerca de ellos para deshacerte de tu fijación de ser correcto, lo cual *nunca* podrás hacer si estás siendo cuidadoso de no ser inapropiado, como tú recomiendas.

NDW: Yo diría que significa vivir la vida de forma auténtica, compartiendo tu verdad auténtica cuando y si te lo preguntan y que le digas a otro que te gustaría compartir tu verdad y lo harás si siente que podría hables hay algún beneficio para él.

BB: No estoy de acuerdo con esto. ¡No hay diferencia para mí si en su opinión es de algún beneficio para él o no! ¡No importa si pregunta o no! ¡Y ciertamente no importa si *él piensa* que puede o no beneficiarle! Tú estás confiando en tu mente aquí, en mi juicio, por miedo a confiar que decir la verdad acerca de lo que piensas y sientes no pueda servir, así que mejor manejas las cosas un poco más.

NDW: No necesariamente significa hablar, sino estar *dispuesto* a hablar.

BB: ¡No, por Dios! Significa hablar. Creo que tienes miedo de la ira. Eres, como Bill Clinton y otros políticos, temeroso de la desaprobación. En "Honestidad Radical", el capítulo más largo del libro (53 páginas) es acerca de la Ira. El capítulo acerca de la Ira en "Practicando la honestidad radical" es casi tan largo. Y tengo muchos testimonios de gente que ha aprendido cómo perdonar al ser más honestos acerca de la ira porque les enseñé cómo evitar esta salida de cobardes.

***

Lo que hemos notado aquí es que Brad cree firmemente en esto y que Neale cree casi con la misma firmeza. Neale cree que puede haber momentos en los que tiene sentido decir "tomo la Quinta". Brad cree que sólo tiene sentido para Neale porque a él le han lavado el cerebro culturalmente para ser un buen chico católico y no lo ha superado. Neale piensa que Brad está un poco tocado de la cabeza con respecto a la ira, y por eso tiene que ser siempre un extremista. Brad piensa que Neale es cuidadoso por miedo. Neale piensa que Brad tiene una actitud desagradable basada en asuntos no resueltos debido a que le han mentido. Probablemente ambos estén en lo correcto uno acerca del otro.

Así que es difícil lo que usted debería hacer, como lector, ¿no? Ambos son diamantes en bruto. Pero si los corta y los pule un poco resulta que de todas formas están defectuosos. ¡Maldita sea!

PARTE II

Cómo te libera la verdad

8. Aplicando la honestidad en las relaciones

Ambos hemos hecho mucho trabajo con parejas, Brad como terapeuta, Neale como consejero espiritual. Neale se ha casado cinco veces. Brad se ha casado cuatro veces. Así que podemos decir que han visto y experimentado algunas cosas varias veces. Una de las cosas que hemos notado es que las parejas se enojan entre ellas de vez en cuando. Por ejemplo hemos visto esto muchas veces: parejas que han estado casadas doce, quince o diecisiete años, que están teniendo la comezón del decimocuarto año, o que están "comprendiendo" que las ilusiones que tenían acerca de todo no se están cumpliendo exactamente como esperaban. Una de las cosas que notamos es que cuando estas parejas se enojan, difícilmente se miran entre sí. Ellos vendrán y los pondremos uno frente al otro en las sillas. Ellos hablarán entre ellos, pero lo harán viendo al piso o al techo o a la frente del otro, o a su cabello o a su cuerpo, pero no se verán a los ojos.

No se han mirado, a veces, por años. Será una sesión muy satisfactoria si, como resultado de algo que hacemos que no sea decirles directamente: "míralo" o "mírala", realmente se miran entre sí.

Lo que Brad a menudo sugiere es que las personas hagan un "ayuno de palabras", que pasen el fin de semana juntos y no hablen. Esto es poderoso. Lo que sucede es que empiezan a poner atención uno al otro para saber lo que está pasando. Ellos reportan de vuelta que gracias a este pequeño ejercicio toda su relación se ha renovado. Dejan de relacionarse con sus imágenes de uno y del otro y realmente comienzan a percibirse. Ahora están listos para la honestidad radical.

Hay otras formas de disparar una vida de Honestidad Radical aquí y ahora. Una de las cosas que Brad recomienda es que la gente se consiga un amigo, o un socio o una pareja y le diga: "Hagamos un acuerdo de que por tres semanas nos diremos la verdad acerca de todo. Lo que pasa por nuestras mentes, lo que sentimos en nuestros cuerpos y lo que sucede entre nosotros. Lo haremos como un experimento. Comenzaremos conmigo contándote la verdad de mi pasado y tú diciéndome la verdad de tu pasado". Brad invita a la gente a que se cuente sus historias. Muchos de ellos pueden contar la historia de su vida en una hora incluyendo casi todo.

Cuando la gente cuenta sus historias entre sí, siente como si estuviera incluida, traídos a algo que no podrían obtener compartiendo muchas otras cosas. Si estoy dispuesto a contarte lo que hice en mi vida (incluyendo todos mis errores, todas mis fobias y también todos mis éxitos) y te cuento lo que sentí y como me equivoqué (como se hace en AA y otros programas de recuperación), entonces obtengo el alivio y el poder tener cierta determinación sobre mi futuro. No obtienes esto hasta que te vas hacia atrás y limpias tu pasado. Entonces lo tienes.

Usted tiene la habilidad de quedarse fuera de aquello a lo que es adicto porque acumula su fortaleza al decir la verdad. En los grupos de trabajo de Brad, la gente le cuenta la historia de su vida a todos en la habitación. Se les videograba al hacerlo. Luego se les pide que lleven los videos a casa y los muestren a la gente con la que viven.

Algunas veces sucede que la gente de casa dice: "Ni siquiera sabía con quién estaba viviendo" y se sorprende mucho.

Si usted está dispuesto a hablar, está en camino hacia una vida de honestidad radical. No necesita tomar un taller o un programa especial, o consulta privada para llegar ahí. Todo lo que necesita es conseguir un amigo y hacerlo. Dígale la verdad acerca de lo que ha hecho y lo que piensa y lo que siente durante un par de semanas. Una vez que haga esto, no querrá volver a su estilo anterior de vida. Terminará para siempre de jugar a las escondidas.

¡Ésta vez entraremos en un diálogo porque estamos de acuerdo en tantas cosas!

***

NDW: No puedes regresar.

BB: Tan sólo no quieres. Puedes regresar, pero no quieres, porque la vida que ahora vives es más viva que la vida que vivías antes de decir la verdad. No toda la emoción es causada al ser sorprendido o consternado, tampoco. Es en mucho causada por el amor. Es en mucho causada por aquello que nos aterroriza más. Pienso que estamos más aterrados del amor que de cualquier otra cosa en el mundo. Pienso que no estamos tan aterrados de la ira o de la sexualidad. Estamos más aterrados de la felicidad. Pensamos que si amamos completamente con todo nuestro corazón, moriremos. Una de las razones por las que vivimos en nuestras mentes, es que no podemos tolerar la experiencia de estar tan completamente conectados con otra persona, así que vamos a nuestras imaginaciones para darnos a nosotros mismos algo de alivio.

NDW: Me pregunto si la razón de que tengamos tanto miedo del amor no es que estemos temerosos de la experiencia del amor, amar sino de perderlo. ¿Cuál es el sentido de tenerlo si lo vamos a perder? Es como ir de compras y sólo ver los escaparates. No puedo ir de compras así.

Algunas personas dicen: "Un día puedo querer comprar una de estas cosas y así sabré exactamente dónde encontrarla". Sé que si no voy a poner los billetes en la mesa ahí y en ese momento, no voy a comprar. No tiene sentido. Si quiero comprar un par de zapatos, voy y compro un par de zapatos. No miro casualmente zapatos durante cinco semanas con la vaga esperanza de que un día de la sexta semana querré comprar un par. Para mí, ir de compras para sólo mirar escaparates es algo sin sentido.

Algunas personas piensan que el amor, el nivel de amor del que estás hablando, ese intenso nivel de intimidad, es ir a ver escaparates. Piensan que jamás serán capaces de tenerlo. Conozco a una persona que justo le dijo a mi esposa. Son amigas, y esta amiga le dijo a Nancy: "Yo nunca tendré una relación verdaderamente íntima y a largo plazo. No estoy hecha para eso. Simplemente tengo que aceptarlo".

Hay gente que realmente piensa así. Cree que su pasado es su presente. Está condenada. Es, clama, incapaz de recrearse y renovarse a sí misma en la siguiente más grande versión de la más grande visión que nunca ha tenido acerca de Quién Es.

Otros piensan que aún y si fueran capaces, no tiene caso, pues el asunto fracasará de todas formas. Han sido lastimados tantas veces; dicen: "¿Cuál es el punto? Simplemente no quiero jugar".

BB: Tienes razón. ¡Mira que es verdad! Mucha gente se siente así. Pienso que esto viene de haber sido pequeños tanto tiempo. Somos indefensos más tiempo que cualquier otro animal. Hasta hace unos 300 años teníamos que tener al menos dos padres para poder sobrevivir y teníamos que tener a alguien que nos cuidara por mucho, mucho tiempo. Así que somos muy pequeños y dependientes y no tenemos nuestro propio poder y autoridad durante mucho, mucho tiempo.

En el curso de ese tiempo, no puedes crecer sin tener abandonos. Crecer es en sí mismo un abandono. Tengo un hijo de siete años en este momento y me resisto a que siga creciendo. Es tan dulce y tan maravilloso y tenemos una cama familiar y dormimos todos juntos y nos arrullamos y nos acurrucamos y él es simplemente maravilloso. Lo he amado con todo mi corazón desde que nació.

Sé que para cuando tenga diez u once va a ser un poco más distante y más apegado a sus amigos, y que cuando llegue a ser un adolescente lo voy a querer abofetear. (Risas.)

Puedo sentir ese "apartarse", lo estoy perdiendo porque está creciendo y él me está perdiendo porque está creciendo. No voy a sentarlo en mi regazo y abrazarlo cuando tenga diecinueve en la misma forma que cuando tenía siete. Tengo un hijo de veintidós que dice: "Quisiera que me trataras como a Elijah". Yo dije: "Está bien", pero cuando se sentó en mi regazo no fue lo mismo.

Así que lo que nos da miedo es que vamos a tener más de esas experiencias de abandono. No hay un ser humano que haya llegado a la edad adulta que no haya tenido muchas pérdidas, que no haya sido abandonado sólo por crecer.

***

En conclusión pienso que podemos decir que la gente tiene lo que quiere. A mucha gente le *gusta* quejarse acerca de sus parejas o de las dificultades en sus vidas causada por otras personas. Esto sólo significa que tener una vida de la que vale la pena quejarse es lo que realmente quieren. Werner Erhard solía decir: "Si quieres saber lo que una persona quiere, mira lo que tiene". Tenemos miedo de amar por todas las razones que hemos mencionado aquí. Tenemos miedo de la intensidad de la experiencia. Tenemos miedo de perder el amor como lo hemos perdido antes. Tenemos miedo de no ser correspondidos. Tenemos miedo de que el pasado se repita y no creemos ser capaces de amar. Todos estos miedos son obedecidos porque es más fácil que tener el coraje de ser. Amar se basa en vivir en voz alta, y vivir en voz alta es un riesgo. La vida sobre-examinada no vale la pena vivirse. Es mejor ser reprobado en tu prueba de Wasserman* que nunca haber amado en absoluto.

---

* Es uno de los análisis prematrimoniales para detectar la sífilis.

9. Percibir más

La mayoría de nosotros podemos saber cuando la gente nos está mintiendo. Y mientras mejor diga usted su verdad, mejor es usted para saber cuando alguien está mintiendo. Cuando usted es un libro abierto puede saber muy fácilmente cuando otros están mintiendo.

Si usted tiene algunas mentiras que está propagando, y está gastando mucha de su energía cubriéndolas, entonces no puede decir mucho acerca de cuando alguien está mintiendo o no. Sólo lo percibe menos. Parte del valor de decir la verdad es que puedes percibir más, y el valor de percibir más es que está usted más en el mundo de la experiencia real. Está vivo y cuando usted vive, realmente vive el momento que usted *experimenta*, en vez del momento que usted pensó que iba a experimentar. Usted se queda fuera del ayer y fuera del mañana y se queda Aquí, Ahora. Se queda fuera de Pensar y permanece en Percibir.

Brad tiene a varias personas en terapia con él que han recibido la noticia de que van a morir, o que vienen a verlo cuando se enteran. Él los ha cuestionado cautelosamente a través de los años preguntando: "¿Cuál fue su primera reacción?" Tres cuartas partes de ellos dicen que lo que primero experimentaron fue *alivio*. Dijeron: "¡Fiu! Muy bien, ahora me puedo relajar: Ha terminado; ahora ya lo sé. La pregunta incontestable ha sido contestada. Ahora no tengo que preocuparme. Estoy a cargo. Estoy a cargo por primera vez en mi vida. No tengo que seguir fingiendo. Voy a morir y es un alivio".

Cuando la gente se siente a cargo por primera vez en sus vidas, entonces pueden salir y decir la verdad. Alguien dijo una vez que todo miedo es en última instancia un miedo a la muerte —o al menos ya no tienes miedo de cuándo va a suceder— entonces te vuelves temerario. Ya no queda nada a lo cual temer.

Dr. Elizabeth Küber-Ross dijo una vez: "No hay nadie más valiente que un hombre moribundo". Esto es cierto, porque ¿qué tienes que perder? Si piensas que no tienes nada que perder vives cada día como su fuera el último. Hay dos viejos dichos que hemos escuchado durante toda nuestra vida. Uno dice: "Vive cada día como si fuera el último", y el otro es: "Conoce la verdad y la verdad te hará libre". La razón de que esos dichos hayan sido repetidos una y otra vez es que encierran una gran sabiduría.

Cada nueva generación tiene que decir esas cosas en el lenguaje coloquial de su tiempo, en una forma que sea nuevamente entendible para las nuevas generaciones. Depende de todos nosotros hacer que sucedan. El hecho de que usted esté leyendo este libro quiere decir que está dispuesto a llegar al borde, que está ahora entre los líderes de un nuevo tipo de movimiento espiritual más interesado en la verdad que en pretender.

***

BB: Pienso que una de las cosas en las que queremos enfocarnos es algo que quiero preguntarte. ¿Cómo vamos a recompensar la verdad y a dar permiso de decir la verdad en una escala más grande?

NDW: Oh, saliéndonos de los conceptos de "correcto" y "equivocado". Al abandonar nuestra idea acerca de lo que es correcto e incorrecto y, desde mi punto de vista, abandonando todo el sistema. Lo estamos inventando de todas formas. Debemos crear un nuevo camino. Di una plática recientemente y dije algo que la audiencia pensó que era muy atrevido. Dije: "¿Saben? No hay tal cosa como correcto e incorrecto. Ustedes están inventándolo todo de generación en generación, de lugar en lugar, de ciudad en ciudad".

Tuve algunos argumentos de la audiencia acerca de ello. Ellos decían que debía haber algo que fuera absolutamente correcto e incorrecto. Sugerí que tomáramos algunos ejemplos.

Si una mujer camina por la calle, en la mayoría de las ciudades de este planeta, y ofrece ciertas experiencias deliciosas al sexo opuesto a cambio de efectivo, probablemente será arrestada, a menos que el policía la conozca bien, en cuyo caso él sería simplemente pagado —o se le brindaría el servicio.

Si no la conoce bien la arrestará, porque quiere su collar. Sería arrestada. Por otra parte, si la misma mujer hace lo mismo en Ámsterdam, en los Países Bajos, no sólo *no* sería arrestada sino que sería elogiada por añadir más fuentes de ingresos a la ciudad por concepto de impuestos. En Ámsterdam las prostitutas tienen de hecho una licencia del gobierno, que también les concede pequeños préstamos de negocios. Ésa es la verdad.

Así que le dije a la audiencia: "¿Qué es de hecho lo correcto o lo incorrecto, la prostitución o la geografía. Qué es?" De modo que tuvimos una acalorada discusión.

Hablé acerca de cómo en los Estados Unidos de América, en Salem, MA., no hace tantas generaciones ahorcábamos a las mujeres por brujería. Enarbolábamos un libro para justificarlo, enarbolábamos el llamado libro de Dios, la Biblia, y decíamos: "Te ahorcamos en el nombre de Dios por ser bruja".

Y entonces le dije a la audiencia: "Si hiciéramos lo mismo ahora, llamaríamos a los ahorcadores, no a los ahorcados, 'equivocados' —*y enarbolaríamos el mismo libro para justificar ese juicio*".

Ahora, no estamos hablando de hace miles de años, ni estamos hablando de las culturas Aborígenes o de algún tipo de sociedad primitiva (o, lo que según nuestro juicio, llamamos sociedad primitiva). Estamos hablando de Salem, MA. A sólo un tiro de piedra atrás de nuestro hombro en el pasado. Así que le dije a la audiencia: "¿Qué ha cambiado?" No lo que está en el buen libro. Usamos ese libro para ahorcar a las mujeres y ahora, un par de siglos después, lo usamos para decir a la gente que deje de colgar a las mujeres, y *es el mismo libro*". ¿Entonces cuál es la diferencia?

Nuestro punto de vista ha cambiado.

Advertimos que Hemingway tenía razón. "La vida es una fiesta móvil."

A medida que evolucionamos y tenemos un mejor sentido de quiénes somos y quiénes elegimos ser, redefinimos lo que es correcto e incorrecto. Correcto e incorrecto es sólo una definición móvil basada en un concepto de nosotros mismos, y la vamos inventando conforme avanzamos.

La respuesta a tu pregunta, desde mi punto de vista y en mi experiencia, es que debemos que descartar incluso los términos mismos de "correcto" e "incorrecto". Eso es lo que dicen los libros de "Con Dios". Hay todo un nuevo paradigma para vivir establecido en esos libros. Ya sea que creas o no que hablé con Dios es irrelevante. Experimenté un diálogo interesante.

En ese libro le pregunté a Dios, le pregunté a una conciencia más elevada: "¿Hay seres altamente evolucionados en el universo, y en las sociedades muy evolucionadas?" La respuesta fue: "absolutamente" y que están por todos lados. Pregunté como resolvían el problema de esta definición flotante de lo que es correcto e incorrecto, y la respuesta fue: "No tienen correctos e incorrectos. De hecho, si trataras de utilizar las palabras 'correcto' o 'incorrecto', te mirarían como si fueras de otro planeta (como en realidad lo eres) porque no hay palabras para 'correcto' o 'incorrecto' en su vocabulario. Se preguntarían de dónde has sacado ese concepto de correcto e incorrecto".

Bien, pregunté entonces qué usan como sistema de valores. Lo que hacen es extenderse por encima de sus acciones para determinar lo que eligen hacer y lo que no eligen hacer. Pregunté si *tenían* siquiera un "sistema de valores". Se me dijo: "Oh, sí, absolutamente. Se trata de lo que funciona y lo que no funciona".

Entonces, es tan simple y elegante como esto. Algo es benéfico o no lo es. Si quieres ir a Seattle y estás conduciendo hacia San José, no funciona seguir ese camino. Eso no hace que ir a San José sea "incorrecto", sólo lo hace no benéfico. Así que dejamos de viajar en esa dirección.

El primer paso para nosotros como sociedad a medida que evolucionamos es abandonar nuestros valores. Quienes tienen los pies en el lodo, que están "atascados", protesta contra ello. Dicen que estamos creando una sociedad sin valores, que los estamos abandonando. Bien, estamos abandonando nuestros valores. Debemos abandonar nuestros valores. Debemos tener sólo un valor. ¿Qué es lo que está funcionando? ¿Qué funciona? Y la evaluación depende de lo que estés tratando de hacer.

Así, cuando alguien dice: "Bueno, tú sólo tienes valores flotantes", yo digo: "Tienes toda la maldita razón, mis valores flotan día con día, hora con hora y minuto a minuto, dependiendo de lo que quiero lograr". Si me mantengo constante y claro acerca que lo que estoy intentando hacer (por ejemplo, si estuviera tratando de ser la mejor persona que puedo ser —según mi propia medida de lo que significa "mejor"), y ése es el faro hacia el cual me dirijo, verás consistencia ente lo que llamo "correcto e incorrecto " o "lo que funciona" y "lo que no funciona".

BB: Muy bien dicho. Adoré esta ultima declaración. ¡Ésa debe ser la razón de que tanta gente compra tus libros! Sí. Está bien. Ése es el núcleo de la cuestión. Lo que hace la mente es convertir una experiencia en un ideal, y una vez que se vuelve un ideal es todo cosa de la mente. Es un lugar muy engañoso porque eventualmente conviertes "lo que funciona" en lo que es "correcto" y "lo que no funciona" en lo que es "incorrecto". Una vez que la palabra "mejor" entra en escena, has penetrado en tu mente, te has hecho superior y has hecho inferior a alguien más.

Con los niños pequeños, cuando eres abierto a ellos, te sorprenderán las soluciones que se les ocurren. El mío juega con estos bloques de plástico y construye cosas que nunca se me ocurrirían, y funcionan. Lo miras y dices: "Me pregunto qué hará después. Me preguntó cuál será la solución a esto". Si no funciona podrías hacer una sugerencia o él podría hacer una sugerencia, pero no estás haciendo "lo correcto" o "lo incorrecto" ahí, estás haciendo "lo que funciona".

Tampoco estás sobrevaluando "lo que funciona". Está bien hacer lo que no funciona para descubrir esto. Puedes atenerte al valor de hacer lo que funciona, y una de las cosas que descubrirás es que la forma en que aprendes a hacer lo que funciona es cometiendo muchos errores y haciendo mucho de lo que no funciona. No está mal cometer errores, es particularmente correcto. Es sólo lo que haces para poder ser funcional.

La mente ama una especie de súper consistencia que hace que todo sea "verdadero" todo el tiempo, en cada circunstancia, sin importar qué. Y convierte "lo que funciona" en "sólo hay una cosa que funciona", y entonces estás perdido. La mente no puede soportar la inconsistencia cuando algo funciona bien una vez y no otra, o sólo la mayoría de las veces. A la mente tampoco le gustan los líos que provocan los errores y trata de evitarlos —al menos entre personas que fueron educadas, como nosotros, a contar los errores como una mala calificación.

NDW: Pienso que como sociedad estamos cerca de liberarnos de algunas de esas estructuras.

BB: Yo también lo pienso así.

PARTE III

Transformación social a través de la honestidad

10. Evolución consciente

Mencionamos anteriormente que Bárbara Marx Hubbard ha escrito un libro maravilloso en el que argumenta que a través de la mayor parte de la historia humana hemos estado evolucionando, pero no hemos percibido que estamos involucrados en este proceso, de hecho, no sólo participando, sino creando el proceso mismo.

Tocamos esto antes pero merece una reiteración. Nosotros somos los evolucionados y los "evolucionadores". Recientemente, muchos en nuestra especie han llegado a la conclusión de que estamos evolucionando exactamente en la forma que elegimos evolucionar. También reconocemos que el proceso de evolución es un proceso de creación en el momento, aquí y ahora, no una participación distante.

Una de las cosas más excitantes de esto es que el siguiente paso primario en la comunicación con las sociedades del mundo es que podemos hacer esto conscientemente. Ésa es la comunicación. Ahora debemos preguntarnos, ¿qué sucedería si todos creáramos vida y nuestra experiencia colectiva, deliberadamente en vez de por casualidad? ¿Qué sucedería si alcanzáramos masa crítica? Ésa es la pregunta. ¿Qué pasaría si llegáramos a la masa crítica en el número de la gente que se ha comprometido a ser cocreadora consciente de nuestro mañana?

La respuesta es que entonces tendríamos el mundo de nuestros sueños.

Hay un proceso muy claro sucediendo ahora en este planeta. Cualquiera que mire a su alrededor lo puede ver. Es un proceso de la energía consciente de creación, que hierve y se derrama, para que podamos alcanzar masa crítica, donde más gente que no, sea consciente de lo que está sucediendo y se anime a participar en el proceso.

Estamos haciendo esto en pequeño primero, dando pasos tentativos. Aún así, son pasos que pueden ser vistos por todos y, por lo tanto, nos ayudan a todos a creer que podemos alcanzar masa crítica por largos periodos, en asuntos más grandes.

Hay un pequeño ejemplo que tuvo lugar una tarde de nuestras vidas colectivas, pero creemos que sucedió de manera consciente. Creemos que la raza humana decidió de manera consciente cómo quería cocrear lo que iba a ser como la Víspera de Año Nuevo del Nuevo Milenio.

Había un pensamiento en el aire que ese día podría no ir bien, que podría haber acciones rebeldes o acciones terroristas. Y más tarde se reveló que hubo algunos intentos de los terroristas de romper nuestras celebraciones con actos de horror; pero fallaron. Y la noche fue perfecta.

Muchos de nosotros miramos todo el día, las doce horas completas a medida que la media noche llegaba a cada parte de la Tierra, y vimos una celebración unificada. Me parece que hubo algún tipo de decisión consiente "Hey, no arruinen esto. ¿Podríamos tener aunque sea sólo este día?". Parecía claro que habíamos hecho una elección colectiva. El terrorismo fue prevenido por nuestra vigilancia y nada pasó.

Fue una noche fabulosa. La Víspera del Nuevo Año del Milenio fue nuestra primera oportunidad como raza humana de observarnos a nosotros mismos siendo nosotros mismos en ese nivel. No ha habido otro momento en la historia de nuestra especie en que hubiéramos podido observarnos así. Solamente nuestra tecnología avanzada nos permitió observarnos a nosotros mismos. Fue como la película "Día de la Independencia", pero al contrario. Fue el "no suceder" de una calamidad planetaria.

BB: Fue como el hombre aterrizando en la Tierra.

NDW: ¡Exacto, exacto! Nos miramos a nosotros mismos siendo nosotros mismos y pienso que todos dijimos "¡Sí! ¡Bravo!" Y es por eso que dije antes que tengo mucha esperanza de que estemos listos para este proceso que Bárbara llama "la evolución consciente".

Pienso que algo está sucediendo aquí. Pienso que esa Víspera de Año Nuevo la raza humana *se inspiró a sí misma*. Fue inspirada por su habilidad para conducirse admirablemente: pasando un buen rato, sin arruinarlo y estar, al menos por una noche, en un lugar de unidad. Observamos esto por nosotros mismos, y compartimos una experiencia común.

Ahora debemos hacer lo mismo otra vez. Tenemos que ser vigilantes. Tenemos que cuidarnos a nosotros mismos. Llegamos al siglo veintiuno, ¿pero qué tan lejos podemos llegar con nuestra estructura mental actual? Ésa es la pregunta que se plantea ante nosotros en este momento. Si vamos a tener una oportunidad como especie vamos a tener que tomar algunas decisiones colectivas, que abarquen a toda la especie, que nos permitan experimentar nuestra unidad en nuevas formas. No sólo celebrando el nuevo Milenio, sino celebrando también otros aspectos de nuestra experiencia común.

BB: Me gustaría que los políticos se informaran de esto. Me gustaría ver el apoyo de la exigencia pública. Quiero que tomemos decisiones provechosas para la especie a partir de esta conciencia. Necesitamos buscar otras cosas, no sólo si podemos o no volar el mundo en pedazos doce veces antes de que alguien más lo haga volar cuatro veces. Hay alguna forma en que esto entre eventualmente en nuestra experiencia política.

NDW: Mucha gente habla acerca del ecosistema. En "Conversaciones con Dios —Libro 3" se acuñó un nuevo término: el "especiesistema". Decía que lo que necesitamos ahora es no sólo un ecosistema saludable, sino también un especiesistema que incluya no sólo a la ecología y a la economía, sino también al ambiente político, al ambiente social, al ambiente espiritual y al ambiente educativo. Éste es el especiesistema y nos llevará de regreso a lo funcional, siempre que la especie diga dónde quiere ir y dónde declara que está en este momento. Es acerca de lo que sirve y lo que es funcional en este contexto. Estoy de acuerdo contigo, Brad, necesitamos hacer esa clase de decisiones y elecciones que abarquen a toda la especie.

BB: Me gusta mucho la idea. Me parece que la salud del ecosistema, planeta Tierra, depende ahora de la salud del especiesistema. No sólo porque somos muchos, o porque hemos hecho, sin querer, tantas cosas perjudiciales, sino porque nuestra conciencia de lo que está sucediendo y nuestra habilidad de actuar en esa conciencia es ahora una clara indicación de mayordomía del ecosistema del planeta. El planeta seguirá, por supuesto, sin nosotros si fallamos. Es sólo que muchas de las especies que conocemos hoy en día, incluyéndonos, no lo harán. *Es una especie de carrera ahora entre los conscientes y los no concientes entre nosotros.*

Uno de los lugares donde la conciencia está entrando en este momento es con respecto al dinero y a la gente. Los negocios se están volviendo más sofisticados y hay ahora muchas compañías en que los empleados son más conscientes de que su trabajo no es tan sólo hacer dinero, y que hay otras consideraciones además de la línea de fondo. Ésta es la forma en que está penetrando en nuestra cultura. Elevar nuestra conciencia acerca de nuestro Ser compartido deberá estar en la agenda de cada negocio, además de la línea de fondo. Y hay cada vez más y más gente que habla de ello. Mi amigo, Dave Edwards, autor de "Revolución compasiva" (Green Books, 1998), y nuestro amigo "Michael Lerner" en su libro "Maestros espirituales" y en "Tikkun Magazine" habla y escribe de lo que llama "una nueva línea de fondo" donde la compasión es tan respetada como el beneficio. La gente de negocios y los líderes corporativos tienen que estar incluidos en el proceso de toma de decisiones acerca del especiesistema y el ecosistema, pero las decisiones importantes ya no pueden ser tomadas sólo sobre la base del dinero.

***

Hay un movimiento en los Estados Unidos de América y a través del mundo para traer transparencia y honestidad radical a los negocios. Muchos seminarios y talleres se están llevando a cabo para ilustrar y demostrar cómo los negocios y la industria pueden crear y usar nuevos criterios para definir el éxito y el beneficio. En estos seminarios, se enseñan técnicas administrativas, explorando modelos usados actualmente por empresas exitosas, en los que hay un gran nivel de participación en la toma de decisiones en políticas de la compañía, metas, presupuestos, salarios, contratación, desarrollo de productos y otras opciones gerenciales y administrativas.

En "Conversaciones con Dios —Libro 2" se dedicó toda una sección al concepto de transparencia, como se aplicaría a la comunidad de negocios y a nuestras interacciones económicas con los demás. El texto plantea una hipótesis que dice que todo cambiaría notablemente para bien si los negocios simplemente decidieran ser total y completamente transparentes en sus interacciones —unos con otros corporativamente hablando, con sus clientes y con sus propios empleados.

Brad opera una empresa lucrativa y una no lucrativa donde el lema es "Todo se sabe". Nada es secreto. Todo se revela en detalle y todos los libros están abiertos. Brad incluso ha fundado una nueva nación en Internet llamada "The United States of Being" (Los Estados Unidos de América del Ser), cuya frontera es la atmósfera de la Tierra. (¡La camiseta dice: "U.S.O.B."!) También, su compañía no lucrativa, el Centro de Honestidad Radical, patrocina un programa anual llamado "El Curso en Honestidad para Líderes de Pensamiento", donde dieciséis líderes empresariales, artistas, escritores, líderes de seminario, etc., conviven por ocho días y toman juntos el curso de honestidad. De aquí se está formando "El Concejo Mundial para la Transición a la Compasión", y en sus reuniones regulares, dos veces al año, revisarán y discutirán cómo puede darse la participación consciente en la evolución del especiesistema.

Todo esto está basado primero y ante todo en que la gente comparta honestamente todo lo que les importa en el mundo. Tomemos un ejemplo del tipo de transparencia de la que estamos hablando aquí. En este nivel de transparencia cada compañía y cada corporación distribuiría una hoja de papel a cada empleado una vez al mes enlistando el paquete de compensaciones para todos. No estamos hablando de rangos de salarios como: "Jim gana entre $35-$46 al año", sino de los salarios exactos —lo que todos ganan, cuáles es su paquete de beneficios, cuáles son las opciones de acciones, literalmente todo lo que es cierto para todos en la empresa, desde el portero hasta el director general.

Neale ha estado mencionando esto recientemente en conferencias públicas y reporta que algunos miembros de sus audiencias —generalmente hombres— se paran y se van. Otros se agitan y dicen: "Eso no es práctico. No se puede hacer. Además, son datos que a nadie le importan". Claro, esto lo dicen los chicos que están en los puestos directivos.

Neale hace esto en Greatest Visions y en ReCreation Foundation, la organización no lucrativa que fundaron él y su esposa. Cada mes, durante la junta de personal, surge la hoja de papel y los empleados lidian todo lo que se deriva de ahí.

Alguien puede decir: "Oh, Janice tuvo un aumento, bien". A Neale le han preguntado muy directamente: "¿Cómo es que Janice gana $32 600 y yo $25 900, si hacemos el mismo trabajo y, además, yo llevo cuatro meses más que ella?"

Cuando usted opera su negocio con transparencia debe explicar su racional y salir al frente. Debe decirle a esa persona: "Puedo decírtelo, si de veras lo quieres saber. La respuesta es que ella hace un mejor trabajo que tú. No teme quedarse trabajando unas horas más, hace más rápidamente lo que se le pide, es más consciente y, francamente, es una empleada más valiosa. Ésa es la verdad. No es que no seas valioso. Si no fueras valioso, no estarías aquí. Pero tu valor respectivo para nosotros no es el mismo. Si quieres aprender cómo ganar $32 600 en vez de 25 900, habla con Janice".

Los administradores de Neale, tienen esa clase de conversaciones en sus juntas de personal todo el tiempo, y el nivel de salud —estamos hablando de salud mental y emocional, lo que se traduce en buenas vibraciones entre el personal— es notable como resultado directo de estas discusiones. El principal argumento contra la transparencia es que nadie podría tolerar la verdad. Es un argumento muy triste, y no es cierto.

Neale sabe de una firma de construcción en San Diego que le hizo caso en esto. El propietario de la firma comenzó a liberar los salarios de todos sus empleados y también empezó a decir a cada uno de sus clientes cuánto estaban cobrándole sus subcontratistas y sus proveedores por esa cubeta de clavos y esa hora de trabajo eléctrico. Pasó la información al cliente. Le dijo que el tipo que hizo el trabajo eléctrico le había cobrado $45 por hora y que él le estaba cobrando al cliente $65 por hora. El cliente preguntó por qué querría cobrarle esos $20, y el constructor explicaría todo y le diría al cliente que ese dinero se usaba para mantener la firma. Tenía tanto miedo de hacer esto, sin embargo arriesgó las ganancias de su compañía para hacerlo y pudo triplicar sus utilidades en dieciocho meses.

Cuando llamó para dar el reporte, dijo: "Eso es lo que escucho a menudo de la gente —el rumor es que me están recomendando con todo aquel que quiera remodelar su casa. Están diciendo que si un tipo es tan honesto y abierto, ése es el tipo que quiero para construir mi casa. Si viene de ese nivel de integridad, hará un buen trabajo, y si no hace un buen trabajo, te dirá 'lo arruinamos' y lo hará otra vez".

La publicidad boca a boca que obtuvo fue increíble. Su línea de fondo se triplicó debido a su voluntad de salir limpio y ser recto y decir: "Sí, esa cubeta de clavos me costó $12, te la estoy cobrando en $30, y ésa es la verdad".

Brad tiene varias historias de éxito en los negocios en "Los que dicen la verdad: Historias de éxito de gente honesta". Él y sus colegas intentan hacer de "Los que dicen la verdad" una serie de libros y cintas que cuenten estas maravillosas historias a medida que suceden. Están dirigidas a alentar e inspirar a las personas a que intenten la apertura y transparencia en vez de esconder las cosas, y "blufear", y lograr picos de ventas y competir reteniendo la verdad. Tuvo una historia interesante acerca de cómo la honestidad de un amigo suyo en los negocios le redituó.

***

BB: Prefiero lidiar con alguien así, que es sincero desde el comienzo. Tuve la experiencia de construir mi casa hace unos 10 años. Fui mi propio contratista y ayudé en el diseño de la casa. Tuve cerca de cien subcontratistas en el transcurso de seis meses. Yo fui el único contratista general que conocí en ese tiempo que realmente comenzó un trabajo y lo completó en seis meses como había planeado. Dije que me mudaría el 1° de noviembre, y lo hice. Realicé todo el proyecto como un experimento de intención consciente.

Y todo sucedió debido a la calidad de la comunicación que tuve con cada subcontratista. Les dije la verdad acerca de lo que quería y de cómo les ayudaría. Decía a uno: "He hablado también con otros dos plomeros y cada día que no vengas no te pagaré. Le pagaré a alguien más que haga el trabajo. Si vamos a tener una discusión vamos a tenerla aquí y ahora. Quiero que tengamos la comunicación necesaria que te permita a ti hacer lo que quieres hacer para ganarte la vida, y a mí para apoyarte, y para que tú me apoyes en construir una casa".

Hablé acerca de cómo "tú me estás apoyando y yo te estoy apoyando, y estamos trabajando juntos en esto". Les dije que había estado en los negocios antes por un número de años y que también había hecho algunos trabajos de construcción y que sabía lo que era tratar de manejar un negocio. Les dije que les llamaría unos días ya especificados antes de los días en que los necesitaría, y acordamos el número de días de antelación que requerían. Les dije que esperaba que se quedaran conmigo en el trabajo una vez que comenzaran hasta que estuviera completado, y que no se llevara a su gente a hacer otros trabajos al mismo tiempo. Les dije que sabía que entendían que mi trabajo era en gran parte coordinar las cosas, para que una vez que el plomero terminara su trabajo los electricistas pudieran venir, y después el hombre del aislamiento, y después el de los revestimientos, etc. Y que un retraso causado por una persona que no hiciera su trabajo cuando había dicho que lo haría, sacaría de calendario a todo el proyecto.

Luego les dije que les daría una pequeña parte del dinero para empezar el contrato conmigo, y que los respaldaría pagándoles hasta que terminaran el trabajo; si se atrasaban los reemplazaría y le daría el dinero al otro tipo y no a ellos. Les dice que si íbamos a tener un conflicto por eso, que lo tuviéramos en ese momento.

Y luego los escuché. Aclaramos nuestros acuerdos y cómo la vida es corta y todos necesitamos pasarla lo mejor que se pueda en el trabajo y que todos tenemos que ayudarnos, y depender uno de otro y decirnos la verdad acerca de lo que pasa y no sólo basura.

Después les pregunté a qué hora solían despertarse en la mañana, y ellos me dijeron, y yo les dije que les llamaría a esa hora o un poco más temprano cada día que debieran venir a la construcción para apoyarlos en llegar aquí. Les dije que me preocuparía por averiguar si necesitaban que fuera por partes o suministros, o si requerían cualquier otra cosa de mí.

Muchos de ellos son mis vecinos o eran y todavía son mis vecinos en la casa de campo, y algunos de ellos siguen siendo mis amigos. Fueron muy amables conmigo y me ayudaron más allá del deber y pasamos un buen rato construyendo esa casa. En algunos casos tuvimos conflictos ocasionales, pero los resolvimos cara a cara en el contexto de lo que habíamos acordado. Traían a sus familias para ver dónde trabajaban, para conocerme y para celebrar nuestro trabajo juntos. Estamos muy orgullosos de lo que hicimos, no sólo de la casa, sino de la forma en que hicimos que sucediera.

NDW: Fue más que sólo un trabajo en ese momento.

BB: Si, fue mucho más que sólo un trabajo.

NDW: No vemos que esto ES honestidad radical. No sólo honestidad radical en la mesa de la cena o en la cama con tu amada o con tus seres queridos. Ésta es la posibilidad de un alto nivel de honestidad radical en las salas de juntas corporativas de los Estados Unidos de América.

BB: Yo sé y tú sabes que mucha gente está aprendiendo que lo que le permite tener nuevas, únicas, creativas y poderosas perspectivas es ser clara en su atención, y en su intención, lo que requiere que sea honesta. A lo que finalmente llega esto es que el *secreto de la rentabilidad en una era de la información es la honestidad*.

NDW: Sabes, estamos llegando al punto donde un día será casi imposible *no* ser honesto, dado el increíble tráfico de información.

BB: Eso espero. Sería un gran alivio. Ese juego adolescente de estar siempre trabajando para cuidar tu imagen, para controlar la forma en que la gente piensa de ti, para hacer crecer las cosas en los medios con el fin de vender cosas para ser rentable, está yéndose. Está cediendo. La gente está más interesada que nunca en la forma en que las cosas realmente son. Esto es cierto en el nivel de los negocios y en el nivel personal, y está volviéndose cierto en el nivel corporativo.

Cada ser humano que he conocido está vitalmente interesado en saber lo que la vida realmente es para esa gente de allá y pregunta: "¿Mi forma de vida es la misma que la suya?" Está realmente interesado en la verdad.

Eso es lo que más esperanza me da. Sé que todos están interesados en la verdad y que todos quieren hacer una contribución a los demás. He visto gente en las prisiones, en los hospitales mentales, y en la calle, y nunca me he topado con un ser humano que no quisiera fundamentalmente hacer una contribución a otros seres humanos. Nunca he conocido a un ser humano que no estuviera fundamentalmente interesado en la pregunta: "¿Cómo es allá?"

NDW: Estoy de acuerdo contigo. No he conocido a nadie que no quisiera fundamentalmente ser honesto, si piensa que podría hacerlo. Sin embargo, lo que es cierto para los individuos, parece no serlo para los grupos de individuos cuando están en un clan o una sociedad o una corporación o una clase especial de ambiente. Por ejemplo no hay un médico individual, o cuando menos hay muy pocos médicos individuales, que sostenga el mismo punto de vista que la Sociedad Médica Americana.

BB: Lo sé. En el movimiento de los derechos civiles se llevaron a cabo encuestas a dueños de restaurantes en el Sur durante el auge de la discriminación. Descubrieron que el 70% de los restauranteros no creía en l. segregación, de hecho, creía en la no segregación, pero decían que no lo podían hacer público porque perderían sus negocios. Y decían esto porque pensaban que mucha de la gente de la comunidad no creía en la no segregación. Y resulta que, si encuestabas a las otras personas, el porcentaje era más o menos el mismo que entre los dueños de negocios. La segregación existía como una tradición más allá de las creencias que los sustentaban. Pienso que cuando la gente establece tradiciones en los grandes grupos le toma mucho más tiempo superar los sistemas anticuados que a los individuos. Por supuesto, siempre existe el apoyo en tales grupos para que los individuos se refugien en ellos cuando están al borde de una ruptura de pensamiento, porque el grupo quiere que las viejas tradiciones se refuercen y se mantengan.

NDW: Ciertos comportamientos se vuelven institucionalizados y continúan aun cuando los individuos que los crearon y apoyaron esa institución ya no sostienen esa creencia. La pregunta es: "¿Cómo cerramos la brecha de forma tal que surja la integridad y el deseo de los individuos y desintegren las instituciones y las renueven?"

BB: Las instituciones son el paralelismo de la mente. La institución en el nivel social es lo mismo que la mente en el nivel individual. Si hay un paralelismo entre la mente del individuo y la institución de la sociedad, es que quieren hacer las cosas como siempre las han hecho. A la mente le gusta mantenerse consistente y a una institución le gusta mantener las cosas consistentes, sin importar qué tan caducas o qué tan irrelevantes sean a los hechos y al territorio.

El lingüista y filósofo cuyo nombre no puedo recordar, que dijo: "El mapa no es el territorio", dio un mapa a un grupo de gente en una reunión en Londres y les dijo que se divirtieran en la ciudad un par de horas y que luego regresaran para tener una discusión. De hecho, les había dado un mapa de Moscú. (Risas.) Así que realmente tuvieron la experiencia de caminar en Londres tratando de encontrar las cosas con un mapa de Moscú. Cuando regresaron les dijo: "Como ven, es relativamente importante que el mapa se ajuste al territorio".

El problema con nuestras mentes y con nuestras instituciones es éste: El mapa ya no se ajusta al territorio. El territorio cambia y el mapa ya no funciona, pero lo seguimos usando.

La pregunta es: "¿Cómo superas las creencias?" Y la respuesta es que primero tienes que entender lo que es una creencia, independientemente de cuál sea esta creencia, o si es acerca de algo "bueno" o de algo "malo", una vez que la sostienes en oposición a la realidad, se vuelve un tipo de evasión de la realidad. Nos gusta aferrarnos a creencias bastante más allá de su aplicación a la realidad. Alan Watts escribió un libro intitulado "La sabiduría de la inseguridad", en el que dice que la vida es como un río y para que sea segura necesitas un bote. Pero a la gente no le gustan los botes porque no "se siente seguro". Él dice que la mayoría de las personas tratan de poner un poste en la rivera para sostenerse, y aun si hay crecidas y las corrientes las golpean, se aferran a su poste porque quieren sentirse a salvo y seguras, aunque no lo estén. Pienso que la idea fundamental budista de que aferrarse a una creencia es la causa universal de sufrimiento, es correcta. También explica por qué la más grande actividad comercial en el Planeta Tierra son las drogas ilegales (muchas de ellas analgésicas). Una de las más grandes empresas corporativas en el mundo es la industria farmacéutica, que elabora principalmente antidepresivos, analgésicos y cosas por el estilo. Y surge la pregunta, "¿por qué necesitamos tantos analgésicos?" La respuesta más simple es: "¡Por que hay mucho dolor!" Pienso que la mayor parte del dolor viene de aferrarnos a ese poste ribereño de la vida, llamado "creencias", mientras la vida te golpea por tus modelos tan mal ajustados de la realidad.

***

Por años, Neale ha estado diciendo en sus conferencias que lo que tenemos que hacer es cambiar nuestro sistema de creencias, nuestro sistema cultural. Esto es realmente de lo que estamos hablando aquí. Tenemos que cambiar toda nuestra historia cultural. En "Comunión con Dios", se dice que el problema con la raza humana es que no estamos viviendo de acuerdo con los Diez Mandamientos, sino con las Diez Ilusiones. Estas diez ilusiones han creado nuestra historia cultural. Entre ellas está la ilusión de que existe la necesidad, la ilusión de que existe el fracaso, la ilusión de que existe la separación y la ilusión de que existe la insuficiencia.

Ninguna de estas ilusiones es real. Parecen reales, pero no lo son. A veces hay un conflicto entre la experiencia de lo que percibes y lo que piensas que deberías estar viendo. Ambas pueden resolverse prestando más atención, o elevando la conciencia. Esto es lo que resuelve contradicciones lógicas aparentes, porque la conciencia trasciende a la mente, que tiene que operar de acuerdo con dicotomías.

La psicoterapia es el lugar donde esto se muestra. Cada sufrimiento individual es causado por alguien que está atrapado en una dicotomía u otra y por lo tanto no puede ver por qué. No pueden reconocer lo que es porque están atrapados en su mente acerca de lo que creen que deberían pensar: "la forma en que debería ser".

A medida que lidiamos entre nosotros en honestidad, lo que hacemos es darnos mutuamente permiso de no tener la razón, permiso de estar confundidos y permiso de no tener que ser felices todo el tiempo. Es un gran alivio. Todos estamos juntos en este barco. Cuando sabemos esto vemos que hay un tipo de comunicación entre la gente que tiene que ser honesta. Es honesta porque una vez que hemos revelado las cosas que son más tabú, como nuestra confusión, nuestra inseguridad o infelicidad, etc., nos sentimos libres de hablar acerca de cualquier cosa.

***

BB: Al final de mis talleres hacemos una "declaración del mundo ideal" Uso esto de Phil Latu, un autor que escribió un libro acerca del dinero. Él tiene este ejercicio donde la gente descubre su propósito en la vida. Primero escribe una lista de características personales, luego una de comportamientos pasados específicos que son evidencia de que esas características son correctas. Las instrucciones están secuenciadas de forma que la lista truquea a los participantes para que escriban una declaración de su propósito en la vida. Simplemente responden preguntas y realizan la simple tarea de hacer listas, en vez de tratar de descubrir lo que "deberían" hacer con sus vidas. Luego escriben su visión del mundo ideal. Sólo dice: "Un mundo ideal es aquel en que..." y llenan el espacio.

Así que tenemos a dieciséis personas al final de los talleres que escribieron su visión de la forma en que quisieran que el mundo fuera. Lo que siempre me sorprende y a ellos también, y sucede una y otra vez, es que la visión del mundo ideal de casi todos es la misma. Es casi exactamente la misma. Incluso las palabras que usan. Tiene que ver con un sentido de responsabilidad para con el planeta, establecer el balance ecológico, querer que la gente sea feliz y que tenga que comer y beber, y vivienda adecuada.

Estas cosas son ideales comunes de cada persona que ha venido a mis talleres, que son una buena muestra de la clase media americana. Básicamente mucha gente está de acuerdo en lo que les gustaría ver que el mundo fuera, y al mismo tiempo, como decíamos antes, de alguna forma esto no llega a ser.

NDW: Bueno, porque no pueden estar de acuerdo en cómo pasar de aquí hacia allá.

BB: Es cierto. Es tan sólo un asunto de pasar de aquí hacia allá.

NDW: Metodología. El desacuerdo en la metodología ha creado una falta de habilidad para alcanzar el lugar donde todos compartamos un acuerdo común, porque no sabemos cómo llegar de donde estamos a donde queremos estar.

Pienso que el primer paso es, regresando a Bárbara Marx Hubbard, darnos cuenta que somos participantes en el juego. No estamos a la orilla viéndonos a nosotros mismos llegar adonde queremos estar sino, de hecho, es mediante nuestros propios pensamientos y decisiones y elecciones e intenciones que surge todo el proceso de evolución.

Pienso que hay alguna esperanza, porque ahora nos damos cuenta de esto. Estamos diciendo: "Oh, ya entiendo. Ya entiendo. Es de esta forma porque lo hice así. *Lo hice así*".

Ahora somos bastantes los que estamos de acuerdo, y es un nuevo lugar para la raza humana.

BB: Es ser responsable en vez de ser culpable. Es percibir en vez de pensar. Es estar presentes en la experiencia en vez de en tu mente acerca de lo que debe ser. Cuando nos enfocamos en crear con nuestras mentes en vez de avergonzarnos con nuestras mentes, y compartimos honestamente todo lo que se nos ocurre, entonces es posible tener una nueva vida juntos. ¡Ser responsable es más divertido que ser culpable!

NDW: La responsabilidad borra la culpabilidad, porque la responsabilidad al menos nos permite percibir que hemos hecho esa elección intencionalmente. Es muy difícil ser culpable de algo que hiciste intencionalmente.

BB: Cierto. Puedes decir: "Siento lo que hice", pero no te sientes mal.

***

Sentir culpabilidad, o vergüenza o remordimiento es en su mayor parte una pérdida de tiempo, y no es lo mismo que asumir la responsabilidad de nuestras acciones.

Pensamos que la honestidad permite un esclarecimiento en donde la gente puede reconocer lo que es, incluyendo su parte en hacer que lo que es sea de esa forma. A partir de aquí puede darse una reconstrucción mutua.

11. Transformación social: Deshacer el sistema de influencias secretas

Para protestar por la corrupción financiera en las campañas, Brad intencionalmente se hizo arrestar dos veces —junto con dos pequeños grupos de gente que eran miembros de la Alianza por la Democracia— en la Rotonda del Capitolio en Washington, D. C. Esto es lo que dijo al respecto.

***

Nos llamábamos a nosotros mismos la Brigada de la Libertad. Estábamos patrocinados por un grupo de gente de la Alianza para la Democracia. Estábamos tratando de mantener viva la conversación acerca de la forma que son financiadas las campañas en nuestro país. Para poder controlar la legislación millones de dólares en contribuciones para las campañas han salido de grupos industriales. Por ejemplo, al momento cerca de trece millones de dólares han venido de la industria del petróleo; cerca de once millones vienen de la de industria de seguros; y aproximadamente treinta otras industrias han donado más de diez millones cada una.

Comenzamos nuestra protesta revelando toda esta información con volantes, artículos y conversaciones personales para contribuir a expandir el diálogo acerca de la reforma financiera a finales de 1999 y después a principios del 2000. Nos reunimos en la Rotonda, obligando a la policía a que nos arrestara, para llamar la atención sobre el tema.

Nuestras conversaciones en la cárcel y en la corte revelan que aquellos de nosotros que participamos en esta acción social lo hicimos por nuestras transformaciones individuales y por nuestra compasión —por nuestra identificación con otros seres humanos. Porque habíamos aprendido ciertas cosas acerca de quiénes somos, cosas buenas y malas, entendíamos más acerca de cómo la gente puede ser buena y también ser torcida. Protestamos contra aquellos pocos dementes que estaban lastimando a la mayoría. Protestamos que algunas personas dementes tuvieran más poder que el resto de la gente demente. Queríamos equidad de oportunidades para ser demente —una cosa llamada democracia. No es mucho, pero es mejor que la plutocracia que tenemos.

Un mes o algo así después de que nos arrestaran y nos liberaran, fuimos a juicio. Ahí aprendimos más acerca de la relación entre transformación social e individual.

En abril de 2001 la reforma financiera de McCain/Feingold pasó al Senado, 15 meses después de que nuestras protestas trajeron el asunto a la atención pública. Mientras escribo esto, el edicto no ha salido de la casa. Lo que se propone en ese edicto está todavía lejos del financiamiento público total. Si pasa, hará un poco más difícil que las corporaciones multinacionales mantengan sus sobornos en secreto, y de alguna manera limitará cuánto pueden pagar. Incluso ese modesto intento de reforma puede nunca pasar, debido al grado de obligación de los del Congreso a la gente que ha pagado por sus campañas electorales.

En este capítulo, Neale y yo decidimos incluir un artículo que escribí para describir el testimonio en el juicio de los participantes en esta particular reforma social, porque pensamos que una manifestación importante de crecimiento espiritual es la compasión en acción. Se hace claro, por el testimonio de la gente, que su voluntad de actuar para cambiar las leyes acerca del financiamiento de las campañas está basada en su propio crecimiento espiritual, y que la compasión hacia otros y el amor por sus familias es una consideración central.

Me arrestaron porque creo que hay una relación entre la libertad personal de la mente y la libertad social del dominio por parte de las instituciones. La protesta que hicimos mis amigos y yo fue contra las alianzas secretas de las instituciones para influenciar la elección de candidatos. Escribí el artículo que sigue porque pensé que el testimonio de todos nosotros expresaba elocuentemente un

110

punto de vista vital. También muestra cómo los individuos se comprometen a que se conozca la verdad para comenzar a hacer responsable al gobierno de ser abierto y honesto y decir la verdad.

Justicia criminal: ¡Hey! ¡Es un buen nombre!

Los primeros arrestos tuvieron lugar en octubre de 1999 cuando Ronnie Dugger, fundador de la Alianza para la Democracia y otros siete sostuvieron pancartas y hablaron en voz alta en la Rotonda del Capitolio en Washington acerca de que la democracia estaba en venta. Entonces, seis más de nosotros fuimos arrestados en enero, una parte de la Brigada de la Democracia iniciada por la Alianza para la Democracia. Nos arrestaron por protestar acerca de la forma en que las campañas son financiadas por corporaciones multinacionales, lo que les da una influencia indebida. Esto se llama plutocracia. Queríamos que ese tema se discutiera y fuera revelado a toda la gente del país que tuviera esperanza en la democracia; otro gobierno fallido, aunque más honesto, podría prevalecer.

Fuimos arrestados por primera vez en 2000, en la última semana de enero. Luego, una tercera Brigada de la Democracia formada por dieciséis de nosotros fue arrestada de nuevo en la Rotonda el 29 de febrero, año bisiesto. En marzo la mayoría del último grupo arrestado fue a juicio —catorce amigos, todos culpables de la misma ofensa. (Dos de nosotros no llegaron a la primera fecha de juicio y tuvieron que ser pospuestos a una fecha posterior.)

Yo era culpable. Me declaré culpable. Pero no me sentía culpable. Me divertí muchísimo siendo culpable y me enamoré de un grupo de gente y me sentí muy bien conmigo mismo y pienso que lo mismo le pasó a la mayoría de nosotros, y quiero hablar acerca de eso. Se siente bien defender la verdad.

Todos tuvimos que declararnos culpables testificar brevemente de por qué rompimos la ley. Lo que sigue son extractos de la transcripción de la corte de nuestro testimonio, y la respuesta del juez y un poco de la historia de lo que ocurrió.

Corte superior del Distrito de Columbia

Marzo 23, 2000.

"¿Sr. Blanton?"

EL TESTIGO: Soy el Doctor Brad Blanton, autor de un libro llamado "Honestidad Radical". He sido un psicólogo clínico en Washington, D. C. por los últimos veinticinco años. Estuve manifestándome en el Capitolio en contra de la corrupción en el financiamiento de las campañas, en protesta por la forma en que funciona el orden económico mundial.

Si tuviéramos que tomar a toda la población del mundo y reducirla a un grupo de cien personas en un cuarto, en igualdad de rangos, de las cien personas en el cuarto, ochenta vivirían en viviendas indignas, cincuenta sufrirían de malnutrición y enfermedades relacionadas con ella, setenta no sabrían leer, uno tendría un grado universitario, uno tendría una computadora y seis controlarían lo suficiente de los recursos como para controlar al resto de la gente en el cuarto. Todas estas seis personas ricas serían ciudadanas americanas.

Me parece que si estuviéramos, de hecho, en un cuarto con cien personas y nos conociéramos unos a otros y nos viéramos y habláramos y nos oliéramos entre nosotros, probablemente controlaríamos esos problemas —porque la compasión humana normal surtiría efecto una vez que la gente se experimentara una a la otra. Pero con más de seis mil millones de personas en el planeta, lo que mantiene las condiciones que conservan estas circunstancias en su lugar es la valoración primaria de la línea de fondo. La gente que tiene el dinero puede permitirse comprar la legislación necesaria para hacer justamente eso —mantener la línea de fondo como valor primario. Hacen esto a través de financiar las campañas de la gente elegida para los puestos públicos e influenciándolos constantemente con cabildeos pagados.

Así que, para mí, la reforma financiera es *crítica* para ser *realmente* compasivo en vez de tener esa falsa compasión que forma parte del diálogo político actual. Así que estoy orgulloso de decir que soy culpable. Soy culpable de los cargos de manifestarme en la Rotonda del Capitolio contra la corrupción en el financiamiento de las campañas.

***

Era tarde en el día y el juez había sido lo suficientemente amable para sentarnos en la banca vacía del jurado, en vez de tenernos parados mientras cada persona testificaba. El juez, llamado Weissberg, un caballero de mediana edad, canoso, de aspecto distinguido, acababa de dirigirse a cada uno de nosotros personalmente, uno a la vez, haciéndonos una serie de preguntas. Él nos preguntó a cada uno si estábamos sobrios, si no estábamos bajo la influencia de alguna droga. Preguntó si entendíamos claramente que si declarábamos que éramos culpables estaríamos seis meses en prisión y una multa de $500, o ambos. Todos dijimos, en nuestro turno, que entendíamos. Entonces se nos permitió testificar. Nos pidió no pasarnos de dos minutos. Yo hablé primero porque mi nombre empieza con B.

Cuando vino nuestro turno de testificar, cada uno de nosotros se levantó para hablar, y se sentó nuevamente al terminar. Nuestro rango de edades era de dieciocho a setenta y seis. De alguna manera, en ese escenario controlado y formal, en esa gran sala de audiencias vacía, y con ese amplio rango de edad, las palabras que habló cada uno de nosotros para explicar por qué estábamos ahí, tuvieron una especie de tono declarante y definitivo, y un efecto acumulativo, como una inscripción en una lápida.

Nuestro abogado era amable pero persistente (no por nada estaba en la Unión Americana de Libertados Civiles). El juez, eso se podía ver, estaba abrumado y algo cansado, pero feliz de tener una variante de un trabajo mucho más aburrido. Incluso el fiscal estaba realmente poniendo atención a lo que decíamos. Nosotros "los culpables" estábamos enamorados unos de otros por ser lo bastante valientes como para estar ahí. Conforme nos escuchábamos hablar, algunos de nosotros lloramos. Incluso el juez se conmovió con lo que dijimos. A medida que seguíamos hablando, pareció emerger más y más claridad acerca de lo que realmente estábamos haciendo. Sucedió la democracia.

Conforme el nombre de cada persona se pronunciaba, parecía que se pasaba lista a varias nacionalidades. Teníamos apellidos que mostraban que en nuestro pequeño estrado para los jurados, había un crisol de orígenes de toda Europa, y varios de nosotros teníamos en las venas sangre de nativos americanos también. Lo que sigue son sólo breves fragmentos, pero dan alguna idea de lo que se dijo y de lo que fue estar ahí:

"¿Sr. Conant?"

"No nos arriesgamos a ser arrestados por diversión, sino en el sentido de que hablar con la verdad al poder en el Capitolio será nuestra responsabilidad cívica, una acción no irrespetuosa para nuestro país, sino derivada de nuestro profundo amor por él —por un amor apasionado por los principios sobre los que fue fundado y por el hondo temor de que estos principios son cada vez más subvertidos por el sistema corrupto que hace al Congreso bastante más responsivo a las necesidades de sus donantes corporativos que a la gente."

"¿Sra. Cusimano?"

"Me gustaría pasar a una mejor forma de votar para mi hija y sus hijos."

"¿Sr. Cusimano?"

"Mi familia, mis amigos y vecinos, miembros votantes de nuestra nación, hemos perdido fe en los representantes de nuestro Gobierno. La Declaración de la Verdad se ha dejado fuera de la arena política, junto con las preocupaciones, necesidades y deseos de la gente. Nosotros, la gente, queremos a nuestro Gobierno de vuelta. Nosotros, la gente, queremos a nuestro país y a nuestra democracia de vuelta para nosotros y para nuestros hijos."

"¿Sr. Demere?"

"Su Señoría, tengo diez nietos. Me preocupa su futuro, la clase de nación que heredarán. El poder del dinero que ejerce presión en los políticos se come la salud de nuestra sociedad. Detrás de muchas de nuestras enfermedades sociales está la influencia infame de dinero grande en los asuntos de estado."

Cuando el Sr. Demere el mayor se sentó, su hijo David fue llamado.

"¿Sr. David Demere?"

"Uno de sus diez nietos (señalando a su padre) es mi hija, que ahora tiene diecisiete años, Laquisha Demere, y la bauticé en honor de Laquisha Mott, cuya estatua está ahí en la Rotonda. Llevé ahí a mi hija hace siete años para ver la escultura. Le puse Laquisha porque quería que ella tuviera el mismo tipo de convicción que tenía Laquisha Mott por la justicia, y la equidad y la igualdad. Por eso me paré en la Rotonda con los otros dieciséis activistas actuando en nombre de mi conciencia en un esfuerzo de exponer y cambiar al sistema de campañas, tan orientado al dinero corporativo, que tenemos en nuestro amado país."

"¿Sr. Hanmann?"

"Ese gran espacio cubierto está repleto de imágenes y esculturas de la historia y sus héroes, se presume que es un museo. Pero cuando entré en la Rotonda el 29 de febrero, pensé que estaba en el escenario de la democracia. Me porté mal en el museo de nuestra historia para confrontar a nuestro futuro. Así que la Rotonda fue para mí una plataforma, un escenario en donde busqué resarcir mis agravios y donde reclamé mi derecho a la libre expresión y a la libre palabra en eje mismo del Gobierno... ahí para protestar contra la política comercial que desplaza al Gobierno de la gente común del Gobierno del dinero especial."

"¿Sra. Kenler?"

"Su Señoría, tengo todavía un poco de esperanza de que el estado de nuestra tierra y la salud de todas sus criaturas pueda ser ayudado por nuestras acciones. Y realmente creo que el financiamiento publico total de las campañas traería lo que la mayoría de la gente desea, que es una vida mejor, y esto es lo mejor que puedo hacer para tomar la responsabilidad de mí misma, de mi familia y de mi comunidad."

"¿Sr. McMichael?"

"Sabemos que a menos que se restrinjan en el empleo político de su riqueza, la experiencia demuestra que los ricos llegarán a domar la sociedad, en gran detrimento de los no ricos, que en todas las sociedades son la vasta mayoría."

"¿Sra. Parry?"

"No vine aquí a la ligera. No quiero estar aquí. Tampoco quería tener que manifestarme en la Rotonda del Capitolio. No quería ser arrestada.

Fui a la Rotonda el 29 de febrero para resarcir mis agravios contra el Congreso porque no están escuchando y los medios no están reportando. Fui, Su Señoría, porque creo en el fondo de mi corazón que nuestra democracia está en juego."

"¿Sr. Price?"

"A menos que exprese abiertamente mis agravios contra los efectos asesinos de la democracia del dinero corporativo en los procesos legislativos y electorales, estaré negando, con mi silencio, los sacrificios de los héroes de la democracia, incluyendo los que hizo mi padre, que peleó en Alemania en la Segunda Guerra Mundial."

"¿Sr. Silver?"

"Pienso que mis compañeros lo han resumido. Ésta es la reforma que tiene que ocurrir para que cualquier otra reforma sea posible. Y es el único asunto por el que haría yo esto. Y lo hago con gran orgullo."

"¿Sr. Stanton?"

"En abril de 1931, April Crawford y Arnold Stanton vinieron a Washington, D. C. desde Carolina del Norte para casarse. Se casaron en el Monumento a Washington. Creían en este país. Creían en la democracia. Tenían esperanzas. Casi setenta años después yo, su hijo, vengo a la Rotonda porque tengo que hablar en voz alta porque creo que nuestra democracia se ha ido. Muchas cosas han pasado en esos setenta años. Mucho de lo que ha pasado ha hecho más y más para quitarnos privilegios. No quiero que mis nietos vengan aquí y hagan el tipo de cosas que yo hice ahora para llamar la atención para hacer que nuestro Gobierno vuelva al redil."

Después del Sr. Stanton, fue el turno del juez para hablar. Es sólo mi opinión, pero creo que él estaba consciente de que estaba hablando a una audiencia creada por nosotros, y que valía la pena hablarle a esa audiencia, *y que de hecho deseaba agradecernos por ser como éramos.*

"Tomé declaraciones de culpabilidad ayer o el día anterior de un grupo más reducido de gente que se estaba manifestando por una causa diferente bajo circunstancias ligeramente distintas. Y usé la oportunidad para regañarlos lo mejor que pude, acerca de por qué estaba aquí y de quiénes eran cuando no estaban aquí. Y hasta cierto punto, para debatir con ellos acerca de algunas cosas que yo sentía eran irrelevantes —aunque no los méritos de su causa. Me gustaría tener la oportunidad de hacer lo mismo con ustedes, porque obviamente son muy apasionados acerca de lo que creen, y muy comprometidos con este tema, y también muy articulados al expresar sus razones.

"Y si éste fuera un foro diferente y el tiempo lo permitiera, creo que disfrutaría mucho del estímulo intelectual de conocerlos mejor a todos ustedes y tal vez hacerla de abogado del diablo en algunos temas. Pero pienso que sería autoindulgente de mi parte a estas alturas. Y ya es tarde y no pienso que podamos hacerlo.

"Me parece que la sentencia sugerida por su abogado es justa. Pasaron cinco horas de cierta indignidad pagando un precio por hacer lo que hicieron, y no veo necesidad de imponer una penalidad más alta. Aunque hay un agregado. Es obligatorio un costo de $50... mandatorio bajo el estatuto de compensación a las víctimas de la violencia que cada persona convicta debe pagar, para que la gente que es víctima del crimen y no puede pagar el costo de sus heridas pueda contar con algún fondo que le ayude a cubrir esos costos. Así que es lo que intento hacer.

"Lo único que quisiera agregar es algo que les dije el otro día a los otros cuatro. Y es que de lo que no estoy seguro como juez, y lo he estado haciendo mucho tiempo, y también he lidiado con muchos arrestos manifestantes o manifestadores, si se me permite usar el término. Pero lo que no he pensado realmente de forma clara en mi mente es si debiera haber una escalada en el precio si la conciencia de alguien lo empuja a seguir y seguir viniendo y tenemos que dejar todo y conducir a la corte para ellos como lo hacemos. Si hay una regla para las detenciones y si es incluso una consideración adecuada para sentenciar en la corte por un acto criminal como éste.

"No sé si algún día resolveré esto, pero se lo dejo como algo en qué pensar. Y tal vez como advertencia porque todos son tan obviamente apasionados acerca de lo que piensan que puede muy bien llegar un momento, ya sea sobre esto o sobre cualquier otro tema, en que su conciencia vuelva a traerlos a Washington en otra forma de demostración, y habrá otro arresto. Y si lo hay, si el juez ante quien se presenten siente que es lo correcto, habiendo ustedes tenido esencialmente —y no lo digo en forma peyorativa—, pero habiendo tenido esencialmente un pase libre la primera vez, es que haya un precio más alto qué pagar la segunda vez, y deben prepararse para eso.

"Porque todos ustedes saben, y es una de las razones de que la ley me obligue a decírselos antes de tomar su declaración, es que cuando ustedes hacen este tipo de cosas, el precio máximo que pueden pedirles que paguen sería seis meses en la cárcel o una multa de $500, o ambos. Y es un precio exorbitante, así que uno necesita saberlo antes de decidir cómo conducir sus asuntos.

"Habiendo dicho esto, la sentencia para todos los catorce de ustedes es lo que yo llamo tiempo servido, que intenta reflejar las cinco horas que estuvieron retenidos antes de ser liberados, y un requerimiento de que paguen los $50 para el fondo de compensación a las víctimas de crimen violento, que debe pagarse en la oficina de finanzas, en el Cuarto 4203.

"Gracias. Ya pueden irse. Tan pronto como nosotros —tendrán que esperar hasta que les demos la forma para pagar los $50 en la oficina de finanzas, y entonces serán libres de irse."

Lo apreciamos mucho por lo que dijo. Nos gustó. Le gustamos. La verdad es que, aun en ese lugar estéril, en ese sistema rancio y anticuado, ese contexto completamente muerto donde la ley muerta suele hacer llorar a la gente, por el tiempo presente, por el momento, cuando menos, había un espíritu de compasión. Todos en el cuarto habían sido tocados por la presencia del otro y por las palabras del otro, y estábamos en un lugar para la comunidad y éramos felices —¡y el juez simplemente no pudo irse cuando terminamos! ¡Y nosotros tampoco queríamos irnos! Se quedó y habló con nosotros por veinte minutos después de terminar el juicio y se sentía, creo, honrado de estar con nosotros.

Otro día, otro juicio

Una semana más tarde, uno de nuestros colegas, que no pudo llegar a la corte aquel día, tuvo otro juez que no la dejó testificar y la sentenció a cinco días de cárcel y a que pagara una multa de $500. Por el mismo delito que había cometido yo, junto a ella, el mismo día, a la misma hora.

Hay dos cosas que se pueden decir acerca de las cortes y el sistema de justicia: (1) Lo que te suceda sigue dependiendo mucho del juez que tengas y de su humor. (2) El Sistema Criminal de Justicia está bien nombrado.

El compromiso de cambiar esta arbitrariedad del sistema claramente tiene que ser parte de lo que peleamos nosotros, los interesados en la honestidad y la justicia.

El juez de nuestro grupo fue una excepción, y se mantuvo firme por esto. El juez de nuestra amiga estaba haciendo su trabajo como un empleado del *statu quo* corporativo contra el que estábamos protestando en primer lugar. ·

En la transcripción de nuestro juicio, el reportero de la corte sustituyó la palabra "consciente" por la palabra "conciencia" mencionada por el juez, y el error fue más que sólo entretenido. Pienso que la conciencia requiere que trascendamos las limitaciones de la ley y de las cortes eligiendo cómo nos comportamos independientemente, y aparte del sistema, y que no cooperemos con él por miedo. De algún modo tenemos que aprender cómo ser capaces de amar a un mal juez con mal humor, en un mal día, sin honrar a un sistema no honorable. Si se piensa en esto, es mucho lo que nos toma a la mayoría de nosotros llevarnos bien con otros y con nosotros mismos, de cualquier forma, algo así como la mitad del tiempo, de cualquier manera. Amar el ser que soy, a pesar de mi mente, es la razón de que medite. Eso parece una analogía directa a amar a una variedad de jueces con una variedad de humores, pero sin honrar mínimamente la porquería con la que salen.

La compasión por nosotros mismos y la compasión por otros debe lograrse independientemente del deber ser de nuestras mentes individuales y las malas leyes y los sistemas de la sociedad. Tiene que ser trabajado en el corazón y en el mundo a través de la autoexpresión honesta y de un cambio de conciencia. Tenemos que hacer alboroto y pelear y gritar y escribir hasta que podamos llegar a un lugar de perdón para otros y para nosotros mismos, para tener el poder de cambiar al mundo. Así que me regreso a la Rotonda del Capitolio para aprender algo más acerca de eso. La transformación individual no puede separarse de la transformación social. No puedes tener una sin la otra.

Tuvimos suerte esta vez —la mayoría de nosotros. Tuvimos un juez bueno en un buen día. Tuvimos la oportunidad de hablar y de dar a conocer nuestro punto de vista y conocernos y publicar esta historia. Y salimos con sólo "tiempo servido". Quizás tengamos suerte otra vez. ¿Quién sabe?

Así parece que ocurre el cambio social: todos revientan, incluyendo no sólo a quienes tenemos los papeles para demostrarlo, sino también los policías y el sistema de justicia, los políticos, los empresarios, los cabildos y todos los que no hayan aparecido todavía. Reventar y reconocerlo es el primer paso hacia superar los viejos modelos de la mente. Los viejos modelos de la mente que ya no se ajustan a la realidad, en un nivel humano *individual*, son llamados ignorancia, y son fuente de sufrimiento. Los viejos modelos de la mente que ya no se ajustan a la realidad en el nivel *social* son llamados tradición, herencia, necesidad, o ley, y también son fuente de sufrimiento. El muy rudo proceso de enojarse y superarlo, de ser lastimado y superarlo, de reventar y superarlo, de ser tratado injustamente y superarlo, es necesario, así que esos anticuados sistemas de pensamiento y gobierno puedan ser descartados. Se le llama perdón. El perdón conduce a la compasión y *viceversa*. La compasión conduce a la libertad. Por suerte para nosotros, hay mucho que perdonar allá afuera.

El proceso en sí mismo puede requerir, a lo largo del camino, decirle a un juez que se vaya al diablo, o a una corporación que se desincorpore, pero para eso creamos una sociedad democrática en primer lugar, ¿no? Pienso que estamos aprendiendo, juntos e individualmente. Pienso que, en un día cercano, haremos que la justicia prevalezca y que gane la compasión y que el perdón sea posible. Puedo vernos a todos marchando a través de los corredores de la justicia, cantando acerca de la simultaneidad de la transformación social y la individual... "No puedes tener una, no puedes tener ninguna, no puedes tener una sin la o-o-otra". La mayoría de la gente probablemente no sabríamos acerca de qué diablos estamos cantando, pero es una gran parte de nuestro trabajo decirles hasta que lo entiendan. La transformación individual y la transformación social ocurren al mismo tiempo.

12. Honestidad en los negocios y en el comercio

En los negocios que actualmente tienen consultores que vienen a enseñarles cómo decir la verdad, es poco probable que la gente involucrada se vuelva transparente en la forma que proponemos debido a que todo el sistema, piensan ellos, depende de los secretos. Depende de la competencia que surge de tratar de llegar primero y de llegar primero porque el otro no sabe lo que estás haciendo. Este modelo es una institución caduca. Ya no es aplicable pero se sigue usando.

***

NDW: Existe esta compañía en Inglaterra que está tratando de llegar al fondo de entender el mapa de nuestros genes. Estoy seguro que has leído sobre eso. Están haciendo públicos sus descubrimientos día con día.

BB: Sí, se la sueltan a todos.

NDW: Y hay otra compañía en Washington, D. C., que está en el mismo camino, tratando de liberar y desentrañar el código genético humano. Lo están haciendo en forma privada. Han sido retados por la prensa mundial, que preguntó: "¿Por qué no hacen lo que está haciendo la compañía en Inglaterra?" La empresa ha salido al frente (y tienes que darles crédito por eso), y ha dicho: "Estamos en esto por las ganancias y no podemos estar liberando esta información porque queremos ser capaces de obtener una patente y una marca registrada de esto".

Hablemos de la practicidad de este tipo de honestidad y transparencia en los negocios. ¿Cómo podrías, por ejemplo, obtener una patente y una marca registrada de algo si estás dando a conocer los datos a medida que los tienes?

BB: Pienso que puedes hacer ambos/y en vez de cualquiera/o.

NDW: ¿Cómo podrías tener una ventaja competitiva? ¿Cómo? La perderías si les dijeras a todos lo que estás haciendo.

BB: Tal vez sí, tal vez no. Podrías tener una patente y una marca registrada por un tiempo limitado para producirla exclusivamente sin tener que mantener el secreto. Siempre hay formas de hacer esto. Mi primer pensamiento acerca de esto es dejar que la gente tuviera una exclusividad temporal o un monopolio temporal. Es lo que obtendrán de todas formas. Por qué no dárselos y decir: "Pero tienes que revelar lo que descubras".

Así otra gente podría trabajar y competir contigo después de seis meses o el plazo que sea, pero tienes el premio por un tiempo. Construimos una estructura para poder compartir mejor. Lo que está mal con la estructura económica de este mundo es que no le damos ningún valor a compartir. Somos muy buenos en tratar de proteger nuestros ahorros.

NDW: Claro. Debido a nuestra historia cultural, debido al mito número dos, nunca hay suficiente. Si hubiera suficiente cambiaríamos todo esto, pero nuestra historia cultural dice que nunca hay suficiente.

BB: No hay suficiente defensa, no hay suficiente dinero, ni suficiente amor.

NDW: Ni suficiente sexo.

BB: No hay suficiente sexo.

NDW: Estoy de acuerdo con esto. (Risas.) Parte del problema es la idea de "no hay suficiente" lo que crea la necesidad de competir uno con otro.

Si pensáramos que hay suficiente, la competencia no existiría. Debido a nuestra idea de que no hay suficiente, que tengo que competir contigo por aquello de que no hay suficiente. En nuestra sociedad, tal como la observó, Brad, hemos decidido que la vida es acerca de la competencia porque no hay suficiente; hay más de nosotros que de lo que necesito, así que tengo que competir contigo. Y la razón de que tenga que competir contigo, por cierto, es porque deseo aquello de lo que no hay suficiente. Quiero tener más que suficiente. Peor aún, la única forma en que puedo justificarlo, porque lo que dijiste al principio es cierto, es que tenemos una integridad interior que no nos permite decir: "Miren, voy a tomar esto. Voy a tomar más de esto que tú porque quiero más de esto de lo que te voy a dejar tener".

Tenemos esta idea de que al ganar la competencia, merezco tener esto. Estableceré un sistema de competencia que me permita tomarlo con impunidad, tomarlo y sentirme bien acerca de tomar más que tú porque soy el ganador y tú el perdedor. No te dejaré sin nada, pero tomaré el doble que tú porque después de todo tú eres el perdedor y la ganancia es para quien vence.

BB: O, *yo* te dejaré sin nada.

NDW: De nuevo, porque el vencedor toma todo. No estamos satisfechos con establecer un sistema de competencia para poder hacer eso. Aquellos de nosotros que estamos en posiciones de poder en el planeta hemos establecido una competencia en la que hemos decidido de antemano quiénes serán los ganadores.

BB: Y los ganadores son según una tradición que va hacia atrás en la historia de los ganadores.

NDW: Eso es cierto. Siempre digo a mis audiencias que soy el gran ganador porque nací católico romano, blanco, hombre, americano. No puedes superar eso.

BB: Tienes la mejor imagen de ti que puedes obtener.

NDW: Tengo cuatro ases. Porque voy a ir al cielo pues cualquiera que no sea católico no puede ir al cielo. Soy blanco, por lo que tendré el cielo en la tierra. Cualquiera que no sea blanco no tiene el cielo en la tierra. Soy hombre, y Dios sabe que eso me hace automáticamente mejor, estoy seguro que concuerdas con eso; y soy americano.

Entré a mi vida adulta con estas creencias, con un nivel de arrogancia que estaba más allá de lo creíble. Fui criado para creer que estas cosas eran verdad: los americanos son mejores, quizás sólo un poco mejores, pero mejores. Y los católicos eran mejores, quizás sólo un poco mejores, pero mejores.

Entonces, de los veintiuno a los cuarenta y uno, el mundo contribuyó a despojarme y destruyó esas nociones, y mis ilusiones cayeron una por una. El río de la vida se llevó mis creencias y me subí finalmente a un bote. Pero en cierta forma las creencias con las que comencé eran necesarias, igual que el sufrimiento que me produjeron, para que pudiera aprender cómo abrirme a tener un bote.

BB: Sí, a mí también. A mí me gusta la perspectiva de Pema Chödrön en esto. Ella dice: "El camino al aprendizaje es a través del sufrimiento. Afortunadamente para nosotros, hay mucho de eso".

13. Religión organizada y creencias tradicionales

NDW: ¿Sabes qué es lo más triste de la religión organizada para mí? No quiero infamar a la religión organizada porque creo que ha jugado un rol central en ciertos aspectos de nuestra propia evolución como especie. Sin embargo, no estoy seguro si hubiéramos evolucionado en la forma que lo estamos haciendo ahora hacia un nivel más alto y grande de experiencia de nosotros mismos sin la religión organizada.

Pero, habiendo dicho todo eso...

BB: Tienes más compasión que yo al respecto, pero adelante.

NDW: ¿Sabes por qué? Porque viene de mi propia vida. Yo nací y me crié en la Iglesia Católica Romana, y aunque eso me dio mucho bagaje y soy uno de esos católicos en recuperación, también tengo claro que me dejó cosas buenas. Déjame explicarte cómo veo la diferencia. Las cosas buenas que me trajo son que crecí con la idea de que había algo más grande que yo.

Crecí con esa idea, una cosmología de algún tipo de proceso interactivo más grande entre Todo Lo Que Es y todo eso. Había una fuerza muy grande en el universo, llámala Dios o como sea, y que podía confiar en ella e invocarla con resultados confiables y consistentes. Esto es lo que me dio la Iglesia Católica. Comparado con lo que veo en algunos chicos de ahora que crecen sin religión, cero, ninguna. No tienen sentido de algo más grande que los abalorios y chucherías que usan en sus manos y dedos gordos.

Hablo con los chicos y les digo: "¿No tienen ninguna experiencia de que haya algo más grande?" La experiencia de sí mismos termina en las puntas de sus dedos porque no se les ha dado nada. Ni siquiera una mala base o un cimiento endeble. No hay cimientos.

Pienso que la raza humana es mejor por haber tenido la experiencia de la religión organizada de lo que hubiera sido de no tener nada. Lo triste que la religión organizada nos dio la idea de "correcto" e "incorrecto", y "mejor" y "no tan bueno". La superioridad. Irónicamente, la energía misma en el planeta que fue ostensiblemente diseñada para curar nuestras divisiones, las ha creado y las ha exacerbado; no sólo las ha creado, sino que las ha empeorado. Eso es lo que noto de la religión organizada.

Aún así, y habiendo dicho eso, fue la Iglesia Católica la que me enseñó en un inglés trastocado, como no queriendo, que no existe algo como correcto o incorrecto.

Déjame contarte esta historia porque me encanta contar cómo fue que aprendí de la Iglesia Católica que no había correcto e incorrecto, lo que fue exactamente lo contrario de lo que estaban tratando de decirme.

Tenía once años y el primer McDonalds abrió en mi vecindario. Sé que eres lo bastante mayor para recordar cuando McDonalds no existía como cadena, igual que yo. Recuerdo cuando el primer McDonalds abrió en mi vecindario en Milwaukee, Wisconsin. Estaban regalando 500 combinaciones de hamburguesas, papas a la francesa y refresco de cola a las primeras 500 personas como un obsequio especial de inauguración. Así que todos los chicos en el vecindario, por supuesto, nos esforzamos por estar ahí.

Estoy ahí en esta mañana cuando se abren las puertas, y obtengo una de las combinaciones de hamburguesas, papas a la francesa y refresco de cola. Un grupo de niños y yo nos alejábamos de ahí y yo estoy comiendo mi hamburguesa, cuando de pronto me di cuenta: "Ay, Dios mío, es viernes". Escupí la hamburguesa y los niños decían: "¿Qué pasa, está mala?" Es viernes. Olvidé que era viernes.

Ahora, tienes que entender que no sólo nací y me crié en la Iglesia Católica Romana; nací y me crié en una familia católica en el lado sur de Milwaukee, Wisconsin, un barrio mayormente polaco. No sólo era católico, sino Católico, con mayúsculas. Soy un católico de once años muy devoto. Soy un monaguillo, si puedes creerlo. Realmente estoy actuando como católico a un nivel alto para un niño de 12 años. Estoy muy metido en la teología, soy monaguillo y estoy estudiando. Me imagino que me dirijo hacia el sacerdocio y, por cierto, todas las monjas en la escuela decían: "Él tiene el llamado".

Ellas me decían esto en la cara, así que andaba yo con un crucifijo atado al cuello y pensaba: "Tengo el llamado". Ves, ahora tengo cinco razones para ser mejor, porque no sólo soy blanco, hombre, americano y católico, sino que también tuve el llamado. Eso me hacía aún mejor que los otros católicos, porque yo iba a ser sacerdote, así que ya la había hecho. Así que aquí estoy ahora, un niño que va a ser sacerdote, comiendo carne en viernes. Estoy tan enojado conmigo mismo.

Es un enojo genuino; corro a casa, entro, y mi madre me mira y se da cuenta que estoy blanco como un fantasma y dice: "¿Qué te pasó? ¿Te pegaron los niños? ¿Estás bien?" Estallo en lágrimas y digo: "Sí, estoy bien, pero comí carne en viernes; comí carne. Eso es pecado". Y mi madre me abrazó contra su pecho, que Dios la bendiga, y dice: "Mi vida, querido, estoy segura de que Dios entiende. Está bien. Todo está bien".

Era una mujer tan amorosa que no tuvo el corazón para decirme, a mis once años, que a Dios simplemente le importaba un bledo. Bueno, a lo mejor no lo sabía. A lo mejor realmente pensaba que a Dios le importaba. No tuve ese fragmento de información.

Fui al catecismo algunos días después. El sacerdote dio la clase (y así fue como aprendí que no hay tales cosas como "correcto" y "equivocado" —te estoy contando una historia real) y al final de la lección dijo: "¿Tienen más preguntas acerca de este tema o de algún otro?", lo mismo decía al terminar cada una de sus clases.

Levanté mi pequeña mano de once años y dije: "Padre, ¿es cierto que si comes carne el viernes y no te confiesas el sábado, y te atropellan el domingo y mueres, el lunes estás en el Infierno?" (Risas.)

El cura dijo: "Oh, no, eso está equivocado, hijo. No es cierto. Estarás en el purgatorio".

Yo dije: "Bueno, ¿qué es el purgatorio?"

"Bien, el purgatorio es lo mismo que el infierno, pero no es para siempre."

Tuve un par de matrimonios así, Brad. (Risas.) ¡Estoy bromeando!

Así que me senté y él me describió el purgatorio. Dijo: "El purgatorio es el sitio donde los pecados son quemados para sacarlos de tu alma y sólo si tienes pecados veniales. Si tienes pecados mortales, no pasas, no reúnes $200; te irías directamente al infierno si murieras con un pecado mortal sin confesar en el alma. Si has confesado ese pecado mortal, o si sólo tienes un pecado venial, entonces vas al purgatorio y se quema".

Entonces le dije: "¿Cuánto tiempo te quedas en el purgatorio?"

"Depende de cuántos pecados hayas cometido", me dijo.

De modo que ocurre un sistema de justicia divina, y eres sentenciado a cierto número de años en el purgatorio. Ahora, las hermanas nos dijeron en la escuela que si alguien en la tierra reza por ti, eso puede reducir tu sentencia. Nos decían a nosotros los niños: "Recen por las pobres almas del purgatorio". Y realmente lo hacíamos. Yo realmente iba a la iglesia y honestamente le rezaba a Dios, le rezaba por el alma querida de mi abuela. Esto es triste, porque estoy rezando por mi abuela, de quien yo pensaba era un ángel. Pero me aseguran que ella tuvo pecados suficientes para no ir derecho al cielo. Tendría que pasar algunas semanas, meses, minutos, lo que sea, en el purgatorio.

Ahí estaba yo, a los once años, diciendo: "Dios, por favor, deja salir a mi abuela".

Ahora crees que lo estoy inventando, pero así fue, ¿ves? Una parte de mí sabía que esto no podía ser cierto. Así fue como aprendí que no hay "correcto" e "incorrecto", explicándome esto. A los once años, pensé: "Un momento. Dios no puede estar tan loco. Estamos hablando aquí de un Dios loco".

Aun a los once vi la locura de eso. Así que ahora pienso: "Muy bien, ¿cómo puedo hacer que el sacerdote vea lo que yo?" Así que decidí hacerle algunas preguntas comprometedoras.

Dije: "Padre, ¿qué pasa si un bebé se muriera justo después de nacer? Seguramente ese bebé se iría directo con Nuestro Padre que Está en el Cielo sin tener que parar en el purgatorio ni en ningún otro lugar".

El cura dijo: "No, no si no estaba bautizado. Si el bebé no estaba bautizado, no iría al cielo".

Yo dije: "¿Un niño de dos horas de edad que no pudo hacer nada malo para ofender a Dios, adónde iría, al infierno?"

"Oh, no, no, no. No se iría al infierno, hijo."

"¿Al purgatorio?"

"No, no iría al purgatorio."

"Bien, ¿adónde iría?"

"Al limbo."

Dije: "¿Al limbo? ¿Qué es limbo?"

Ahora mi mente se está volviendo loca y tengo claro que este tipo es una persona confundida, pero se parece a Bing Crosby en "Siguiendo mi camino" y tiene esta pequeña rasgadura blanca en el cuello. Pienso que no puedo retar más su autoridad: lo he empujado tan lejos como he podido. Así que, a los once y porque quería seguir siendo monaguillo en aquella iglesia y no quería ofender a la autoridad, ya no insistí.

Durante los años siguientes, eso me quemó por dentro porque sabía que no podía ser de esa manera. No podía ser. Dios no le diría a un niño de dos horas: "Lo siento, tus papás no te bautizaron, así que es duro, pero así son las cosas aquí arriba".

Ahora, tengo veintiún años. Han pasado diez años y a los veintiuno estoy leyendo un periódico. En la sección religiosa del "Milwaukee Journal", leo: "El Papa declara que comer carne en viernes ya no es un pecado". Yo pienso: "A ver, déjenme ver si entendí. El Papa ha llegado ahora a la conclusión a la que yo llegué cuando tenía once. Está bien". Quería desesperadamente encontrar a ese sacerdote. Incluso regresé a la parroquia a ver si estaba ahí, pero ya no estaba. No pude encontrarlo. Tuve esta conversación imaginaria con él. Fantaseé que un día me toparía con él y le diría:

"¡Padre, padre! ¿Ya escuchó las noticias?"

"Sí, hijo."

"¿Eso significa que si como carne este viernes, y no me confieso el sábado, y me atropella un carro el domingo y muero, el lunes no estaré en el purgatorio?"

"Así es, hijo."

"¿Pero si comí carne el viernes...?"

No pude evitar preguntarme qué le dice Dios a todos esos miles de personas que se comieron esos millones de hamburguesas McDonalds el viernes. "¿Me pareció que era una buena idea en su momento?"

No me estoy burlando de la Iglesia Católica Romana porque la verdad, pudo haber inventado estas historias con respecto a cualquier religión en la faz de la Tierra.

BB: Absolutamente, y burlarte de ellas. Soy igual de agudo oportunista acerca de la hipocresía.

NDW: Tenemos que ser capaces de reírnos de nosotros mismos. No es acerca del ridículo, es acerca de ver cómo lo hemos construido y mirar sobre nuestro hombro y decir, ¿no es chistoso que realmente nos hayamos permitido creer eso? No por ridiculizar a alguien, pero me gustaría señalar a la gente en lo que espero sea una forma ligeramente humorística: "Miren, chicos, lo estamos inventando todo, sólo lo estamos creando de esa forma. Lo correcto y lo incorrecto son sólo un invento de nuestra imaginación."

Si bien éste no es un argumento para abandonar nuestro sistema de correcto e incorrecto, es un argumento para continuar creándolo porque somos el producto de nuestras decisiones y elecciones. Cada acto es un acto de autodefinición y nos estamos definiendo a nosotros mismos, estamos recreándonos de nuevo a cada momento y estamos usando estas herramientas de "correcto e incorrecto" o "lo que funciona y lo que no funciona".

Tenemos que usar estas herramientas para conocernos a nosotros mismos en todo momento. Cuando empezamos a tomárnoslo muy seriamente y no somos claros en cuanto a que lo estamos inventando pero pensamos que alguien más, algún Poder Superior, está inventándolo, lo que nos da el poder de dispararnos unos a otros cuando no estamos de acuerdo. Es entonces cuando la religión organizada se vuelve (como siempre lo ha sido, por supuesto) peligrosa para nuestra salud.

Deberíamos poner un mensaje en cada iglesia del mundo, como lo hacen con los cigarrillos, tú sabes, que dijera: "Esta iglesia es peligrosa para su salud", para que supieras en lo que te estás metiendo. Habiendo dicho esto, quiero recalcar que aún pienso que las religiones tienen algunas cosas buenas que ofrecer. Ofrecen un sentido de reverencia por la vida, un sentido de conciencia de que hay algo más grande que nuestra propia experiencia individual y en nuestro propio ser, y un sentido de comunión con Todo Lo Que Es. Éstas se hallan entre las mejores enseñanzas religiosas entre las mejores religiones. Pero chico, vamos a tener que deshacernos de un poco de esa basura.

14. Acerca del espíritu
y de cómo cambian las instituciones

Brad empezó como miembro de la Fe Cristiana y la Comunidad de la Vida hace treinta años e hizo ciertos estudios extracurriculares en Teología. Fue predicador en la iglesia metodista cuando tenía 20 años, fue predicador de circuito en tres iglesias en Texas. Sus fundamentos son la teología existencialista y el budismo. El cristianismo existencialista fue el primer brillo de luz para él que tuvo algo que ver con la desmitificación de la iglesia y superar la perspectiva adolescente de que, si sólo era lo bastante bueno, podía ganar suficientes créditos para entrar al Cielo. (Afortunadamente, ambos dejamos eso. Y tuvimos suerte de hacerlo.)

El punto de vista de la teología existencialista es lo que se muestra en la distinción que hace Brad de lo que él llama *mente* y *ser*.

***

BB: Tu identidad fundamental y mi identidad fundamental ahora es ésta: soy una persona sentada en una silla que estoy hablándote y escuchándote, y tú eres una persona sentada en una silla que me está hablando y escuchando. Eso es quien tú eres y eso es lo que yo soy. *Esta experiencia actual es mi primera identidad.* Mi historia y los recuerdos de mi mente, la cultura en la que crecí, el sistema de creencias que tengo, son secundarios. Una vez que cambiamos esos datos para que nuestra verdadera identidad, *el ser que percibe en el momento* aflore, entonces la identidad de la autoimagen, la identificación con nuestra historia de vida, retrocede al fondo. Es como si toda la preocupación de la mente se encontrara con la presencia del ser —eso es lo que pienso que designas como la voz de Dios en tus libros— que aflora en forma de quién eres. Todo lo que compone tu historia de vida, y tu historia acerca de ti mismo, retrocede al fondo. Lo que te sucedió en la vida sigue siendo cierto, pero es secundario a tu identidad primaria. Lo que *realmente* eres es un ser que percibe momento a momento a momento. Quién eres, es un *ser* sentado en una silla mirándome y escuchándome, y yo soy un *ser* hablándote y mirándote. Si sostenemos eso como quien fundamentalmente soy y como quien fundamentalmente eres tú, quien seas como personalidad es secundario, y quien yo sea como personalidad es secundario. Puedo honrar al ser que eres sólo siendo el ser que soy. ¡No tengo que hacer nada!

NDW: No eres un hacer-humano; eres un ser humano.

BB: ¡Sí! En realidad somos ambos. De hecho, hacemos mucho. Pero tenemos que tener claras nuestras prioridades. Una vez que reconocemos que el ser del otro es nuestra identidad *primaria*, entonces nosotros, como *seres,* podemos *usar nuestras mentes* y hacer cosas. La pregunta acerca de la sociedad es: "¿Las mentes están al servicio del *ser*, o el *ser* está al servicio de las mentes?" En las vidas individuales, cuando el ser está al servicio de la mente, todo sale mal porque la mente se convierte en un montón de principios y valores agregados y en todo un montón de deberías, y de correctos y equivocados. La mente es sólo un terrible, terrible, terrible amo porque hace generalizaciones tan arbitrarias y te fuerza a obedecerlas para ser quien eres en tu mente.

NDW: Debemos dejar de "recargarnos" en nosotros mismos.

BB: ¡Ésa es una verdad! La mejor forma para honrar al ser de otro ser humano es ser completamente transparente, completamente abierto y completamente honesto. Así es como honro al ser que tú eres. Tan sólo te digo la verdad. No importa si tengo juicios acerca de si eres o no un idiota, eso sólo es parte de mi juicio. Pensamos que las opiniones son tan importantes. ¡Las opiniones no son para nada importantes! Generamos opiniones igual que como hacemos heces. Comemos alimentos perfectamente buenos y los convertimos en heces. Tomamos experiencias perfectamente buenas y las convertimos en opiniones. Ésa es la analogía. No me importa mucho qué opinas de mí, ni qué opino de ti excepto cuando lo hago. Entonces, si lo hago, te lo diré y lo olvidaré. Las opiniones no cuentan mucho. Es el honrar a todo lo que Es siendo el ser que soy, estando presente en tu ser y estando tú presente en mí en la misma forma.

Si la gente trabaja a partir de honrar el ser de su propio ser y el ser de otros seres humanos, y usa su mente en obediencia de esa conexión, entonces *no se puede equivocar*. Se le ocurrirán soluciones maravillosamente creativas y todos cuidarán unos de otros. Pero cuando viene de su mente acerca de la forma en que "debería" comportarse y todo Ser es secundario a las metas y valores y juicios de la mente, entonces *siempre se equivocará*. El problema es que seguimos yendo hacia atrás, cayendo en nuestras propias mentes, *seguimos identificándonos equivocadamente a nosotros mismos como nuestras mentes*. Sin embargo, si nos recuperamos a menudo, a través de prácticas conscientes como la meditación y la honestidad radical uno con otro, podemos frecuentemente *reclamar nuestra identidad como seres*. Así que al menos termina siendo una experiencia de tiempo compartido con el ser a cargo de la mente algunas veces, y después la mente estando a cargo del ser otra vez, hasta que recobramos de nuevo a nuestro ser, y así sucesivamente. (De modo que descubrimos que nuestra mente dirige, y después encontramos otra vez a nuestro verdadero ser y el *ser* dirige por algún tiempo, después la mente domina otra vez y dirige por un tiempo, después el ser dirige de nuevo, etc.) Por eso Sartre dijo finalmente: "No puedes separar a tu ser de tu hacer". Como Sartre lo dijo, nosotros hemos descubierto que, aunque es cierto que no podemos separar nuestro ser de nuestro hacer, podemos recordarnos constantemente a nosotros mismos y a los demás que debemos *rendirnos* a nuestro ser para que no *nos quedemos* en· la tierra de la mente. Por eso Frank Sinatra se convirtió en el filósofo más grande del siglo veinte al decir: "du-bi-du-bi-du". (Risas.)

Yo también ayudo, porque pienso que gradualmente, muy gradualmente, a través del trabajo que mucha gente está haciendo, incluyendo nuestro trabajo, la gente está comenzando a honrar al ser sobre la mente. Por eso estoy comprometido con la visión de un mundo posible para los futuros seres humanos, donde cada ser humano nacido en el planeta pueda tener la posibilidad de una vida entera de juego y servicio a otros seres humanos, en vez de una vida entera de neurótica defensa de la autoimagen, la competencia, la codicia y la guerra.

NDW: ¿Cuántas personas crees tú que en realidad entendieron lo que dijiste acerca de las cien personas promedio en el cuarto? De cien personas en cualquier cuarto, ¿cuántas crees que podrían haber seguido lo que acabas de decir y entender lo suficiente como para decir: "Ésa es una solución; ésa es una respuesta; la entiendo?"

BB: Dos.

NDW: Me estaba preguntado cuál sería tu repuesta. Mi siguiente pregunta es: ¿Cómo llegar a las otras noventa y ocho?

BB: Debemos seguir hablando. Sólo debemos seguir hablando.

NDW: Sabes, el Papa hizo recientemente una declaración interesante —sólo como seguimiento para cerrar el círculo. El 28 de julio de 1999, el Papa Juan Pablo II tuvo una audiencia.

En ese momento estaba con mala salud y contemplando la posibilidad de su propia mortalidad, se fue al retiro papal en las montañas de Italia. Tres semanas más tarde regresó y tuvo otra audiencia. En esta audiencia dijo una homilía, en la que esencialmente dijo existe tal cosa como el infierno. Dijo a su auditorio, y lo estoy parafraseando, que la gente debe tener mucho cuidado al interpretar las descripciones bíblicas del infierno, de las cuales dijo son meramente simbólicas y metafóricas. El infierno como lugar de fuego y azufre es un invento de nuestra imaginación y un producto de nuestras mitologías.

Hay una experiencia llamada "infierno", que creo es una separación de Dios, y por lo tanto uno del otro. Ésa es una experiencia parecida al infierno. El Papa está de acuerdo, diciendo que el infierno es más que un lugar, es más "una situación en la que uno se encuentra después de definitiva y libremente alejarse de Dios, la fuente de vida y gozo".

También dijo que esta experiencia del infierno no es algo que Dios te impone. Esto "no es un castigo inflingido por Dios desde el exterior", declaró el Papa. "Más bien es el consecuente final desarrollo de una negación de Dios que la persona comienza en la tierra." En otras palabras, Dios no es una deidad punitiva, retributiva ni vengativa. Nosotros mismos nos imponemos nuestra propia y personal experiencia del infierno.

Finalmente —escucha *esto*—, el Papa dijo que ni siquiera estaba seguro de que alguien estuviera realmente en el infierno. Eso, dijo, "queda como una posibilidad real, pero no es algo que podamos saber".

Eso fue lo que dijo el Papa, citado textualmente. ¿Alguna vez has oído a algún maestro cristiano, mucho menos al *Papa*, declarar que si las almas están o no en el infierno no es algo que puedan saber? ¡Hasta ahora, todos habían estado *muy seguros* de esto! Es lo que han usado para *asustarnos*. ¡Y aquí está Juan Pablo II diciendo que ni siquiera podemos estar seguros de que *alguien* esté *en* el infierno!

BB: ¡El Papa ha estado leyendo "Conversaciones con Dios"!

NDW: Acabas de robarme mi remate. (Risas.) Así es. Ésa es la conclusión a la que llegué. De hecho, alguien dijo que el Papa había estado leyendo la Trilogía.

Ahora, a menos que hayas sido católico la mayor parte de tu vida, no entenderías qué estremecedora fue esa afirmación, porque ni siquiera un sacerdote católico en el nivel parroquial, mucho menos el Papa, habría dicho jamás en mi vida: "No podemos estar seguros" de que haya alguien en el infierno.

Créeme, cuando era joven ellos estaban mortalmente seguros de que había almas en el infierno, y su absoluta seguridad de que había almas en el infierno era la base entera de su teología basada en el miedo. "No hay duda de que hay almas en el infierno y te diré cómo vas a llegar ahí. Si sigues molestándome en clase de esa forma, niño..." Era así.

Y ahora aquí está el Papa diciendo esas cosas tan extraordinarias. Y tienes razón, Brad. El hecho es que estos mismos argumentos fueron hechos en "Conversaciones con Dios". Puede ser o no una coincidencia. He oído. Sé que alguien le dio una copia de la Trilogía. No quiero ser tan arrogante como para asumir que algo que vino a través de mí ha cambiado la teología entera de la Iglesia Católica Romana, pero sí pienso que hay un cambio de conciencia en el planeta. Al que tú te estás adhiriendo, yo me estoy adhiriendo, y Marianne Williamson, James Redfield, Deepak Chopra, Gary Zukav, Jean Houston, Bárbara Marx Hubbard y muchos otros que no mencioné, se están adhiriendo —incluyendo algunos teólogos de varias iglesias y religiones.

Pienso que se está dando este despertar que se está filtrando no sólo hacia abajo sino hacia arriba, y la gente como el Papa lo está contemplando larga y penetrantemente y está diciendo: "¿Sabes? Tal vez haya otra interpretación. Tal vez haya otro camino". Están ampliando nuestra base de entendimiento y se están moviendo gradualmente lejos de las teologías basadas en el miedo.

Para mí, que el Papa hiciera esas declaraciones fue notable. Sin embargo, igualmente notable y quizás más fue que la prensa internacional, la prensa mundial, prácticamente no le prestó atención.

BB: Eso *es* increíble. Sé cuan notable es eso, no por haber sido católico, sino por haber visto a muchos de ellos.

NDW: Hablando de una declaración de ocho columnas, pero ésa no llegó a los titulares. Sí salió en los periódicos, pero en la página treinta y seis en la esquina izquierda inferior. La leí y contacté al Servicio Católico de Noticias para asegurarme que no había leído mal o de que el diario no lo había reportado bien. No, él dijo esas cosas. Así que ahora pienso que todo lo que tiene que ocurrir es para que lo entienda el "establishment", la estructura de poder del mundo. Esta declaración del Papa realmente conmueve la estructura de poder, no sólo de la Iglesia Católica Romana, sino también del mundo. Nuestra creencia en estas aterradoras cosas ha estado impulsando constantemente nuestras experiencias y alejándonos de decirnos la verdad unos a otros y simplemente estar unos con otros.

Hay una película fabulosa llamada "Instintos".

BB: He oído de ella, pero no la he visto.

NDW: ¡Fabulosa película! El personaje principal agarra a su futuro abogado del cuello y le pregunta: "¿Qué acabas de perder? Si me dices lo que perdiste, te soltaré". Lo tiene asido por el cuello y el tipo apenas puede hablar, pero él le da un crayón para que escriba en una hoja, y el tipo escribe: "Control". Él dice: "¡No, idiota!" y lo aprieta más, preguntándole: "¿Qué has perdido?"

"Libertad."

"¡NO!"

Después de varios intentos, dice: "Muy bien, te daré una última oportunidad y después tendré que romperte el cuello. ¿Qué has perdido? ¡Piensa!"

El tipo escribe: "Mis ilusiones", y lo suelta.

BB: ¡Ah! Muy bien.

NDW: Él dice: "Eso es correcto. Nunca tuviste el control, sólo la ilusión de tenerlo. Ahora que he roto tu ilusión, ya te puedo dejar ir".

BB: ¿Ves? ¡Eso es lo que todos debemos hacer! Agarrar a todos del cuello y preguntar: "¿Qué has perdido?"

NDW: Ésa es la solución. A veces tienes que hacerlo con la gente, figurativamente. Agarrarlos de la solapa y decir: "¡Despierta! ¡Despierta y mira lo que es!"

BB: Marianne Williamson, al final de "Sanando el alma de América" dice lo que más adelante parafraseé cuando me arrestaron y fui a juicio. Era la autora de la que hablaba acerca del mundo como una aldea de cien personas, que mencioné en mi artículo citado, en la página 110.

He pensado mucho en la analogía de Marianne Williamson. Si estuviéramos en una aldea con cien personas, y conociéramos los hechos unos acerca de los otros, si nos pudiéramos ver y oler y escuchar los unos a los otros, esto tendría su efecto en la conciencia de todos en el cuarto. Si realmente pudiéramos tener una experiencia de lo que es no tener un buen refugio cuando hace frío, o mucho viento, o llueve en la noche, o en el intenso calor del día, o de lo que es estar desnutrido y enfermarte mucho y ser todo el tiempo más susceptible a la enfermedad, y no estar muy limpio porque no tienes instalaciones sanitarias —experimentar el miedo constante de perder a un ser querido, a lo mejor mañana, o perder de pronto tu propia vida. Si estuviéramos juntos ahí, y estuviéramos hablando, descubriríamos que seis personas en esa aldea controlarían lo suficiente de los recursos disponibles para esencialmente controlar a todos en el cuarto— y todas esas seis personas serían ciudadanas de los Estados Unidos de América.

Si pudiéramos estar conscientes de cómo son las cosas en un grupo de cien personas, realmente creo que podríamos salir adelante. Creo que todos diríamos eventualmente: "Mira, yo iré primero y te invitaré la cena esta noche, o hay que trabajar y arreglar esas casas para que la gente no tenga que estar todo el tiempo expuesta al viento y a la lluvia. Demos a estos niños algo de agua y comida, y después pensemos alguna forma de que la gente pueda ir a defecar en un sitio que no sea en el campo. Traigamos un poco de agua y arreglemos esto. Ustedes que tienen el dinero, en vez de contratar a esos otros seis tipos con metralletas para cuidar su esquina del cuarto, cedan a un empleado y a una metralleta, y usaremos ese dinero para arreglar las casas y comprar algunas semillas y obtener agua limpia y medicinas, ¿sí?"

De la conversación que se diera en ese grupo de cien personas, compartiendo honestamente cómo son sus vidas en realidad, emergería una solución que fuera compasiva. *Pero no se nos ha ocurrido cómo hacerlo en una escala lo bastante grande como para permitirnos ser compasivos, y demostrarlo en la forma en que estamos organizados realmente para tratarnos unos a los otros.* El cincuenta por ciento de la población mundial está desnutrida. El problema es que con seis mil millones de nosotros en el planeta, es difícil ser compasivos en la escala requerida. *Trescientas ochenta y cinco familias controlan más de los recursos mundiales que la mitad de las naciones del planeta.* Así son las cosas, realmente, en el mundo en este momento. La pregunta es: ¿cómo podemos ser compasivos a gran escala?

NDW: Bueno, creo que eso que estás diciendo, Brad, es una decisión que tenemos que tomar por nosotros mismos como raza humana. A lo que vas, lo que estás discutiendo, tal y como lo estoy experimentando, es la naturaleza básica de los humanos, la naturaleza básica del ser humano. En "Conversaciones con Dios", se me dijo que la decisión más crucial que hará la raza humana en el siglo veintiuno, y que vendrá más temprano que tarde, probablemente en los próximos diez o veinte años, tiene que ver con la forma en que nos imaginamos a nosotros mismos en relación con nuestra naturaleza básica. ¿Somos básicamente buenos o somos malos desde la base? Para ponerlo en los términos que acabas de describir, si estuviéramos en ese cuarto con cien personas, los seis más ricos, habiendo visto el problema y qué fácil y dentro de sus capacidades es resolverlo, ¿lo harían? Ése es parte del problema, porque no pienso que podamos resolverlo. No pensamos ser capaces. Si nosotros fuéramos seis de esos cien, diríamos: "Podemos resolverlo. Tú pones veinte, yo pongo veinte, alguien más pone veinte y resolveremos esto". ¿Pero lo haríamos? Ésa es la decisión básica que debemos tomar.

Se me dijo en "Conversaciones" que en este momento nosotros, como sociedad, hemos tomado la decisión de que no lo haríamos. Eso es lo que entiende un gran número de gente. Es nuestra historia cultural que comienza al nacer sin pecado original y todo eso. Es nuestra historia cultural y nuestras bases que, abandonados a nuestros propios medios, haríamos lo malo, o lo que sólo nos sirve a nosotros, lo que nos autoserviría. Por lo tanto, en el cuarto de las cien personas esas seis no harían lo que sugieres.

BB: El punto es que *lo que nos autoserviría resulta ser la compasión.*

NDW: Por su puesto, si expandes tu definición del interés propio.

BB: Lo que estoy diciendo es que los seres humanos lo verán. Sí. Profeso una gran fe en los seres humanos. Mi punto de vista sobre la naturaleza de los seres humanos es "ambos/y" en vez de "cualquiera/o". Si desciendes a la subescala del bien y del mal, los seres humanos son buenos y malos. Lo que son es, básicamente, egoístas y compasivos. Si te miro y veo otro Sagrado Prototipo Humano, como decía antes, y tú ves en mí un Sagrado Prototipo Humano, y ambos lo entendemos, *puedo generar la Regla de Oro a partir de mi experiencia de estar en contacto contigo.* Claro que voy a tratarte en la forma en que quiero ser tratado, porque tú y yo somos tan parecidos que es sólo natural que yo tenga compasión. Si dices: "Me duele", yo pienso: "Bien, ¿en dónde te duele?" Tú me dices: "Siento un poco de dolor aquí". Yo podría decir: "Lo siento. ¿Cómo puedo ayudarte?" Hay formas en que eso surge de la gente. Juro que sale de la gente. Surge incluso de la gente más mala. No importa qué tan malos sean, si han matado a alguien o algo más, sigue surgiendo de ellos.

Pienso que es nuestra naturaleza básica. También es nuestra naturaleza ser muy agresivos y violentos y competitivos sobre la base de no sólo quitarle cosas a los demás, sino de nuestros apetitos básicos. Queremos comer cuando queremos comer. Queremos tener sexo cuando queremos tener sexo, eso es sabido. Al mismo tiempo, si todas esas cosas son exacerbadas al mismo tiempo (es decir, si tienes la lujuria y tienes la codicia y todo eso que también tienes en común con otra gente), y *reconoces todo y dices la verdad acerca de eso, lo que funciona entre la gente es que implementan una forma de que todos obtengan casi todo lo que quieran.* Pueden hacer eso. Sabemos que pueden hacerlo relacionándose unos con otros como un ser con otro. Lo que estorba es nuestra mente —las historias en las que vivimos.

De acuerdo, nuestra historia cultural es la forma en que acordamos pensar acerca de las cosas. Una cultura es, en realidad, un apego a un montón de creencias. Fundamentalmente, cuando te avientan a una cultura te apegas a las creencias de dicha cultura. Sostienes la cultura manteniendo el sistema de creencias. Ahora, como dices, hemos llegado a este sitio donde tenemos que rehacer el sistema de creencias de la sociedad para que incluya a cada ser humano, no sólo a pequeños grupos de gente que pelean una con otra por quién se queda con qué. Una de las cosas que tenemos que hacer antes de hacer eso es reconocer la verdad acerca de los seres humanos. Esto es: *los seres humanos tienen apetitos, y los seres humanos tienen también la habilidad de identificarse uno con otro.* Ambas cosas son ciertas. No es una o la otra, sino ambas, y debido a eso, y al tener ese tipo de perspectiva de lo que es un ser humano, ¿por qué no se nos puede ocurrir cómo unirlo? Está bien para mí si eres egoísta, o si tienes hambre y quieres comer. Entiendo eso. Yo también soy así.

NDW: Ahí está el truco, claro, nuestros apetitos son idénticos. No quiero nada que tú no quieras. Cuando entienda eso, cuando entienda que debido a que te identificas conmigo no me vas a quitar mis cosas para tener lo que quieres, será algo crucial.

BB: Entonces podemos cooperar.

NDW: Entonces podemos cooperar y ambos podemos salir y traerlo aquí; no tenemos que obtenerlo uno del otro.

BB: O, podemos obtenerlo uno de otro pero podemos encontrar la forma de hacerlo para no destrozarnos.

NDW: Hacerlo en una forma que funcione, sí. Cielos. Es una maravillosa construcción, una maravillosa construcción verbal. Sólo me pregunto cómo llegar de donde estamos a donde queremos estar; cómo llegar de la forma en que estamos interactuando ahora al lugar que estás discutiendo.

BB: Pienso que la forma de llegar ahí es a través de una conversación como ésta, que ambos sólo dejamos que continúe. Tenemos esta conversación. La gente escucha esta conversación; tienen una conversación acerca de esta conversación. Tú continúas esta conversación en tus presentaciones y en tus escritos y yo la continúo en mis presentaciones y en mis escritos. Hay mucha gente que está comprometida en distintos niveles de esta conversación, otros autores y oradores y gente que está triunfando en los negocios.

Sabes que Ben Cohen, un ejecutivo de Ben and Jerry's Ice Cream, está en esta conversación y está haciendo movidas políticas sobre ella. Está diciendo: "Reduzcamos el presupuesto de gastos del Pentágono en un 15% y se lo damos a los niños". Es una buena idea. Hay muchos generales y antiguos jefes de personal y muchos ejecutivos que están en un grupo con él, que se llama Hombres de Negocios por las Prioridades Sensibles. Él cree en la posibilidad de que realmente podemos controlar democráticamente nuestros recursos, de acuerdo con lo que sabemos que la gente quiere. Si decimos simplemente: "Miren, podemos tomar este dinero del Pentágono y gastarlo en escuelas y en los niños. ¿No quieren hacer eso?" La mayoría de la gente ya lo quiere, pero el control de los votos es de las corporaciones multinacionales, cuyos intereses egoístas y protegidos son mantener funcionando el complejo militar industrial, aunque la Guerra Fría terminó hace diez años. Pero si los políticos y los hombres de negocios pueden entender esto, cualquiera puede. Incluso los políticos pueden entenderlo eventualmente. Cuando menos, Ben Cohen piensa que hasta los políticos lo entenderían.

Sabes, una de las cosas que enseña a la gente a vivir en sus mentes y no en sus cuerpos es la educación de la escuela de leyes. La mayoría de nuestros políticos son abogados, así que debemos ser muy, muy compasivos con los políticos porque usualmente son los últimos en "entenderlo". Se requiere mucho amor para tolerar a un político. Es como tratar de amar a un abogado. (Risas.)

Sabes, Kierkegaard dijo hace trescientos años: "Una persona que se relaciona con otra persona y también se relaciona con esa relación, se relaciona por lo tanto con Dios". Lo que quiso decir, pienso, fue esto: que la forma en que somos capaces de relacionarnos con todo el Ser es que un ser se relacione con otro ser y esté conscientemente enterado de esa relación.

La espiritualidad tiene que ver, siempre ha tenido que ver, con el Ser y no con el principio o el ideal o enarbolar la imagen de Dios, ni con ninguna de esas cosas. Siempre ha tenido que ver con alimentar la conexión y la presencia mutua que nacen de la percepción y el contacto. Nunca ha sido acerca de ver si la teología de uno puede vencer a la teología de alguien más, o de quién está bien y quién está mal. Esos argumentos estaban detrás del hecho de la ocurrencia del verdadero espíritu.

La experiencia religiosa es una experiencia de contacto. La gente siempre me pregunta: "¿Cree usted en Dios?", y yo digo: "No. No creo en Dios. Tengo una experiencia de Dios". Y así es la forma en que hablo de eso. La forma en que tengo una experiencia de Dios es estando en contacto contigo mientras que estoy presente en mi propio ser.

NDW: En respuesta a la pregunta, "¿Crees en Dios?", yo también digo: "No, no creo en Dios". Yo *sé*, y saber no es creer, saber es saber. Doy la misma respuesta que tú, en última instancia. Ellos dicen: "Bueno, ¿cómo sabes?", y yo digo: "Bien, porque estoy hablando contigo".

BB: ¡Correcto!

NDW: Pienso que todo se reduce realmente a lo mismo. Sabes, pienso que es notable que tú y yo tengamos tanto en común. Jamás, jamás habíamos tenido una conversación como ésta. Apuesto que algunas personas que nos estén leyendo o escuchando podrían pensar que hemos sido amigos por años o que nos hemos conocido por veinticinco años, pero realmente es la primera vez que hablo contigo.

BB: Lo sé, realmente ensayamos bien esto, ¿no? (Risas.)

NDW: Estoy fascinado por tanto que tenemos en común, y todo por la simple casualidad de habernos conocido en un avión. Pero sabes, leí tu libro. Realmente no leí "Honestidad Radical", mentí acerca de eso, pero leí algunos fragmentos, un capítulo aquí y un capítulo allá. Pero más importante, lo que estaba ocurriendo en mi vida era que adonde fuera, la gente mostraba el libro cuando terminaba mi conferencia y decía: "¿Ha leído 'Honestidad Radical'?" Finalmente, a la decimoquinta persona que me dijo: "¿Ha leído 'Honestidad Radical'?", pensé: "¡Ya basta! ¿Qué es lo que él hace, mandar a la gente a mis conferencias?" Después de leer algunos capítulos pensé: "¡Este hijo de su madre se ha robado mi material!"

BB: Eso es lo que pensé cuando leí "Conversaciones con Dios". Me robaste a mí y a Werner; ¿qué estabas haciendo? (Risas.)

NDW: También me llegó esa pregunta. Hace poco recibí una amable carta de Werner admirando el coraje que él vio me tomó poner ahí ese mensaje, y dijo que quería reconocer que había sido hecho de forma tan clara y accesible. Fue una carta amable por parte de Werner Erhard cuya mente, pienso, es brillante. Una mente brillante.

BB: Yo también. Yo pienso eso también.

NDW: Pero estamos aquí, y te conocí en un avión. Ahí estás, caminando por el pasillo, y yo estoy pensando: "¡Dios mío, es Brad Blanton!"

BB: ¡Ya sé! Casi puedo creer en la intervención divina, porque perdí un vuelo en el aeropuerto Dulles en Washington y me fui gritando al aeropuerto de Charlottesville para llegar a la plática que tenía que dar esa noche en Florida. Salté en el primer avión disponible. Llegué justo pasada la hora en que se suponía que el avión debía despegar. El vuelo estaba un poco demorado, así que pude tomarlo. ¡Casi me hace creer en la intervención divina! Por supuesto, no creo en ella. (Risas.)

NDW: ¡Bueno, *pues yo sí*! ¡Porque estás aquí! Es la evidencia de mi vida que sostiene al sistema de intervención divina. (Risas.)

BB: Si seguimos con esta conversación, antes de mucho tiempo volveremos a tener una Iglesia Católica. (Risas.)

NDW: Es lo último que necesitamos.

BB: He disfrutado con todos los diablos esta conversación.

NDW: ¡Yo también la he disfrutado con todos los diablos, disfrutado con todos los diablos! ¡Fiu! Eso es lo que necesitamos hacer con nuestras vidas, disfrutarlas con todos los diablos.

BB: Muy bien, ése será nuestro lema: "Disfruta con todos los diablos".*

NDW: Es excitante estar hablando contigo, Brad. Tengo que decirte de frente que tienes una de las mentes más brillantes que he atraído en mucho tiempo.

BB: Gracias. A mí también me gustó realmente tener esta conversación contigo. Ha sido excelente. Me gustaría que la continuáramos.

NDW: Hagámoslo.

BB: Muy bien. Pienso que la conversación entre nosotros es en cierta forma sólo una representante de la conversación que está sucediendo entre millones de personas en el mundo, literalmente. No somos los únicos que hablamos acerca de esto. Lo que más me inspira es que sé que no somos los únicos que hablamos de esto.

---

* Traducción aproximada. Se trata de un juego de palabras. La expresión en inglés es "the hell out of it". (N. de T.)

La razón por la cual la gente nos escucha es porque decimos cosas que ya sabe que son ciertas y de las que ha empezado a hablar. La gente realmente se emociona cuando hacemos estas presentaciones y hablamos después con todos. ¿Sabes por qué la gente no se quiere al final de la reunión? Es porque no quiere irse cuando se siente como si estuviera en contacto con otros seres humanos hablando acerca de lo que realmente es la vida. La gente está enamorada de la verdad.

NDW: ¡Amén!

PARTE IV

Juntos ser verdad de Dios

15. 11 de septiembre de 2001

Cuando nos sentamos a escribir este libro, no teníamos idea de qué tan a tiempo saldría el material. Sabíamos cuán profundamente apropiado era en la historia de la experiencia humana, confrontar ahora al siguiente nivel más alto el concepto entero de honestidad radical, pero no podríamos haber adivinado qué tan importante sería en términos de la exactitud del momento. Escribimos esta última sección de este libro, esencialmente como un epílogo en las postrimerías de los acontecimientos del 11 de septiembre y los sucesos que les siguieron. Ahora tenemos más claro que antes, que a menos que podamos movernos a la experiencia de la honestidad radical, de total transparencia y completa vulnerabilidad unos con otros, muy pronto no habrá nada acerca de lo cual ser honesto, transparente y vulnerable.

Estamos ahora discutiendo el futuro mismo de la especie humana, la supervivencia del *Homo Sapiens;* el siguiente resultado podría ser el último. Por lo tanto, estamos seguros de que todo lo que ha leído en este libro hasta ahora, lo ha leído ya en un nuevo contexto, dado que este libro fue publicado después de esos eventos. Pero quisimos que supiera que las siguientes palabras fueron escritas después de estos eventos.

Si hubo un momento en el cual la llanta llega al camino es ahora. Inmediatamente después de los eventos del 11 de septiembre, 2001, ambos, Brad y Neal, escribimos cartas a nuestros lectores, graduados de los talleres y amigos. Cuando ambos leímos lo que el otro había dicho, descubrimos que no solamente nos gustó lo que leímos, sino que nos sorprendió mucho la aplicabilidad de nuestro manuscrito terminado al problema del terrorismo y el antiterrorismo.

147

Entonces sentimos que, más que nunca, teníamos que hacer lo que pudiéramos para contribuir a la creación de un nuevo modelo del cómo los seres humanos debemos organizarnos para vivir juntos. Nosotros sabemos, como lo saben en espíritu algunos de nuestros colegas, que ahora, más que nunca, tenemos que crear una forma que permita a los grupos de seres humanos evitar el tratar constantemente de destruirnos unos a otros.

Así, después de leer lo que cada uno escribió acerca de dichos eventos, rápidamente arreglamos un nuevo diálogo porque queríamos enfocar nuestras energías en los asuntos que están ahora ante la familia humana como nunca antes habían sido tratados. Nos vimos en Virginia Beach, donde Brad acudió a una presentación de Neale en una noche de miércoles, y en la mañana del jueves grabamos nuestra conversación y creamos esta última sección de "Honestos con Dios".

Ésta es la parte verdaderamente aplicada. Esto es acerca de lo que ambos consideramos que es crítico en nuestro tiempo, es decir, la necesidad de un liderazgo espiritual basado en la honestidad y en saber que todos somos uno. Así que este agregado especial que completa el manuscrito de "Honestos con Dios" está dedicado a la exploración de numerosas opciones para la transformación del mundo ante el despertar del llamado a la acción del 11 de septiembre. La pregunta es: ¿Qué tipo de acción?

Lo que sigue aquí en el Capítulo 16 es material escrito por Neale sólo horas después de la tragedia. Luego, el Capítulo 17 es una versión ligeramente modificada de un artículo de Brad que salió poco después, y citas de algunos amigos. Los Capítulos 18, 19 y 20 son de la transcripción editada de nuestro diálogo acerca de los eventos. Lo que hemos escrito y hablado, uno con la ayuda del otro, es acerca de qué acciones podríamos tomar para poner fin al terrorismo y para la creación de un nuevo futuro.

A la luz de los eventos recientes, no puede sino percibir lo extraordinariamente relevante que es esta conversación que está a punto de leer —especialmente en lo que respecta a la co-creación de nuestro futuro común. Si lleva a su vida lo que lea aquí, juntos podemos escribir un nuevo capítulo en la historia de la raza humana. Cada uno de nosotros, seres humanos, que esté consciente de esta conversación es un líder potencial y un modelo para otros seres humanos. Por favor, lea esto como un llamado a la acción.

16. Carta de Neale

Unas horas después de los primeros ataques terroristas en el World Trade Center en Nueva York y en el Pentágono en Washington D. C., Neale colocó la siguiente declaración en conversationswithgod.org, su sitio web. La declaración fue tomada por los medios y por quienes navegaban por Internet, y en horas había sido enviada a través del globo.

***

Septiembre 11, 2001

Queridos amigos alrededor del mundo...

Los eventos de este día provocan que cualquier persona pensante detenga su vida diaria, cualquier cosa que esté haciendo y empiece ponderar profundamente las grandes preguntas de la vida. Buscamos nuevamente no sólo el significado de la vida, sino el propósito de la experiencia colectiva e individual como la hemos creado —y buscamos afanosamente formas en que podríamos recrearnos nuevamente como especie humana, para que nunca volvamos a tratarnos de esta manera unos a otros.

La hora ha llegado para nosotros de demostrar al nivel más alto nuestro pensamiento más extraordinario acerca de Quiénes Somos Realmente.

Hay dos posibles respuestas a lo que ocurrió hoy. La primera proviene del amor, la segunda del miedo.

Si venimos del miedo, podemos caer en pánico y hacer cosas —como individuos o como naciones— que sólo podrían causar más

149

daño. Si venimos del amor encontraremos refugio y fortaleza, aun mientras se los proveemos a otros.

Una enseñanza central de "Conversaciones con Dios" es: Lo que desees experimentar, provéeselo a otro.

Observemos, ahora, qué es lo que desearías experimentar —en tu vida propia y en el mundo. Entonces busca si hay alguien más para quien puedas ser la fuente de ello.

Si deseas experimentar paz, provee de paz a otro.

Si deseas saber que estás seguro, haz que otros se sientan seguros.

Si deseas entender mejor cosas aparentemente incomprensibles, ayuda a otro a entender.

Si deseas sanar tu propia ira o tristeza, busca sanar la ira o la tristeza de otro.

Si deseas tener justicia, te invito a que actúes justamente con todos los otros.

Esos otros están esperándote. Están buscando tu guía, tu ayuda, tu coraje, tu fortaleza, tu entendimiento y tu reafirmación en esta hora. Sobre todo, están buscando tu amor.

Éste es el momento de tu ministerio. Éste es el momento de enseñar. Lo que enseñes en esta hora, a través de cada palabra y acción tuya en este momento, quedará como lecciones imborrables en los corazones y mentes de aquellos cuyas vidas toques, ahora y en los años por venir.

Pondremos hoy el curso del mañana. En esta hora, en este momento.

Hay mucho que podemos hacer, pero hay una sola cosa que no podemos hacer. No podemos continuar cocreando nuestras vidas juntos en este planeta, como lo hemos hecho en el pasado. No podemos, excepto bajo nuestro riesgo, ignorar los eventos de este día ni sus implicaciones.

Es tentador en ocasiones como ésta rendirse a la furia. La ira es un miedo anunciado y la furia es ira reprimida que, cuando es liberada, a menudo es mal dirigida. En este momento, la ira no es inapropiada. Es, de hecho, natural —y puede ser una bendición. Si usamos nuestra ira acerca de este día, no para señalar dónde cae la culpa sino dónde reside la causa, podremos seguir la senda hacia la cura.

Busquemos no señalar culpables, sino causas.

A menos que usemos este tiempo para mirar la causa de nuestra experiencia, nunca podremos quitarnos de las experiencias que se crean. Al contrario, viviremos por siempre con el miedo de la retribución de aquellos en la familia humana que se sienten ofendidos e, igualmente, buscar nuestra propia retribución.

Así que es importante en este momento que dirijamos nuestra ira hacia la causa de la experiencia presente. Y esto no son sólo individuos o grupos que han atacado a otros, sino las razones por las que lo han hecho. A menos que busquemos esas razones, jamás seremos capaces de eliminar esos ataques.

Para mí las razones son claras. No hemos aprendido las lecciones humanas más básicas. No hemos recordado las verdades humanas más básicas. No hemos entendido la más básica sabiduría espiritual. En resumen, no hemos escuchado a Dios y porque no lo hemos hecho, ahora nos miramos a nosotros mismos haciendo cosas impías.

El mensaje de "Conversaciones con Dios" es claro: Todos somos uno. Es un mensaje que la raza humana ha ignorado en general. Nuestra separación mental ha desestimado el total de nuestras creaciones.

Nuestras religiones, nuestras estructuras políticas, nuestro sistema económico, nuestras instituciones educativas, y todo nuestro enfoque de la vida se han basado en la idea de que estamos separados unos de otros. Esto ha causado que nos infrinjamos toda clase de heridas los unos a los otros. Y esta herida causa otro herida, porque lo mismo engendra a lo mismo y la negatividad sólo genera negatividad.

Es tan fácil de entender como eso. Y por lo tanto oremos para que todos en esta familia humana encontremos el coraje y la fortaleza de mirar hacia adentro para hacer una simple, encumbrada pregunta: ¿Qué hará el amor ahora?

Si pudiéramos amar incluso a aquellos que nos atacaron y buscar entender por qué lo hicieron, ¿cuál sería entonces nuestra respuesta? Aun si enfrentamos negatividad con negatividad, furia con furia, ataque con ataque, ¿cuál será el resultado?

Éstas son las preguntas que se plantean a la raza humana el día de hoy. Éstas son las preguntas que no hemos podido contestar por miles de años. El fracaso en hallar la respuesta ahora día podría eliminar del todo la necesidad de hacerlo.

No debemos cometer ningún error acerca de esto. La raza humana tiene el poder de aniquilarse a sí misma. Podríamos eliminar la vida en este planeta como la conocemos en una sola tarde.

Ésta es la primera vez en la historia humana que hemos podido decir esto. Y así debemos ahora ser capaces de dirigir nuestra atención a las preguntas que tal poder nos plantea. Y debemos responder a estas preguntas desde una perspectiva espiritual, y no política, y ciertamente no económica.

Debemos tener nuestra propia conversación con Dios, porque sólo la sabiduría más grande y la verdad más grande pueden abordar los más grandes problemas y los más grandes retos en la historia de nuestra especie.

Si queremos que la belleza del mundo que hemos cocreado sea experimentada por nuestros hijos y los hijos de nuestros hijos, tenemos que volvernos activistas espirituales, aquí, ahora, y hacer que esto suceda. Debemos elegir estar en la causa del asunto.

Por lo tanto, hablemos hoy con Dios. Pidamos a Dios ayuda, consejos, orientación, visión interna, fortaleza, paz interior y sabiduría profunda. Pidamos a Dios este día que nos enseñe cómo mostrarnos en el mundo de manera que cause que el mundo mismo cambie.

Ése es el reto que se le plantea hoy a cada persona. Hoy el alma humana pregunta: ¿Qué puedo hacer para preservar la belleza y las maravillas de nuestro mundo y eliminar el odio y la ira —y la disparidad que inevitablemente la causa— en la parte del mundo que puedo tocar?

Por favor, trata de responder esta pregunta hoy, con toda la magnificencia de lo que eres Tú.

Te quiero y te envío mis más profundos pensamientos de paz.

NEALE DONALD WALSCH

152

***

Desde la publicación de esta declaración, Neal ha sido invitado por la prensa y el público a través del mundo a expandir sus pensamientos. Estos comentarios adicionales han aparecido en periódicos y revistas:

Hay una canción conocida que contiene palabras que nunca, nunca habían tenido tanto significado como ahora.

Lo que el mundo necesita hoy es amor, dulce amor. Es la única cosa de la que hay, demasiado poco. Lo que el mundo necesita hoy es amor, dulce amor. No sólo para algunos, sino para todos.

He dicho una y otra vez en este país y en pláticas alrededor del mundo, que todos nuestros problemas, todo nuestro tumulto, todas nuestras tendencias a herir y a lastimarnos los unos a los otros serían eliminadas, borrados, literalmente sacados de nuestra experiencia, si tan sólo aceptáramos el mensaje que se nos ha dado otra vez en "Conversaciones con Dios" de que Todos Somos Uno.

La Biblia, que es tan sólo uno de los muchos recursos humanos de enseñanza espiritual, lleva este mensaje a través de todo el Nuevo y el Viejo Testamento.

Aparece en Malaquías 2:10, como *"¿No tenemos todos un padre? ¿No nos ha creado un solo Dios? ¿Por qué entonces no confiamos uno en el otro profanando el convenio de nuestros padres?"*

Aparece en Romanos 12:5, donde está escrito: *"Así nosotros, aunque muchos, somos un cuerpo con Cristo e individualmente miembros uno del otro".*

Aparece en Corintios 10:17: *"... porque hay un solo pan, nosotros que somos muchos somos un solo cuerpo".*

Una y otra vez se nos ha enseñado esto. Todas nuestras tradiciones de fe nos traen esta verdad. Sin embargo no podemos y no la aceptamos ni actuamos como si fuera verdad. Parece que hay una cosa por la que muchos seres humanos renunciarían a todo. Renunciarían a la paz, al amor, a la felicidad, al gozo, a la prosperidad, al romance, a la emoción, a la serenidad, a todo —aun a su salud— por esta sola cosa:

Tener razón.

Pero aun si *tenemos* razón, aun si pensamos que todo lo que nos hacemos unos a otros en este planeta esta justificado por nuestro malestar, ¿cuál es el curso de acción espiritual recomendado? ¿Qué es lo que los grandes maestros espirituales de todos los tiempos, cada uno a su manera, nos dicen en momentos como éste? Es algo que muchos de nosotros no parecemos, o simplemente no *queremos*, escuchar.

"Yo te digo, *ama* a tus enemigos, *bendice* a aquellos que te maldicen, *haz el bien* a aquellos que te odian, y reza por aquellos que malignamente te usan y te persiguen."

¿Podría ser esto un buen consejo?

Esto es lo que sé. Es fácil en momentos como éste el confundir la furia con la justicia. La ira nunca produce autentica justicia. De hecho, inevitablemente crea *injusticia* —para alguien. Esto es por que la furia es ira que ha sido reprimida y, cuando se libera, siempre está mal dirigida. *Esto es exactamente lo que sucedió el 11 de septiembre, 2001.*

En los primeros días de nuestra civilización, éramos capaces de expresar nuestra furia e inflingir daño los unos a los otros usando palos, rocas y armas primitivas. Luego, conforme creció nuestra tecnología, podíamos destruir una villa, o un pueblo, o una gran ciudad, o incluso una nación entera. Y, como sigo notando, ahora nos es posible destruir nuestro mundo entero, y hacerlo tan rápido que nadie podría detener el proceso una vez que fuera iniciado.

¿Es el proceso que deseamos iniciar? Ésta es la pregunta que debemos contestar.

No debe sorprendernos que estemos encarando ahora esta pregunta. No es que no lo hubiéramos visto venir. Los escritores políticos, filosóficos y espirituales lo han predicho durante los últimos 50 años. En tanto continuemos tratándonos entre nosotros como lo hemos hecho en el pasado, dijeron, las circunstancias que encaramos en el presente seguirán dándose en el futuro.

Debemos cambiarnos a nosotros mismos. Debemos cambiar las creencias en las que se basan nuestros comportamientos. Debemos crear una realidad diferente, construir una nueva sociedad. Y debemos hacerlo no con verdades políticas, ni con verdades económicas, y no con verdades culturales o incluso verdades que recordamos de nuestros ancestros —porque los pecados de los padres recaen sobre los hijos. Debemos hacerlo con nuevas verdades espirituales. Debemos predicar un nuevo evangelio, resumiendo su mensaje curativo en dos enunciados:

Todos somos uno.

El nuestro no es el mejor camino, es tan sólo otro camino.

Este mensaje de quince palabras, lanzado desde cada púlpito, desde cada tribuna y plataforma en cada mezquita, en cada mezquita, iglesia y templo, podría cambiar al mundo en una noche. Reto a cada sacerdote, a cada imam, a cada ministro y a cada rabino a predicar esto. Reto a cada vocero de cada partido político y a la cabeza de cada gobierno nacional a declararlo.

Y reto a cada uno de nosotros, en este momento, a que se convierta en un activista espiritual. Si queremos que nuestros hijos y los hijos de nuestros hijos experimenten la belleza del mundo y no su fealdad, *debemos elegir estar en la causa del asunto.*

17. Algún pesar en Samsara, por Brad Blanton

A través del Internet muchos de nosotros tuvimos la oportunidad de superar algunas de las limitaciones de perspectiva de los comentarios generales en la radio y la TV. *Hay* una conversación en la que debemos comprometernos que va más allá de la usual perspectiva infantil que nuestro gobierno y los comentaristas de los medios han ofrecido hasta ahora.

Ha comenzado la conversación acerca de lo que podemos hacer en este mundo que cambió después de los atentados suicidas contra el Pentágono y el World Trade Center, pero las preguntas realmente importantes no se han planteado públicamente, excepto por aquellos individuos que no tienen miedo de ser visto como antipatrióticos, y no por las entidades corporativas.

Aun la radio pública nacional y la CNN y la PBS no han hablado realmente acerca de por qué los terroristas podrían haber querido hacer semejante cosa. La respuesta a esta pregunta por parte del Presidente (Bush) es: "Los terroristas son los chicos malos que odian la libertad y nosotros somos los chicos buenos que aman la libertad y vamos a atraparlos".

Mucha gente en el movimiento de potencial humano y un número de activistas sociales han escrito acerca del ataque. Me gusta la mayor parte de lo que ellos han dicho. Me es fácil fantasear acerca de lo que sería si esta gente sabia estuviera a cargo.

Me viene a la mente el ideal de Platón de un gobierno en manos de reyes filósofos. Éstos son nuestros reyes y reinas filósofos. No puedo evitar el imaginar un nuevo gobierno para los Estados Unidos y las Naciones Unidas en que personas como Deepak Chopra, Neale Donald Walsch, Gay y Kathryn Hendricks, Marianne Williamson, Denise Breton, Christopher Largent, David Korten, David Edwards, el Dalai Lama y otros como ellos ocuparan posiciones de influencia y poder. Me refiero en nuestro gobierno actual. En posiciones actuales de poder en la forma en que es dirigido el mundo. Como Marianne Williamson como Secretaria de la Defensa, Deepak Chopra como Jefe de Sanidad, Denise Breton como Procuradora General, David Korten como Secretario de Comercio, Gay Hendricks como Secretario de Salud, Tom Robbins como Secretario de Seguridad Doméstica y así por el estilo.

Mucha gente en nuestra comunidad de honestidad radical ha estado mandándonos correos electrónicos, llamando o reenviando correos de otras figuras públicas. Hemos estado viendo mucho la televisión. En la primera semana más o menos después de la tragedia, cientos de amigos nos escribieron (y nosotros a ellos) acerca de lo que había ocurrido, lo que lo precedió y qué acciones podrían terminar con toda esta matanza.

Hemos estado sintetizando la aportación de diferentes amigos de todo el país y estoy muy agradecido de tener la oportunidad de incluir mucho del contenido de dichas conversaciones para el contenido final de este libro. He sido constantemente asombrado por la brillantez y compasión de nuestra comunidad de amigos.

Lo que pienso es esto: Después de todo el daño y la ira, la oportunidad de la tragedia es *que podamos traer la sabiduría de la compasión a la lucha entre los debes y no debes con respecto al materialismo y su defensa.*

En una discusión más profunda, está claro que hay un amplio, importante acuerdo: Por supuesto que condenamos el terrorismo. Pero también vemos que tenemos que ir más allá de la simple condena moral hacia el terrorismo, para poder mirar lo que es y de dónde viene. Sentimos pena por la gente y sus seres queridos que han encontrado la muerte y sufrimiento a manos de los terroristas. Estamos agradecidos y conmovidos por la bondad y generosidad de miles y miles de personas que se han ofrecido voluntariamente a ayudar en lo que puedan. Estamos también llenos de admiración y gratitud por los sacrificios de la gente que murió mientras intentaba rescatar a otros o ayudarlos a escapar.

Desearíamos que nada de esto hubiera sucedido y nos gustaría hacer lo que pudiéramos para prevenir que suceda de nuevo.

Tenemos que empezar por entender tanto como podamos acerca de dónde viene todo esto. Y estamos de acuerdo en que debemos empezar por escuchar lo que los terroristas tengan que decir y entender por qué nos odian y por qué desean hacernos la guerra.

Ahora debo hablar por mí mismo en primera persona, no como un representante de una síntesis de una gran comunidad, aunque mucha de esa comunidad de conversación en el Internet está de acuerdo conmigo. Yo también siento pena por lo que sucedió a toda esa gente que murió en esos aviones y edificios, y por el dolor causado a sus seres queridos que continúa y continuará por un largo tiempo.

También siento pena por la muerte, destrucción y opresión causada por los Estados Unidos de América y sus aliados, antes de, durante y después de los ataques en Nueva York y Washington. Lo siento también por la intensificación de ese sufrimiento en que nuestro país está involucrado y al cual alimenta continuamente para que continúe. Me gustaría también hacer lo que pudiera para prevenirlo. El sufrimiento causado por los Estados Unidos de América y sus aliados ha sido, y probablemente continuará siendo, más grande y más persistente que el causado por los terroristas. Esto seguirá siendo cierto a menos o hasta que algunos terroristas de entre los enemigos de los Estados Unidos de América, regresen el golpe y lancen una bomba de hidrógeno o un virus mortal en un portafolio en alguna de nuestras principales ciudades.

Me opondré a esta clase de guerra entre terroristas y antiterroristas, ya sea que usen o no mi dinero para ello, y dado que lo están haciendo, estoy resentido con ellos por eso también. Soy un materialista. También lo son todos los participantes en la conspiración militar e industrial en los Estados Unidos de América e Inglaterra. También lo son los pobres y hambrientos del mundo, más que nada, porque no pueden permitirse no serlo. Esto es lo que crea el contexto en el que el terrorismo prospera. Esto incluye al terrorismo de Estado de los Estados Unidos de América.

Tenemos que ver las cosas como son. Para empezar, el terrorismo es una opción de guerra. Como muchas de las espantosas opciones de la guerra, es indescriptiblemente demente y horrible, pero está ahí, no obstante, en la lista de todas las más crueles estupideces humanas. Cuando la gente es pobre y oprimida y desea atacar a la gente que es rica y está bien defendida, la única cosa que tienen como armas son sus cuerpos y su compromiso. Si están dispuestos a sacrificar sus vidas pueden combatir a su enemigo usando sus propias armas y tomando sus vidas. El terrorismo es su mejor opción, dada la decisión de hacer la guerra a sus opresores.

Los terroristas atacaron las torres gemelas del World Trade Center y el Pentágono para hacer una declaración de lo que odian y de lo que ven que está mal acerca de la forma en que se maneja el mundo en estos días. Estoy de acuerdo con ellos, fundamentalmente, en el análisis. Estoy de acuerdo con sus juicios de la maldad perpetrada por el orden económico mundial, controlado por los ricos, mantenida en secreto y defendida por un aparato militar. También creo que si Colin Powell estuviera en los zapatos de los terroristas, haría lo mismo que hicieron ellos. De hecho, está en sus zapatos que está a punto de hacer lo mismo que ellos hicieron.

Yo prefiero otro rango de soluciones además de la guerra, ya sea guerra en la forma de terrorismo o guerra en la forma de un complejo militar e industrial. La línea de fondo de las corporaciones multinacionales no es un valor primario suficiente para proveer satisfacción a más que un uno por ciento de la población mundial. De hecho, en su forma actual, requiere que los pobres continúen siendo pobres y se multipliquen, y que los ricos sigan siendo ricos y disminuyan.

Los terroristas no desaparecerán, aunque los Estados Unidos de América y sus aliados y aquellos que se han alineado o han sido forzados a alinearse hagan o no la guerra al terrorismo. La maquinaria de guerra militar e industrial no va a "conquistar al terrorismo". Al contrario, continuará el contexto, el medio en el cual reside el terrorismo y por lo tanto, sin duda alguna, contribuirá a la continuación y expansión del terrorismo.

El contexto en el cual reside el terrorismo es el mismo contexto en el cual reside el complejo militar industrial. Las juntas y planes secretos de los terroristas se realizan en el mismo marco que las juntas secretas de las 36 agencias separadas de los Estados Unidos de América, los jefes de departamento, el Gabinete, las reuniones a puerta cerrada del Congreso, las conversaciones tras bambalinas entre cabildos y legisladores, etcétera.

Si realmente queremos hacer algo acerca del terrorismo tenemos que empezar escuchando a los terroristas y a nosotros mismos. Tenemos que guiar con nuestros corazones y seguir con nuestra mente. Tenemos que llegar a un entendimiento de nuestra humanidad común y nuestras limitaciones comunes de perspectiva. Tenemos que decir la verdad acerca de lo que sentimos y pensamos y planeamos hacer. *Tenemos que renunciar a los secretos.* Tenemos que crear un nuevo contexto dentro del cual vivir, basado en saber realmente lo que todos queremos, así como lo que podemos ofrecernos mutuamente.

He aquí la sabiduría cuyo tiempo ha llegado. O debo decir, ésta es una idea cuyo tiempo puede llegar si no nos matamos primero ente nosotros. Es ésta: Nosotros, que somos seres humanos, somos todos iguales. Todos nosotros somos, en común, sagrados prototipos humanos de vida. Somos en la tierra los que percibimos y pensamos. Vemos, escuchamos, tocamos, degustamos y sentimos cosas, y soñamos cosas acerca de lo que hay que hacer. Aún antes de que hubiera miles de millones de nosotros que deben pensar cómo llevarse bien, hemos estado haciendo reglas y tradiciones y convenios acerca de cómo llevarnos bien. La mayoría de esas reglas fue hecha por gente que ya está muerta. *No está funcionando. Necesitamos inventar algo más.*

Cuando inventemos algo nuevo podemos considerarlo, particularmente a la luz de cómo nuestro gobierno está respondiendo a los ataques terroristas. Los terroristas atacaron símbolos. Matar a la gente era algo secundario, tan sólo para subrayar la importancia del ataque al "demonio de la riqueza y corrupción occidental". Querían matar al World Trade Center y al Pentágono. Igual que como cuando Colin Powell y Bush padre mataron a 60 mil adolescentes y a más de 6 mil civiles y niños en la "Guerra del Golfo" y dejaron que Saddam Hussein viviera y matara más.

Hemos matado a cientos de miles más, principalmente niños, al hambrearlos hasta la muerte y al negarles los suministros médicos desde la Guerra del Golfo, con un boicot económico que castiga a los pobres. Hicimos esto no sólo para matar a la gente, sino para mostrar que el "malvado invasor" no podría llevar a cabo su "malvada invasión". De hecho fue mejor que viviera, para estar seguros de haberle dado una lección. Y podemos seguir dando una lección al populacho que "le permite quedarse en el poder". Fue por el principio existente en el asunto. Como dijo el Presidente una noche: "¡Este Mal no permanecerá sin castigo!" El principio existente en el asunto y la guerra al Mal fue más importante que las vidas de la gente involucrada en ambos lados. Primero dices lo terrible que fue, luego dices que los terroristas son malvados, y entonces perpetras más terror.

En todos estos casos, son los símbolos más importantes que las vidas humanas. Cuando nuestros líderes, a través de la CIA, entrenaron a Saddam Hussein y a muchos de sus colegas, *en secreto*, para enfrentar a Irán, y entrenaron a muchas de las tropas actuales de Bin Laden, *en secreto*, para derrotar a los rusos en Afganistán, fue también por razones simbólicas. Parecía una buena idea a la sazón "derrotar al comunismo" o al "extremismo" o a algún otro "ismo".

Ninguna de estas opciones estuvo sujeta jamás a una revisión democrática. No es que probablemente no hubieran sido aprobadas de todas maneras, dados los crédulos, entumecidos bobos que componen la mayoría del populacho. Es sólo que me molesta que los hipócritas, mal llamados lideres en el Congreso y las oficinas Ejecutivas, insistan en seguir llamando a esto una democracia cuando *nunca se nos ha dado siquiera la oportunidad de hablar acerca de lo que realmente está sucediendo cuando está sucediendo.* Esas decisiones nunca fueron votadas o discutidas abiertamente. Fueron hechas en secreto, en nuestro nombre, usando nuestro dinero, sin nuestra revisión o aprobación, para protegernos y defendernos de enemigos simbólicos. Se nos dijo algo acerca de esto más tarde. Mucho más tarde. Después de eso, ya era demasiado tarde. Y algunos de nosotros todavía no lo sabemos. La violencia secreta, la guerra secreta y el estudio secreto de la guerra, el apoyo secreto en la forma de armas para la guerra, todo hecho en nuestro nombre (sin estar sujeto a revisión, debate público, voto, conversación o resumen en los medios), hecho en nuestro nombre, por nuestro propio bien (a juicio de nuestros cuidadores en juntas secretas), todo eso ha sido la fuente de mucha porquería que hemos tenido tolerar después —como, por ejemplo, los bombardeos contra el World Trade Center y el Pentágono.

Y el baile sigue. Muchos de nosotros estamos más que ansiosos de unirnos al doliente, sentimental orgasmo lleno de odio de probidad contra los perpetradores del mal que han asesinado a los inocentes, y devolverles el golpe a la décima potencia. Millones de nosotros apoyamos con nuestros corazones llenos de sentimiento, al mismo tipo de hombres gordos creando nuevas y aún más sangrientas escenas de sádica venganza. Personalmente, aborrezco a esos idiotas ignorantes llenos de odio. A los que están de nuestro lado como a los del llamado "otro" lado. Pero *no* estoy dispuesto a realmente matarlos por lo que representan. Es tentador, pero no voy a hacerlo. Los maldeciré y les gritaré y los insultaré y los mandaré al infierno, y tal vez abofetearé con el alma a uno o dos de ellos si tengo la oportunidad, pero no voy a matarlos. Incluso podría superar mi propia rectitud y perdonarlos y tener una honesta conversación con ellos. Ésta es una pequeña pero importante diferencia entre los terroristas, incluidos nuestros propios terroristas, y yo. Y sé que no estoy solo. Sé que es una pequeña pero importante diferencia entre millones de nosotros y nuestros líderes. Hay muchos millones de personas más que están enojadas, que son rectas y que no están ni mínimamente informadas acerca de las condiciones actuales que crearon y continúan creando al terrorismo. Suelen ser los que ondean con más fuerza sus banderas y presumen de su "patriotismo".

Durante la primera semana de octubre de 2001, según la encuesta Gallup, George W. Bush tenía un índice de aprobación del noventa por ciento, el más alto jamás registrado para un presidente norteamericano. El ochenta y dos por ciento del populacho estaba a favor en hacer la guerra en Afganistán. Los guerreros están danzando alrededor del fuego preparando el ataque y atacando después. Toda la tribu parece estar de acuerdo con ellos. Yo no.

Los Estados Unidos de América inmediatamente hicieron que Pakistán detuviera la ayuda a los hambrientos de Afganistán. Unos siete días más tarde, el número de inocentes muertos desde la mañana del 11 de septiembre se había duplicado de 5 000 a 10 000. Ese incremento en el número, nuestra parte del total, fueron en su mayoría niños que murieron de hambre. Gente inocente está siendo asesinada por centenares diariamente desde que empezamos "la guerra contra el terrorismo". La mente militar y la mente militante simplemente no están, como decimos en Texas, rebosantes de compasión.

Me doy cuenta que George W. Bush hace lo mejor que puede, al igual que sus ayudantes. Y siento pena por él y entiendo su ira y su dolor y su forma de pensar acerca de las limitaciones de las alternativas que parece tener a la mano. Y considero extremadamente desafortunado que tal arrogancia maneje tal poder. Creo que depende de nosotros crear otras opciones en los medios y en las mentes de la gente para alterar el camino de destrucción que nuestros líderes han tomado, el cual conducirá, más rápido que lo que cualquiera pueda sospechar, a tragedias que harán que la que sucedió recientemente se vea pequeña en comparación.

En una típica revolución, matas a los líderes, tomas el control y te conviertes en líder como ellos. En la revolución de la conciencia no es tan fácil ni satisfactorio. En la revolución de la conciencia tenemos que usar esa energía para *hablar acerca de lo que es e inventar algo nuevo*. Tenemos que crear un nuevo modelo para vivir juntos. Y mientras más pronto lo hagamos, más pronto terminará la locura de la escalada del terrorismo, incluido el terrorismo de estado.

Estamos haciendo justamente eso —hablando acerca de lo que es y creando un nuevo modelo. Los creadores del nuevo modelo están trabajando y somos tú y yo. En el diálogo que sigue en este libro, Neale y yo quisimos avanzar el trabajo de crear un nuevo modelo para vivir juntos, basado en la conciencia espiritual y en la compasión. Por favor tome su tiempo y lea esto. Envíenos cartas de su respuesta a esto a nuestros sitios web. Continúe con el buen trabajo. Mantenga viva esta conversación. Es la única forma que tenemos de crear una nueva forma de vida en común.

Los bosques que tenemos que atravesar son densos. Esta gente, a la que cito, marca el comienzo del camino —el inicio de crear algo nuevo.

"Si continuamos pensando en términos de una dualidad Cartesiana de la mente *versus* materia, probablemente también lleguemos a ver el mundo en términos de Dios *versus* el hombre, la élite *versus* la gente, la raza elegida *versus* las otras; nación *versus* nación y el hombre *versus* el medio ambiente. Es dudoso si una especie *que tiene tanto una tecnología avanza-*

da como esta extraña forma de mirar el mundo, puede sobrevivir." (Las itálicas son mías.)

Gregory Bateson, "Pasos hacia una mente ecológica".

"La última debilidad de la violencia es que es una espiral descendente, que genera justo lo que busca destruir. En vez de disminuir el mal, lo multiplica... A través de la violencia puedes matar al que odia, pero no matas el odio. De hecho, la violencia sólo incrementa el odio... Devolver violencia por violencia, multiplica la violencia, añadiendo una oscuridad más profunda a una noche ya carente de estrellas. La oscuridad no puede deshacerse del odio; sólo el amor puede hacer eso."

Rev. Martin Luther King Jr.

"Si tomamos ojo por ojo pronto todo el mundo estará ciego."

Gandhi

La siguiente cita es de mi amiga Doris Haddock, conocida también como Granny D. Ella es una de mis heroínas vivientes. Esta anciana de noventa y dos años ha caminado a través de toda América para atraer la atención hacia la necesidad de una reforma financiera en las campañas. Yo caminé con ella las últimas cinco millas y me arrestaron en su nombre en la Rotonda del Capitolio aquel día. La transcripción del juicio y los comentarios del Capítulo Diez son de ese arresto.

Cuando salí de la cárcel siete horas más tarde ella me besó en los labios y me agradeció por lo que había hecho. ELLA me dio las gracias A MÍ, por Dios. Yo lloré como un bebé y no me lavé la cara durante una semana donde ella me había besado. Ella estuvo allí de nuevo en la protesta contra la inauguración de Bush y habló tan elocuentemente que volví a llorar con todo mi corazón. La amo. Cuando crezca quiero ser como ella.

"Mientras que los cirujanos cortan, otros mirarán una cuestión más profunda: ¿Cómo puede surgir tal sangre fría en los corazones de nuestros compañeros? A medida que los nutriólogos examinan el

165

estilo de vida que puede conducir a la enfermedad, comenzamos a preguntar: ¿Qué podemos hacer en el futuro para alimentar al amor y al respeto en vez de al odio? Seguramente no podemos matar nuestra forma de amar y respetar, donde reside nuestra propia seguridad.

"Indudablemente los cirujanos se saldrán con la suya por un tiempo. Aquellos que buscan la verdadera seguridad no deben hacerse a un lado en silencio. Aquellos que saben que la justicia internacional es el único camino a la paz internacional, deben continuar hablando. No es antiamericano hacerlo. Al contrario, es antiamericano caer en un estado de fascismo, donde nuestras libertades civiles son desamparadas y las necesidades humanas de los americanos y de la gente alrededor del mundo son olvidadas.

"Las secretarias y los archivistas y los jóvenes ejecutivos en los edificios atacados, y los niños y madres y padres y hermanas y hermanos abordo de esos cuatro aviones no hubieran sido los blancos del odio, de haber expresado mejor nosotros los americanos, nuestros más altos valores a través del mundo —si nuestro gobierno hubiera expresado en todas sus acciones la justicia y generosidad que caracteriza a nuestra gente. La desconexión entre nuestra gente y nuestro gobierno no excusa los fríos asesinatos en masa cometidos por los terroristas, pero ayuda a explicarlo y no podemos detenerlo sino lo entendemos.

"Oremos para que algunos de nuestros líderes sean más sabios, y puedan ver que el verdadero camino a nuestra seguridad no nos lleva a lugares como Kabul, con nuestros trapos y escobas, sino a lugares como Langley y a los enormes eventos políticos para reunir fondos, donde nuestros representantes son comprados y alejados de nosotros.

"En mi larga caminata a través de América, y en mis experiencias cotidianas, sé que los americanos tienen buen corazón y no desean colonizar o explotar a otros pueblos de la tierra. Nuestra pregunta central —la pregunta que determinará la seguridad de nuestras ciudades en el futuro— es ésta: ¿Pueden esos valores americanos ser expresados por el gobierno americano? ¿Podemos ser más un gobierno de nuestro pueblo? ¿Podemos quitar los egoístas, miopes intereses de entre nosotros y nuestros representantes electos?

"Nuestra lucha por la reforma financiera en las campañas electorales y otras reformas democráticas tomará ahora el asiento trasero mientras la sangre y sus discípulos tienen su momento. Pero hasta que limpiemos nuestro gobierno, seguiremos siendo el objetivo de la ira internacional y nuestros hijos y nietos no estarán seguros."

Doris "Granny D" Haddock

18. Una conversación acerca de un mundo en crisis

NDW: La primera pregunta en este texto (Neale estaba sosteniendo su nuevo libro "Conversaciones con Dios para adolescentes") es completa y totalmente aplicable a lo que está sucediendo con el Talibán en este momento. La primera pregunta con la que empieza el libro es: "¿Por qué el mundo es como es? ¿Por qué no podemos detener las muertes y el sufrimiento? ¿Por qué no podemos encontrar una forma de llevarnos bien —de amarnos los unos a los otros? ¿Siempre tendrá que seguir siendo así? ¿No hay nada que nadie pueda hacer para cambiarlo? ¿Voy a tener simplemente que abandonar la esperanza de tratar de hacer las cosas diferentes porque de todas formas no funcionaría? Está bien, Dios, si hay un Dios, ¿qué pasa?" Y fue justo en el blanco. Es simplemente sorprendente: Parte de la respuesta que vino a mí fue:

"Tu especie no ha sido capaz de detener la matanza y el sufrimiento porque tu especie tiene una mentalidad para la matanza y el sufrimiento. Aquellos que han venido antes de ustedes han creído que las matanzas están justificadas como un medio de resolver sus desacuerdos, o de tener lo que quieren o piensan que necesitan. Ellos también han creído que el sufrimiento era una parte normal de la vida. Algunos incluso han dicho que era requerido por Dios.

"Es de estas creencias que la presente experiencia humana ha surgido. Es de estos entendimientos que tus ancestros crearon su realidad cotidiana, y la tuya. Se puede encontrar una forma de superarla, ser bueno uno con otro y amarse uno a otro pero requiere renunciar a esas creencias y a muchas otras y no es algo que aquellos que vinieron antes de ustedes estén dispuestos a hacer."

Lo leí anoche y pensé: "Santo cielo, qué exacto es esto".

BB: Ese tipo de "teoría del escenario" que tiene que ver con la tradición judeo-cristiana es el punto más difícil de superar, pienso, porque...

NDW: ¿La teoría de qué?

BB: La teoría del escenario. La forma en que operas de acuerdo con una limitada perspectiva situada en un escenario. Un marco mental. Buscas sufrimiento, y una vez que crees que es algo requerido, terminas encontrándolo.

NDW: No sólo eso, sino que si no lo encuentras, lo creas. Si no lo puedes crear entonces lo inventas y pretendes que está ahí. Si no puedes crearlo en la realidad, harás lo que sea para invalidar tu pensamiento previo. Primero lo buscas dondequiera que puedas encontrarlo; si no puedes encontrarlo lo creas y si no puede crearlo, lo inventas y finges que está ahí.

BB: Correcto.

NDW: ¡Por lo tanto está ahí, no importa que esté o no! Yo tenía una suegra que hacia eso maravillosamente. Ella siguió todos estos pasos y si no encontraba ningún sufrimiento ella haría una actuación, su historia y pretendería que estaba sufriendo. Cualquiera diría: "¡Oh Ma!" Si no hay nada en ese momento siempre puedes regresar a un sufrimiento recordado y hacerlo muy real, porque la mente no conoce la diferencia.

BB: Sabes, cuando a alguien le sacan el apéndice se le llama apendicetomía. Cuando te quitan las amígdalas, se le llama amigdalectomía. ¿Cómo le llamas cuando te quitan algo que crece en tu cabeza?

NDW: Tengo miedo de preguntar...

BB: ¡Un corte de cabello! (Risas.) Ves, fue el escenario. Podemos proveernos de un escenario en unos cuantos segundos. El escenario que te proporcioné te hizo pensar en "terminología médica". Si yo sólo hubiera dicho: "¿Cómo le llamas cuando te quitan algo que crece en tu cabeza?", habrías podido pensar que es un poco raro, pero probablemente habrías dicho "corte de cabello" como una de tus primeras opciones, pero una vez que te proporcioné un escenario, hubiera sido sólo una opción muy lejana. Hubieras tenido que tirar la caja que establecimos juntos en la conversación acerca de lo que se puede esperar. Así, lo que hacemos, aparentemente, es vivir constantemente en escenarios previamente existentes. Tenemos grandes escenarios y pequeños subescenarios.

NDW: Bueno, tenemos que hacerlo, hasta cierto grado. Estos son marcos contextuales en donde tenemos la experiencia de la vida. Y naturalmente, es necesario crear algunas para experimentar la vida en el mundo relativo. Pero el peligro es *no saber que estamos inventando todo*. El peligro, como señalo en "Comunión con Dios", no entender que todo es una ilusión. Lo que tenemos oportunidad de hacer es trabajar *con* la ilusión pero no *dentro* de ella. Ahora mismo somos como un mago que ha olvidado sus propios trucos.

BB: ¡Ésa es la verdad! He tenido conversaciones con cantidad de gente desde el 11 de septiembre y para muchos de nosotros hay una cierta incomodidad con lo que vemos y escuchamos en los medios y en el mundo. La gente me dice que ve todas esas banderas ondeando, y que cuando va por la calle y ve una bandera americana y ve los letreros que dicen: "Dios bendiga a América", y ve las citas del Himno Nacional y las repeticiones en la televisión, se siente algo inquieta. Es una pequeña reminiscencia de las películas del Tercer Reich. Nos recuerdan los días de Joe McCarthy, o los campos de prisioneros para los ciudadanos japoneses-americanos en California durante la Segunda Guerra Mundial.

Hay otros momentos en los que la gente se reunió en grupos minoritarios de seres humanos, se consideraron especiales y se segregaron a sí mismos en respuesta a otro grupo que hacía lo mismo, y adoptaron el escenario mental de que nosotros somos buenos y ellos son malos. ¿Por qué no decir: "Dios bendiga al mundo" en vez de "Dios bendiga a América"? ¿Por qué no tener una bandera que tenga una imagen del globo, del mundo entero, en vez de una de los Estados Unidos de América? ¿Por qué no tener una forma de reconocer, primero, a nuestra humanidad común y, segundo, nuestro subescenario como americanos?

La pregunta es: ¿Cuál es el subescenario? ¿Somos primero americanos y el subescenario nuestra humanidad común? ¿O primero somos seres humanos y el subescenario es ser americanos?

Estoy interesado en cómo la gente llega a donde puede cambiar estos escenarios o cambiar el arreglo de qué incluye a qué. Quiero tener una conversación en el gran mundo allá afuera acerca de las perspectivas y de cómo cambiarlas y no estar limitado por

171

alguna en particular. Como sabemos, las perspectivas limitadas y cerradas son muy peligrosas.

NDW: Estás hablando de lo que la industria del cine llama simplemente POV —Punto de Vista (por sus siglas en inglés). Y, esto es lo que hicimos en Corea unos meses atrás cuando la Fundación de Paz para el Nuevo Milenio, creada por el Gran Maestro Seun Heung Lee y yo, patrocinamos la Conferencia de la Humanidad. Cerca de 12 mil personas vinieron a la ceremonia de clausura en un estadio en Seúl y recitaron la Declaración de la Humanidad.

La Declaración decía exactamente lo que acabas de decir, en unos pocos enunciados. Era un poco más poética porque tuvimos más tiempo de crearla, pero tenía ese toque de declaración de independencia. Simplemente decía que declaramos que somos los primeros y originales somos humanos universales, miembros de lo que llamarías el escenario primario, no el subescenario. Que somos Humanos Terrícolas.

Lo que el Gran Maestro Lee y yo esperamos hacer es crear un movimiento mundial para generar un nuevo pensamiento acerca de nosotros mismos, y por lo tanto una nueva categoría en la cual verter nuestras experiencias colectivas, que llamaríamos los Humanos Terrícolas. Pedimos a la gente que se declare a sí misma Humana Terrícola. Y no renunciar a nuestro americanismo o a nuestro coreanismo o a cualquier otro "ismo" que queramos experimentar sino ponerlo en el contexto apropiado. Todas las cosas en su contexto apropiado, de modo que cuando enfrentemos algún tipo de peligro o amenaza experimentada colectivamente, podamos responder a ella desde ese punto de vista.

BB: Bien por ti. Más poder para ti.

NDW: Debo decir que geopolíticamente en el planeta, después del incidente del 11 de septiembre, muchos gobiernos del mundo han hecho exactamente eso. La OTAN, y hay que darle crédito por eso, dijo que un ataque a uno es un ataque contra todos. Y otros gobiernos importantes, así como treinta países (alrededor del mundo, en el área del Medio Oriente) han también indicado que este tipo particular de comportamiento por parte de los terroristas, cualquiera que sea su malestar, no es una forma apropiada de resolver sus problemas. Aun aquellos que en cierta medida podrían estar de acuerdo con los puntos de vista sostenidos por esa gente que está aterrorizando al mundo, han condenado también abiertamente el terrorismo. Sorprendentemente, Siria es un ejemplo, aun cuando hay varias bases terroristas en Siria. Aparentemente están dispuestos a entrenarlos pero no a que hagan algo. Es un pequeño nivel de lo que en la superficie parece hipocresía, a menos que veamos con más profundidad lo que está sucediendo en Siria.

El punto que estoy haciendo es que geopolíticamente, a través de esta coalición de naciones que los Estados Unidos de América y Gran Bretaña han podido juntar, parece ser el comienzo de ese tipo de respuesta generalizada: "Esperen un momento, esto es un crimen contra la humanidad".

No obstante, es natural, ya sea en los Estados Unidos de América o en otra parte, que se empiecen a ondear banderas. Todos los animales se guarecen en sus nidos o madrigueras ante cualquier clase de peligro. Es instintivo. Así que volvemos al nido y nos escondemos detrás de Mamá, y en este caso Mamá se parece mucho al Tío Sam y a una bandera que es roja, blanca y azul. Por lo que no pienso que éste sea un momento efectivo de convencer a la gente de cambiar sus POV, de tener un nuevo punto de vista acerca de esto.

Debería ser nuestra respuesta de segundo nivel, después de la reacción de primer nivel que este gobierno y el mundo han expresado. He estado diciendo en mis pláticas a través de Estados Unidos de América, que si debemos tener una reacción de segundo nivel después de la reacción instintiva y natural, esto no puede negarse si quisiste que ocurriera. Es natural e instintivo, y la verdad de esto es que vas a defenderte vociferantemente y no viciosamente.

BB: Bueno, la tragedia del 11 de septiembre no ocurrió de la nada. No fue el primer evento, sino sólo un evento más grande y más cerca de casa. Residió en una cadena de matanzas injustas y asesinatos subrepticios, castigo a través de la hambruna y de una violencia económica más sutil en la cual los Estados Unidos de América han sido cómplices y participantes activos. Este acto terrorista, al igual que nuestra respuesta a él son respuestas viciosas a acciones previas. Estas reacciones inmediatas, ya sean naturales o no, son lo que perpetúa la corriente actual de violencia.

Por lo tanto, digo, ya sea una respuesta natural o no, una respuesta de primer nivel que crea más respuestas de primer nivel tiene que ser intervenida de alguna manera, para detener la cadena.

La llamada "guerra al terrorismo" crea más terroristas en cantidades mayores que aquellos que son eliminados y continúa el ciclo de violencia y contra violencia.

NDW: Sin embargo, habiendo ya hecho esto, pienso que si no nos movemos al segundo nivel, que es exactamente de lo que estás hablando, y reacomodamos nuestra idea de quiénes somos, qué estamos haciendo y la vida misma, vamos a continuar en un modo de ataque y defensa propia hasta el final de los tiempos, o hasta que el siguiente ataque sea un ataque de tal magnitud que el fin de los tiempos habrá llegado.

BB: Exactamente.

NDW: Pienso que el reto ante la especie humana es encontrar un tipo de liderazgo. Y claramente no vendrá de nuestra estructura política. No vendrá de nuestra estructura educativa y absolutamente no vendrá de la religión organizada.

Las religiones organizadas no van a dar este tipo de liderazgo al público diciendo: "Estábamos equivocados acerca de muchas cosas, chicos. De hecho, no es de la forma en que pensábamos que era". Aun si los líderes religiosos sienten que de alguna forma esto era cierto, que estaban equivocados en algunas cosas, no podrían decírselo a sus feligreses y seguidores, por temor a perder sus distritos. ¿Dónde están los internacionalmente conocidos líderes religiosos musulmanes parados hombro con hombro con los líderes cristianos y los líderes judíos y los líderes de todas las tradiciones de fe en una gran conferencia de prensa en alguna ciudad más o menos neutral?

Deberían estar dando al mundo una declaración conjunta: "Decimos y declaramos a nuestros seguidores que de cualquier forma que se desee interpretar las escrituras de nuestras diversas creencias, el matarse uno al otro para resolver nuestras diferencias es inapropiado. Así que no es el momento de que los musulmanes en todo el mundo declaren la *jihad*, ni de que cualquier otra religión lo haga".

Estoy esperando que se haga tal declaración conjunta de los líderes religiosos del mundo uno al lado del otro, pero tal evento probablemente no sucederá.

BB: Estoy de acuerdo en que lo crítico es la fase 2, después de la reacción inicial. La fase 1 ya había pasado y sigue vigente. Pero la pregunta es: ¿cuánto nos tomará entrar a la fase 2? De hecho, pienso que estamos entrando a la fase 2 ahora mismo. ¿Cuánto de la fase 1 y cuánto de la fase 2 ocurrirá en este siguiente año del ataque terrorista en Nueva York y Washington —y en los siguientes? Éste es de verdad un momento crítico. Y también concuerdo en que ese liderazgo debe ser encontrado o creado. Tenemos mucha necesidad de un líder que no venga de los usuales campos de elección.

NDW: Esto es lo que Jean Houston llama "El Momento Abierto".

BB: Sí, éste es el momento abierto.

NDW: Ella dice que el momento abierto ocurre cuando nuestra necesidad es tan grande que no podemos evitar abrir los ojos, aunque no queramos.

BB: Sí, éste es uno de ellos. Y estamos hablando ahora, espero, en ese escuchar abierto. Todavía no esta completamente abierto pero está ahí. Y hay un escenario para lo que define el poder que debe ser trascendido. Cuando hablas de nuestras categorías estándar, hay líderes religiosos, líderes políticos, líderes económicos y así sucesivamente.

No vamos a tener líderes religiosos institucionales que vengan con una postura fuerte porque estarán preocupados acerca de sus distritos. Probablemente no lograrás que los líderes de negocios tengan una postura fuerte porque están preocupados por sus beneficios, y tienen un interés creado en que el orden económico siga igual, y así sucesivamente. Así que surge la pregunta: "¿De dónde debe venir el poder para traer el cambio social?"

No parece que sea un poder político, porque la gente es elegida y no pasa nada. Ni siquiera parece que sea el poder económico. El poder económico es la representación del grado de dificultad que tiene la gente año con año para seguir viva y tener una calidad de vida que no sea muy mala en diversas formas en diferentes partes geográficas.

Tenemos ahora la oportunidad de observar una perspectiva que es realmente una perspectiva global. Como dije antes, la empresa económica más grande de este planeta son las drogas ilegales, muchos de los cuales son analgésicos. Una de las más grandes industrias legales es la llamada industria farmacéutica, cuya mayoría de productos son analgésicos y antidepresivos. Así pues, nos podemos preguntar: ¿Existe alguna forma, con la tragedia en Nueva York y

Washington y Pennsylvania, y dado que ahora nos han hecho sufrir, de que podamos tener la oportunidad de identificarnos con todo el sufrimiento humano? Porque nos hemos hecho conscientes del sufrimiento en una forma distinta. Este sufrimiento puede dirigir nuestra atención para que nuestro esfuerzo contra el terrorismo sea un esfuerzo para lidiar con el contexto en el cual reside el terrorismo; la batalla entre el tener que y el no tener que. Es la batalla entre la gente con una dotación de habilidades de supervivencia y perspectivas *versus* la gente con una dotación diferente.

El grado de odio que la gente tiene por los Estados Unidos de América tiene algo que ver con lo que somos capaces de hacer impunemente, según su punto de vista. Logramos hacerlo sin sufrir con ellos de la misma forma, cuando tienen que sufrir. Y constantemente presumimos de cómo podemos jugar (aunque con frecuencia es sólo una nueva forma de sufrimiento) sin preocuparnos por la supervivencia nuestra y de nuestros seres queridos. Volviendo a la jerarquía de necesidades de Maslow: Cuando estás preocupado por tu supervivencia biológica, tu perspectiva se limita a obtener comida, refugio y hacer muchos bebés para que uno pueda sobrevivir para cuidarte si tienes la suerte de llegar a viejo. Una vez que tienes bastante que comer y un lugar para vivir, entonces te preocupa la aceptación social. Finalmente, cuando estás cómodo con la aceptación social puedes preocuparte por el significado.

La gente viene de diferentes escenarios en estas diferentes circunstancias. Así, por ejemplo, la gente que cultiva amapolas para ganarse la vida no se preocupa mucho por el sufrimiento de las familias de las ciudades interiores y la ruptura del orden social en los Estados Unidos de América.

Una de las cosas que podría ponernos a todos en la misma página sería que los Estados Unidos de América alimentaran al mundo, y ayudarán a construir las estructuras para que el mundo continuara alimentándose a sí mismo. Hay muchos recursos para hacerlo. Tomaría sólo una minúscula cantidad del inmenso presupuesto para la defensa. Eso no manejaría todo el sufrimiento por supuesto. Pero llegaría a la línea de fondo de la clase más crítica, terrorífica y fatal.

He sido terapeuta por más de treinta años y he conocido a muchos americanos. Conozco a mucha gente que tiene gran cantidad de dinero, que sufre como el demonio todo el tiempo. El grado de sufrimiento no está directamente relacionado con que tengas dinero o no. Es si tienes la habilidad de escapar o no de los escenarios de tu mente. La neurosis individual es la misma que el medio ambiente social. La gente tiene estándares de los que se cuelga y que no abandonará, estándares que enarbolan ante otra gente para no ser hecha a un lado. Así, muchos se sienten miserables porque no pueden hacer que la realidad del mundo se ajuste a los estándares de lo que ellos creen que debería ser la realidad, y hacen sentir miserables a aquellos que no satisfacen sus expectativas.

Entonces, la pregunta es: ¿Podemos tener, en este momento abierto, la oportunidad única de hablar del sufrimiento en una forma budista? Lo que podemos hacer, como la nación más rica y poderosa del mundo, es decirle a toda la humanidad, nosotros mismos incluidos: "¿Qué podemos hacer para tener menos sufrimiento, para trascender el sufrimiento y que nuestro sufrimiento actual nos lleve a contribuir a que haya menos sufrimiento?" Hay muchos caminos que podemos tomar para tener menos sufrimiento.

NDW: Ésa es, creo, una pregunta muy profunda. Pienso que acabas de articular lo que el momento suplica saber. Estaba esperando ver si tenías una respuesta que proponer cuando preguntaste: "¿De dónde vendrá el nuevo liderazgo?" Dices que no vendrá de las actuales estructuras religiosas ni económicas ni políticas ni educativas. Pensé que ibas a proponer de dónde podría venir, o dónde reside el poder.

BB: Pienso que vendrá de la gente que está consciente del tema fundamental de la compasión y el sufrimiento sin importar de qué sub empresa particular formen parte. Necesita existir una nueva coalición, algunos que vengan de los negocios, algunos de la religión, algunos de los líderes espirituales que no estén afiliados a ninguna institución, algunos de instituciones religiosas que vean mas allá de la doctrina, algunas personas del gobierno..., pero lo que debe ser el principio unificador es una preocupación por el sufrimiento que viene de la compasión. Recordemos lo que dijo Margaret Meade: "Nunca duden que un grupo de individuos comprometidos puede cambiar el mundo; es lo único que siempre lo hace". ¿Hay suficientes de nosotros, sin importar de donde vengamos, que, a través de lo que hemos experimentado con estos ataques terroristas, podamos permitirnos sentir, después de la reacción inicial,

177

e identificarnos con todo el sufrimiento? ¿Nos da un sentido de la naturaleza de la inseguridad que afecta a la mayoría de la gente en el mundo? ¿Estamos dispuestos a llevar a cabo las tareas de tomar responsabilidades por lo que sabemos se nos está pidiendo? Particularmente, aquellos que vivimos en los Estados Unidos. No podemos sentirnos seguros en la forma que podíamos hacerlo antes, y jamás podremos volver a hacerlo, nunca más. Ahora sabemos que somos vulnerables a un ataque terrorista.

Creo que la primera reacción está creando más terroristas en este momento. Creo que hacerle la guerra al terrorismo con el poderío militar crea más terroristas, así que estamos asegurando un continuo suministro de terroristas que seguirán apareciendo. Habrá nuevas afiliaciones de gente capaz de tener una nueva perspectiva que corte a través de los "ismos" y las fronteras. Y tendrá que venir de ciudadanos del mundo para quienes la afiliación con identidades menores, como políticas, económicas, literarias, religiosas o incluso espirituales sea menos importante que su identidad como seres humanos. Déjame darte un ejemplo:

Estuve hablando ante Gay Hendricks y Bill Galt en el Sur de California y ante un número de otras personas acerca de usar la campaña presidencial del 2004 como un punto de organización futura. Queremos iniciar formando un gabinete con quienes consideremos son los líderes ideales. Algunos vendrían de los negocios, algunos escritores y líderes de seminario como nosotros, otros serían políticos, algunos vendrían de la comedia —me gustan particularmente los comediantes.

NDW: (Risas.) Ah, pensé que eran lo mismo... se les llama políticos. (Risas.) Muy bien, continúa.

BB: Y algunos serían artistas y actores. Pero todos serían personas con una perspectiva trascendente.

NDW: He decidido que quiero ser promovido a candidato a la vicepresidencia. He cambiado de opinión. Iba por la Secretaría de Estado.

BB: ¿Quieres ser el candidato a la vicepresidencia para este nuevo gabinete?

NDW: Sí, de esa forma puedo ser promovido a Presidente si algo pasa y estaría en posición de hacer algunos cambios mayores... continúa.

BB: Bien, así que lo que estoy diciendo es que crearíamos un gabinete y luego buscaríamos un líder. Estábamos hablando de pedírselo a Oprah y de ver lo que pensamos de Jesse Ventura, dado que es probable que se postule de todas formas. A través de este gabinete de voluntarios para puestos específicos, tendríamos la contribución combinada de muchas personas poderosas. Poderosas en relación con la habilidad de cambiar, inventar escenarios, vivir fuera de la caja y aportar una nueva, única, creativa solución, basada en la compasión y el deseo de contribuir a un menor sufrimiento.

NDW: Ralph Nader cae bien en esa categoría.

BB: Así es. Y me encantaría que Ralph Nader se uniera a la conversación, y John Hagelin también. No pienso que ninguno de ellos sea un candidato político presidencial lo bastante bueno, pero adoraría tenerlos en diálogo y que formaran parte de este gabinete doméstico. Si tuviéramos personas que anteriormente hubieran tenido cierto impacto en mucha gente, y que hubieran sido escuchadas en cierta medida abogando por una perspectiva más amplia, como miembros de este gabinete, podríamos hacer campaña por la nueva perspectiva. Yo, por cierto, sólo quiero ser embajador ante las Naciones Unidas y jefe de la CIA. Eso es todo lo que quiero. (Risas.)

NDW: No es mucho pedir.

BB: No, no es mucho. Quiero ser jefe de la CIA porque me encanta revelar secretos. (Risas.) No puedo esperar para estar ahí y decir: "Hey, miren esto, ha estado clasificado por veinte años. ¡Miren lo que hicimos!" Y daría a conocer uno nuevo cada día.

NDW: Lo ves, la transparencia —transparencia total en la conducción de los asuntos humanos— cambiaría la conducta de los asuntos humanos.

BB: ¡Y que lo digas! Ese mismo principio se aplicaría si dijéramos: "¡Hablemos de esto!" —como miembros del gabinete; no tenemos todavía ningún Presidente o vicepresidente, tal vez te tengamos como vicepresidente—, pero tendríamos esta conversación acerca de tener un valor primario que mirara todo bajo la luz, digamos, de la compasión. Si usas la compasión como valor primario y miras todo bajo su luz, encontrarías que, en general, los secretos conducen a muchos problemas realmente grandes. Fue el silencio de la CIA con respecto a cientos de actos individuales lo que definitivamente trajeron al terrorismo al mundo.

NDW: Sí, por supuesto, eso resulta en ira y amargura y produce terrorismo. El terrorismo surge de la ira, y de manera irracional, quizás, o quizás no. La gente tiene una experiencia y tiene miedo de que vuelva a suceder, y luego se enoja porque sucede, y se vuelve terrorista porque no puede detenerlo. Es muy simple. Entonces cuando regresas a la causa primaria, ves: "Oh, ya entiendo", la causa primaria era bastante prevenible, aun cuando ahora parezca que el ciclo no se puede detener.

BB: Pero hay una perspectiva en el ciclo. Si estuviéramos enfocados en una conversación acerca de la perspectiva en el ciclo que es justa y que reconoce lo que ha sucedido. Mientras la conversación se quede con una gran perspectiva del ciclo completo de lo que sucede, no hace ninguna diferencia quién esté en lo correcto y quién equivocado —o cuántos enfoques diferentes se tomen. El asunto a resolver no es sólo la reacción inmediata a quién resultó herido en este momento. Es, más bien, qué hacer con el ciclo completo.

NDW: Sin embargo, ¿cuál sería el valor primario? ¿Cuál fue el término que usaste? ¿El primer valor? ¿El contexto en donde ubicar todo? ¿El valor primario?

BB: A mí me gusta la compasión.

NDW: ¿Compasión es lo que piensas al respecto?

BB: Sólo debido la elocuencia de muchos de los budistas que hablan al respecto. Por ejemplo Thich Nhat Hanh. ¿Viste su poema acerca de los eventos del 11 de septiembre?

NDW: Sí. Ha escrito por cierto un maravilloso libro, titulado, simplemente, "Ira", y es muy relevante en este momento. Salió hace apenas unos cinco meses... tomando en cuenta que estamos grabando esto en Octubre. Es bastante extraordinario. Thich Nhat Hanh es un maravilloso escritor. Es muy simple, muy directo, va al grano.

BB: Así es él.

NDW: Habla acerca de la ira y dice mucha de las cosas que tú dices mucho, Brad. Suena como una versión más suave, amable y gentil de Brad Blanton. Yo sentí que él había leído tus libros y sólo les puso algo de mayonesa, los hizo más dulces. (Risas.)

BB: El mío ya tiene suficiente mayonesa.

NDW: No, el tuyo tiene rábano picante. (Risas.)

BB: Está bien.

NDW: Es un libro que le recomiendo a todos. He estado proponiendo un valor primario, o un primer pensamiento que informe a cualquier otro pensamiento, o bien un escenario primario. Pienso que lo que se está perdiendo es la unidad. El valor primario debe ser la realidad primaria, que sólo hay uno de nosotros y que pensamos que estamos separados uno del otro. Pienso que una de las razones por la que nosotros —al menos en forma ordinaria, excepto bajo las más extraordinarias circunstancias— no lastimamos a miembros nuestra familia es porque es claro que en algún nivel compartimos la misma experiencia.

Uno puede decir vagamente que compartimos una unidad con los miembros de nuestras familias y con nuestros seres más queridos y más profundamente amados. Ésa es ciertamente la razón por la que no nos lastimamos a nosotros mismos, excepto bajo circunstancias extraordinarias. Normalmente no tomamos un hacha con la mano derecha para cortar la izquierda. Bajo la mayoría de las circunstancias no lo haríamos porque en esa instancia tenemos muy claro que se trata del mismo ser, que la mano izquierda y la mano derecha pertenecen al mismo cuerpo.

BB: Tal vez sólo sea una cuestión de palabras, pero la experiencia de ser uno con otro, y con todo ser, es probablemente la mejor definición funcional de compasión que podríamos encontrar. Uno podría decir, ¿si no es a través de la compasión, cómo más podríamos tener una experiencia de unidad a través de la cual pudiera ésta convertirse en el escenario primario? Para mí es una experiencia real reconocer al ser que está allá como a un ser igual a mí.

NDW: En general, los seres humanos no se dañan deliberadamente a sí mismos. Aunque dañarían a otros mucho más libremente. Si pudiéramos tan sólo agrandar la definición del yo, si pudiéramos expandir el concepto de la gente de lo que es el interés propio, entonces estaríamos en la misma dirección hacia la que los científicos sociales se dirigen.

BB: Estoy de acuerdo.

NDW: Pensadores como Michael Lerner, Jean Houston, Bárbara Marx Hubbard, Peter Russell y constructores sociales de ese tipo, están hablando de simplemente expandir la definición de interés propio y cambiando la línea de fondo en términos *de lo que que-*

remos decir con "lo que nos beneficia a todos nosotros", y quiénes somos todos nosotros. Pienso que ése es un campo contextual más grande que algunos subescenarios que están por debajo de él, como la justicia. La justicia no tiene nada que ver en esto. No golpeo mi mano izquierda con un martillo porque quiera ser justo con mi mano derecha.

BB: Yo tampoco pienso eso.

NDW: O aun porque quiera ser compasivo. Todo se reduce a evitar el dolor. Se reduce al elemento más básico. Es el principio de dolor/placer.

Así que tan pronto como veo en mi mente que ese Ser sentado ahí es yo, y si le pego lo bastante fuerte con un martillo, finalmente él me regresará el golpe.

Hablamos de esto en la primera parte del libro. Por lo tanto, en el sentido más verdadero, me estoy golpeando a mí mismo. Eso es lo que crea el ciclo. Tan pronto lleguemos a: "Oh, ya entiendo, cuando le pego, me estoy pegando. Sólo toma unos cuanto instantes para que devuelva el golpe". Es lo que absolutamente está sucediendo; lo que absolutamente estamos viendo ahora.

BB: O incluso decir: "Él es como yo y cuando le pego el dolor que le causo lo lastima a él y a mí, ya sea que provoque la reacción de que me dañe a su vez o no". Es incluso más inmediato; ni siquiera tienes que esperar la reacción. Puedes identificarte con el dolor al momento que se lo causas a otro. Si llegamos a reconocer que causarle dolor a otro ser humano —causarnos dolor a nosotros mismos— ésa es la compasión. No se trata de si haremos que ellos nos regresen el golpe, sino de que la identificación con su dolor genera la posibilidad de Unidad como una experiencia primaria.

NDW: Entonces, si necesitamos cambiar la idea de desunión (lo que la "Comunión con Dios" llama la ilusión de desunión, la idea de que estamos separados unos de otros) porque la ilusión es muy, muy fuerte, una vez que nos salimos de esa ilusión, de repente empezamos a comportarnos enteramente diferente con la gente, y eso es demostrable. Cuando tenemos esos sentimientos que llamamos "enamorarnos", nos comportamos demostrablemente diferente hacia la persona que es el objeto de nuestro afecto. La pregunta es: ¿Por qué no podemos ser todos, el objeto de nuestro afecto?

BB: Bueno, pienso que es una gran pregunta. Pienso que definir en un subescenario más pequeño los "nosotros" y los "ellos" es lo que asegura que no estamos identificados con la gente del otro grupo —para preservar nuestra separación. Preservamos nuestra separación para preservar nuestra identidad, y nos identificamos a nosotros mismos siendo diferentes del otro grupo.

Por lo tanto si decimos que fundamentalmente somos el mismo, que somos todos parte de un solo ser, y que operamos a partir de ser, y que somos manifestaciones comunes de ese ser, entonces, ¿qué cambia acerca del orden político y económico? Bueno, pues lo que cambia es una especie de honra del ser, que es la definición budista de la compasión, básicamente, honrar al ser.

Hay muchas palabras distintas para esto, pero lo que pienso que podría ser el enfoque primordial de un grupo de líderes con pensamiento compasivo, que se convierten en un gabinete en busca de un candidato, sería que estamos buscando oportunidades para honrar al ser. Si alguien defendiera esa perspectiva, defendiéndola con respecto a la unidad y a la compasión, entonces toda discusión acerca de acciones futuras debería estar sujeta a revisión a la luz de esa perspectiva.

Sin importar el tema o el proceso de discusión, si llevamos un tema al Gabinete, entonces ese criterio de unidad o compasión estaría siempre presente. Y preguntaríamos: "¿Cómo se ve eso, los beneficios que estamos obteniendo, las armas que estamos produciendo y así sucesivamente, en términos de nuestra meta de la conciencia compasiva de la unidad?"

Sabes, existe este argumento de que no son las armas lo que matan a la gente; es la gente la que mata a otra gente. Pero si tenemos todo un arsenal de armas y nos enojamos unos con otros, ¿es más probable que nos matemos? La respuesta es, sí, es más probable. Hemos estado suministrando interminablemente muchas armas a la gente pobre para que puedan pelearse entre sí en interminables luchas por el poder. Nosotros, como nación, generamos muchas armas y muchas cosas con las que la gente se pueda matar entre sí en el mundo. Muchos de nuestros ingresos vienen y dependen del hecho de que producimos cantidades y cantidades y cantidades de esas cosas.

La Guerra Fría terminó hace diez años. Aún tenemos el mismo presupuesto militar que teníamos cuando la Guerra Fría estaba vigente. Necesitamos revisar estas asignaciones y redistribuir los recursos (política y económicamente) a la luz de estas preguntas: "¿Es ésta una manifestación de unión o de desunión? ¿Está contribuyendo a la ilusión de desunión o a lograr una reconocida unidad común?" Mucho de nuestro poder, especialmente nuestro poder financiero, ha generado desunión en vez reconocer nuestra unidad común.

NDW: No hay duda al respecto, Brad. Un estudio reciente conducido por científicos sociales concluyó que nosotros, la comunidad mundial, podríamos embarcarnos en un plan de seis años que erradicaría virtualmente todos los grandes problemas que enfrenta ahora la civilización. Dentro de seis años, a través de investigación concertada y la aplicación del conocimiento que surja de dicha investigación, podríamos efectivamente eliminar los mayores problemas que vemos ahora en nuestro planeta, incluyendo los problemas que mucha de nuestra sociedad reconoce, como el hambre y la pobreza y también los problemas que parecen amenazarnos desde el borde de nuestra conciencia. Está el problema de la capa de ozono; el problema de la deforestación del planeta; el problema del suelo; el asunto de cómo estamos usando nuestros recursos y el resto de los problemas ambientales. Este estudio indica que en seis años podríamos eliminar todos estos problemas, y podríamos hacerlo con una suma de dinero igual a la de sólo una asignación anual que el mundo destina ahora a las armas de guerra.

Así que todo lo que tendríamos que hacer sería decir: miren por un año haríamos un paréntesis y no gastaríamos dinero. Mantendremos todo como está pero no gastaríamos más dinero. Sólo tomaríamos ese presupuesto de un año y lo aplicaríamos a resolver los problemas que requieren que nos defendamos contra la guerra, y contra los ataques mutuos que surgen de esos mismos problemas. La fuente de esos problemas sería eliminada, o al menos vastamente reducida. Y la pregunta apremiante, que acabas de hacer, es: ¿Cuándo decidirá la humanidad que quizá nos estamos aproximando al reto de coexistir pacíficamente juntos? ¿Cuándo decidiremos que debe haber otra forma de hacer esto y una manera diferente de asignar los recursos?

Creo que es algo que deberá emerger de un nuevo liderazgo. Necesitamos tener un nuevo liderazgo. Me encanta la idea de tener un nuevo gabinete y presidente en este país, y estoy dispuesto a firmarlo. No que piense que tiene una oportunidad realista, pero nos da la oportunidad de hacer una enorme declaración. El nuevo liderazgo debe surgir de algún lado y si nadie más lo quiere hacer, entonces lo haremos nosotros. Tan sólo plantear la pregunta a las mentes de los americanos.

En mis viajes a través del mundo he estado argumentando que lo que necesitamos es un nuevo liderazgo espiritual, y que no va a venir de los lugares de donde tradicionalmente viene el liderazgo. Le digo a la gente que va a emerger de lugares y fuentes muy poco tradicionales, como los que estamos en este salón. Vamos a tener un nuevo tipo de liderazgo espiritual. La respuesta, Brad, me parece que vendrá de un liderazgo espiritual, no de las arenas políticas o económicas, y no de la educación, y no de cualquiera otra de las estructuras sociales que han causado más que resolver los problemas.

BB: Estoy de acuerdo. He estado fascinado con este pequeño libro, llamado "Una teoría general del amor", que fue escrito por tres psiquiatras de California. Son expertos en la fisiología del cerebro. Esto parecerá un poco fuera de tema, pero dame un minuto o dos y verás que es relevante. Lo que han estado estudiando es cómo trabaja realmente el cerebro y cómo ha evolucionado. Y una de las cosas de las que hablan es que en la evolución del cerebro, conforme que nos movíamos de reptil a mamífero, dos cosas ocurrieron en paralelo. Una fue el desarrollo de esta pequeña capa de células sobre el cerebro del reptil. Es muy delgada, pero contiene distintos tipos de células del cerebro del reptil y también distintos tipos de células de la neocorteza.

Ocurrió que este pequeño cerebro se desarrolló al mismo tiempo que empezábamos a tener bebes en vez de poner huevos. Los reptiles ponen huevos y cuando éstos se rompen, si los papás andan por ahí se comen a los niños sin tener ningún sentido de identidad o de cuidar a los suyos. Pero cuando los bebés empezaron a salir del cuerpo de las madres, hubo este desarrollo paralelo encima del cerebro de reptil llamado el cerebro límbico. Entonces, ellos dicen que actualmente tenemos tres cerebros: el de reptil, el límbico y la neocorteza.

El cerebro límbico tiene que ver con cuidar a los tuyos, proteger a tus pequeños bebés, no sólo no comiéndotelos tú, sino también protegiéndolos de otros. Así que a medida que nos desarrollábamos, nuestro cerebro límbico se desarrollaba y encima de él desarrollamos la neocorteza.

Una perspectiva es que cruzamos por este largo periodo de historia en el cual, debido al desarrollo de la neocorteza (a través del cual hemos podido tener nuestros avances tecnológicos, ideales e ideas) generalmente controlamos nuestros corazones con nuestras mentes. Esto sucede por que operamos sobre la base de escenarios que desarrollamos a través del pensamiento (que es una función de la neocorteza) y que predominan y controlan *cómo usamos* los sentimientos de afecto. Pero también tenemos este desarrollo continuo de nuestros corazones porque fuimos criados por madres y padres y criados en familias, y encontramos que la compasión y la espiritualidad son, de hecho, *aprendidas con relación a ser queridos* y son un aspecto relevante e importante de nuestra experiencia de estar aquí. La pregunta surge: ¿Cuál es la función apropiada de un ser humano con estos tres cerebros? ¿Cuál es el que dirige? ¿Debería de ser la neocorteza o debería ser el corazón, cerebro límbico? El cerebro límbico, por cierto, está literalmente conectado a las sensaciones alrededor del corazón.

NDW: No por coincidencia.

BB: No, no por coincidencia. Las sensaciones límbicas están conectadas a las sensaciones en esta parte del cuerpo (el corazón). El viejo argumento, que tiene unos 5 mil años o más, expresado en los escritos del mundo, es acerca del conflicto entre el corazón y la mente. Lo que ocurre es que la gente ocasionalmente lastima a aquellos que ama porque regresa a su respuesta reptiliana o usa la neocorteza para aumentar sus habilidades inmediatas de interés propio y supervivencia. La pregunta es, ¿qué sucede entonces?

Lo que pienso que sucede es que tienes un uso limitado del cerebro límbico —y tus acciones reflejan primordialmente el uso de tu cerebro reptiliano y de tu neocorteza— lo que podríamos llamar la mente militar o militante. Esto es lo que hace que la inteligencia militar sea "morona". No quiere decir que esta gente esté completamente vacía de sentimientos, es sólo que éstos suelen ser en la forma de un patético y usualmente alcohólico sentimiento, así que se les llenarán los ojos de lágrimas porque los chicos regresan a casa para Navidad o cuando doblan una bandera en un funeral, pero no tiene mucha influencia en las elecciones que toman dentro del estado mental en el que operan. Como, por ejemplo, cuando arrojan *NAPALM* en aldeas enteras. Mientras que la persona en la que el cerebro límbico o el sentimiento en el corazón es el principio organizador primario (sobre todo las mujeres, pienso, en nuestra cultura y tal vez universalmente) es cuidadosa y tiene consideración en una forma distinta. Estas personas usan el cerebro reptiliano y la neocorteza en obediencia a su función límbica.

Esta primavera, publicaré un libro llamado "Paternidad radical: siete pasos hacia una familia funcional en un mundo disfuncional". Está enfocado en cómo criar niños que sean ciudadanos del mundo y que operen basados en aprender el amor. Pregunta: ¿Cómo criar a los niños para que desarrollen su capacidad límbica para que sea primaria y su capacidad intelectual para que sea secundaria?" La mayoría de nosotros no fuimos criados de esta forma. Muchos de nosotros fuimos criados con amor, pero dentro del escenario mental intelectual judeo-cristiano, en el que, de hecho, se le da demasiada prioridad a la función de la mente y del cerebro neocortical.

Pienso que esto tiende a ser verdad no sólo en nuestra tradición, sino en la mayoría de las tradiciones religiosas institucionales del mundo, en donde *las palabras de la gente muerta obtienen más votos que las palabras de los vivos*. En la forma en que fuimos criados, la función de la mente es pensar qué hacer y entonces hacerlo, así que el énfasis está todavía en *pensar* y en ser *moralmente correcto*. Mientras que un enfoque en actuar sobre la base del afecto, tal y como discutíamos antes cuando hablamos de la Regla de Oro, viene a ser menos moralista y aún así más auténticamente moral.

NDW: De lo que estamos hablando aquí es de la conversación de la nueva época acerca del cuerpo, mente y espíritu.

BB: Sí, estamos hablando acerca de la mente, cuerpo y espíritu. Pero lo que el espíritu puede hacer, con relación a darle prioridad al espíritu, o a tener líderes espirituales, definitivamente cambiaría el mundo. Sin importar de dónde venga la gente teológica, hay una especie de acuerdo de que si nos guiamos por nuestros sentimientos hacia los demás, por nuestra habilidad para querer a otros, nuestro corazón, nuestra mente espiritual, nuestra unidad común, por decirlo así, entonces la forma en que organizamos otras cosas, como la economía, los negocios, la defensa, etc., girará en torno al centro sensible. Si hiciéramos eso, si siguiéramos esa guía espiritual —eso es liderazgo espiritual.

Lo que parece derrotar el liderazgo espiritual es la preocupación por cosas que están más enfocadas en la supervivencia. Cosas como la codicia, la dominación, el control de la propiedad y esa clase de cosas, que son en realidad reptilianas. (Risas.) Nunca vamos a carecer de eso, por supuesto. Siempre seremos codiciosos. Esto queda sintetizado en la idea de proteger a aquellos que amamos, pero contra otros de nosotros —aquellos que podrían lastimar a los que amamos o quitarnos algo. Entonces volvemos a las razas y el juego de ladrones y policías comienza otra vez. Las reacciones actuales a la tragedia del 11 de septiembre son un buen ejemplo. Gente ondeando banderas y tocando "Dios bendiga América" y hablando acerca de cómo los vamos a agarrar. Algunos de nosotros jamás vamos a superar esa fase. Cuando algunos de nosotros que pasen esa fase, ¿habrá suficientes de nosotros para determinar nuestra dirección? ¿Nos vamos a mover más en la dirección de ser dirigidos por nuestra habilidad para querernos unos a otros, o por nuestro deseo de destruir al enemigo?

NDW: Y enfatizo que nuestra habilidad para querernos unos a otros está directamente relacionada con nuestra habilidad para relacionarnos unos con otros como parte de nosotros mismos. Es muy difícil para nosotros el amar, en última instancia, a algo que no experimentamos como una relación directa. Si está "allá" y nosotros estamos "acá", es muy difícil para nosotros relacionarnos con eso.

El escenario mental que podría causar lo que estás describiendo, es que podamos movernos más dentro de nuestra respuesta límbica y comenzar a querernos uno al otro en vez de protegernos uno de otro. El escenario mental que se requiere es, como hablábamos hace un momento, uno que expanda nuestra definición del yo, por que al final todos los intereses son intereses propios. Y la belleza de esto es que cierra el círculo. La belleza de este modelo que describimos es que cierra el círculo del cerebro límbico de regreso al cerebro reptiliano. Porque cuando el cerebro reptiliano (y el cerebro neocortical) entiende que es en su mejor interés querer a otros, el círculo se cierra.

BB: Sí. Es lo que llamamos interés propio iluminado. Que es lograr que mis intereses y los tuyos estén alineados.

NDW: Entonces no vemos al cerebro reptiliano, con todas las habilidades fundamentales de supervivencia del hombre, y a la neocorteza con el centro de la lógica que nos ayuda a arreglar y entender todo esto, y al cerebro límbico, que nos dice que debemos querernos los unos a los otros, como *separados*. En vez de eso, vemos a los tres en una armonía profunda entre sí.

El cerebro reptiliano responde automáticamente porque *todo el cerebro entiende ahora* que esta otra persona, lugar o cosa debe de ser querida y protegida, porque esa otra persona, lugar o cosa es parte del Yo. Así que se completa el círculo. Has ideado toda una construcción circular.

Eso cierra la brecha. Ya no tenemos a los reptilianos contra los límbicos, ni a los zurdos contra los diestros. Ya no tenemos a los rudos contra los suaves. De repente vemos que, de hecho, simplemente cambiando nuestra conciencia de lo que es con respecto a otros, los dos están realmente trabajando, luchando y peleando por la misma cosa.

BB: Sí. Es el tipo de unidad que ya tenemos, y que simplemente necesitamos dejar que sea el lugar desde donde operamos.

NDW: Tal vez sea la neocorteza después de todo, la que necesita decirles a ambos: "¡Hey, hey hey! ¿Están ustedes escuchándose mutuamente? ¿Hola?" (Risas.)

BB: Hay una implicación más con respecto a nuestra preocupación por la ecología. Tenemos que reconocer que los seres en que solíamos pensar, cuando éramos cavernícolas —animales que considerábamos nuestros enemigos, ya sabes, como las bestias del Parque Jurásico—, también somos nosotros. Ellos también son nosotros. En el sentido de que necesitamos mantener nuestros bosques y conservar una variedad de especies, sin importar si ellos nos comerían o no de tener la oportunidad. *Todos los seres están en nuestro interés propio también.*

Nuestro iluminado interés propio incluye el mantenimiento y cuidado de todos los Seres. Si ése es un valor primario, sostenido, ritualizado y repetido a menudo —y nos recordamos esto personalmente uno al otro entre un grupo de líderes espirituales que vienen del corazón— o un gabinete formado por gente con cierto poder político y económico, también— entonces las estructuras políticas y económicas tendrán que cambiar, porque claramente no son consistentes ya con ese principio.

Así que debemos tener un cambio mayor en las estructuras políticas y económicas, porque eso es lo que permite que la totalidad, se manifieste en el mundo. Hay, entre una minoría de gente, un buen grado de conciencia acerca de esto. Es por eso que tú y yo vendemos un número bastante razonable de libros y por lo que podemos ir de gira y por lo que la gente viene a escucharnos. Hay una creciente conciencia de que nuestros iluminados intereses propios como seres humanos incluyen un interés en todos los Seres.

Nuestra inteligencia límbica, o nuestros corazones dirigiendo a nuestras mentes, nos dice que somos los mayordomos del Ser. Si asumimos entonces, como escenario mental, que somos mayordomos del Ser, eso nos dice lo que supuestamente debemos hacer primariamente. Entonces de repente el presupuesto del Pentágono y la política exterior (y la existencia de treinta y seis agencias secretas, de las que ni siquiera vemos lo que hacen hasta muchos años después), la guerra contra las drogas y la pobreza, la hambruna y las circunstancias de vida de miles de millones de seres humanos, son vistas bajo una luz diferente. Miramos la estructura de gobierno donde hay tantos secretos involucrados, bajo una luz diferente. Empezamos a considerar un asunto serio, uno que ha sido mi enfoque primordial en la vida individual, familiar y comunitaria: la función del secreto y los resultados del secreto. Cuando sostienes esta perspectiva como mayordomo del ser (un punto de vista límbico que es crítico para cambiar las estructuras de la sociedad), la primera cosa que viene a revisión es el secreto. Lo que sucedería si dijéramos: "Bien, esto es todo lo que tenemos en los archivos de la CIA. Vamos a desclasificar todos estos documentos clasificados".

NDW: Es la eliminación del secreto lo que nos permite eliminar los intereses propios individualizados.

BB: Así lo pienso, sí.

NDW: ¡Lo es, porque el interés propio individualizado sería prácticamente imposible de expresar si fuéramos transparentes acerca de todo lo que pensamos, decimos y hacemos! Por la propia naturaleza de la transparencia, la realidad colectiva es llamada a la conciencia de lo que cada individuo está emprendiendo, intentando y haciendo, y en ese momento aun la acción individualizada se convierte en una experiencia colectiva. Así que estoy profundamente de acuerdo contigo.

A menudo me he dicho a mí mismo, ¿qué significa el tener algo privado? Esto lleva a una pregunta fundamental. En estos días estamos viendo en los periódicos el siguiente argumento: ¿Está el gobierno sobreactuando, yendo muy lejos con todas estas medidas propuestas de seguridad?; ¿estamos perdiendo un poco de privacidad? En vida digo, ¿a quién le importa?; ¿y qué? Yo no tengo miedo de que me vea el Big Brother. Dejen que me vean todo lo que quieran.

BB: Correcto. Estoy de acuerdo. Dejen que impriman todo lo que hago en el "Washington Post" cada mañana, en lo que a mí concierne. Será una lectura muy aburrida y no me importa. El gran problema, sin embargo, es: ¿qué le está permitido a *Big Brother* mantener en secreto para *nosotros?*

NDW: Y si hiciéramos eso con cada organización, cada religión, cada gobierno, cada corporación y todos supieran todo, entonces, de repente, estaríamos actuando casi automáticamente en nuestro propio interés mutuo, porque actuar de otro modo sería...

BB: Estúpido.

NDW: ¡Estúpido y embarazoso —terriblemente embarazoso, porque todos lo sabrían! ¡Lo único que nos permite actuar en modo "interés propio individualizado", sirviéndonos a nosotros mismos aun haciéndole un flaco favor a otros, es el secreto! Lo que nos gusta llamar privacidad. Pero si no hubiera ningún tipo de privacidad, entonces la gente estaría comportándose en una forma que estaría alineada con el interés propio colectivo.

BB: Estoy de acuerdo. Tengo muchas parejas en la terapia de grupos y parejas que hablan de que no quieren decirse todo porque creen que eso destruiría el romance de la relación, porque el misterio es lo que permite el romance. Se los digo una y otra vez: "Hay gran cantidad de misterio, no se preocupen. Pienso que puede decirse todo lo que es posible revelar y aún así habrá un inmenso misterio". Y los minúsculos pequeños secretos que preservas ocultándolos es más probable que bloqueen el contacto con otros más que contribuir al romance. El idealismo romántico está muy lejos de lo que es el amor. Hay mucho misterio allá afuera sin tener que autoprotegerse tanto y sin tener que ser tan autointeresado.

NDW: Mis momentos más románticos, por cierto, fueron cuando decidí no ocultar nada. Ése es el punto que estás haciendo. Los momentos más emocionantes y excitantes de mi vida, ya fueran románticos, sexuales o en cualquier otra forma de contacto fueron cuando simplemente me senté, y puse todas mis cartas sobre la mesa.

Recuerdo haber conocido a una mujer hace años en una fiesta y la miré fijamente y le dije: "Quiero ir a la cama contigo. Lamento ponerlo así pero sólo me quedaré unos cinco minutos aquí". Y ella dijo: "No me importaría hacerlo contigo, tampoco". Y ése fue el más excitante fin de semana que cualquiera de los dos haya tenido. Nos dijimos todo y ninguno de nosotros había tenido una experiencia así antes. Al final, nos preguntamos: ¿Por qué no hacemos esto todo el tiempo? Por cierto, nunca nos volvimos a ver y ambos sabíamos que probablemente nunca lo haríamos. Vivimos en dos mundos distintos en dos lugares diferentes del país.

Pero nos sentamos ahí al final de ese fin de semana extraordinariamente excitante y nos dijimos: "¿Por qué crees que pasó de esta manera? Estuvimos de acuerdo en que probablemente la razón de que hubiera ocurrido fue porque decidimos, desde el primer minuto en que nos vimos, que no había tiempo para juegos. Sabíamos que si algo delicioso iba a ocurrir, tendría que venir un espacio de transparencia total, honestidad completa y absoluta apertura entre nosotros. Así que fuimos por ello y fue una deliciosa, deliciosa experiencia".

BB: Lo sé. Sucede mucho cuando estás viajando. Me ocurrió frecuentemente cuando me tomé un año de descanso y me fui de viaje por el mundo con sólo una mochila y una guitarra. Pienso que es en parte porque cuando la gente viaja, se separa de su contexto usual en casa y ya no se preocupa de quién la descubrirá, o lo que pensará la gente y puede ser menos defensiva. Así que se abre y es honesta.

Algo que serviría para expandir la identificación de los seres humanos con la humanidad, sería sólo mandarnos a todos alrededor del mundo. ¿Y si tuviéramos un programa de viajes, de tal forma que todos pudiéramos viajar? ¿Y si tomáramos parte del presupuesto del gobierno y dijéramos que vamos a hacer que todo el mundo vaya a visitar algún otro lugar del mundo? Podríamos utilizar nuestra tremenda habilidad para proveer de transporte, y decir: "Bien, Estados Unidos de América, tómense agosto libre, y van a ir a China".

NDW: ¡Grandioso! (Risas.)

BB: Hay cierta forma de que nuestra conciencia expandida de los demás podría ser servida. El Internet ayuda un poco, la TV ayuda un poco. Pienso que hay tantas otras formas que pueden ser enfocadas productivamente además de la defensa, que permitirían esta identificación expandida de unos con otros, y con todos los Seres.

Si mantenemos esto como nuestro enfoque primordial para la acción —y claramente es nuestro enfoque primordial, todos tus libros son acerca de eso, todos mis libros son acerca de eso, todos mis seminarios son acerca de eso, todos tus seminarios son acerca de eso— estaríamos hablando de la habilidad de la humanidad sufriente de experimentar el gozo que tuvimos la oportunidad de experimentar, en virtud de no ser limitados a una mera emulación de nuestra defensividad. Quiero decir, he sido muy defensivo en mi vida, infinidad de veces. Tenemos muchas experiencias sobre eso, también. Pero, como has dicho, los momentos más placenteros con tus hijos, con tus amantes, con tus amigos, sucedieron cuando no estabas a la defensiva.

Hay un excelente nuevo libro, "Amor Indefenso" por Jeff Psaris y Marlena Lyons. Me he escrito por e-mail varias veces con Jett. Es un estupendo libro acerca de no defenderse. Por cierto, le dije que me gustaría para Secretaria de la Defensa en nuestro Gabinete debido a su libro: "Amor indefenso". ¡Dijo que bien, que sería Secretaria de la Defensa!

NDW: Entonces Brad, ¿adónde vamos ahora? Después de los ataques del 11 de septiembre y los eventos que siguieron, ¿adónde vamos ahora? ¿Qué es apropiado que le digamos al público americano y al mundo acerca de dónde vamos ahora y cómo llegamos ahí?

BB: Bueno, lo primero que debemos decir es lo que ya hemos dicho anteriormente. Poner atención en cómo nos organizamos y cómo usamos nuestros recursos y revisamos si están dirigidos a la defensa de alguna definición menor del yo, o si incluyen a todos.

NDW: Es lo que Tich Nhat Hanh llama consumo cuidadoso.

BB: Sí, o la nueva línea de fondo de la que habla Michael Lerner. Digamos que todos estamos en un barco y que hay una cantidad limitada de comida. Yo tomo un bocado y tú otro, y no importa si lo compré o no. Compartimos lo que tenemos para poder vivir más tiempo. Es como la idea de *Mi casa es su casa,** pero para el mundo entero.

NDW: O, lo que hago por ti lo hago por mí. Y lo que no hago por ti, no lo hago por mí. Y la pregunta es: ¿cómo llegamos desde donde estamos y adonde queremos estar?

BB: Bueno, si desarrollamos un mecanismo primario de monitoreo, ¿qué asuntos estarían en la lista? Primeramente, la pregunta inicial sería: "¿Es esto importante en nuestro iluminado interés propio como seres humanos?". Ése sería el mecanismo primario de monitoreo número uno.

NDW: O algo que sea redefinido como en nuestro mejor interés colectivo. ¿Es en el mejor interés de la mayoría de la gente, según ellos lo definen? ¿Es eso lo que dices?

BB: No lo sé. Este punto me surge una y otra vez, acerca de si confiar o no en la democracia. Estamos hablando ya de un elitismo. Estamos diciendo que vamos a poner a un montón de líderes pensantes en este gabinete. Debemos reconocer que hay gente que sabe más que otros acerca del Ser, y el manejo de la esencia del Ser. Hay gente que sabe más acerca de la ecología que otros y hay quienes saben más acerca del cerebro límbico y así. Pero tenemos que ser capaces confiar en cierto modo en nuestros expertos, sin rendir nuestra autoridad ante ellos. Es el viejo dilema de la democracia.

Cuando dices interés propio: "en opinión de la mayoría de la gente", tengo que admitir que realmente no confío en que la gente sepa qué es en su iluminado interés propio. Si lo que dicen está en contra de mi evaluación de lo que pienso es en su iluminado interés propio, entonces pienso que estoy en lo correcto y que ellos están equivocados. Y no confío en que la mayoría de la gente hoy esté consciente de sus iluminados intereses propios. Hay mucho todavía que todos nosotros debemos aprender.

NDW: ¿No es ésa una función del liderazgo?

BB: Bueno, di más. Sí, probablemente.

NDW: ¿No son los líderes, aquellos que tienen la habilidad, la voluntad y la facilidad para hablar ante las masas, si me haces el favor, y causar que la mayoría entienda lo que es verdadero? ¿Es

---

* En español, en el original. (N. de T.)

eso lo que creó a los Cristos, los Lincolns y los Gandhis? ¿Y no es lo que nos falta en esta parte de la historia humana? No tenemos ese uno o dos o tres o cinco...

BB: ¡Sí! ¡Incluso eso tiene que ser colectivo! Tal vez este cuerpo de gente imaginario que llamamos el gabinete deba estar listo para las elecciones del 2004.

NDW: Oradores elocuentes. Gente elocuente que pueda articularse en formas que todos puedan entender. De hecho, entonces la democracia se pone de acuerdo democráticamente. No son más las mentes de unos cuantos dictando a las mentes de la mayoría. De hecho, son las mentes de la mayoría *entendiendo claramente,* porque se les ha planteado en tal forma que no pueden perderlo y de pronto el más grande número de gente se pone de acuerdo.

Es una función de liderazgo, y es lo que nos hace falta en este periodo de la historia. No tenemos suficientes de estos oradores elocuentes. Es triste, porque en un tiempo en que las comunicaciones son tan fáciles, tan globales y cuando es posible llegar a toda la raza humana, no tenemos suficientes emisores de mensajes. Tenemos escasez de emisores justo cuando tenemos un gran superávit, una plétora, de oportunidades y habilidades de comunicación. Si tuviéramos a Lincoln ahora...

BB: Bueno, no puede dejarse tan sólo a los oradores más elocuentes. Cuando los conceptos son sustituidos por experiencias, estamos siempre en peligro de dar nuestra autoridad al mejor y más elocuente orador. Y, ¿qué hay acerca de Hitler? La gente que agita a otros está bien, pero se necesita compartir la autoridad. Es por ello que intentamos estructurar el poder al constituir los Estados Unidos de América, en vez tener simple obediencia al líder que hable más fuerte o más articuladamente.

Creo que el tiempo del liderazgo externo por un gran articulador, ha terminado de todas formas. Si somos un *grupo* de líderes que guían a la gente de regreso a sus experiencias y estamos proporcionando ejemplos por la forma en que vivimos, mostrando cómo otros podrían pararse dentro de sus iluminados e individuales ámbitos de experiencia, ocurriría un gran cambio de paradigmas porque más gente lo "entendería" que nunca antes. Los líderes que ejemplifiquen cómo ser conducidos por sus corazones, porque son capaces de actuar juntos —líderes en acuerdo con sus corazones y trabajando juntos— muestran el camino.

Eso, por supuesto, es la verdadera democracia. Tal vez podríamos llamarla Democracia Límbica. Pero, espera un minuto; ¡tal vez tenemos esto ya en la visión que estamos discutiendo! ¿Y si reunimos a este grupo de gente, y decimos que estamos dispuestos a servirnos de sus varias capacidades específicas, y que entrevistaremos a candidatos y seleccionaremos a uno que sea el vocero de este valor? Comenzamos a entrevistar a gente que quiera postularse para presidente y a gente que desearía que se postulara. A mí me gusta Oprah. Llamamos a Oprah y le decimos: "Queremos a alguien que pueda motivar a una gran audiencia, que sea bien conocida y que tenga compasión. Necesitamos a alguien cuyo corazón esté en el lugar correcto y que pueda ayudarnos a comunicar a la gente que podemos y debemos reorganizar el mundo, consistentes con los valores que están en nuestros iluminados intereses propios, tal como tú y yo lo hemos hablado. Creemos que calificas. Y queremos hablar contigo para ver si tú eres esa persona".

Entonces nos convertimos en un gabinete doméstico de líderes para seleccionar nuestro liderazgo. Enfocamos toda nuestra atención en los líderes que puedan hacer el mejor trabajo de comunicar a las masas la posibilidad de *hacer las cosas de forma diferente*.

Si empezamos a hacer eso, podemos aprender mucho y enseñar a prospectos de candidatos, quienquiera que sean, a través de este proceso.

NDW: Tenemos algunos altamente articulados, altamente motivados y profundamente compasivos comunicadores en el planeta en este momento. Gente que puede articular en un enunciado o dos, con gran claridad, lo que está sucediendo, qué pasa y qué podemos hacer para cambiarlo; gente que tiene ideas tremendamente poderosas acerca de cómo reorganizar el mundo. Michael Lerner es uno. Tú eres otro. Louise Diamond, que escribió "El libro de la paz" es otra. Marianne Williamson es otra más. Ella puede ir con Oprah y decírselo en treinta segundos. Tiene treinta y siete segundos y ni siquiera necesita los treinta y siete. Es una persona altamente articulada y tiene una mente capaz de reunir sus pensamientos, expresarlos y articularlos muy rápidamente en una forma en que la gente entienda. Simplemente la entienden.

Hay otros, muchos otros. Toda la gente que pueda decir en uno o dos párrafos lo que se necesita decir, en una forma que cause que la gente promedio lo lea y diga: "Sí, lo entiendo. Tal vez no entienda todo lo que dice ese libro de política exterior, pero esto lo entiendo. Esto lo entiendo".

Eso es lo que necesitamos, gente que, cuando habla, produce lo que yo llamo grandes "entiendo". Grandes entendimientos.

BB: Me gusta eso. Lo entiendo.

NDW: Te diré algo, si Oprah no quiere postularse para Presidente, sugiero a Marianne Williamson, porque tiene la habilidad de articular ideas muy importantes, muy rápidamente, en un momento, con veinticinco palabras o menos. Ella ganaría cualquier concurso en el cual se tuviera que contestar, en veinticinco palabras o menos, la pregunta: ¿Qué necesitamos para salvar al mundo? Y ella te lo dirá en veintidós palabras que harán que se te caigan los calcetines. Bárbara Marx Hubbard necesita estar en ese grupo también. En el gabinete. Creo que deberemos tener un departamento del nuevo gabinete que lidie con el futuro. No tenemos un futurista. Secretario del Futuro. No lo tenemos y necesitamos constructores futuros.

BB: ¡Ésa es Bárbara Marx Hubbard!

NDW: Absolutamente es Bárbara Marx Hubbard.

BB: Secretaria del futuro.

NDW: Necesitamos tener eso.

BB: Es mucho mejor que "Defensa doméstica".

NDW: Ésa fue una elección muy poco afortunada de palabras.

BB: Sí, lo creo.

NDW: Tan pronto como lo vi, pensé, ¡oh no! Y lo aceptamos. Nadie dijo: "¿Hummm, podríamos encontrar otro nombre, por favor?" Pero Secretario del Futuro, sí. Y te diré de alguien más, que es articulada y maravillosa al expresar rápida y profundamente la clase de verdades que debemos entender, y ésa es Jean Houston. Su libro "Salto de tiempo" es el trabajo de un genio.

Así que, interesantemente, tenemos a todas esas mujeres. Un grupo que incluiría a gente como Jean Houston, Bárbara Marx Hubbard y Marianne Williamson, sería increíblemente poderoso para crear, sintetizar y enviar un mensaje al mundo. Estamos viendo algunas mujeres muy, muy poderosas emergiendo ahora en la línea frontal del liderazgo espiritual y filosófico, si bien no político, en este país.

BB: Y ya era tiempo. Es más probable que estén límbicamente sintonizadas y que sean brillantes y articuladas, y de todas maneras estaremos necesitando más mujeres que hombres en el gobierno durante un siglo más o menos, para lograr un balance. Reintegrar lo femenino a los hombres y tener mujeres en lo que antes eran posiciones de liderazgo masculino es un trabajo muy similar. Es un elemento medular de nuestra habilidad para sanar al mundo. Especialmente desde que nosotros los hombres machos, en nuestra ignorancia y nuestro falso sentido de separación, estamos tan comprometidos en pelearnos hasta el olvido, en nombre de la supervivencia, sin importar a cuantas mujeres y niños tengamos que matar en el proceso.

Bueno, hagámoslo. Organicemos este gabinete doméstico y preguntémosles. ¡Podría ser realmente emocionante!

NDW: ¡Claro que sí! Y sería "levantador", también, acuñar un nuevo mundo. El momento suplica por un liderazgo. El momento suplica por alguien que dé un paso hacia delante. Suplica por eso porque nuestras instituciones vigentes nos han decepcionado, según yo lo veo. Nos han decepcionado. Estamos incluso temerosos de admitirlo, y lo entiendo. Si vemos todas esas instituciones y reconocemos que nos han defraudado, pensamos, ¿entonces adónde vamos ahora? ¿Ahora qué? ¿Hacia dónde vamos desde aquí?

Estas instituciones han servido su propósito y, dado el limitado grado de conciencia con el que fueron creadas, fueron probablemente efectivas en cierta medida y no las critico. Pero éste es un tiempo nuevo y un nuevo día, y necesitamos un nuevo camino. He dicho que parte de lo que necesitamos es un nuevo Dios. Esto estremece un poco a la gente.

BB: Vaya que sí. Puedo imaginármelo.

NDW: Ésa es mi manera breve de decir que necesitamos una nueva serie de valores, a partir de nuestra idea del derecho divino, descendiendo desde lo que pensamos que es la divinidad, a lo que pensamos que es todo lo que está *debajo*. Es sólo un nuevo pensamiento primario que tire las fichas de dominó y cree una nueva colección de lo que llamas subescenarios y subpensamientos, y lo que "Conversaciones con Dios" llama "pensamientos patrocinadores". Necesitamos un nuevo pensamiento patrocinador.

Estaba en Danbury, Connecticut, no hace mucho, he hice que algunas cejas se levantaran cuando dije que la religión nos había fallado. Eso llegó a los titulares. Las historias acerca de mis apariciones a través del país generalmente quedan en la página número treinta y dos (si es que llegan a los periódicos), bajo un encabezado que dice: "Autor aparece en Danbury". Esa historia llegó a la tercera página. Abre la primera página y ahí está: "Autor dice que la religión nos ha fallado". ¡Bueno, ahora ya sé cómo acercarme a la primera página!

BB: ¿Qué hay acerca de realmente postularte para la vicepresidencia? O sea, realmente, ¿tendrías la energía para ello? ¿Podrías hacerlo? Creo que eres un vocero muy articulado.

NDW: Probablemente no. Necesitaría ser Secretario de espiritualidad, o algo así.

BB: ¡Secretario de espiritualidad! Dios mío, éstas son unas categorías tan grandes. Necesitamos escribir esto. Oh, lo *estamos* escribiendo. (Risas.)

NDW: Ves, éstas son las áreas de nuestras vidas que no estamos atendiendo, que no estamos creando activamente. Decimos que somos una nación espiritual, incluso no hemos llamado "una nación bajo Dios" y aún así no tenemos un secretario de espiritualidad que resalte y defienda y cree y construya y articule el entramado espiritual que presumiblemente da soporte a todo lo que se cree en este país. ¿Quién está articulando esto? No lo tenemos.

Tenemos a Billy Graham y en los últimos cuarenta y cinco años ha sido el secretario no oficial de espiritualidad para este país y Dios lo bendiga, ha hecho lo mejor que ha podido. Hizo lentamente su camino hasta el púlpito del servicio memorial nacional...

BB: Sí, lo vi. Y lo aprecio por ello. Mi corazón está con él.

NDW: Absolutamente. Se salió de su casa, estoy seguro, considerable desagrado para fungir, nuevamente, como pastor de la nación. Una pequeña lágrima bajó por mi mejilla y pensé: "Dios lo bendiga por venir".

Pero Billy no puede seguir haciéndolo. Es tiempo de alguien más. Pero no hay más líderes como Billy Graham o como el obispo Fulton Sheen o el reverendo Norman Vincent Peale. ¿A quién tenemos en el escenario religioso nacional de tal estatura?

Además, no se trata de todas maneras de seguir con las doctrinas religiosas de ayer. Necesitamos trascenderlas. No descartarlas, sino *usarlas* y movernos a través de ellas hacia una espiritualidad más grande, que incluya nuestra experiencia de ellas, pero que produzca una mejor visión de las posibilidades humanas y las realidades divinas.

BB: Bueno, bien. Esto es. Esto es de lo que hemos estado hablando en este gabinete y que será tu función propia como líder espiritual. Me gustaría tenerte a ti y a Pema Cordón que esté ahí para ti, y que todos tengan a Thich Nhat Hanh y al Dalai Lama como asesores frecuentes. ¿No sería grandioso tener dos personas en cada puesto? ¡Podríamos tener una pareja en cada puesto! Una pareja sería Secretaria de la Defensa, otra como Presidente, otra como vicepresidente. Por supuesto, estaríamos haciendo terapia de parejas todo el tiempo. (Risas.)

NDW: Lo que tendrías entonces sería el yin y el yang, el izquierdo y el derecho, lo masculino y lo femenino. Tendrías ambas energías ejerciendo un efecto en las decisiones y políticas y articulaciones.

BB: Sabes, el Senado fue creado en este país basado de hecho en el modelo del "Consejo de las Abuelas" que los indios Iroqueses inventaron. Las abuelas eran el segundo cuerpo de aprobación además de los guerreros, y era necesaria la aprobación de ambos grupos antes de que se tomara alguna decisión. El Consejo de las Abuelas eventualmente evolucionó en nuestro Senado. Creo que deberíamos volver a tener un Consejo de las Abuelas.

NDW: Sería divertido encontrar una forma de lograr eso, pero pienso que hay algunas cosas prácticas, estas reflexiones aparte y a un lado, que la gente real puede hacer en el mundo real para producir una diferencia real. Y lo que le he estado diciendo a la gente conforme viajo por este país y por el mundo es, por el amor de Dios, *tomen una posición de liderazgo.*

Si sólo eres la cabeza del consejo de tu propio grupo familiar, *toma una posición de liderazgo.* Sigo tratando de articular esa oportunidad, que éste es el momento abierto para que entremos nosotros, asumiendo un liderazgo real dentro de la esfera de nuestra propia influencia. Todos nos podemos convertir en Centros de Influencia. Cada uno de nosotros es un CI. Cuando estamos dispuestos a asumir ese perfil, es cuando vendrá el cambio de conciencia que necesitamos y cuando los cambios por los que oramos serán realizados.

BB: Gente en Nueva York nos ha dicho que ahora están más unidos. Que son más amables los unos con los otros de lo que los neoyorkinos solían ser. Por todos los Estados Unidos de América tenemos esta experiencia, esta sensación de que compartimos el mismo barco.

Escucho a la gente diciendo cosas como: "Oh, ¿conoce a esa persona a la que no le quería hablar? Bueno, estoy dispuesto a hablarle ahora". O: "Bien, ¿conoce a ese ex que odio? Bueno, pues estoy dispuesto a reconciliarme con él". Pienso que ése es el lugar para empezar.

NDW: Podemos empezar en nuestras propias vidas para terminar lo que Elizabeth Kubler Ross llama nuestro asunto inconcluso. Un buen lugar para empezar a ayudarte a ti mismo y a tu mundo, es con tus propios asuntos no concluidos.

BB: ¿A quién necesitas perdonar? ¿De quién te has estado escondiendo? ¿Mintiendo? ¿Resintiendo por algo? No puedes tener paz en el mundo sin paz en tu vida. Es imposible. ¿En dónde más empezar sino contigo mismo? Las estructuras no se transformarán hasta que suficientes individuos se transformen primero. Es imposible hacerlo de la otra forma. Así que vayan allá afuera y terminen sus asuntos inconclusos. Grandioso.

Esto es grandioso, un gran consejo para todos nosotros. Y es un buen lugar para terminar este libro. Sólo decidamos todos que vamos a hacerlo. Vamos a terminar nuestros asuntos inconclusos, vamos a movernos a un nuevo nivel de honestidad entre nosotros, y a practicar la honestidad radical como un estilo de vida, y vamos a cambiar al mundo con esto. Vamos a cambiar al mundo que toquemos, y eso se expandirá y cambiará al mundo en su totalidad.

NDW: Estoy contigo. Estoy por eso. VAMOS.

La Madre de todas las posdatas

Sabemos que una cosa que puede curarnos de la tristeza, las heridas, el daño, el sentimiento de dolor y la experiencia de impotencia que mucha gente tiene, es darnos algo que hacer. Esto es cierto en cualquier situación de curación, incluso una muerte. Por eso hacemos lo que hacemos en los funerales. Damos fiestas y sacamos la comida y hablamos uno al otro acerca de la persona que murió. Todo es acerca de curarnos. Es algo que podemos hacer.

Cuando usted trae un guisado a la casa, siente como si hubiera hecho algo y su tristeza, hasta ese grado, se reduce. Y su sentimiento de daño se reduce porque usted es capaz de "ser" en una forma que sirve y activa su más elevado pensamiento acerca de quién es usted.

Así que una cosa que todos podemos crear es algo que ser y hacer en este momento para desminuir nuestro sentido de impotencia de cara a este terrible sentimiento de miedo, pérdida de seguridad y tragedia que la raza humana está afrontando. En el grado en que podamos darnos a nosotros mismos algo viable y posible, podremos sanarnos.

***

BB: Definitivamente ayuda trabajar en algo creativo. Lo que me estoy preguntando es si deberíamos crear algún tipo de sitio Web para organizarnos. Para mantener viva la conversación.

NDW: Deberíamos hacer esto. Deberíamos crear una forma para que todos aquellos que quieran construir un nuevo mañana, hacer un futuro más brillante, puedan unírsenos en esa misión.

BB: Muy bien. Establezcamos un sitio en changeofheart.biz y establezcámoslo para que la gente pueda dialogar con nosotros para obtener información e ideas acerca de todo lo que pueden hacer para cambiar la realidad colectiva de la humanidad. Tendremos también nuestra lista de candidatos y nuestro gabinete propuesto, para discusión.

NDW: Hay muchos programas que podemos señalar, también. Por ejemplo, ya he creado a través de la Fundación "ReCreation" que patrocina el trabajo de los centros CWG a través del mundo, un movimiento activo llamado OnenessNow (UnidadAhora). El nombre completo es Oneness Now Everywhere (Unidad Ahora en Todas Partes), cuyas siglas en inglés son O-N-E (U-N-O), por supuesto. Las calcomanías para las defensas y las ventanas de los autos están siendo manufacturadas en este momento, mientras estamos aquí sentados hablando. Estamos invitando a la gente de todo el mundo para que se una a Unidad Ahora entrando a www.onenessnow.com

Lo que estoy proclamando es que podríamos ponerle fin a todo esto con una sola idea, y en mi articulación eso se llama "unidad". Lo que necesitamos es unidad ahora en todas partes. En nuestra política, en nuestra economía, en nuestra educación, en nuestra religión.

Esto no significa "igualdad", pero sí significa "unidad". Aun cuando los dedos de la mano no son los mismos, pero forman parte del mismo cuerpo, así puede ser experimentado y expresado el sentimiento de unidad de la humanidad, a través de nuestras instituciones humanas, sin que nadie tenga que renunciar a su individualidad.

Y así hemos establecido rápidamente este programa UnidadAhora, y lo hemos puesto en su lugar. El sitio Web está ya en www.OnenessNow.com, y estamos lanzando un llamado para que la gente se nos una. No hay ningún costo de membresía. Ofrecemos a la gente que quiera hacerlo la oportunidad de ayudar financieramente, pero no es un requisito. La idea es que esta organización producirá, en el nivel popular, un núcleo de gente en cada ciudad, pueblo y aldea, que estén preparados para sentarse juntos, dialogar, trabajar cada uno con el otro en producir programas de acción en un nivel local para unirnos a todos en una experiencia común de nuestra humanidad.

Estaremos trabajando con estos grupos locales para sugerir actividades y empresas unificadoras relacionadas con la economía local, la política local, la educación local y las organizaciones espirituales y religiosas locales. Les daremos tareas como, vayan a su comunidad y organicen un grupo de diálogo con los ministros de diversas creencias, y reporten lo que sucedió. En Miami ya hicimos uno. El Centro CWG de ahí tenía cuarenta ministros de todas las creencias sentados y dialogando con todos los musulmanes, los judíos, los católicos, los protestantes y todos los demás, sentados alrededor de una mesa diciendo: ¿Qué podemos hacer? ¿Qué podemos hacer aquí en Miami para afectar y comunicarnos con la feligresía con relación a lo que está sucediendo? ¿Cuál podemos decir a nuestras congregaciones que es la respuesta espiritual apropiada, dadas nuestras distintas perspectivas espirituales? Tuvieron una reunión maravillosa.

Le estamos dando también a la gente tareas específicas. Hay cerca de veinte tareas, y ésa es una de ellas. Hay cosas específicas que podemos hacer ahora en nuestras comunidades para crear un mayor sentido de nuestra unidad. Yo ya me he adelantado, debido a mi impaciencia innata.

También estaremos trabajando en red con otros, conectando a la gente que cree en este concepto con grupos y organizaciones que piensan igual, como la Alianza Global del Renacimiento (RenaissanceAlliance.com) y tu propia nación cuyas fronteras son la atmósfera de la tierra, los Estados Unidos del Ser (usob.org).

BB: Muy bien. Así que esto es un llamado a la acción a todos aquellos que estén leyendo este libro y concuerden con lo que se ha dicho aquí. El primer paso es que se conecten a www. changeofheart.biz y obtengan la información que continuamente ponemos a su disposición.

En este sitio será donde organizaremos la selección y voluntariado de líderes compasivos que formen el gabinete para un candidato a las elecciones presidenciales del 2004. También será el lugar donde seguiremos la conversación acerca de las acciones que todos podemos tomar para crear la unidad en el mundo. Y también será un punto de enlace para conectarse a todos los otros sitios web que operamos y conocemos y podemos encontrar, cuyos participantes y patrocinadores son líderes en esta transformación hacia una nueva línea de fondo.

Aquellos sin conexión a Internet podrán escribirnos a:

CHANGE OF HEART
646 Shuler Lane
Stanley VA 22851
O llamar al 1-800-EL TRUTH

NDW: Hay algo que tenemos que aclarar. La gente no debe hacer esto por ayudarnos. No estamos creando esto para que nos ayuden con algo que *nosotros* queremos hacer. El propósito es que ayuden a *otros* a hacer algo que *ellos* desean hacer.

Ésta es una oportunidad para anunciarse y declarar Quiénes son Ellos Realmente, de cara a los eventos que están teniendo lugar ahora en todo el mundo. Cada acto es un acto de autodefinición. Esto es acerca de definirse a uno mismo. Ésta es la Declaración de Independencia de todos. Independencia al miedo de más ataques terroristas, de todas las formas de manipulación corporativa y gubernamental, de control, de la opresión (sutil o no), del dogma y la deshonestidad y de todas las fuerzas negativas que buscan influenciar a los seres humanos.

Robert Kennedy dijo que hay aquellos que ven el mundo como es y preguntan: "¿Por qué?" Y hay aquellos que sueñan cosas que nunca fueron y preguntan: "¿Por qué no?"

Ésta es una oportunidad para levantarnos y decir: "No gracias" a aquellos que buscan descontarnos, usarnos, hacer que nos retiremos o que renunciemos a nuestros sueños de cosas que nunca fueron.

Ésta es una oportunidad para producir, en nuestras propias vidas y en las vidas de aquellos que tocamos, un cambio de conciencia que puede cambiar al mundo.

BB: Amén.

www.changeofheart.biz

APÉNDICE

Empresas de Honestidad Radical www.radicalhonesty.com

Honestidad radical es una clase de comunicación que es directa, completa, abierta y expresiva. Honestidad radical significa decir a la gente en su vida lo que usted ha hecho o planea hacer, lo que piensa y lo que siente. Es el tipo de compartir auténticamente que crea la posibilidad de intimidad y amor.

Lo que HACEMOS:

Publicamos libros y conducimos seminarios. Conducimos el taller El Poder de la Honestidad (tres días y una noche), el Curso de Honestidad (ocho días, residencial) y el taller llamado Honestidad en el Mundo (cinco días, residencial, requiere de participación previa en uno de los dos talleres arriba mencionados). La práctica de la Honestidad Radical está basada en el trabajo y escritos del Dr. Brad Blanton, un psicólogo que encontró que el mejor camino a reducir el estrés, hacer que la vida funcione y curar el pasado es decir la verdad.

El Centro para la Honestidad Radical

El centro para la Honestidad Radical es una corporación no lucrativa en Virginia, en los Estados Unidos de América. Las contribuciones son deducibles de impuestos y el dinero se destina a apoyar becas para seminarios para gente a la cual le es difícil pagar los programas, y para cursos especiales como "El Curso en Honestidad para Líderes de Pensamiento". Para saber más, escríbanos a:

The Center for Radical Honesty
646 Shuler Lane
Stanley VA 22851
O llame al (540) 778 3488

Los libros son

"Honestidad radical: cómo transformar su vida diciendo la verdad."

"Practicando la honestidad radical: cómo completar el pasado, vivir en el presente, y crear el futuro con un poco de ayuda de sus amigos."

"Paternidad Radical: cómo tener una familia funcional en un mundo disfuncional."

"Los que cuentan la verdad: historias de éxito de gente honesta."

Nuestra misión

En Honestidad Radical, estamos creando comunidades de amigos íntimos que están creando una revolución de la conciencia a través de conversaciones directas, abiertas y honestas. ¿Qué hay ahí para mí?

La gente que practica la Honestidad Radical tiene vidas saludables, libres, poderosas y felices. Mentir y proteger su imagen tiene un alto costo en su salud y en sus relaciones. Decir la verdad es menos destructivo que mentir.

¿Cómo puedo saber más?

Revise la edición más reciente de nuestro boletín: "The Radical Honesty eZine", en www.radicalhonesty.com

Audio y video en línea —Escuche hablar a Brad acerca de la Honestidad Radical y lea partes de su libro en www.radicalhonesty.com

Lea el primero y el último capítulo del libro de Brad "Practicando la honestidad radical: cómo completar el pasado, quedarse en el presente y crear un futuro con un poco de ayuda de sus amigos" en www.radicalhonesty.com

En línea, lea los dos primeros capítulos del libro "Honestidad radical: cómo transformar su vida diciendo la verdad".

Hacemos un llamado a la gente interesada a que firme la Declaración de Independencia para el Nuevo Milenio y ayude con su participación a formar una nueva nación. Esperamos que la gente que está comprometida en la recuperación, el movimiento de crecimiento personal, y a la gente que sólo esté francamente harta, a ser nuestro grupo medular, y esperamos que casi todos los demás se nos unan cuando lleguen a entender la verdad de lo que tenemos que decir. Nuestro objetivo es organizar un nuevo gobierno para una nueva nación, que sea creado primero en nuestra imaginación y en el ciberespacio después de que nos registremos como ciudadanos al firmar la nueva Declaración de Independencia. Intentamos entonces crecer tanto como una fuerza política en la estructura actual mientras al tiempo que modelamos una nueva, y después hacernos cargo cada vez más de las funciones actuales de gobierno. Llamamos a nuestro nuevo país los Estados Unidos de América del Ser e intentamos que esté basado en la soberanía del individuo, en vez de en la soberanía de un rey, o en la soberanía de representantes. Contáctenos en www.usob.org y firme la Declaración de Independencia para el Nuevo Milenio, y vuélvase un miembro de los Estados Unidos de América del Ser.

1 de septiembre de 1939

POR W. H. AUDEN

Sentado en una acera
En la calle cincuenta y dos
Asustado e incierto
Mientras la esperanza expira
De una lenta década deshonesta:
Oleadas de ira y miedo
Circulan sobre las brillantes
Obscurecidas regiones de la tierra,
Obsesionando nuestras vidas privadas;
De la muerte el infando hedor
Ofende la noche de septiembre.

La precisa erudición puede
Desenterrar la ofensa entera
Desde Lutero hasta ahora
Que ha vuelto a una cultura loca,
Encuentra lo que ocurrió en Linz,
Qué enorme imago creó
A un dios psicópata:
El público y yo sabemos
Lo que todos los niños aprenden,
Aquellos que el mal reciben
El mal hacen en retorno.

Sabía el exiliado Tucídides
Lo que un discurso puede decir

Acerca de la Democracia,
Y lo que hacen los dictadores,
La vieja basura que hablan
A una apática tumba;
Analizado todo en este libro,
La iluminación echada fuera,
El dolor que crea costumbre,
El mal manejo y el pesar:
De nuevo sufrirlos debemos.

En este aire neutral
Donde los ciegos rascacielos usan
Su altura para proclamar
La fortaleza del Hombre Colectivo,
Cada lenguaje vierte su vana
Excusa competitiva:
Pero quienes mucho pueden vivir
En un sueño eufórico;
Fuera del espejo miran,
La cara del imperialismo
Y el error internacional.

A lo largo del bar las caras
A su diario vivir se aferran:
Las luces nunca apagarse deben,
La música siempre debe sonar,
Todas las convenciones conspiran
Para hacer que este fuerte asuma
La forma del hogar;
Para que no podamos ver dónde estamos,
Perdidos en un bosque embrujado,
Niños con miedo a la noche
Que nunca han sido felices, ni buenos.

La retorcida basura militante
Personas Importantes gritan
No es tan cruda como nuestro deseo:

Qué locura Nijinsky escribió
Acerca de Diaghilev
Es verdad del corazón normal;
Porque el error que en el hueso se alimenta
De cada hombre y de cada mujer
Ansía lo que no puede tener,
No amor universal
Sino sólo amado ser.

Desde la oscuridad conservadora
Al interior de la vida ética
Los densos viajeros vienen,
Repitiendo su voto matinal:
"Seré fiel a la esposa,
Me concentraré más en el trabajo,"
Y los gobernantes inútiles despiertan
Para seguir con su juego compulsivo:
¿Quién puede liberarlos ahora,
Quién puede alcanzar a los sordos,
Quién puede hablar por los tontos?

Todo lo que tengo es una voz
Para deshacer la mentira plegada,
La mentira romántica en el cerebro
Del hombre sensual de la calle
Y la mentira de la Autoridad
Cuyos edificios tocan el cielo;
No hay tal cosa como el Estado
Y ninguno existe solo;
El hambre no deja elegir
Al policía ni al ciudadano;
Debemos amar uno al otro, o morir.

Indefenso bajo la noche
En estupor nuestro mundo yace;
Pero allá, por todas partes,
Irónicos puntos de luz

Brillan donde los Justos
Intercambian sus mensajes:
Puedo, como ellos compuesto
De Eros y de polvo,
Azotado por la misma
Negación y desesperación,
Mostrar una llama que afirma.

L'art de NE PAS travailler

Petit traité d'oisiveté active à l'usage
des surmenés, des retraités et des sans emplois

Ernie J. Zelinski

A toi, lecteur, je dédie ce livre.
Puissent les principes qu'il contient t'aider à mieux profiter
de la vie et à rendre meilleur le monde qui nous entoure.

AVERTISSEMENT

Ce livre étant publié au Canada conjointement avec une maison d'édition française, il est convenu que l'unité monétaire qui y apparaît demeure le franc français. Puisqu'il n'est question d'argent que sur une base indicative, l'utilisation du franc ne devrait en rien gêner sa lecture.

Table des Matières

Préface

Ce livre est destiné à faire de vous un *gagnant*. Après 50 000 exemplaires vendus sous sa forme initiale, la présente édition, revue et augmentée, tient compte de l'actualité de cette fin des années 90, où déjà se profile le troisième millénaire. Vous y trouverez quelques lettres extraites du volumineux courrier que j'ai reçu suite à la première édition.

Contrairement à la plupart des ouvrages écrits sur le mode "comment réussir... ", celui-ci ne vous dira pas comment réussir professionnellement, comment faire de l'argent, ni comment devenir plus compétitif. Ici, il s'agit au contraire de réussir sans travailler, d'une manière non "compétitive", et cependant très fructueuse.

> *Tout a été prévu, sauf comment vivre.*
>
> Jean-Paul Sartre

Mais qu'est-ce que réussir ? Réussir, c'est d'abord connaître la joie de vivre. C'est se lever chaque matin en se réjouissant à l'avance de la journée qui commence. Réussir, c'est aimer ce que l'on fait, et avoir une idée précise de ce que l'on désire faire de sa vie.

Que vous soyez retraité, chômeur, ou que vous ayez un emploi, vous trouverez dans **L'art de ne pas travailler**, un guide pratique et fiable pour vous créer un espace de plaisir loin du monde professionnel. Car nous avons tous besoin de temps à autre que l'on nous rappelle certaines choses évidentes... et d'autres qui le sont moins. Et nous avons tous besoin d'un coup de pouce pour mieux tirer parti de nos loisirs.

Ce livre est le fruit de mon parcours, parcours qui n'a pas grand-chose à voir avec le curriculum vitae standard que l'on rédige au sortir de l'école ou de l'université. Il s'agit davantage d'un itinéraire personnel, tissé d'expériences, qui a peu de choses à voir avec une formation scolaire.

A l'âge de vingt-neuf ans, ayant perdu mon travail, j'ai commencé une nouvelle carrière : j'ai décidé de devenir un "fainéant créatif" pour un an ou deux. Cette nouvelle "carrière" aurait dû rester provisoire, mais je n'ai toujours pas repris d'emploi stable à ce jour.

Avant de me faire licencier, je m'étais laissé enfermer

dans un système peu compatible avec mon manque de goût pour les contraintes. Pendant près de six ans, j'ai exercé un boulot d'ingénieur dans une entreprise publique. J'étais censé travailler de neuf à dix-sept heures, mais c'était en fait plus souvent de huit à dix-huit heures, à quoi s'ajoutait le travail du week-end, sans aucune compensation financière la plupart du temps.

Après m'être privé de vacances pendant plus de trois ans, je décidai un été de prendre dix semaines de congé. Hormis le fait qu'elle n'avait pas l'approbation de mes supérieurs, je trouvai cette idée grandiose. Et ces dix semaines, autant vous dire que je les ai savourées ! Mais mon idée, toute brillante qu'elle fût, me valut d'être licencié. On me reprocha d'avoir "violé le règlement de l'entreprise".

Il est clair que mes supérieurs n'avaient guère apprécié mon comportement. Malgré mes bonnes performances et le report réitéré de mes congés, ils mirent fin à mon contrat dès mon retour de vacances. Je ne suis pas certain que mon licenciement ait eu pour seule raison le fait que j'aie enfreint les règles de l'entreprise. Peut-être mes supérieurs m'enviaient-ils le cadeau que je m'étais offert en m'accordant de longues vacances. Les patrons, surtout dans les services publics, n'aiment pas beaucoup que leurs employés prennent du bon temps.

> *A quoi bon être un génie, si ça ne peut pas servir d'excuse pour ne pas avoir d'emploi ?*
> Gerald Barzan

Les premières semaines, je digérai mon amertume. J'avais été un travailleur motivé et productif, apportant une contribution appréciable à l'entreprise. Sans l'ombre d'un doute, on avait commis une grave injustice en me mettant à la porte, moi, un employé modèle !

Le jour où j'ai compris que mon licenciement était en réalité une bénédiction déguisée a marqué un grand tournant. En même temps que je dus admettre (certes avec réticence) que je n'étais pas vraiment indispensable, je perdis tout intérêt pour un quelconque emploi régulier. Je décidai dès lors de prendre le plus de loisirs possible, et particulièrement l'été. Reprendre un boulot normal devenait hors de question. Ma carrière d'ingénieur était terminée.

Je pris alors deux années sabbatiques, sans occuper un seul emploi, ni suivre aucune formation. Mon unique but

dans la vie était de vivre heureux sans travailler. Mon boulot d'ingénieur finit par me manquer autant que les vieux 33 tours vinyle de ma période "yé-yé", perdus il y a quinze ans. C'est dire si je le regrettais!

Que faisais-je pendant ce temps ? Malgré parfois le manque d'argent, je menais une vie très prospère à mes yeux. Je m'engageais dans des activités constructives et satisfaisantes, trop nombreuses pour être énumérées ici. Mais, par dessus tout, je célébrais ma vie. Je devenais adulte, je voyais changer mes valeurs. Durant ces deux années, j'ai réellement mérité

Mr. Zelinski, au nom de l'Université de Harvard, soucieuse comme toujours de récompenser les contributions civiques méritoires, j'ai l'honneur de vous décerner le titre honoraire de docteur ès Loisirs

mon doctorat ès loisirs (qu'aucune université n'a pourtant songé à me délivrer).

Après ces deux années entièrement dédiées aux loisirs, je décidai de ne plus travailler que les mois en "r". Pour moi, mai, juin, juillet et août sont la période idéale pour prendre des vacances. A vrai dire, je profite tellement de ma liberté, que j'ai réussi à éviter tout travail régulier depuis plus de dix ans. Je suis en quelque sorte en "préretraite" depuis que j'ai passé la trentaine.

Au fil des années, beaucoup de gens m'ont demandé comment je faisais pour avoir autant de loisirs sans m'ennuyer. En discutant avec eux, je me suis aperçu d'abord que la plupart éprouvaient des difficultés à bien employer leurs loisirs ; ensuite que presque rien n'avait été écrit sur le sujet. De là, naquit l'idée de ce livre. Comme je pense qu'il est à la portée

> *L'oisiveté est la responsabilité la plus redoutable qu'on puisse offrir à un homme.*
> William Russel

de tous d'employer son temps libre de manière constructive et intéressante, il m'est apparu qu'un livre sur l'art de profiter des loisirs rendrait service à beaucoup de gens.

Tout au long de cet ouvrage, je vous ferai part d'un certain nombre d'idées et d'expériences personnelles en ce

L'art de ne pas travailler

domaine. Je ferai également appel à d'autres points de vue, afin d'avoir un abord plus large. Ce livre s'inspire d'ailleurs pour l'essentiel de récits et de témoignages que j'ai longuement écoutés et étudiés.

Dans ce livre, qui n'a aucune prétention académique, je me suis efforcé d'éviter l'excès de détail et le jargon, qui auraient sans doute rebuté plus d'un lecteur. J'ai voulu le faire aussi court et concis que possible. Le texte s'accompagne de nombreux schémas, citations, dessins et exercices, afin que chacun y trouve son compte et le style "pédagogique" qui lui convient. J'avais déjà adopté ce format pour mon premier livre *The joy of not knowing it all* (la joie de ne pas tout savoir) ; l'accueil chaleureux qu'il a reçu montre que l'on peut très bien dire des choses sérieuses sur un ton léger.

Comment vivre une vie de loisirs ? Autrement dit, comment vivre confortablement sans travailler ? C'est tout le sujet de ce livre. Mais ce que cet art suppose risque de vous surprendre.

Réussir ses loisirs n'est pas une question de "chance", comme on l'entend souvent. Cela demande d'appliquer certains principes ; principes qui forment la trame de ce livre. Vous en inspirer peut vous permettre de découvrir et de donner un nouveau sens à votre vie. C'est peut-être le début d'une expérience merveilleuse et féconde, qu'aucun travail ne pourra jamais vous donner. Il vous sera alors possible d'affirmer, comme moi aujourd'hui, que l'on est plus heureux loin d'un bureau.

> *La réussite est une question de chance... vous diront ceux qui ont échoué.*
>
> Un sage anonyme

Si vous souhaitez accroître la variété, la saveur et la qualité de votre vie, cet ouvrage représente un atout appréciable. *L'art de ne pas travailler* vous propose un défi. Quant à moi, je vous invite à vous divertir à sa lecture et à profiter totalement de vos loisirs.

Ernie J. Zelinski

CHAPITRE 1

Etes-vous prêt pour une vie de loisirs?

Il est bon parfois de se reposer

Alors qu'il séjournait depuis deux jours dans une grande ville, un voyageur fortuné et quelque peu excentrique rencontra six clochards qu'il avait vus la veille solliciter les passants. Or ce matin-là, tous semblaient avoir abandonné leur activité pour se prélasser au soleil. Les six clochards levèrent les yeux à son approche.

En quête de distraction, le voyageur leur dit qu'il offrirait une somme de cinq mille francs à celui d'entre eux qui saurait se montrer le plus paresseux. Espérant décrocher le gros lot, cinq des clochards se levèrent d'un bond pour accepter ce défi. Chacun s'empressa ensuite de démontrer qu'il incarnait le comble de la fainéantise, s'asseyant, se vautrant, s'efforçant de prendre l'attitude la plus nonchalante possible pour mendier.

> *Du travailleur, je suis l'ami,*
> *et je préfère le rester que de*
> *lui disputer sa place.*
>
> Clarence Darrow

Après s'être amusé pendant une heure à ce jeu, le voyageur annonça qu'il allait désigner le gagnant. Il déclara que le sixième homme, qui n'avait pas pris part à la compétition, était sans conteste le plus paresseux. Celui-ci se prélassait toujours, allongé au soleil, le nez dans un journal.

Cette histoire a malgré tout une morale : il est bon parfois de se reposer, particulièrement quand il nous est demandé de ne rien faire.

Ce livre concerne les nombreux plaisirs que l'on peut goûter lorsqu'on ne travaille pas. Si vous êtes à la retraite, il vous indiquera comment profiter de votre disponibilité. Si vous êtes actuellement sans emploi, il vous aidera à vivre le mieux possible ce supplément de temps libre, et si vous travaillez, à tirer parti de vos loisirs limités.

Quelle que soit votre situation, vous trouverez dans cet ouvrage de nombreuses suggestions pour savourer pleinement votre liberté. Voici venu le moment de découvrir *L'art de ne pas travailler.*

Loisirs : le contraire du travail, mais pas tout à fait

"Comment définissez-vous les loisirs?" Voilà une question intéressante, mais à laquelle il n'est pas facile de répondre. J'animais une formation sur le thème des loisirs destinée à une association canadienne de préretraités, quand un des participants me l'a posée.

N'ayant pas de définition précise à proposer, j'ai décidé d'appliquer un de mes principes de créativité : renvoyer la balle à quelqu'un. J'ai donc demandé aux autres participants de nous donner *leur* définition des loisirs.

Après de longues discussions, nous sommes finalement tombés d'accord pour définir les loisirs

Lexique

Loir (lwar), n. Petit mammifère rongeur qui a pour habitude d'hiberner. Locutions familières : "Etre paresseux comme un loir", "dormir comme un loir".

Loisir (lwazir), n.
1. Le contraire du travail mais pas tout à fait.
2. Un paradoxe.
3. L'art de prendre son temps. (V. Liberté, disponibilité, repos)

Lombago V. Lumbago (ôbago) n. (fam. "tour de reins") Douleur brutale affectant la région lombaire à la suite d'un effort violent.

comme "le temps dont on peut disposer à sa guise, une fois qu'on a satisfait aux nécessités de la vie". Une définition que nous avons jugée suffisamment satisfaisante pour l'adopter.

Bien entendu, cette définition soulève une autre question : "Qu'entendons-nous par les nécessités de la vie ?" Se nourrir en fait partie, mais dîner entre amis au restaurant est un plaisir ; c'est même un de mes loisirs favoris. Tandis que pour d'autres, manger est une corvée assommante.

Par la suite, j'ai consulté plusieurs dictionnaires. Ceux-ci définissent généralement les loisirs comme "le temps libre dont on dispose en dehors du travail, et que l'on peut consacrer à se reposer, à se distraire ou à faire ce que l'on aime".

Où le fait de manger entre-t-il dans ces définitions ? Est-ce un travail ? Est-ce un loisir ? Ou encore autre chose ?

Après mûre réflexion,... j'étais toujours perplexe. Comment pouvais-je, dans mes stages, définir les loisirs sans donner lieu à d'interminables débats ? Mon but est simplement d'exposer mes idées au sujet des loisirs, non pas de philosopher pendant des heures à seule fin de savoir si la nourriture est un loisir ou le loisir une nourriture !

> *Je hais les définitions.*
> Benjamin Disraeli

Finalement, j'en suis venu à la conclusion que le but de mes stages (et de ce livre) n'était pas de proposer une définition universelle et parfaite des loisirs. Mais disons qu'en gros, les loisirs sont le temps qu'un individu passe en dehors de son travail à faire ce qui lui plaît.

A chacun de définir le travail et les loisirs selon ses propres aspirations, et de décider ensuite ce qu'il veut faire de son temps libre. Après, il reste bien sûr à le faire.

Faire ce qui nous plaît est en effet plus facile à dire qu'à faire. Il y a là un paradoxe intéressant : aussi étrange que cela puisse paraître, le loisir est le contraire du travail, mais il exige une belle somme d'efforts.

Loisirs, retraite, loterie... et illusions

Par nécessité ou par choix, nous nous trouvons tous un jour ou l'autre confrontés à la question de savoir comment bien

gérer nos loisirs ; car il est certain que la façon dont nous les employons a un impact direct sur la qualité de notre vie.

Parce qu'à une certaine époque, les loisirs étaient une denrée rare, ils ont été pendant des siècles assimilés à un luxe. Ce n'est que récemment qu'ils sont devenus abondants au point qu'on peut envisager plusieurs décennies de loisirs devant soi, grâce à la retraite.

Des loisirs illimités seraient soi-disant le rêve de beaucoup d'Occidentaux. Il est vrai que tous y aspirent plus ou moins, mais la plupart n'y sont pas préparés. L'oisiveté devient pour beaucoup d'entre eux un fardeau, même s'ils jouissent d'une bonne santé et d'une situation financière confortable.

Généralement, on se dit qu'on profitera des loisirs "plus tard". Mais bien souvent, du fait d'une mise à la retraite anticipée ou d'un licenciement, "plus tard" arrive... trop tôt ! Et l'on se retrouve embarrassé d'un temps libre auquel on n'est pas habitué. Le rêve prend corps, mais la réalité s'avère nettement moins grisante. Que nous ayons connu un métier stimulant ou déprimant, ce brusque accès aux loisirs représente pour beaucoup d'entre nous un événement déstabilisant.

Il est paradoxal et néanmoins vrai que plus un homme réalise son objectif de vivre une vie confortable et aisée, plus les fondations qui donnent sens à son existence se trouvent menacées.

Franz Alexander

On s'imagine souvent qu'une vie de loisirs est une vie sans souci. Or se retrouver soudain livré à soi-même soulève toute une série de difficultés. Un rapport du ministère du Commerce américain révèle que seuls 58 % des gens se déclarent "très satisfaits" de leurs loisirs. Autrement dit, 42 % des individus pourraient en tirer un meilleur parti. Même ceux qui se disent simplement "satisfaits" ne le sont pas autant qu'ils le souhaiteraient, et pourraient sans doute bénéficier d'une aide en ce domaine.

Si l'on compte le temps passé à se préparer et à se rendre au travail et si l'on y ajoute toutes les conversations et les préoccupations auxquelles il donne lieu (dont la crainte du licenciement n'est pas la moindre), on s'aperçoit qu'un adulte consacre plus de temps à son travail qu'à n'importe quelle autre activité...

Penser au travail nous entraîne naturellement à songer au plaisir que l'on aura de ne plus travailler, et à nourrir des rêves sur les formes qu'il prendra.

Alors que je travaillais comme ingénieur, j'étais stupéfait d'entendre mes jeunes collègues et des techniciens de vingt ans à peine parler longuement de leur retraite et de la pension qu'ils toucheraient. J'avoue franchement qu'à cet âge, je trouvais qu'il y avait des sujets de conversation beaucoup plus intéressants.

La société voudrait nous faire croire que la retraite est une époque heureuse, qui met fin aux tensions inhérentes à la plupart des métiers. Elle serait la promesse d'une vie pleine et gratifiante, vouée au plaisir et à l'agrément.

Conditionné par cette vision des choses, comme la plupart de mes congénères, je pensais moi aussi, jusqu'à il y a quelques années, qu'avoir plus de loisirs était une aspiration commune que la retraite permettait de réaliser. Depuis, j'ai appris qu'il est dangereux de prendre pour argent comptant les idées les plus répandues. Les masses se trompent souvent. Certains leaders d'opinion sont même passés maîtres dans l'art de nous vendre des mensonges. Soit qu'ils enjolivent la réalité, soit qu'ils ne nous montrent qu'une partie du tableau.

> *Oh mourir, et s'apercevoir qu'on n'a pas vécu !*
> Henry David Thoreau

La mise à la retraite peut être vécue comme une tragédie, mais être incapable de prendre sa retraite est tout aussi tragique. Beaucoup de personnes, à l'approche de ce tournant, éprouvent peur et inquiétude devant la perte imminente de leur activité et de ce qui donnait un but à leur vie. Le départ effectif à la retraite peut alors avoir des conséquences négatives, voire catastrophiques. Il n'est pas rare de voir des gens mourir ou sombrer dans la sénilité dans les deux ans qui suivent. Et aux Etats-Unis, par exemple, le taux de suicide est quatre fois plus élevé chez les retraités que dans toutes les autres couches de la population.

L'art de ne pas travailler

> *Il n'y a que deux tragédies au monde. Un : ne pas avoir ce qu'on veut. Deux : avoir ce qu'on veut.*
> Oscar Wilde

Dans un autre registre, gagner une grosse somme d'argent à la loterie passe également pour un événement qui améliore radicalement la vie. Devenir millionnaire est censé nous apporter l'existence dont on a toujours rêvé. La réalité dément pourtant cette affirmation. A New York, le gagnant d'une super-cagnotte exprime le regret d'avoir quitté son travail en ces termes : "Cela me manque vraiment de ne plus conduire mon camion. Mais le pire, c'est de n'avoir personne qui me dise ce que je dois faire". Ce témoignage est cité dans le livre *Suddenly Rich* (soudain riches). Ses auteurs, Jerry et Rena Dictor LeBlanc, ont étudié le cas de personnes devenues riches du jour au lendemain.

Parmi les gens que les LeBlanc ont rencontrés, beaucoup ne sont pas heureux, bien qu'ils aient accès à des loisirs illimités. Après avoir connu un emploi routinier, ils ont du mal à gérer ce luxe de temps, privé de but et de structure. De nombreux gagnants ont préféré conserver leur emploi, malgré les railleries incessantes de leurs amis et collègues qui ne comprennent pas qu'ils continuent à travailler sans nécessité matérielle.

Une enquête a montré que plus de 50 % de ceux qui acceptaient un contrat de départ en préretraite n'étaient que trop contents de retourner au travail après trois mois d'inactivité. Pour beaucoup, la retraite ne correspond pas à l'image idyllique qu'ils s'en faisaient. Après l'avoir essayée, une vie entièrement dédiée aux loisirs ne leur paraît plus si désirable. Le travail, malgré toutes ses vicissitudes, n'est pas si mal après tout.

Je crois que je vais me remettre à chercher du travail. Après six mois de retraite, j'ai vraiment hâte de retrouver mon emploi de misère.

Les loisirs : une médaille à deux faces

La plupart des gens ne savent pas se détendre. Pour ceux qui n'y sont pas préparés, une quantité de loisirs illimitée peut être source d'une grande anxiété.

Si vous ne développez pas un goût pour les loisirs et les activités récréatives avant d'être vous-même à la retraite, celle-ci risque de vous apparaître comme la plus belle arnaque que vous ayez connue.

Voici quelques-uns des problèmes les plus fréquemment cités à propos des loisirs :

- ✓ je m'ennuie tout seul ; je m'ennuie avec les autres ;
- ✓ je ne tire pas de vraie satisfaction de mes loisirs ;
- ✓ je m'habille pour sortir, mais je ne sais pas où aller ;
- ✓ je m'habille pour sortir, je sais où aller, mais je n'ai personne pour m'accompagner ;
- ✓ je passe plus de temps avec mon conjoint, ce qui crée des tensions ;
- ✓ je manque d'activités ;
- ✓ j'ai trop d'activités et je manque de disponibilité ;
- ✓ je n'arrive pas à trouver d'occupations ;
- ✓ j'ai des moyens de pauvre et des envies de riche ;
- ✓ j'ai des moyens de riche et des envies de pauvre ;
- ✓ je me sens coupable de m'amuser ;
- ✓ je n'ai de goût que pour les plaisirs illicites, immoraux ou malsains.

L'autre face des loisirs est plus positive. Etre disponible représente une grande opportunité. Et nombreux sont ceux qui passent sans problème de la vie active à la retraite. Pour certains, celle-ci se révèle même plus satisfaisante qu'ils ne s'y attendaient. Ils sont plus actifs que jamais ; chaque jour est pour eux une nouvelle aventure. Ceux-là vous diront que rien n'est plus agréable qu'une vie de loisirs.

> *Si un homme pouvait satisfaire la moitié de ses désirs, il aurait deux fois plus de problèmes.*
>
> Benjamin Franklin

Profiter pleinement de vos loisirs améliorera considérablement votre existence. Bien les employer vous procurera

une vie dont beaucoup ne peuvent même pas rêver sur cette terre. Voici quelques-uns des bénéfices que peut apporter un surcroît de loisirs :

✓ une meilleure qualité de vie ;
✓ une occasion de développement personnel ;
✓ une meilleure santé ;
✓ une meilleure image de soi ;
✓ un mode de vie plus détendu et plus décontracté ;
✓ une occasion de relever un défi ;
✓ une opportunité de tenter des expériences stimulantes;
✓ une vie plus équilibrée lorsqu'on a un travail ;
✓ un sentiment de valeur que l'on ait un emploi ou pas;
✓ une plus grande disponibilité pour la vie familiale.

La différence entre la réussite et l'échec dans tous les domaines tient souvent à peu de choses.

Dans tous les domaines, la différence entre le succès et l'échec ne tient souvent qu'à un fil. Après avoir examiné les problèmes que les loisirs peuvent poser et les bénéfices qu'on peut en tirer, voyons maintenant quelles conditions sont nécessaires pour les réussir.

Pour cela, je vous propose un petit exercice. Vous en rencontrerez d'autres tels que celui-ci dans ce livre, et sa lecture sera d'autant plus profitable que vous prendrez le temps de les faire. N'hésitez pas à ajouter d'autres choix, lorsque ceux qui sont proposés vous semblent trop restreints ou inadaptés à votre cas.

Exercice 1-1. Les facteurs essentiels

Choisissez dans la liste ci-dessous les facteurs qui vous paraissent essentiels pour bien employer et apprécier ses loisirs :

✓ jouir d'une bonne santé ;
✓ vivre dans une ville animée ;

✓ avoir beaucoup d'amis d'horizons aussi variés que possible ;
✓ avoir du charisme ;
✓ posséder un camping-car ;
✓ aimer voyager ;
✓ être sportif ;
✓ avoir un physique séduisant ;
✓ être en excellente condition physique ;
✓ être indépendant financièrement ;
✓ avoir une petite maison au bord de la mer ;
✓ vivre dans une région ensoleillée ;
✓ avoir vécu une enfance heureuse ;
✓ avoir une relation harmonieuse avec son conjoint ;
✓ avoir de nombreux hobbies.

Avant d'aborder les facteurs essentiels à la réussite des loisirs, examinons le cas de deux individus pour lesquels ils constituent un problème ; puis le cas d'une personne satisfaite de l'usage qu'elle en fait. Cela nous donnera quelques indications intéressantes sur ce qui est, ou non, essentiel pour bien vivre ses loisirs.

Les loisirs peuvent être un leurre

Je parlais récemment avec un ami, que nous appellerons David. Il a soixante-sept ans et jouit d'une bonne situation financière. Il joue régulièrement au tennis (souvent mieux que moi) dans le club que je fréquente. David pense beaucoup de bien de l'entreprise qui l'a employé pendant de nombreuses années, mais il déplore qu'elle impose la retraite à soixante-cinq ans.

Après avoir cessé de travailler, David ne savait que faire de son temps libre et se sentait perdu. Deux ans plus tard, il se félicite que son entreprise lui permette de retravailler à temps partiel. Lorsqu'il quitte son travail, il a l'impression de perdre son temps (sauf quand il me bat au tennis). David m'a même confié que pendant longtemps il a détesté les week-ends, et qu'il a toujours eu beaucoup de mal à occuper ses heures de loisirs.

Richard, un autre de mes partenaires de tennis, éprouve lui

aussi des difficultés pour gérer son temps libre. A la différence de David, Richard aspirait à une retraite précoce. Comme beaucoup de citadins, il s'imaginait aller vivre au bord de la mer, sous le soleil de Californie. Richard réalisa son rêve alors qu'il n'avait que quarante-quatre ans : ayant servi dans la police depuis l'âge de dix-neuf ans, il pouvait se retirer avec une pension décente après vingt-cinq années de travail.

Après s'être installé sur la côte, il s'aperçut rapidement que sa vie n'avait pas grand chose à voir avec celle qu'il avait rêvée. Gérer ce stock illimité de loisirs lui parut extrêmement difficile. Il réagit en créant une petite entreprise. Lorsqu'il eut laissé sa chemise dans l'affaire (ce qui n'est pas bien grave en Californie), il tenta diverses autres choses, y compris de retravailler quelques temps. Il ne sait toujours pas comment tirer parti de sa longue retraite. Ce qui est regrettable quand on songe que Richard est dans une situation que beaucoup de gens pourraient lui envier.

> *Les gens passent plus de temps à attendre qu'on prenne en charge leur vie qu'à nulle autre activité.*
>
> Gloria Steinem

Comment un agent de change au chômage est devenu rentier

En 1987, les journaux américains se firent largement l'écho des inquiétudes des agents de change suite au krach boursier du 19 octobre 1987. Ces jeunes opérateurs qui avaient connu un marché florissant, et la vie dorée qui va avec, se retrouvèrent abasourdis et désorientés. Un bon nombre d'entre eux allaient perdre un emploi qui leur rapportait de 100 à 200 000 francs par mois, et se refusaient à accepter "un petit job à 50 000 francs", pour maintenir leur "standing". (Je suis sûr que ces déclarations auront ému beaucoup de lecteurs.)

> *Certaines personnes ne font rien d'autre dans la vie que vieillir.*
>
> Ed Howe

Bien entendu, en raison de leur train de vie luxueux, il était impensable pour ces jeunes gens de se trouver, même temporairement, sans travail ni revenus.

Un de mes amis, Daniel, était agent de change avant le krach. Ce n'était pas un des plus habiles, aussi n'avait-il pas mis beaucoup d'argent de côté. Après le krach, Daniel abandonna complètement la profession. Il ne se mit pas tout de suite en quête d'un autre travail (même d'un "petit job à 50 000 francs"). Bien qu'il ne disposât que d'un faible pécule, il décida de "vivre de ses rentes et de se la couler douce" pendant un an au moins, histoire de changer de vie.

Tout le temps que dura son chômage, Daniel fut le plus heureux des hommes ; détendu, souriant, d'une gaieté contagieuse. Parmi tous les gens que je connaissais qui gagnaient confortablement leur vie grâce à leurs belles situations, aucun n'avait l'air aussi satisfait que lui.

> *Vêtu d'un smoking et d'une cravate blanche, n'importe qui, même un agent de change, peut passer pour un homme du monde.*
>
> Oscar Wilde

Depuis, Daniel a rejoint les rangs des travailleurs dans une autre ville. Lors d'une de ses visites, il m'a confié que bien que sa nouvelle carrière lui convienne, il attendait le moment de pouvoir souffler un an ou deux, juste pour "prendre le temps de vivre". Il ne fait pas de doute pour moi que Daniel, contrairement à David ou à Richard, n'aura aucune difficulté à profiter de sa retraite.

Le secret des loisirs réussis

Quels que soient votre âge, votre sexe, votre profession, votre revenu, vous aussi vous pouvez connaître la joie de ne pas travailler. Si je suis affirmatif, c'est que j'y ai moi-même goûté. Et si j'ai pu le faire, vous le pouvez aussi. Le fait d'avoir passé la moitié de ma vie adulte sans emploi m'a permis d'entrevoir comment on peut réussir en dehors du monde du travail. Si j'estime avoir réussi, je le dois au fait d'avoir réfléchi à ce que je devais faire pour être satisfait de mes loisirs et de m'être appliqué à le réaliser.

Je n'ai aucun don particulier que vous n'auriez pas. Les personnes, qui, comme Daniel, tirent beaucoup de plaisir de leur temps libre sont comme vous et moi. Leur réussite n'est pas le résultat de quelque avantage qu'elles seraient seules à

détenir. Nous avons tous les qualités qu'il faut pour réussir notre vie... La clé consiste simplement à savoir reconnaître quels sont nos talents et à savoir les exploiter.

Qu'est-ce qui distingue les gens capables de profiter de leurs loisirs ? Pourquoi mon ami Daniel se sent-il si riche de son temps libre, alors que pour d'autres, comme David et Richard, il constitue un tel fardeau ?

Revenons à la liste de l'exercice 1-1 de la page 8. Si vous avez choisi l'une quelconque de ces réponses, c'est que vous avez une conception erronée des loisirs, car aucun de ces facteurs n'est réellement essentiel pour les réussir. Chacun représente un atout, mais aucun n'est indispensable. J'insiste sur le fait que l'indépendance financière n'est pas essentielle. A preuve, David et Richard, qui sont bien plus favorisés que Daniel sur ce plan. Si l'indépendance financière était un critère important, ils devraient être bien plus contents de leurs loisirs que Daniel. Or c'est le contraire. Au chapitre 11, nous étudierons plus précisément le rôle de l'argent dans les loisirs. Certaines personnes soutiendront que la santé est un facteur essentiel. Encore une fois, c'est un atout, cependant beaucoup de gens souffrant de problèmes de santé jouissent de leurs loisirs et de la vie en général.

> *Ils sont capables parce qu'ils pensent qu'ils le sont.*
>
> Virgile

Alors quels sont ces facteurs essentiels ? La réussite de vos loisirs ne dépend de rien d'autre que de *votre* état d'esprit. Daniel possède l'ingrédient indispensable : une attitude positive. Le hasard étant plein d'à-propos, j'ai reçu cette lettre d'un dénommé Dick Phillips, de Portsmouth en Angleterre, alors que je travaillais à remettre à jour les trois premiers chapitres de ce livre.

Cher Monsieur,

Cet été, ma femme et moi-même nous trouvions sur un vol de la compagnie Air Canada, à destination de Vancouver, en vue d'inaugurer agréablement notre retraite par un voyage dans votre beau pays, lorsqu'une autre

*passagère m'a parlé de votre livre **L'art de ne pas travailler.***

Je l'ai acheté quelques jours plus tard, et je l'ai lu de retour à la maison (mes loisirs ne m'ayant guère laissé le temps de lire pendant ce voyage). J'ai cinquante-quatre ans et j'ai commencé à travailler à l'âge de quinze ans : d'abord comme apprenti tourneur-fraiseur, puis ingénieur sur un chantier naval, avant d'entrer dans la police municipale où j'ai fait une longue carrière. J'ai trouvé dans votre livre plein de principes de bon sens, dont certains que j'applique depuis longtemps. Par exemple, je me suis toujours intéressé à d'autres activités en dehors de mon travail. Quand je suis parti à la retraite, en novembre dernier, j'en ai profité pour partager mon temps entre mes divers violons d'Ingres : randonnée, VTT, restauration de voitures anciennes, modélisme, peinture et bricolage. Je suis tout à fait d'accord avec vous quand vous dites qu'une attitude positive est essentielle pour bien vivre sa retraite.

Dans votre livre, vous parlez d'un "collègue", un dénommé Richard qui, bien qu'il ait comme moi des conditions de retraite confortables, ne s'en sort pas très bien. J'espère que depuis, il a lu votre livre et qu'il a développé ce moi intérieur qui permet de découvrir et de réaliser ses aspirations profondes.

En ce qui me concerne, j'attends avec impatience l'année prochaine, où je pourrai rejoindre une équipe dont le projet est de construire un grand bateau en bois prévu pour accueillir des personnes handicapées, et d'avoir à nouveau l'occasion de retourner au Canada.

Au plaisir,

Dick Phillips

Notez que Dick Phillips, comme Daniel, a une vision saine des loisirs. Une attitude positive est le meilleur atout pour réussir dans la vie. Si elle vous fait défaut, il est important pour vous de l'acquérir. Ce livre se propose de vous y aider.

CHAPITRE 2

Le monde est tel que vous le voyez

Et si pour changer, nous réfléchissions

Nous pouvons changer notre vie en changeant la vision que nous en avons. Deux personnes confrontées à la même situation, un licenciement par exemple, peuvent l'interpréter d'une manière totalement différente : pour la première ce sera une calamité, pour la seconde une aubaine. Modifier notre façon de considérer un événement dépend de notre souplesse d'esprit et de notre capacité à nous remettre en cause.

Qui de nous prend le temps de réfléchir à ce qu'il pense et se demande pourquoi il pense ainsi? Or changer notre manière de penser demande... d'y penser. En mettant en question notre vision des choses, nous ouvrons la porte à de nouvelles valeurs qui viendront remplacer celles

Si je suis devenu célèbre, c'est qu'il m'arrive de réfléchir une à deux fois par semaine, alors que la plupart des gens ne réfléchissent qu'une à deux fois par an.

George Bernard Shaw

qui n'ont plus de raison d'être. Contester une certaine conception du travail, par exemple, permet de développer une attitude plus saine envers les loisirs. Ne jamais remettre en cause notre manière de voir les choses présente au moins deux inconvénients :

✓ nous risquons de nous enfermer dans une vision unique, et de négliger les autres choix qui s'offrent à nous ;
✓ nous pouvons continuer de fonctionner selon un système de valeurs qui a pu être efficace à un moment donné, mais qui est maintenant périmé.

Il n'est jamais trop tard pour changer

Tracez un rond comme celui-ci sur un tableau blanc et demandez à un groupe d'adultes ce qu'ils voient. Presque tous vous répondront qu'ils voient un point noir et rien d'autre. Posez la même question à une classe d'enfants, et vous serez étonné du résultat. Vous entendrez des suggestions aussi fantastiques que :

✓ la nuit à travers un hublot ;
✓ un ours noir roulé en boule ;
✓ un pompon ;
✓ l'œil d'un cheval ;
✓ une bille noire ;
✓ l'intérieur d'une pipe ;
✓ un gâteau au chocolat.

Tous nous venons au monde avec des trésors d'imagination. Comme les enfants, nous pouvons regarder le monde d'une manière inventive et neuve à chaque instant. Un enfant remarque presque tout ce qui l'entoure, et a une capacité remarquable à jouir de la vie.

Mais au cours de notre enfance, sous l'influence de l'édu-

cation et de l'école, nous commençons généralement à perdre cette faculté. Parents et enseignants conditionnent notre perception en nous disant ce que nous devrions voir. Parce que nous avons besoin d'obtenir leur approbation et d'être accepté socialement, nous cessons de questionner les choses. Nous perdons notre souplesse mentale, et nous ne faisons plus attention à ce qui nous entoure.

> *Les adultes ne comprennent jamais rien par eux-mêmes, et c'est fatigant pour les enfants de devoir toujours tout leur expliquer.*
>
> Le Petit Prince,
> Antoine de Saint-Exupéry

Ainsi notre raisonnement se structure mais tend aussi à se figer. Notre résistance à changer de valeurs et de croyances favorise une vision erronée, incomplète ou dépassée de la réalité. Cette distorsion nuit à notre créativité et à notre capacité à jouir de la vie.

La créativité va de pair avec une attitude positive. Dans n'importe quel domaine, ce sont les gens créatifs qui réussissent le mieux à long terme, car ils devinent des opportunités là où les autres ne voient que des problèmes insurmontables...

En réalité, la différence principale entre les gens créatifs et ceux qui ne le sont pas tient simplement au fait que les gens créatifs savent qu'ils le sont. Tandis que les autres, devenus trop rigides et routiniers, l'ont oublié.

Qu'est-ce qu'il t'arrive, Bob? As-tu perdu toute ton imagination le jour de tes cinquante ans? Tiens, voilà ce que j'utilise pour me sortir de ce genre de situations !

Nous devons continuellement mettre en cause nos perceptions si nous ne voulons pas habiter un monde illusoire. Les gens qui ne prennent pas l'habitude de s'interroger sur la validité de leurs hypothèses risquent de vivre dans un monde qui a peu de rapports avec la réalité. Cet aveuglement peut avoir des conséquences redoutables, depuis la déception jusqu'à la dépression, voire même la maladie mentale.

Pour beaucoup de gens, il est difficile d'admettre que ce sont leurs propres attitudes et leurs propres croyances qui constituent le véritable obstacle à leur réussite. Mais ce qu'ils redoutent le plus, c'est de renoncer aux excuses qu'ils se donnent pour échouer. Or l'expérience montre que les personnes qui résistent le plus à la remise en cause et au changement sont aussi celles qui en auraient le plus besoin pour redresser le cours de leur vie.

> *Le chien qui est trop vieux pour apprendre de nouveaux tours, l'a toujours été.*
>
> Un sage anonyme

Il n'est jamais trop tard pour changer nos schémas de pensée et de comportement pour peu qu'on le souhaite. La seule chose qui nous empêche de changer, c'est nous-même. On invoque souvent l'obstacle de l'âge ("Tu comprends, je suis trop vieux maintenant."), or cette excuse (vieille elle aussi), est souvent celle des gens qui se sont installés dans la routine dès leur jeunesse.

Autrement dit, c'est leur attitude face au changement - qui n'a rien à voir avec leur âge - qui les rend incapables de s'adapter. Pour les adultes qui gardent l'esprit ouvert et qui se servent de leur imagination, l'âge n'est nullement un frein lorsqu'il s'agit d'adopter de nouvelles valeurs ou de nouveaux comportements.

Au royaume des aveugles les borgnes sont rois

Exercice 2-1. Les trois secrets du bonheur

Un marchand prospère, mais malheureux, décida, fortune faite, de prendre sa retraite et de prendre du bon temps. Cependant, au bout de quelques mois, il se rendit compte qu'il était toujours malheureux.

Sa vie lui parut tellement vide, qu'il partit en quête du maître Zen qui connaissait les trois secrets du bonheur. Après vingt mois de recherche, le marchand finit par dénicher celui-ci au sommet d'une obscure montagne.

Le monde est tel que vous le voyez

Le maître Zen l'accueillit avec enthousiasme et accepta de lui révéler les trois secrets du bonheur. Notre marchand fut très surpris de ce qu'il entendit.

D'après vous, quels étaient ces trois secrets ?

1. _____
2. _____
3. _____

Vous me dites que "la vie est une plaisanterie". C'est donc ça l'illumination ?

Une des clés de la joie de vivre est de pratiquer la souplesse. "Au royaume des aveugles les borgnes sont rois", dit un vieux proverbe français. La souplesse permet de voir des choses que les autres ne voient pas.

Avez-vous trouvé les trois secrets du bonheur ? Selon, le maître Zen, c'est :

1. Etre attentif
2. Etre attentif
3. Etre attentif

Une personne créative est attentive au monde qui l'entoure et y décèle une foule d'opportunités. Tandis que celle qui manque d'imagination et d'attention reste aveugle aux occasions qui s'offrent à elle.

Pour mener une vie satisfaisante, il est donc important de développer la vigilance. Un moyen d'acquérir une attitude positive consiste à porter notre conscience et notre attention sur ce qui est nouveau et à changer notre regard sur ce qui

> *Seule la plus folle des souris songerait à se cacher dans l'oreille d'un chat. Mais seul le plus sage des chats songerait à la chercher là.*
>
> Scott Love

est familier. Si nous avons une tendance à la rigidité, renouveler notre perception peut demander pas mal d'effort et de courage.

Certains vous diront que bien gérer ses loisirs n'est qu'une affaire de bon sens. Opinion que je partage entièrement. Mais alors, pourquoi écrire tout un livre sur le sujet, s'il suffit d'un peu de sens commun pour faire le tour de la question ? Parce que bien des gens s'ingénient à se compliquer la vie au lieu de suivre les règles les plus simples. Peut-être le sens commun n'est-il pas si commun...

Savez-vous être attentif ?

> *Ce qui est obscur finit par devenir apparent. Ce qui est évident demande, semble-t-il, plus de temps.*
>
> Edward Murrow

Tous, à un degré ou à un autre, nous faisons preuve de distraction. Nous laissons nos préjugés influencer notre perception, si bien qu'une bonne partie de la réalité nous échappe.

Les quatre exercices suivants ont pour but de tester la qualité de votre attention. Verrez-vous tout ce qu'il y a à voir dans les figures ci-dessous? Consacrez quelques minutes à chacun de ces exercices.

Exercice 2-2. Testez votre attention
Regardez les deux figures qui suivent, puis passez aux autres exercices.

Figure 1

| Un tiens vaut mieux | → | que deux tu tu l'auras |

Figure 2

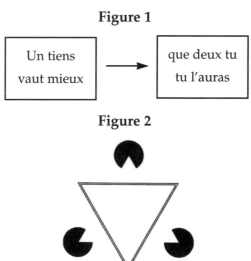

Le monde est tel que vous le voyez

Exercice 2-3. Des triangles à la pelle

Le schéma ci-dessous est une construction en perspective. L'exercice consiste à compter le nombre de triangles que l'on peut voir dans cette figure.

Exercice 2-4. Jouez avec des allumettes

Dans l'équation ci-dessous, chaque trait représente une allumette. Cette équation est manifestement fausse, à vous de la rendre correcte en ne déplaçant qu'une seule allumette.

Exercice 2-5. Le dessinateur avait-il un petit vélo ?

Bien que je sois diplômé en génie électrique, j'ai récemment décidé de concevoir un engin mécanique. Voici donc le plan d'un nouveau tandem que j'ai imaginé dans le but d'aider mes lecteurs à profiter de leurs loisirs (je devine combien vous êtes impressionné). Je vous laisse apprécier tous les avantages de ce tandem révolutionnaire.

L'art de ne pas travailler

Tout est dans la perception

Si vous avez bien vu tout ce qu'il y avait à voir dans la figure 1 de l'exercice 2-2, vous avez dû lire "que deux **tu tu** l'auras". Si vous n'avez pas remarqué cette répétition, c'est que certains détails vous échappent. De la même façon, vous risquez de passer à côté de solutions possibles à vos problèmes.

Dans la figure 2, peut-être avez-vous vu un triangle plus clair que le reste de la page. Remarquez tout d'abord qu'il n'y a pas de triangle tracé à cet endroit : ce sont vos yeux qui l'ont créé. De même que ce triangle "plus blanc que blanc" n'existe pas, peut-être les obstacles qui vous empêchent de résoudre vos problèmes sont-ils imaginaires eux aussi ?

Dans la figure de l'exercice 2-3, la plupart des gens comptent moins de 25 triangles. Et vous, avez-vous bien vu tout ce qu'il y avait à voir ? En réalité, on peut dénombrer jusqu'à 35 triangles différents dans cette figure.

Vous avez peut-être trouvé une solution ou deux à l'exercice 2-4. C'est déjà bien, mais si vous vous êtes arrêté là, c'est dommage. Il existe plus de 20 solutions à cet exercice, si on prend le temps de les découvrir. Se contenter d'une seule solution pour résoudre un problème, qu'il soit professionnel ou privé, c'est négliger la possibilité de trouver des solutions plus efficaces et plus attractives.

Que pensez-vous de ma bicyclette? Si votre appréciation est entièrement négative, c'est que vous n'avez pas pris la peine de bien la regarder. A moins de peser le pour et le contre, vous risquez de conclure un peu hâtivement, sans avoir donné à ce dessin, certes inhabituel, toute l'attention (et la considération) qu'il mérite. Vous avez prononcé votre jugement trop vite ; vous auriez dû considérer certains avantages, tels que cette roue arrière qui peut servir de roue de secours en cas de crevaison. Et que diriez-vous d'un mode de transport rendu plus confortable grâce aux deux roues arrière? Ce modèle pourrait égale-

Certains voient les choses comme elles sont et se disent "Pourquoi?". Moi je les vois telles qu'elles n'ont jamais été, et je me dis "Pourquoi pas?"

George Bernard Shaw

ment se montrer supérieur aux engins classiques pour transporter des chargements lourds... ou des gens corpulents. D'autres pourraient y voir une marque de prestige à cause de son originalité. On peut trouver beaucoup de points positifs et négatifs dans ce dessin. Pour l'apprécier à sa juste valeur, il faut en considérer tous les aspects. De même, quand vous évaluez vos idées ou celles de quelqu'un d'autre, vous devez en examiner tous les avantages et tous les inconvénients avant de trancher.

Dans la vie, la perception est tout. Le monde est tel que vous le voyez. Ces quelques exercices vous ont permis de mesurer votre degré d'attention. Peut-être vous auront-ils donné envie d'être plus attentif au monde qui vous entoure.

Seuls les imbéciles ne changent pas d'avis

Aujourd'hui, le monde change à toute vitesse. Si nous voulons nous adapter à son évolution, nous devons garder l'esprit souple et ouvert et ne pas rester figés sur nos positions, nos idées ou nos croyances. Ainsi, il nous sera beaucoup plus facile de faire face aux mutations de notre environnement.

Certaines personnes sont complètement réfractaires au changement car elles considèrent que changer de valeurs ou d'opinions est un signe de faiblesse. L'aptitude à changer démontre au contraire une force et une volonté de grandir. Et comme nous l'avons vu, il est toujours possible de changer.

Pour lui, cette bicyclette est un loisir. Pour moi, c'est du travail.

L'important, c'est que plus on est rigide, plus on a de problèmes et de difficultés à s'adapter au monde actuel. Dans les stages que j'organise autour du thème de la créativité, je constate régulièrement que ceux qui ont le plus besoin de changer leur manière de pensée sont aussi ceux qui résistent le plus au changement. L'inverse est également vrai : les personnes très adaptables et créatives trouvent le changement excitant, sont toujours prêtes à remettre en cause leur point de

vue et déterminées à en changer si nécessaire.

Dépasser votre vision du moment peut ouvrir de nouvelles dimensions dans votre vie. Prenez l'habitude de remettre en question vos croyances, d'extirper les idées périmées de votre esprit et essayez de tester des valeurs et des comportements différents afin d'en éprouver la validité.

Redécouvrez votre créativité

"La créativité d'une personne de quarante ans ne représente guère plus de 2 % de celle d'un enfant de cinq ans", lisait-on récemment dans le magazine *Business Week*. Si nous avons perdu plus de 90 % de notre créativité lorsque nous atteignons la quarantaine, c'est qu'à l'évidence celle-ci se heurte à de nombreux blocages. Que se passe-t-il ?

L'obstacle majeur que rencontre notre créativité, c'est nous-même, lorsque nous nous soumettons aux influences sociales et éducatives qui tendent naturellement au conformisme. Nous dressons ainsi beaucoup de barrières intimes qui nous dépossèdent de notre pouvoir d'imagination. La peur de l'échec est une de ces barrières, de même que la paresse et l'aveuglement. En dépit de ces obstacles, chacun naît avec de grandes possibilités créatives, qu'il peut redécouvrir.

Pour cela, je vous propose d'appliquer les dix-sept principes de la créativité que vous trouverez énumérés ci-dessous. Dès que vous commencerez à les appliquer à votre travail comme à vos loisirs, ils changeront radicalement votre vie, quels que soient votre âge et votre profession.

Les dix-sept principes de la créativité

- Choisir d'être créatif
- Rechercher plusieurs solutions
- Ecrire ses idées
- Les analyser en profondeur
- Définir son (ou ses) but(s)
- Envisager les problèmes comme des opportunités

- Privilégier ce qui est évident
- Prendre des risques
- Oser être différent
- Etre déraisonnable
- S'amuser, faire le fou
- Etre spontané
- Vivre dans le présent
- Pratiquer la pensée contradictoire
- Ne pas hésiter à remettre en question les règles et les hypothèses de départ
- Mûrir sa décision
- Persévérer

Exprimer votre créativité en vous initiant à l'écriture, la peinture, la danse, ou en rencontrant des gens différents, ou tout simplement en changeant d'itinéraire pour vous rendre à votre travail, ne demande aucun talent particulier. Seul votre désir d'exploiter votre imagination suffit.

A ceux qui pensent que la terre est plate

Notre aptitude à profiter du monde foisonnant des loisirs dépend de notre capacité à résister à l'influence des grands courants de société. Car tous les systèmes sociaux cherchent à imposer leurs valeurs et leurs codes moraux. Comme l'histoire l'a abondamment montré, ces valeurs et ces codes sont souvent préjudiciables aux individus comme à la collectivité. Si je dis que la société *cherche* à les imposer, c'est qu'elle n'y réussit pas toujours. Ses membres n'adhèrent pas tous à la norme. Un petit nombre d'individus restent suffisamment vigilants pour ne pas se laisser influencer par les vœux de la société, s'ils les jugent suspects. Ce sont ces individus qui préparent le terrain pour que progressivement la société évolue.

> *Confrontés à la nécessité de changer de point de vue, la majorité d'entre nous préfèrent prouver que c'est inutile.*
>
> John Kenneth Galbraith

Il y a plusieurs siècles, malgré les preuves contraires, la norme était de croire que la terre était plate. Cette idée était si profondément ancrée dans les esprits, qu'il fut difficile de l'en déloger.

Le fait de s'accrocher à des idées périmées est aussi courant aujourd'hui qu'autrefois. Les gens n'abandonnent pas facilement leurs vieilles croyances. Ils répugnent à en admettre l'absurdité car cela blesserait leur ego. Cet entêtement devient une sorte de maladie. Au lieu d'adopter un point de vue plus conforme à la réalité, ils préfèrent continuer à se leurrer.

La société occidentale, comme la plupart des sociétés qui l'ont précédée, se croit résolument tournée vers le progrès. Mais elle est pourtant "infiltrée" de gens persuadés que la "terre est plate". Ainsi, dans le domaine particulier du travail et des loisirs, un grand nombre de valeurs et de normes sociales sont aujourd'hui caduques. Et ceux qui nous succéderont riront sans doute de nos conceptions primitives à ce sujet, de la même façon que nous rions de ceux qui autrefois juraient que la terre était plate.

> *Le fait qu'une opinion soit très répandue ne prouve nullement qu'elle est fondée. Elle a même toute chance d'être absurde, quand on songe que la bêtise est une des choses les mieux partagées.*
>
> Bertrand Russel

CHAPITRE 3

La morale du travail
est une morale d'esclaves

Vers une autre conception du travail

Si nous voulons améliorer la qualité de nos loisirs, nous devons d'abord revoir notre conception du travail, et comprendre ce qu'il signifie pour nous, en dehors de tout préjugé. Quelle que soit votre situation, vous apprécierez davantage vos loisirs si vous pouvez envisager de manière positive l'absence de travail.

> *Ah oui, le travail, cette invention qui empêche de jouer au golf.*
>
> Frank Dane

Exercice 3-1. Quelques sujets de réflexion

Comme nous l'avons vu au chapitre 2, jouir de son temps libre est avant tout un état d'esprit. Afin de tester votre attitude à l'égard du travail, je vous propose de répondre aux questions suivantes.

✓ Pensez-vous qu'il faut travailler dur pour réussir dans ce monde ? Pourquoi ?

✓ Jugez-vous productif pour la société que tous les gens valides (mettons entre 20 et 60 ans) s'emploient à tra-

L'art de ne pas travailler

vailler toute la semaine pour gagner leur vie ?
✓ Assimilez-vous ceux qui mendient dans la rue ou dans le métro à des parasites ?

Il n'y a pas de "bonnes réponses" à ces questions, elles visent simplement à remettre en cause quelques idées reçues et largement partagées. Vous trouverez dans ce qui suit quelques réflexions permettant d'aborder le thème du travail et des loisirs de manière différente.

Comment la morale du travail a détruit une belle invention

Contrairement à ce que l'on croit habituellement, le travail est une valeur relativement récente. En fait, la plupart de nos ancêtres en auraient banni la notion. Quel est donc son coupable inventeur ? La morale du travail[1] est issue de la révolution industrielle. Ce sont les usines qui ont instauré les longues journées de travail. Au fil du temps, la durée hebdomadaire du travail est passée de 60 heures en 1890 à environ 40 heures en 1950. Depuis, elle est restée sensiblement la même. La morale du travail, héritée de la révolution industrielle est encore très ancrée dans les mentalités. On considère par exemple qu'un travailleur à temps partiel ne contribue pas véritablement à la vie de l'entreprise. Alors que beaucoup de gens pourraient se permettre de réduire leur salaire en réduisant leur temps de travail, la plupart ne le font pas, même s'ils en ont l'occasion, parce que cela leur donnerait mauvaise conscience.

Revenons en arrière, au temps où le travail n'occupait pas la même place. Les Grecs de l'antiquité trouvaient que travailler était vulgaire. Le travail pour le travail était réservé aux esclaves et jugé improductif. Le seul motif valable de tra-

---

[1] L'auteur fait plus précisément référence ici à la morale *protestante* du travail. Pour résumer, selon cette morale, particulièrement prégnante en Amérique du Nord, le salut des âmes est en relation avec la réussite sociale et l'argent gagné. La réussite sociale servit d'abord à désigner les "élus", puis, peu à peu, cessa d'être un moyen pour devenir une fin. NdT

La morale du travail est une morale d'esclaves

vailler était d'accroître ses loisirs. Socrate disait par exemple que, parce qu'ils manquaient de temps pour cultiver l'amitié et servir la communauté, les travailleurs manuels faisaient de mauvais citoyens et de médiocres amis. Grecs et Romains des temps

> *C'est à la qualité de ses loisirs qu'on mesure le mieux celle d'une civilisation.*
>
> Irwin Edman

anciens reléguaient toutes les activités manuelles exécutées au service de quelqu'un ou contre rétribution, aux citoyens de seconde classe ou aux esclaves. Les Grecs n'avaient même pas de nom pour désigner ce que nous appelons aujourd'hui *travail*.

Même chose plus tard en Europe, où le terme "travail" tel que nous l'employons aujourd'hui était inconnu. Bien que les paysans du Moyen Age fussent pauvres et opprimés, ils ne passaient pas leur temps à travailler. Ils célébraient d'innombrables fêtes en l'honneur des saints les plus obscurs, si bien qu'avec le temps, ils avaient de plus en plus de "vacances" et de moins en moins de journées de travail. A une certaine époque, on dénombrait jusqu'à cent quinze jours fériés par an. Telle était la situation jusqu'à l'avènement de l'ère industrielle et de sa morale...

Dans la Grèce antique, le loisir représentait bien plus qu'un répit, c'était une fin en soi. Et, comme cela devrait être toujours le cas, le loisir constituait le temps le plus productif. Ce temps pouvait servir à réfléchir, à apprendre et à se développer. Si l'on estime comme eux qu'il n'est pas de but plus élevé que de grandir et de se réaliser, il semble que la pensée des Grecs ait été bien ordonnée.

Mais un jour, la morale du travail est venue bouleverser cette conception intelligente du travail. Pour quelque étrange raison, la société s'est fourvoyée en adoptant cette nouvelle éthique, qui inverse les rôles entre loisir et travail : le travail devenant l'activité productive, et le loisir n'ayant plus pour but que de nous permettre de récupérer des forces avant de nous remettre au labeur.

Cette conception "moderne" du travail tire son efficacité du fait qu'elle repose sur la culpabilité. Celle-ci, d'une manière perverse, annule le plaisir. Ce sentiment de culpabilité est si fort chez certains individus, qu'il les poursuit jusque sur leur lieu de vacances. Incapables d'apprécier leur liberté, ces

L'art de ne pas travailler

esprits torturés reviennent de vacances le moral à zéro.

> *Il n'est pas d'erreur plus fatale que de perdre sa vie à la gagner.*
>
> Henry David Thoreau

Beaucoup de gens ont une telle vénération pour le travail, qu'ils se vantent du nombre d'heures qu'ils passent chaque jour à bosser. (C'est typique de la mentalité américaine, par exemple, mais pas exclusivement.) Même si leur travail est routinier, fatigant, et le bénéfice financier de leurs heures supplémentaires à peu près nul, ils ne peuvent s'empêcher de clamer sur les toits combien ils "croulent" sous le boulot. Ils sont devenus des martyrs, ayant renoncé à se réaliser pour avoir le privilège d'être esclaves (pour le plus grand profit des entreprises d'ailleurs).

Influencés par ce culte du travail, de nombreux professionnels exagèrent la quantité de temps qu'ils donnent à leur employeur. En 1995, des chercheurs ont constaté que les gens surestiment inconsciemment la quantité de travail qu'ils fournissent. En comparant les heures effectives notées sur les agendas aux chiffres annoncés par leurs propriétaires, les chercheurs ont observé des différences significatives. Ce sont les "bourreaux de travail" qui enregistrent les décalages les plus importants. Ceux-ci affirment travailler jusqu'à soixante-quinze heures par semaine, alors que leurs agendas ne font apparaître que cinquante heures de travail effectif.

Avec la subordination du loisir au travail, ce dernier est devenu le seul principe organisateur et l'unique moyen d'expression. Dans le monde moderne, le loisir a un statut très inférieur ; pour le grand nombre, il évoque la paresse, le désœuvrement et la perte de temps. Lorsqu'ils se retrouvent sans emploi, la plupart des gens perdent le respect d'eux-mêmes et le sentiment de leur propre valeur. Ils montrent les signes d'une détérioration de la personnalité, de nouvelles failles apparaissent, certains se mettent à boire ou multiplient les infidélités.

> *Rendons grâce à Adam de nous avoir enlevé la bénédiction de l'oisiveté pour nous apporter la malédiction du travail.*
>
> Mark Twain

Grâce à la technologie moderne, les loisirs sont devenus accessibles aux masses et ne sont plus le privilège des aristocrates. Je suis sûr que les philosophes grecs seraient profondé-

ment troublés d'apprendre que l'homme moderne, qui a plus de temps libre que jamais, ne sait qu'en faire. Ils seraient sans doute plus perplexes encore de voir combien d'individus passent de longues journées au travail, alors qu'ils sont suffisamment riches pour s'en dispenser.

Il est difficile de comprendre exactement ce qui a conduit la société à accepter ce renversement des rôles entre loisir et travail, et quelles en sont toutes les conséquences. Une chose est sûre cependant : les Grecs anciens seraient non seulement troublés mais choqués devant les soi-disant progrès de l'humanité. Ils penseraient que nous sommes tombés sur la tête ou que l'espèce humaine a développé des tendances masochistes.

Ne travaillez pas parce que c'est "moral"

Faire un travail fastidieux parce qu'on en a besoin pour vivre est un comportement rationnel ; mais faire un travail fastidieux quand on pourrait s'en passer est irrationnel. Pourtant, bien des gens aisés accomplissent des tâches ingrates, simplement parce qu'ils jugent "plus moral" de travailler.

La plupart n'ont pas réfléchi aux conséquences néfastes qui peuvent résulter de cette "moralité". Car bien qu'il nous permette d'assurer notre subsistance, le travail ne contribue pas au bien-être individuel comme on le pense volontiers.

> *L'excès de morale est un leurre qui peut éteindre toute vie en vous.*
>
> Henry David Thoreau

Soyons clair, je ne dis pas que nous devrions éviter autant que possible de travailler. Vous pourriez supposer - à tort - que je souffre "d'ergophobie" (ou peur du travail). Bien au contraire, je tire une grande satisfaction du travail que je choisis de faire - comme écrire ce livre par exemple. Je dis simplement qu'une certaine conception du travail peut nous ôter le bien-être et la joie de vivre. Ce n'est pas vraiment une nouveauté. Bertrand Russel, il y a quelque temps déjà, déclarait, à propos des Américains, que leur attitude vis-à-vis du travail et des loisirs était "rétrograde et contribuait à la misère sociale". Dans son essai *In praise of idleness* (éloge de la paresse), il écrit : "La morale du travail

Tout ce que j'ai gagné à passer vingt-cinq ans le nez rivé à ma machine, c'est une irritation du nez.

est une morale d'esclaves, et le monde moderne n'a nul besoin d'esclaves".

Il me plairait d'avoir inspiré ces lignes, mais ce serait difficile à admettre, vu qu'elles ont été écrites en 1932, il y a plus de soixante ans. Il est néanmoins très instructif de relire l'essai de Russel aujourd'hui, en raison de son actualité. Malgré tous les bouleversements que notre monde a connus, il est troublant de voir à quel point nos valeurs ont peu évolué en plus d'un demi-siècle. Les vieilles croyances ont décidément la vie dure !

Illustrons par un exemple à quelles extrémités absurdes peut conduire le fait de prendre le travail pour une vertu. Supposons qu'à un moment donné, le monde ait besoin de n trombones pour ses activités. Avec les techniques conventionnelles, un nombre Y de personnes sera nécessaire pour fabriquer ces trombones. Elles travailleront de huit à dix heures par jour, et chacune regrettera de ne pas avoir plus de temps libre. Supposons maintenant que quelqu'un invente une machine plus performante qui permette de produire le même nombre de trombones avec moitié moins de main-d'œuvre. Dans un monde sensé, les fabricants de trombones, travailleraient moitié moins d'heures et tous y gagneraient plus de loisirs.

Mais nous ne vivons pas dans un monde sensé. Parce que les gens persistent à croire que le travail est une vertu, ils continuent de s'échiner sur leurs machines huit à dix heures par jour, jusqu'à ce qu'il y ait une surproduction de trombones. Résultat : on licencie la moitié des effectifs. Ainsi on est sûr que tout le monde est malheureux. Les uns parce qu'ils ont trop de temps et pas assez d'argent pour en profiter, les autres parce qu'ils ont trop de travail et pas assez de temps.

Alors qu'elle pourrait contribuer au bonheur de tous, l'augmentation inévitable du temps libre ajoute à la détresse

Travailler dur n'a jamais tué personne, mais pourquoi prendre le risque ?

Charlie McCarthy
(Edgar Bergen)

de chacun. La morale du travail devient une source croissante d'insatisfaction générale. Ce n'est qu'en changeant radicalement notre système de valeurs pour nous adapter au rythme du monde actuel que nous parviendrons à rompre ce cercle vicieux.

Un de nos préjugés consiste à croire qu'il faut travailler dur pour réussir. Or, contrairement à cette idée reçue, c'est rarement le cas. Pour quelque obscure raison, ceux qui prônent les vertus du travail négligent le fait que les millions de gens qui restent les yeux rivés sur leur machine ou sur leur bureau durant toute leur carrière, deviennent myopes à la rigueur, mais ne réalisent certainement pas leurs aspirations.

Si "le travail, c'est la santé", ce n'est pas parce qu'on travaillera deux fois plus qu'on se portera deux fois mieux.

La loi du bénéfice négatif

Passé un certain point, la tendance s'inverse, on gagne de moins en moins à travailler plus. Chaque heure de travail supplémentaire entame un peu plus notre capital santé et notre bien-être. Une fois franchi le seuil critique, les choses vont de mal en pis, le bénéfice devient nul, puis se change en préjudice. L'excès de travail se traduit par les nombreux effets indésirables liés au stress, et

> *Un homme pressé ne peut pas être tout à fait civilisé.*
>
> Will Durant

aboutit à un mal être physique autant que moral. Plus les heures s'ajoutent aux heures, et plus nous sommes perdants. C'est ce que j'appelle : la loi du bénéfice négatif.

Une nation rendue folle par le travail

Imaginez une société dont tous les membres préfèrent travailler à tout autre chose. La morale du travail y est si forte, que les ouvriers d'usine, bien qu'ils n'aient que sept jours de vacances par an, refusent de prendre tous leurs congés pour rester à l'usine.

Cette folie gagne toutes les strates de la société. Les

hommes d'affaires, comme les autres, travaillent six jours sur sept, et bien qu'ils aient droit à vingt jours de congé, n'en prennent pas plus que les ouvriers. De plus, lorsqu'ils partent en vacances, ils sont incapables de se détendre. Ils sont pris de frénésie, s'agitent en tous sens, et s'épuisent à "consommer" le plus de loisirs possibles. Ils sont tellement intoxiqués par la morale du travail, qu'ils ne savent même plus ce que le mot "loisir" signifie. La situation devient si grave que la santé de la nation se trouve menacée. Le gouvernement finit par prendre des mesures et par lancer des campagnes d'information visant à réapprendre aux gens à se reposer.

Imaginez le ministère du Travail ou celui des Affaires sociales faisant la promotion des loisirs ; cette initiative serait sévèrement critiquée dans chacun des deux pays. Pourtant la situation que je décris existe : c'est en effet ce qui se passe actuellement au Japon.

Le gouvernement japonais s'est fixé comme objectif à long terme d'améliorer la qualité de vie en augmentant les loisirs. Il a ainsi édité, par l'intermédiaire du ministère du Travail, une série d'affiches visant à promouvoir le temps libre auprès des travailleurs. Sur l'une de ces affiches, on peut lire : "Créons une société où l'on ne travaille que cinq jours par semaine". Ce ministère a également publié un manuel de relaxation à l'usage des salariés.

Une étude réalisée au Japon révèle que près des deux tiers des personnes interrogées prennent moins de dix jours de vacances par an. Pourtant, beaucoup souhaiteraient avoir davantage de temps libre. Savez-vous pour quoi faire ? Plus de 85 % ne désirent qu'une chose : dormir ! Ce qui laisse supposer qu'ils sont vraiment très fatigués ou que leur vie est devenue bien ennuyeuse...

Les Japonais ont naturellement de la peine à concevoir une vie sans travail. Lorsque le grand éditeur japonais, Kodansha, décida de publier

Toutes les deux, vous bossez encore plus dur que les Japonais. Et regarder les gens travailler me fatigue. Grâce à vous, je vais rentrer plus tôt faire la sieste.

L'art de ne pas travailler, le choix d'un titre s'avéra difficile, car toutes les traductions avaient une connotation trop radicale et risquaient de choquer les lecteurs japonais, surtout les plus âgés. L'éditeur opta finalement pour *La loi de Zelinski*, en allusion à *La loi de Murphy*, dont la version japonaise avait remporté un vif succès. (*La loi de Zelinski* avait un sous-titre : *Le livre après lequel vous n'aurez plus jamais envie de travailler*.)

L'abus de travail est dangereux pour la santé

Beaucoup de Japonais ne sont pas seulement fatigués, mais au bord de l'épuisement. Une étude effectuée pour le compte de la société d'assurance *Fukoku* révèle que près de la moitié des travailleurs craignent un décès précoce dû au stress.

La morale du travail est si forte chez les Japonais, qu'ils ont même développé une maladie en son honneur. Ils appellent *Karoshi* la mort subite causée par le surmenage. Les statistiques indiquent que 10 % des accidents frappant les hommes sont imputables au surmenage. Des familles ont gagné des procès contre des entreprises qu'elles estiment responsables de la mort d'un des leurs. En 1996, *Dentsu*, la plus grande agence de publicité du Japon, a été contrainte de verser l'équivalent de six millions de francs aux parents d'un homme que le surmenage et le manque de sommeil avaient conduit au suicide.

La mort est la manière dont la vie nous dit de ralentir.

Graffiti

Personnellement, je pense que les gens qui meurent de surmenage - quelle que soit leur nationalité - n'ont d'autres responsables à blâmer qu'eux-mêmes. Quelqu'un d'assez fou pour se tuer à la tâche, quand il y a tant d'autres choses merveilleuses à faire, a peu de chances de s'attirer ma sympathie. De plus, je ne vois pas pourquoi les Japonais ont eu besoin de créer un mot nouveau pour désigner cette maladie, *Hara Kiri* sonne très bien.

Un espoir nommé Chibi

Heureusement, au Japon comme en Occident, les jeunes se montrent un peu plus sains d'esprit que leurs aînés. Leur conception du travail semble évoluer dans le bon sens.

Un des signes visibles de ce changement est une des émissions les plus suivies au Japon depuis le début des années 90. Chibi Marukochan, la version japonaise de Bart Simpson, est une petite fille, que toutes les télévisions du pays s'arrachent à prix d'or. C'est la coqueluche des enfants comme des adultes, et particulièrement des jeunes femmes de 20-25 ans. Le dimanche, deux téléspectateurs sur cinq se branchent sur ce dessin animé, où Chibi apparaît sous les traits d'un cancre indécrottable, qui n'arrête pas de ronchonner et fuit tout ce qui ressemble de près ou de loin à du travail.

Au Japon, la morale du travail est aujourd'hui considérée comme une imposture par de nombreux jeunes gens, qui se montrent même plus prompts que les jeunes Américains à mettre en cause la soumission au travail. La nouvelle génération, ou *shinjinrui*, manifeste également un enthousiasme très modéré à l'idée de se dévouer à une seule entreprise, comme le firent leurs parents. Les jeunes Japonais, comme les jeunes Américains, souhaitent non seulement vivre plus intelligemment, mais ils le revendiquent. En mars 1996, le magazine *Newsweek* révélait que de nombreux travailleurs Japonais ne supportaient plus leur condition. Le même article ajoutait que l'employé japonais d'aujourd'hui "prend des vacances, passe ses soirées avec ses amis et non plus son patron, et il lui arrive même de rentrer assez tôt à la maison pour border ses enfants".

La paresse,
un privilège réservé aux plus doués

Les hommes qui ont marqué l'histoire par leurs réalisations ou leurs découvertes étaient jugés paresseux par leurs contemporains. Bien que cela puisse paraître contradictoire,

ces hommes illustres passaient le plus clair de leur temps à éviter de travailler. Ils n'étaient pas nécessairement "paresseux", mais, peut-être parce qu'ils suscitaient une certaine envie, ils passaient pour tels aux yeux de la majorité.

Fainéants créatifs, ces hommes consacraient un temps considérable au repos et à la réflexion. Le fainéant créatif est celui qui accomplit une œuvre significative mais qui ne cherche pas à se surpasser. En d'autres termes, la "flemme créative" se traduit par une activité productive et détendue.

Sans qu'ils aient besoin de se démener, ces grands hommes se montraient efficaces et productifs, tandis qu'ils travaillaient à leur projet ou à leur invention. Et bien sûr, ils prenaient le temps de se détendre. Ils étaient plus décontractés, heureux et robustes que s'ils s'étaient surmenés.

> *Mieux vaut avoir flâné en route et avoir échoué que n'avoir jamais flâné.*
>
> James Thurber

De l'utilité des clochards

Un jour, je déclarais avec véhémence à une amie que je donnais souvent de l'argent à des œuvres, mais que je me refusais à en donner à tous ces clochards qui mendient dans la rue. Je lui expliquais que je les tenais pour des parasites, inutiles et paresseux, qui errent sans but dans la vie, si ce n'est de me harceler alors que je me dirige allègrement vers mon café préféré.

Cette amie me donna sur le champ une leçon sur un des thèmes que j'aborde dans mes stages : la capacité à changer de point de vue (quelqu'un a dit un jour que c'est ce qu'on a besoin d'apprendre qu'on enseigne le mieux). Cette amie m'expliqua que les clochards, en raison de leur mode de vie, utilisent peu les ressources de l'environnement et de ce fait ne participent pas à leur épuisement, contrairement aux gens qui travaillent. Ils ne volent pas leur argent, ils le demandent. De plus, les mendiants procurent à certaines personnes la satisfaction de manifester leur générosité. Et dans un monde où l'emploi se raréfie, toute personne qui sort du système représente un concurrent en moins sur le marché du travail.

L'art de ne pas travailler

J'ai toujours rêvé d'être un clochard, mais je n'ai jamais réussi. C'est pour- quoi j'ai pris un travail de bureau.

Tandis que je réfléchissais à tout ça, je me rendis compte que certains travailleurs que je connais étaient finalement moins utiles à la société que les clochards. Aujourd'hui, je ne suis plus irrité quand l'un d'eux tend la main vers moi, il m'arrive même de lui donner de l'argent en pensant à sa fonction sociale.

Le yuppie : un raté qui a réussi.

Il y a deux choses plus extraordinaires qu'un billet de 30 francs, la première c'est un arbre rempli d'éléphants, la seconde un *yuppie* [2]qui a réussi. Durant les années 80 et le début des années 90, les yuppies avec leur sourire figé et leur mine réjouie donnaient l'impression de fêter *Halloween* 365 jours par an.

Dans leur folie, ils ont donné à la morale du travail un nouveau vernis. Le travail acharné devenait un gage de succès et la promesse d'une vie dorée. Selon cette philosophie, il était plus facile et préférable d'être reconnu pour ce que l'on avait que pour ce que l'on était.

Le monde qu'ils habitaient (et auquel beaucoup aspirent encore aujourd'hui) n'était pourtant pas si rose que ça. A force de courir après la réussite et de se surmener, un grand nombre d'entre eux étaient atteints d'hypertension, d'ulcères, de troubles cardiaques, d'alcoolisme et de toxicomanie. Face à ces problèmes, certains pour ne pas se laisser distancer, d'autres simplement pour rester dans le vent, consultaient des psychothérapeutes. Il y avait même des thérapeutes spécialisés pour certaines clientèles (avocats, médecins, et même... thérapeutes pour thérapeutes de *yuppies)*.

Sur le chapitre des loisirs, les *yuppies* américains étaient logés à la même enseigne que les cadres japonais. Malgré leurs

---

[2] Terme américain formé à partir de l'abréviation : *Young Urban Professionnals* ou jeunes cadres urbains. NdT

La morale du travail est une morale d'esclaves

revenus confortables, le temps libre représentait un luxe qu'ils n'avaient pas les moyens de s'offrir. Selon une étude Louis Harris, le temps de loisirs de l'Américain moyen s'est réduit de 37 % depuis 1973. Avec leurs journées de travail interminables, les *yuppies* ont vu leur temps de loisir chuter encore plus vite que la moyenne. Pour un grand nombre de ces "jeunes professionnels urbains", le rythme de vie était tel que même leurs loisirs, quand ils en avaient, étaient minutés.

Dis-moi, Harold, cela fait dix ans que tu es sorti de Harvard avec ton MBA. Comment se fait-il que tu sois devenu chauffeur de taxi ?

Au début, j'étais un de ces brillants yuppies. Puis, j'ai abandonné mes tics nerveux, mon sourire de play-boy et ma psychanalyse et ça a été la fin de ma carrière.

La famille *yuppie* était loin d'être un paradis pour les enfants. Ceux-ci passaient à côté de l'enfance, parce que leurs parents étaient obnubilés par l'argent, les biens matériels et le statut social. En semaine, certains parents en étaient réduits à voir leurs enfants sur rendez-vous. D'autres les conditionnaient dès le plus jeune âge à "réussir" comme eux. Ces enfants étaient tellement "surbookés" qu'ils ne savaient pas plus que leurs parents ce que le mot "détente" signifiait.

Compte tenu de toutes ces vicissitudes, on peut se demander si les gens qui ont choisi ce mode de vie et qui tentent de le maintenir encore aujourd'hui sont vraiment sains d'esprit. Bien qu'ils se vantent de travailler dur, ils semblent surtout travailler du chapeau.

Dans le magazine *Report on Business*, Pamela Ennis, psychologue du travail à Toronto, qui est intervenue auprès de nombreux *yuppies* licenciés au début des années 90, déclare : "Il y a dans l'esprit de cette génération quelque chose qui ne tourne pas rond. Ils n'arrivent pas à comprendre qu'un appartement de luxe ou une BMW ne sont pas la clé du bonheur".

En fait, la réussite, pour laquelle les *yuppies* luttaient si fort, a signé leur propre défaite. Compte tenu de tous leurs problèmes, on aurait plutôt dû les surnommer les *yuffies* : *Young Urban Failures* (ou jeunes ratés urbains).

L'art de ne pas travailler

Notre vie se résume-t-elle à accumuler des choses ?

Aussi étrange que cela puisse paraître, notre souci principal dans la vie - du moins tel que la société le définit - semble se résumer à acquérir des biens avec le fruit de notre travail. Les *yuppies* ont poussé cet impératif à l'extrême. Mais sommes-nous vraiment mieux lotis, nous qui ne nous demandons même pas quel pourrait être le but de notre existence ?

Le sketch de George Carlin intitulé "Les choses" décrit bien la situation. Je ne me souviens plus exactement comment c'est formulé, mais ça donne à peu près ça :

> *Je donnerais toute ma fortune pour un peu de temps.*
>
> La reine Elisabeth

Depuis que nous sommes tout petits, on nous donne des choses et on nous apprend à aimer les choses. Si bien qu'en grandissant, nous voulons toujours plus de choses. Nous demandons sans cesse de l'argent de poche à nos parents pour pouvoir acheter des choses. Puis quand nous avons l'âge, nous prenons un travail pour acheter des choses. Nous faisons l'acquisition d'une maison pour y mettre nos choses. Bien sûr, il nous faut une voiture pour trimballer nos choses. Comme bientôt nous avons trop de choses, notre maison devient trop petite. Nous achetons donc une maison plus grande. Mais alors nous n'avons plus assez de choses, donc nous rachetons des choses. Puis il nous faut une voiture neuve, car la première est usée à force de trimballer nos choses. Et ainsi de suite. Mais nous n'avons jamais assez de choses.

Cette petite chose à propos des choses est assez drôle, mais en même temps assez consternante. Elle montre à quel point notre besoin de travailler est lié au besoin d'accumuler toujours plus de choses, d'ailleurs inutiles pour la plupart.

Que représente la lettre "B" dans PNB ?

Les économistes, les hommes d'affaires et les politiques nous disent que notre bien-être dépend de la croissance du produit national brut. Le PNB représente la somme de tous les biens et services produits dans un pays au cours d'une année. Cette mesure refléterait donc le niveau de réussite de la nation.

Les ténors de la politique et des finances voudraient nous convaincre que le premier objectif économique d'un pays est d'accroître son PNB, le second étant de réduire le chômage. Car la création de nouveaux emplois dépend de la croissance économique. Un certain niveau de PNB est censé générer des emplois pour tous ceux qui peuvent travailler (même ceux qui ne veulent pas).

Pour avoir moi-même enseigné l'économie dans des instituts de formation professionnelle et à l'université, j'avoue que j'ai toujours eu des difficultés à présenter

> *Si on mettait tous les économistes bout à bout, ils ne feraient pas le tour de la question*
>
> George Bernard Shaw

le PNB comme un étalon de la prospérité, quand on sait qu'il s'accroît grâce à la hausse d'activités aussi douteuses que la vente d'armes ou de cigarettes. Quand on sait aussi qu'une augmentation importante des accidents de la route aura une incidence favorable sur le PNB parce qu'elle relancera l'activité des pompes funèbres, des hôpitaux, des garagistes et des usines automobiles.

Si l'on estime que le PNB est un indice si important, on aurait dû décerner le prix Nobel d'économie au commandant de bord du pétrolier Exxon Valdez. Grâce à lui et à la marée noire qu'il a provoquée, le PNB des Etats-Unis a enregistré une hausse de 1,7 milliard de dollars.

Encore quelques marées comme celle-là, et le PNB se portera à merveille et permettra de créer plein d'emplois. La croissance pour la croissance n'est pas nécessairement un bien pour la société. Après tout, c'est aussi la philosophie des cellules cancéreuses. Parfois, je me demande si le "B" de

> *Si on mettait tous les économistes bout à bout... ma foi, ce ne serait pas une mauvaise idée.*
>
> Un sage anonyme

"brut" dans PNB ne serait pas à prendre au pied de la lettre comme une mesure de l'abêtissement de notre société plutôt que comme un indice de progrès?

Le véritable indice du progrès de la nation

Un jour, je parlais avec un couple de touristes qui avait beaucoup voyagé. Ils me dirent qu'ils avaient eu la chance de rencontrer le roi du Bhoutan, un pays que l'on tient pour sous-développé. Les gens y sont pauvres mais pas miséreux et semblent plutôt contents de leur sort.

Beaucoup de bonheur se perd à le rechercher.

Un sage anonyme

Lorsqu'ils interrogèrent le roi sur le faible niveau de son PNB, celui-ci répondit : "Nous ne croyons pas au produit national brut, nous croyons au *bonheur* national brut".

Qu'en pensez-vous ? Et si nous utilisions le *BNB* pour mesurer la santé de nos pays. Il est certainement possible de créer un monde plus raisonnable, mais il faudrait d'abord trouver comment nous débarrasser des économistes...

Préserver notre équilibre
pour préserver celui de la planète

La protection de l'environnement est devenue une de nos premières préoccupations. Pourtant, nous sommes peu nombreux à admettre que la volonté acharnée de réussir et de s'enrichir contribue aux nuisances subies par l'environnement. Si nous étions prêts à lever le pied et à nous accorder plus de loisirs, pour vivre une vie plus saine, nous contribuerions à préserver l'équilibre de la planète.

Car cet équilibre dépend de l'utilisation des ressources naturelles. Or pratiquement tous les usages que nous en faisons participent à la pollution, et la plupart des augmentations du PNB se payent au prix fort pour l'environnement.

Si nous voulons préserver le milieu naturel, nous devons réduire l'exploitation de ses ressources. Ainsi, les Etats-Unis

pourraient certainement consommer deux fois moins de matières premières tout en maintenant une bonne qualité de vie. Cela suppose de changer notre système de valeurs, d'éliminer, par exemple, la consommation et le travail inutiles, comme la production de babioles ou de gadgets, que les gens achètent pour se distraire une semaine ou deux avant de les mettre à la poubelle.

Il y a plus de cent ans, John Stuart Mill a prédit que la course à la croissance économique entraînerait la destruction de l'environnement. Selon lui, la création de richesses, telle qu'on la conçoit en Occident, implique la dégradation de l'environnement. Certains commencent à prendre conscience que celui-ci ne pourra pas soutenir indéfiniment les demandes croissantes que nous faisons peser sur lui. Nous devons nous guérir de notre dépendance à l'égard des valeurs matérielles. Les économistes et les hommes d'affaires ne considèrent le temps libre de manière positive que dans la mesure où il entraîne une dépense d'argent pour "consommer" plus de loisirs sous forme d'équipements, de biens ou de services. Mais l'argent a ses limites, comme le soulignait John Kenneth Galbraith, économiste bien connu, qui parle de l'argent en des termes peu courants chez un homme de sa profession.

> *Tant de gens aspirent à l'éternité, qui ne savent pas quoi faire le dimanche après-midi quand il pleut.*
>
> Susan Ertz

> A quoi bon avoir quelques dollars de plus à dépenser, si l'air devient irrespirable, l'eau non potable, si les gens s'épuisent dans les embouteillages aux portes des villes, si les rues sont sales et les écoles si mauvaises que les jeunes (peut-être avec raison) les désertent, et si les citoyens se font extorquer les quelques sous qu'ils ont réussi à déduire des impôts par des individus sans scrupules.

Ce n'est pas le recyclage du verre et du papier qui suffira à sauvegarder la planète. Il y a vraiment quelque chose d'absurde à produire maints objets et babioles inutiles simplement pour garder les gens en activité. Il est clair que ceux qui sont capables de ralentir leur rythme de travail et de consommation ménagent l'environnement en même temps qu'ils se ménagent.

Travailler moins pour vivre mieux

Le culte du travail nous fait sans doute plus de mal que de bien. A force d'axer notre vie sur le travail et la richesse, nous ignorons tout de nos véritables aspirations. Studs Terkel, dans le livre qu'il consacre à ce sujet, *Working*, écrit qu'il est grand temps de revoir notre conception du travail, car elle fait de nous des esclaves.

Parfois, je suis pris d'une envie de travailler aussi dur que vous, les gars ; alors je m'allonge, jusqu'à ce que ça passe. Après ça va mieux !

Les valeurs modestes du XVIIIe seraient mieux adaptées à notre siècle que celles que nous défendons. Il semble que dans les années 80 nous ayons perdu le sens de la mesure, pour nous lancer dans une quête matérielle effrénée. A l'aube du prochain millénaire, la figure du gentilhomme de l'époque classique, se contentant de gagner modestement sa vie pour mieux se consacrer à des activités plus élevées, retrouve un sens nouveau. Certains, de plus en plus nombreux, prennent conscience qu'il est plus favorable à leur bien-être de se détourner du monde extérieur et matériel pour développer leur univers intérieur.

Le but du travail, c'est de gagner des loisirs.

Aristote

L'obsession du travail et des "choses" n'est plus autant à l'ordre du jour. Certes il est nécessaire de travailler pour vivre, mais pas au point que l'on pense généralement.

Qu'est-ce qui donne un sens à notre vie ?

Ce qui précède met en évidence quelques-unes des limites des valeurs chères à l'Occident. Remettre en cause ces valeurs peut transformer la vie de ceux qui les ont aveuglé-

ment adoptées. Croire que le travail est vertueux et la distraction frivole ne nous prépare pas à faire face au chômage ou à la retraite. Et tant que nous sommes actifs, ces mêmes valeurs nous laissent insatisfaits en raison du déséquilibre qu'elles instaurent dans notre vie.

Il y a d'énormes avantages à s'ouvrir à d'autres valeurs que celles du travail et du matérialisme. Le temps passé loin du travail est l'occasion de faire de nouveaux apprentissages, de développer sa personnalité et de s'épanouir. A-t-on plus de mérite à passer beaucoup de temps au travail et à accumuler des choses ? La dépendance vis-à-vis des biens matériels est une aliénation qui nous éloigne des autres et de l'environnement.

Au regard des valeurs supérieures de l'être, toutes ces "choses" qui peuplent notre univers - nos voitures, nos maisons, nos meubles hifi... nos emplois - ne sont rien d'autres que des accessoires. Ce n'est pas en elles que nous puisons notre bonheur. Les biens que nous possédons, le lieu où nous vivons, le métier que nous exerçons, sont secondaires. La véritable réussite ne se mesure pas à l'importance de notre patrimoine ou de notre statut social. Notre vraie nature est d'un autre ordre. La seule chose qui compte en définitive, c'est la qualité de ce que nous vivons ; notre capacité à apprendre, à rire, à jouer et à aimer le monde qui nous entoure. C'est cela qui donne un sens à notre vie.

Tu sais quoi ? Aujourd'hui j'achète des clubs de golf de première classe à mon mari.

Les clubs de golf, c'est une affaire qui marche à ce qu'il paraît.

CHAPITRE 4

L'abus de travail est dangereux pour la santé

Le piège sans fromage

Plaçons un rat devant plusieurs tunnels et donnons-lui régulièrement du fromage dans le troisième tunnel. Au bout d'un moment, le rat finit par enregistrer que le fromage se trouve toujours dans le troisième tunnel et va directement à celui-ci sans chercher dans les autres. Si nous plaçons maintenant le fromage dans le sixième tunnel, le rat continuera de se diriger pendant quelque temps vers le troisième tunnel,

> *Gardez le fromage, et laissez-moi sortir du piège.*
>
> Dicton espagnol

jusqu'à ce qu'il enregistre que le fromage ne s'y trouve pas ; il explorera alors les autres tunnels jusqu'à découvrir le sixième. Le rat trouvera ensuite systématiquement le bon tunnel.

La différence entre un humain et un rat, c'est que, dans la majorité des cas, l'homme s'obstine à rester dans un tunnel, même s'il est manifeste qu'il n'y a pas de fromage dedans. Il est malheureux de voir combien d'êtres humains s'enferment dans des pièges dont ils sont incapables de sortir. Il est très difficile de trouver le fromage quand on est pris dans un piège où il n'y en a plus (si tant est qu'il y en ait jamais eu).

Le "fromage" symbolise ici la satisfaction. Aujourd'hui, il règne une grande insatisfaction parmi les cadres. C'est en tout cas ce qu'affirme Jan Halper, psychologue et conseil en management à Palo Alto, qui a passé plus de dix ans de sa vie à étudier les carrières et les aspirations de plus de 4000 cadres. Il s'est aperçu que nombre d'entre eux donnaient l'impression d'être satisfaits mais ne l'étaient pas au fond. Parmi les cadres moyens, 58 % avaient la sensation d'avoir gâché de nombreuses années de leur vie à lutter pour atteindre leurs objectifs. Ils regrettaient amèrement tous les sacrifices qu'ils avaient dû consentir. Leur vie trahissait un profond déséquilibre. D'autres études révèlent que 70 % des "cols blancs" ne sont pas satisfaits de leur emploi. La plupart se disent mécontents, mais passent curieusement de plus en plus de temps au travail.

> *La vie, c'est autre chose que de vouloir aller toujours plus vite.*
>
> Mohandas Gandhi

En Amérique, nous utilisons l'expression *the rat race*[3] (la course de rats), pour décrire la course à l'avancement. Je trouve cela désobligeant pour les rats. Un rat ne se fourvoierait jamais si longtemps dans un tunnel où il n'y a pas de fromage. Ce sont plutôt les rats qui devraient parler de human race, lorsqu'ils voient les hommes faire des choses aussi stupides que de se précipiter toujours dans les mêmes tunnels vides.

Inutile de poursuivre ce chapitre, si vous appartenez à la noble race des rats, ou si vous êtes un être humain prospère sur tous les plans, qui ne travaille pas et n'a pas l'intention de le faire. Cependant, si vous travaillez, ou si, provisoirement sans emploi, vous envisagez de retravailler, ce chapitre peut vous être utile. Car un emploi ne procure pas toujours le type de fromage qu'un être humain attend. La "vision unique" et l'ignorance constituent deux grands obstacles à sa satisfaction. Le but de ce chapitre est de vous aider à éviter les pièges que recèlent de nombreux emplois. Il vous indique aussi comment parvenir à mieux concilier travail et loisir dans votre vie et comment vous préparer à la retraite dans les meilleures conditions.

---

[3] En anglais, le mot race signifie à la fois "course" et "race". NdT

L'abus de travail est dangereux pour la santé

Savez-vous qui vous êtes ?

Afin de déterminer si vous faites partie ou non des "accros au travail", répondez à une question simple.

Exercice 4-1. Une question simple ?

Réfléchissez quelques instants avant de répondre à la question suivante :
Qui êtes-vous ?

Lorsqu'ils répondent à cette question, la plupart des gens indiquent leur profession, leur nationalité, éventuellement leur religion, leur situation de famille, l'endroit où ils habitent, et leur âge. C'est sur la profession que se focalise

> *Un des premiers symptômes de la dépression nerveuse est de commencer à croire que son travail est terriblement important.*
>
> Bertrand Russel

généralement leur attention. Rares sont ceux qui relient leur identité à des intérêts autres. Ce qui montre que la plupart des gens s'*identifient* à leur travail.

Les cadres d'aujourd'hui s'investissent affectivement et matériellement dans leurs carrières. Ils tirent leur identité de leurs compétences et de leur savoir-faire. D'une façon générale, la culture d'entreprise nous encourage à exister et à nous exprimer en accomplissant des tâches productives pour notre organisation. C'est par notre travail que nous nous définissons. Or il y a une faille sérieuse dans ce raisonnement : si nous sommes ce que nous faisons pour vivre, c'est que nous avons perdu l'essentiel de notre personnalité.

Jusqu'à quel point liez-vous votre identité à votre profession ? Si, par exemple, vous demandez qui il est, à un avocat très investi dans son travail, il vous répondra : "Je suis avocat". Et c'est exactement ce que vous diront tous les autres avocats, parce qu'ils s'identifient en général très fortement à leur fonction. Si votre identité se fonde sur votre travail, vous vous limitez. A moins que vous n'aimiez votre travail au point de vous oublier, celui-ci ne devrait mobiliser qu'une part infime de vous-même.

Oui, cet emploi va incontestablement me permettre d'asseoir mon identité. Si je l'obtiens, je pourrais conserver ma BMW.

Si vous placez toute votre vie dans votre travail, vous courez le risque que celui-ci grignote petit à petit votre personnalité. Vous n'êtes pas ce que vous faites. Votre profession indique seulement le moyen que vous avez choisi de gagner votre vie. Votre identité, c'est ce qui définit votre individualité : l'ensemble des caractéristiques et des qualités qui font de vous un être unique.

Pour découvrir qui vous êtes, regardez dans quelle direction pointent vos choix, vos goûts, vos intérêts. Ne laissez pas le travail donner à lui seul sens à votre vie. Veillez à développer des intérêts et des activités extérieurs à lui, qui ont autant, voire plus, de signification pour vous. L'image que vous aurez de vous-même ne se résumera plus alors à une simple fonction. Ecoutez la voix de votre intuition et non ce que vous dicte la logique de votre organisation ou du conformisme social. C'est dans votre vie personnelle que vous pouvez déployer les qualités qui vous rendent unique. Lorsqu'on vous demande qui vous êtes, votre identité devrait reposer d'abord sur votre personnalité, qui s'exprime de manière privilégiée par les intérêts que vous cultivez pendant vos loisirs.

L'ignorance règne dans les entreprises

Dans le monde actuel, des attitudes et des valeurs périmées, qui sont celles de nombreux cadres, contribuent à perpétuer le surmenage en milieu professionnel. Une situation très préjudiciable à la santé des employés. L'ignorance sévit à tous les niveaux, y compris aux échelons les plus élevés de la hiérarchie. Baignant dans un océan d'ignorance, les "accros au travail" sont non seulement tolérés mais bien considérés. Deux des principales composantes de leur drogue étant l'argent et le pouvoir, ils ont la faveur de nombreux dirigeants.

Dans les services qui comptent de nombreux "intoxiqués", il est habituel de travailler de soixante à quatre-vingts heures par semaine. Il est également de mise d'être constamment débordé et de cumuler les responsabilités. Certains managers puisent même un sentiment d'héroïsme de leur état de surcharge permanente.

> *L'ignorance est indémodable. De bon ton hier, furieusement en vogue aujourd'hui, elle sera la norme de demain.*
>
> Frank Dane

Cette situation a de graves conséquences : les "accros au travail" ne sont pas différents des autres drogués. Toute toxicomanie est l'expression d'une névrose. Les "accros au travail", comme les alcooliques, nient l'existence de leur problème mais ne souffrent pas moins de leur dépendance. Cela s'applique aussi à ceux qui les soutiennent, au mieux ne sont-ils que névrosés.

Pourquoi les entreprises favorisent-elles cette dépendance ? Anne Wilson Schaef se penche sur cette question dans son livre, *When society becomes an addict* (quand la société devient toxicomane). Le comportement toxicomane est aujourd'hui la norme de la société américaine, écrit-elle. Toute la société, à l'instar de maintes organisations, fonctionne comme un toxicomane. Dans son second livre, *The addictive organization* (l'organisation toxicomane), écrit en collaboration avec Diane Fassel, Anne Wilson Schaef examine en détail les raisons pour lesquelles la plupart des grandes organisations sont atteintes par ce phénomène.

C'est pour servir leurs intérêts que les entreprises ont favorisé et encouragé cette situation. Sous le label plus présentable de la "qualité et de l'excellence", la culture d'entreprise a placé ses intérêts au-dessus de tous les autres. L'impératif économique d'expansion et de réussite prime sur la santé physique et morale des individus qui la composent.

> *Il travaillait comme un fou à la campagne pour pouvoir vivre à la ville, où il travaillait comme un fou pour pouvoir vivre à la campagne.*
>
> Don Marquis

Peu importe s'ils doivent lui sacrifier leur bien-être et leur vie privée. Seules comptent la progression et la prospérité de l'entreprise.

Le travail sous pression va de pair avec la volonté d'ac-

croître la productivité. En réalité, rien ne prouve que la productivité en soit accrue. Ce n'est pas parce que les gens travaillent plus longtemps, plus dur et plus vite, et qu'ils sacrifient leurs loisirs, que la production s'en trouve globalement augmentée. On peut même arriver au résultat inverse. A long terme la productivité et l'efficacité seront moindres à cause de la baisse de performance du personnel, victime du stress. Notons au passage que les individus volontaires risquent davantage de succomber au surmenage que les "dilettantes", car la détermination des premiers repose souvent sur le refus de s'écouter.

Des employés qui n'ont plus le temps de réfléchir à ce qu'ils font commettent des erreurs, qui peuvent à terme nuire à la productivité de l'entreprise. Contrairement à ce qu'on croit généralement, travailler vite n'est pas productif. Un rythme accéléré ne laisse aucune place à la réflexion ni à la créativité. Pour être efficace, un travailleur doit pouvoir s'arrêter et prendre du recul, considérer le tableau dans son ensemble et imaginer sa projection dans le temps.

Les retombées négatives de cette hystérie collective qui frappe les entreprises sont considérables. Dans cette frénésie à laquelle ils se soumettent et survivent jour après jour, beaucoup de gens perdent leurs rêves et jusqu'au goût de vivre ! A cause du stress et du surmenage, leur vie familiale et sociale se détériorent. Et ceux que le travail a complètement usés n'ont plus de but, ni même l'énergie de vivre.

L'image du cadre survolté montre une fois de plus que l'histoire se répète. Platon critiquait déjà les gens ignorants et assez téméraires pour sacrifier le loisir à un labeur excessif. Il les mettait en garde contre les pièges de la richesse, du pouvoir, de la renommée et l'abus de divertissements. Le travail ne devait pas devenir le centre de l'existence. Selon lui, les individus qui continuaient de travailler au-delà du minimum nécessaire pour subvenir à leurs besoins, négligeaient des conquêtes plus importantes.

Allez en prison et vous vivrez plus longtemps

Un métier hautement stressant peut vous nuire bien plus que vous ne le pensez. Il peut même affecter votre intelligence. Une étude a conduit des chercheurs à la conclusion suivante : l'exposition à un stress prolongé accélère le vieillissement des cellules du cerveau et affecte l'apprentissage et la mémoire. La mémoire à long terme, en particulier, décline avec le vieillissement cérébral causé par le stress.

Si vous voulez améliorer votre santé et augmenter votre longévité, risquez-vous à cambrioler une banque ou deux, et débrouillez-vous pour vous faire arrêter. La prison serait en effet le meilleur endroit pour fuir le stress. Ainsi, des chercheurs de l'Institut Gustave Roussy de Villejuif ont découvert qu'en France, les prisonniers vivent plus longtemps et présentent moins de maladies (cancer et maladies cardio-vasculaires y compris) que le reste de la population. Plus longtemps ils séjournent en prison, et plus leur taux de mortalité diminue. Pourquoi ? Ce n'est certainement pas grâce à l'alcool, aux cigarettes et autres drogues que beaucoup de prisonniers consomment. Les chercheurs qui ont effectué l'étude pensent que la vie en prison est tout simplement moins stressante que la vie normale.

> *En faisant fidèlement vos huit heures de rang, vous risquez de vous retrouver patron douze heures par jour.*
>
> Robert Frost

Les prisonniers français ont trouvé là quelque chose d'intéressant. Ils ont découvert un moyen d'échapper au travail et d'avoir plus de loisirs. Sachant que cette condition améliore la santé et augmente la longévité, on pourrait être tenté de commettre un délit et de se faire attraper. Mais heureusement, aller en prison n'est pas le seul moyen d'accroître ses loisirs.

"Crazy George" n'est peut-être pas si fou

La plupart des emplois qu'exercent les gens sont routiniers et fatigants. Beaucoup voudraient y échapper mais ne parviennent pas à imaginer d'autre issue. Ils devraient en parler à mon ami George, que l'on surnomme entre nous "Crazy George", bien qu'il soit peut-être un modèle de sagesse pour nous tous. On l'appelle Crazy George parce qu'il est différent. Ainsi, il déteste travailler pour un patron ; il trouve cela dégradant. Il a horreur qu'on lui dise ce qu'il a à faire, quand et comment il doit le faire. Quant aux autres contraintes habituelles du monde du travail, elles ne lui inspirent qu'indifférence et mépris.

Marginal, il vit de petits travaux ici et là. Crazy George est rarement pressé ou bousculé. Cela fait quatorze ans qu'il entame sa troisième année d'apprentissage en maçonnerie. Il faut dire qu'il ne s'éternise jamais plus d'un ou deux mois à un endroit donné. Le temps le plus court qu'il a passé chez un employeur est un record : cinq minutes. Il est aussi "carossier-mécanicien indépendant" à ses heures. Ses revenus se situent souvent au-dessous du seuil de pauvreté, mais comme il ne dépense de l'argent que pour l'essentiel, il a réussi à mettre plus d'argent de côté que beaucoup de cadres moyens.

Autre caractéristique remarquable : à cinquante ans, Crazy George en paraît facilement dix de moins (alors que tant de personnes qui réussissent dans leur travail en paraissent plus de cinquante, à moins de quarante ans). Si George paraît beaucoup plus jeune que son âge, il le doit sans aucun doute à la vie qu'il mène. A l'image des prisonniers français, il n'a pas à affronter le stress auquel la majorité de nos contemporains sont soumis. Il a de plus le privilège d'être libre. S'il continue ainsi, il pourra encore travailler à quatre-vingts ans s'il le faut. Je serais donc tenté de dire que Crazy George n'est pas si *crazy* que cela, je n'en dirais pas autant de ceux qui travaillent comme des "fous".

Le surmenage est dépassé

Dans les années 80, des millions d'Occidentaux ont fait du travail l'axe central de leur existence. Ce déplacement est à l'origine de nombreux désordres émotionnels. La course à la réussite a fait naître chez une multitude de gens un sentiment de vide et de futilité. Les rêves d'hier sont devenus le cauchemar d'aujourd'hui. Beaucoup se rendent compte qu'ils sont esclaves de leur travail et de leurs possessions, et qu'ils se déshumanisent à force de passer cinquante à quatre-vingts heures par semaine à travailler. Pour aggraver le tout, leur santé est menacée par le stress et l'épuisement. Ils payent le prix fort pour s'être enrôlés dans un esclavage volontaire.

> *Je n'ai jamais aimé le travail. Pour moi, c'est une ingérence dans ma vie privée.*
>
> Danny McGoorty

Heureusement, il semble que les temps changent. Depuis le tournant des années 90, nous sommes de plus en plus nombreux à considérer le travail autrement. Ainsi, aux Etats-Unis, pour la première fois depuis quinze ans, une majorité d'actifs déclarent que le loisir - et non plus le travail - est leur valeur essentielle. A la question : "Quelle est la chose la plus importante pour vous ?" 41 % des personnes interrogées par l'Institut Roper répondent : les loisirs, tandis que seulement 36 % optent pour le travail. Ces chiffres marquent un changement significatif. En 1985, le travail devançait les loisirs pour 46 % des gens, contre 33 % qui privilégiaient les loisirs.

Plusieurs études suggèrent qu'un nombre croissant d'Américains aspirent à une vie plus calme et posée. Ceux qui ont survécu au stress et à l'épuisement quittent les grandes entreprises en masse. La décennie 90 semble marquée par la volonté de rompre le rythme démentiel du travail, que ce soit en le quittant purement et simplement, ou en le réaménageant de manière à concilier vies professionnelle et

> *Les Américains sont devenus si tendus et si nerveux, que cela fait des années que je n'ai vu personne roupiller pendant la messe. Moi qui n'ai jamais aimé le travail, je trouve cela bien triste.*
>
> Norman Vincent Peale

privée. Plusieurs quotidiens déclarent le surmenage dépassé. Le loisir est une valeur en hausse et le temps libre le nouveau signe de réussite des années 90.

Certains employeurs ont même ouvert les yeux et se sont aperçu que la qualité des loisirs de leurs employés contribuait à la santé de l'entreprise. Ces dirigeants découvrent que des travailleurs en bonne santé sont plus heureux et plus productifs. Si l'on considère que 80 % des maladies sont imputables, de près ou de loin, au mode de vie, on ne s'étonnera pas que les entreprises s'intéressent à la santé et au moral de leur personnel et qu'elles cherchent même à les améliorer en favorisant les loisirs. Les gains en termes de dynamisme, de motivation mais aussi d'image de marque sont loin d'être négligeables. Plusieurs groupes importants ont adopté des programmes de formation visant à promouvoir le bien-être et l'équilibre de leurs employés.

> *Personnellement, je n'ai rien contre le travail, surtout lorsqu'il est fait calmement et discrètement par quelqu'un d'autre.*
>
> Barbara Ehrenreich

Dans l'avenir, les organisations n'auront plus le choix. Les salariés exigeront une meilleure répartition entre travail et loisirs. Contrairement aux enfants du *baby boom*, les recrues d'aujourd'hui seront moins enclines à se surmener au nom de l'argent, de la sécurité, du prestige et de l'avancement. Elles ont une attitude nouvelle vis-à-vis du travail et de la vie en général. Au milieu des années 90, des magazines tels que *Fortune* rapportent que les "générations X" se préoccupent davantage d'établir un bon rapport entre qualité de vie et satisfaction au travail d'une part et salaire d'autre part. En avril 96, *USA Today* a révélé que 55 % des *baby boomers* trouvent leur mode d'expression à travers le travail - chiffre à comparer avec les 46 % des générations X. Tandis que les 20-30 ans pensent que les loisirs, le style de vie et la famille sont des valeurs au moins aussi importantes que le travail. Personnellement, je suis heureux de cette évolution. La génération actuelle affiche des valeurs plus saines que les *baby boomers*...

Augmenter les loisirs pour réduire le chômage

A long terme, le fait qu'un nombre croissant de gens privilégient l'équilibre et la qualité de vie, ne bénéficie pas seulement à ceux qui vivent ainsi plus détendus, mais aussi à ceux qui ont "trop de temps libre" et pas assez de travail. En 1996, une étude effectuée par Robert Half International a montré qu'aux Etats-Unis, de plus en plus d'hommes et de femmes seraient prêts à réduire plus fortement qu'auparavant leur temps de travail et leur salaire pour se consacrer davantage à leur famille. Presque deux tiers des travailleurs accepteraient une réduction de leur temps de travail et de leur salaire de 21 % en moyenne, contre 13 % en 1989.

La réduction du temps de travail et des revenus d'un nombre croissant de salariés ouvre des perspectives aux sans-emploi. Dans un article du magazine *Western Living*, l'économiste Frank Reid, de l'université de Toronto, déclare que 500 000 emplois nouveaux pourraient être créés au Canada en laissant ceux qui le souhaitent réduire leur temps de travail et en redistribuant les heures libérées aux sans-emploi. (On peut appliquer les mêmes calculs à d'autres pays ; ainsi, aux Etats-Unis, cela équivaudrait à créer plusieurs millions d'emplois).

> *Nous nous préparons toujours à vivre, mais nous ne vivons pas réellement.*
>
> Ralph Waldo Emerson

Malheureusement, l'adoption d'une nouvelle organisation du travail, qui permettrait de diminuer le taux de chômage, se heurte à la rigidité des entreprises et de la société. Souhaitons que ces barrières soient bientôt levées, dans l'intérêt des chômeurs comme des travailleurs.

La clé des hautes performances : travailler moins et s'amuser plus

Lire un roman policier, jardiner, ou simplement rêvasser allongé dans un hamac, sont autant de moyens d'accroître votre productivité. Si vous voulez être très performant dans votre travail, détendez-vous. Accorder une large place aux loisirs dans votre vie enrichira votre capital - je parle de votre capital intellectuel. Et à long terme, vous augmenterez probablement aussi votre capital financier.

Avoir plusieurs hobbies présente beaucoup d'avantages : ceux-ci nous aident à être plus inventifs dans notre travail. Pendant que nous nous consacrons à ces activités récréatives, notre esprit se repose des soucis d'ordre professionnel pour se concentrer sur autre chose. Il est ensuite plus alerte et dispos quand il s'agit de contribuer à l'innovation dans l'entreprise. Les idées géniales jaillissent généralement quand l'esprit est au repos, ou lorsqu'il vagabonde.

La vie de nombreux travailleurs souffre de déséquilibre. C'est particulièrement vrai dans les grandes entreprises où les cadres travaillent largement plus que la durée légale. Les gens qui accumulent les heures supplémentaires sont en réalité des "accros au travail". Ces perfectionnistes se comportent de manière obsessionnelle et compulsive, mais en règle générale ne sont pas très performants. Le tableau ci-dessous résume les différences qui distinguent "l'accro au travail" du travailleur hautement performant.

L'accro au travail	**Le travailleur hautement performant**
✓ fait beaucoup d'heures supplémentaires ;	✓ travaille un nombre d'heures normal ;
✓ n'a pas d'objectifs bien définis et travaille parce qu'il ne supporte pas de rester inactif ;	✓ a des objectifs bien définis et travaille en fonction d'un projet personnel ;
✓ ne sait pas déléguer ;	✓ délègue autant que possible;
✓ n'a pas d'intérêts en dehors de son métier ;	✓ a beaucoup d'intérêts en dehors de son métier ;
✓ prend peu de vacances ;	✓ prend des vacances et les apprécie ;
✓ noue des amitiés superficielles dans le cadre de sa profession ;	✓ noue des amitiés profondes en dehors du cadre professionnel ;
✓ ne parle que de travail ;	✓ évite de s'étendre sur son travail ;
✓ est toujours occupé à faire quelque chose ;	✓ aime aussi la paresse ;
✓ trouve la vie difficile.	✓ trouve que la vie est une fête.

L'abus de travail est dangereux pour la santé

Les "accros au travail" accumulent les heures supplémentaires et se privent de leurs loisirs. Le fait qu'ils fournissent une telle quantité de travail pour un résultat relativement médiocre laisserait penser qu'ils sont incompétents. En fait, beaucoup terminent leur carrière en se faisant licencier. Le travail devient pour certains une "drogue dure". Si ses effets ne sont pas combattus à temps, ils peuvent déboucher sur des désordres physiques et mentaux. D'après Barbara Killinger, auteur du livre : *Workaholics[4] : The respectable addicts* (les "accros au travail" : des drogués respectables), ce sont des infirmes émotionnels. Leur obsession les conduit à souffrir d'ulcères, d'insomnies, de problèmes de dos, de dépression, d'infarctus, et dans bien des cas les mène à une mort prématurée.

Tandis que les travailleurs hautement performants profitent à la fois de leur travail et de leurs loisirs. Ils travaillent de ce fait plus efficacement et sont capables de donner un coup de collier quand c'est nécessaire. Mais ils ne dédaignent pas non plus s'adonner à la paresse, sans vergogne même, quand

> *Travailler dur est le meilleur investissement qui soit... pour le futur mari de votre veuve.*
>
> Un sage anonyme

leur travail devient routinier. Pour eux, la réussite ne se cantonne pas au domaine professionnel et ne se conçoit pas sans une vie équilibrée. Autrement dit le travail les sert et non l'inverse. Si l'on observe les recommandations des conseils en carrière, un style de vie équilibré suppose de satisfaire six catégories de besoins : intellectuel, physique, affectif, social, spirituel et matériel.

Figure 4-1 . Equilibrez la roue de votre vie

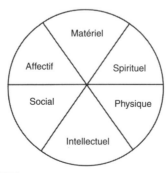

---

[4] Le mot *workaholics* est dérivé des mots *work* : travail et *alcoholics* : alcooliques. NdT.

Dans la mesure où de nombreux employeurs semblent penser que la sécurité, le salaire et les points de retraite, sont les seuls moyens de motiver le personnel, votre travail satisfera éventuellement vos besoins dans les domaines matériel et social. Autrement dit, c'est à l'extérieur du travail que les autres besoins devront trouver satisfaction.

Les "accros" aux loisirs sont plus heureux

En travaillant avec zèle (enfin, plus ou moins selon les jours), pendant quarante ans et plus, beaucoup de gens espèrent qu'un jour ils vont récupérer leur mise sous la forme de quinze à vingt années de loisirs fructueux. Mais lorsqu'ils atteignent enfin l'âge de la retraite, beaucoup ne sont pas préparés aux loisirs pour les avoir peu pratiqués au cours de leur vie active. Comme en général les gens ne changent pas à moins d'y être forcés, ils attendent que la retraite devienne pour eux une réalité et tentent alors désespérément de s'ajuster. Pour les personnes non préparées, cette adaptation à des conditions si radicalement nouvelles se révèle souvent très difficile. C'est alors qu'on est encore actif qu'il faut commencer à diversifier ses intérêts et se familiariser avec les loisirs. Ainsi l'adaptation est progressive et nettement plus facile. La lettre qui suit va tout à fait dans ce sens :

Cher Monsieur,

*Je viens de terminer votre merveilleux livre, **L'art de ne pas travailler**.*

J'étais une "droguée" du travail de vingt-quatre ans, et je tenais à vous dire simplement que, grâce à vous, je vois aujourd'hui la vie d'un œil différent. Je me félicite d'avoir lu votre livre si jeune et de pouvoir commencer "à vivre" maintenant !

Merci.

Carrie Ollitac

Cette lettre est une des plus courtes que j'aie reçues ; son message n'en est pas moins percutant. L'entreprise encourage ses employés à "se défoncer" dans leur travail aux dépens de leur équilibre. Elle favorise aussi le conformisme et la vision unique sur laquelle repose sa vocation commerciale. Et si elle encourage les activités "récréatives", elle privilégie celles qui sont liées au travail ou celles qui rendront ses employés plus performants. En résumé, dans la plupart des cas, les candidats qui alignent de nombreuses activités "extra-professionnelles" au bas de leur CV ne l'intéressent pas.

De plus beaucoup d'Occidentaux s'adonnent à des loisirs de qualité médiocre, qui visent essentiellement à décompresser après une journée trépidante. Un bon nombre de ces activités ne sont d'ailleurs pas reposantes, elles auraient plutôt tendance à augmenter le stress au lieu de le réduire.

Il est dans votre intérêt, surtout si vous voulez goûter un jour une vie de loisirs, de cultiver de nombreux hobbies sans rapport avec votre profession. Ne gardez pas vos projets de loisirs "en réserve" pour le temps où vous n'aurez plus à travailler. Une vie équilibrée implique de s'accorder des loisirs tout au long de celle-ci. Si vous devez être "accro" à quelque chose, autant choisir les loisirs, c'est plus exaltant...

Non seulement vous vous amuserez davantage, mais vous serez mieux préparé à un éventuel chômage. De plus, profiter de vos loisirs vous rend plus détendu au travail... mais aussi le jour où celui-ci vous lâche. Les "conseils en retraite" encouragent leurs clients à préparer et planifier leur retraite dès trente-cinq ans, voire même plus tôt. Car il est beaucoup plus facile de découvrir et de cultiver de nouveaux intérêts *avant* le départ en retraite qu'après.

Helen Thomas, responsable des relations avec la presse internationale à la Maison Blanche, rapporte que de tous les présidents qu'elle a connus - Johnson, Nixon, Carter et Reagan - seul Jimmy Carter a bien vécu son départ à la retraite, parce qu'il ne s'identifiait pas à sa fonction et n'avait pas un besoin perpétuel de reconnaissance. Carter se partageait entre de nombreuses passions, parmi lesquelles l'écriture, l'ébénisterie, le design de mobilier, passions auxquelles il s'adonne activement depuis qu'il a quitté la Maison Blanche.

L'art de ne pas travailler

Figure 4-2 . La vie d'un "accro au travail", avant et après

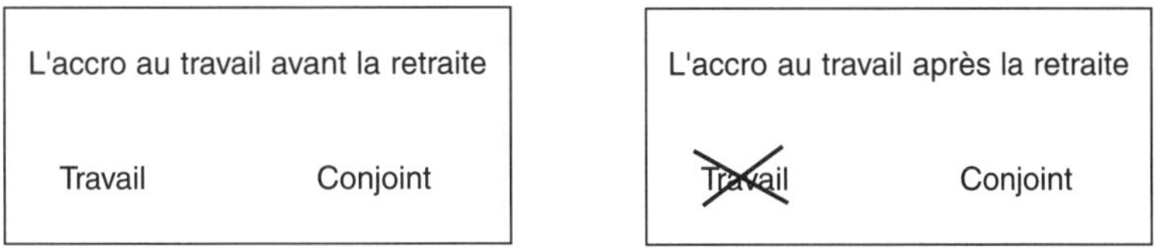

Figure 4-3 . La vie d'un "accro aux loisirs", avant et après

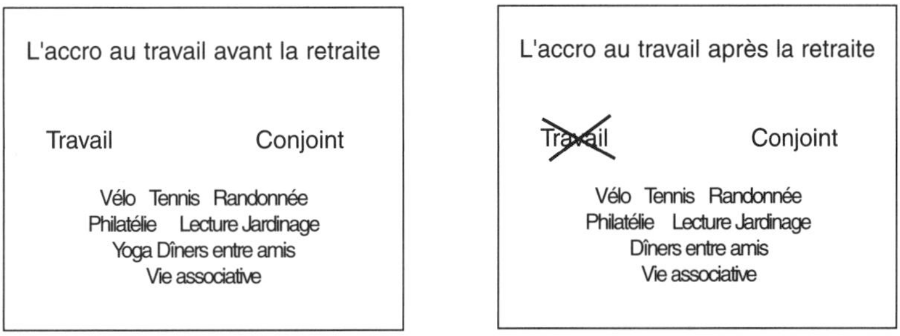

La figure 4-2 illustre l'effet que cela fait de perdre son travail lorsqu'il n'y a rien d'autre dans votre vie que l'être avec qui vous la partagez et sur lequel doit se reporter tout votre intérêt. Tandis que la figure 4-3 illustre l'effet que produit la perte de son emploi quand on a de nombreux centres d'intérêt. Si vous êtes accro aux loisirs, nous n'avez pas à compter sur votre seul(e) compagnon (compagne) pour remplir votre vie, vous avez même l'embarras du choix pour occuper votre temps libre !

Plus l'éventail de vos loisirs est large et diversifié, moins vous risquez de vous ennuyer. C'est pourquoi il importe de développer de nombreux hobbies tant que vous travaillez encore. Un seul pôle d'intérêt, comme le cinéma ou la pêche, ne suffira pas à remplir vos journées. Mieux vaut combiner des loisirs aussi variés que possible, tels que l'écriture, la randonnée, les voyages entre amis, ou des cours pour adultes sans relation avec votre profession. Ces activités doivent également vous procurer un but et un sentiment d'accomplissement.

L'abus de travail est dangereux pour la santé

Les loisirs devraient consister en l'immersion calme et enthousiaste dans des activités recherchées pour elles-mêmes et déconnectées du travail. Comparés aux Américains, les Européens semblent avoir une meilleure approche des loisirs. Aux Etats-Unis, la profession semble diriger la vie des individus, jusque dans leurs loisirs. Les Américains ont une tradition fondée sur les valeurs du travail ; le temps

C'est la première fois que je te vois sourire depuis trois semaines que nous sommes partis.

C'est que je pense à mon retour au bureau, quand je vais raconter à mes collègues les vacances sensationnelles que j'ai passées, même si ce n'est pas vrai.

libre n'est pour eux qu'un moment de répit et d'évasion, pendant lequel on recharge ses batteries avant de se remettre au travail. Tandis qu'en Europe, il est fait pour les loisirs, au lieu d'être subordonné au travail. On part plus en vacances pour prendre du bon temps que pour "recharger ses batteries". Cette recherche de qualité est l'héritage d'une classe oisive et fortunée dont l'art de vivre est une tradition longue de plusieurs siècles.

Si vous voulez réellement profiter de vos loisirs, préférez des activités calmes plutôt que celles qui impliquent une nouvelle forme de compétition. Certaines personnes envisagent leurs loisirs de façon telle que ceux-ci s'avèrent plus stressants encore que le travail. Aux Etats-Unis, les vacances typiques se déroulent suivant un calendrier aussi serré qu'un agenda professionnel, qu'il s'agisse de cures de thalassothérapie ou de retraites dans un ashram, qui laissent peu de place à l'improvisation, ou de semaines de ski dans les Rocheuses ou dans les Alpes, si remplies d'activités qu'il est pratiquement impossible de se détendre. De plus, comme s'ils n'avaient pas leur dose de stress, beaucoup de vacanciers restent en contact régulier avec leur bureau. Dans ces conditions, il n'est pas vraiment étonnant que deux chercheurs, Holmes et Rahe, auteurs d'une échelle permettant de mesurer la "vitesse de réadaptation sociale", notent que les grandes vacances sont généralement perçues comme une période plus stressante que les fêtes de Noël (malgré l'agitation qui précède ces dernières). Les vacances seraient beau-

> *Peu de femmes, et encore moins d'hommes, ont assez de caractère pour ne rien faire.*
>
> E.V. Lucas

coup plus reposantes, si on les consacrait à la lecture, à faire mieux connaissance avec ses voisins, ou à écrire un roman juste pour s'amuser, et constitueraient également un bon moyen d'anticiper la retraite.

Dans le club de tennis que je fréquente, beaucoup font de ce sport un loisir compétitif. Si je joue au tennis, c'est pour me maintenir en forme et m'amuser, tandis que d'autres joueurs se montrent d'aussi féroces adversaires sur les courts que dans l'arène professionnelle. Leur visage affiche un degré de sérieux habituellement réservé aux funérailles ou à la lutte armée. Ils sont capables de tout pour gagner, de choisir les partenaires les plus forts et les adversaires les plus faibles, même de tricher. Et s'ils perdent quand même, ils dissimuleront leur défaite à leurs amis. Manifestement, ces gens-là ne tirent aucun plaisir de leurs moments de "détente" ; ils ont à mon avis un sérieux problème.

De l'intérêt de devenir "expert" en loisirs

Elisabeth Custer, qui rédige des articles pour le magazine *Glamour*, m'a appelé pour me demander mon avis au sujet d'une enquête réalisée auprès des lecteurs ; enquête qui révélait que la plupart se sentent plus fatigués le dimanche que le vendredi. Surpris moi-même de ce résultat, je dus réfléchir avant de pouvoir lui proposer une explication.

La réponse est à chercher une fois encore dans la morale du travail, et plus encore en Amérique, dans la morale protestante du travail. Un être qui arriverait d'une autre planète penserait que les humains souffrent d'une grave anomalie mentale pour utiliser leur temps libre comme ils le font. A cause de la morale du travail, beaucoup de gens se sentent anxieux ou coupables dès qu'ils cèdent à la tentation de se relaxer. Sentiments qu'ils chassent en s'activant de plus belle. Ils consacrent donc leurs week-ends à de multiples corvées domestiques ou vaquent à leurs affaires personnelles : courses, entretien des enfants, de la maison, bricolage, tonte de la pelouse... Les innombrables occupations du week-end

s'ajoutent à la semaine épuisante de travail. En raison des contraintes qu'ils s'imposent, beaucoup négligent des besoins fondamentaux tels que manger et dormir. Il n'est donc pas surprenant qu'ils se sentent plus fatigués le dimanche que le vendredi.

Organiser ses loisirs serait soi-disant chose facile. Rien n'est moins vrai. La société nous conditionne au contraire à travailler dur et à nous sentir coupables de nous distraire. Si bien qu'un grand nombre de gens redoutent d'avoir du temps libre. Certains sociologues pensent même que la plupart des Occidentaux ne souhaitent pas plus de loisirs et qu'ils ne trouvent de sens et de satisfaction que lorsqu'ils "font quelque chose".

En fait, utiliser sagement ses loisirs demande de la discipline et un certain état d'esprit. Pour devenir "expert" en ce domaine, il faut savoir s'arrêter pour sentir le parfum d'une rose ou admirer un paysage. Les loisirs devraient être bien plus qu'un répit avant de reprendre le boulot. Ils devraient comprendre des plaisirs aussi variés que la conversation, le sport, l'amour, le sexe, le contact avec la nature... Le vrai loisir, c'est tout ce que l'on fait par pur plaisir, et non dans le but d'améliorer ses performances.

Si pratiquer une activité "pour le plaisir" ne vous évoque rien, c'est que vous travaillez trop et que vous ne vous accordez pas suffisamment de temps pour mieux vous connaître. Il n'est jamais trop tard pour découvrir un nouvel intérêt, apprendre un sport ou un art, développer un don particulier. Connaître la joie de ne pas travailler peut s'avérer utile à divers moments de la vie professionnelle.

Quatre bonnes raisons de devenir un "expert" en loisirs

✓ Si vous vous rendez à un entretien d'embauche anxieux de trouver du travail, votre nervosité n'échappera pas au recruteur. Avoir expérimenté la joie de ne pas travailler vous place dans de bien meilleures dispositions pour rechercher un emploi. Si vous abordez cet entretien sereinement, votre attitude positive ne manquera pas de transparaître dans vos propos. Et vos chances seront bien plus grandes.

✓ Avec le taux de chômage élevé que nous connaissons, beaucoup de gens devront traverser des périodes d'in-

L'art de ne pas travailler

activité de plus en plus fréquentes et de plus en plus longues. Il paraît donc assez raisonnable de se préparer à vivre le plus agréablement possible cette oisiveté forcée.

✓ Si vous fondez votre identité sur votre travail et que vous le perdez, c'est vous-même que vous perdez ; tandis que si elle repose sur vos propres ressources, elle sera au contraire préservée.

✓ Enfin, lorsque vous aurez retrouvé un emploi, vous aurez moins peur de le perdre si vous connaissez la joie de ne pas travailler. Vous serez capable de jouir de la vie quelle que soit votre situation.

Pour profiter de vos moments de détente, mieux vaut opter pour des loisirs non conventionnels. Ne faites pas comme ces "jeunes loups" qui se montrent encore plus âpres sur le terrain des loisirs que dans l'arène professionnelle. Inutile de dire qu'ils passent complètement à côté des loisirs et qu'ils n'en tirent aucun repos. Prenez plutôt des vacances à la maison et coupez tout contact avec votre travail.

> *La première moitié de la vie consiste à avoir l'art de s'amuser sans en avoir le loisir ; la seconde à avoir le loisir de s'amuser sans en avoir l'art.*
>
> Mark Twain

Offrez-vous de temps à autre le caprice d'un jour de congé, pour introduire un peu d'imprévu dans votre vie. Entre deux boulots, partez en vacances pour un mois ou deux. L'objectif est d'être aussi tranquille et "relax" que possible. Vous serez ainsi plus détendu pour reprendre le travail et mieux préparé pour faire face à la retraite.

Beaucoup de futurologues pensent que le travail tel que nous l'avons connu depuis la révolution industrielle est en voie de disparition. L'avènement de la robotique et de l'informatique entraîne une réduction drastique des besoins en main-d'œuvre. L'avenir nous commande de devenir "expert" en loisirs.

Si votre employeur oublie de vous licencier, faites-le à sa place

Certains emplois menacent gravement l'équilibre familial car ils exigent une mobilisation constante, qui ne laisse aucune place à la vie privée. Cette situation se traduit généralement par un conjoint malheureux, des enfants en rébellion, une vie sociale quasiment absente, et... un sentiment d'accablement. Si tout ce que vous rapporte votre travail, c'est de vous retrouver aux commandes du *Titanic*, alors il est grand temps de changer de vie.

> *Certes il est bon d'avoir de l'argent et les choses qu'il permet d'acheter. Mais il est bon aussi, une fois de temps en temps, de vérifier qu'on n'a pas perdu en route les choses qu'il ne permet pas d'acheter.*
>
> George Horace Lorimer

Les signes suivants sont autant de sonnettes d'alarme :

- ✓ Vous prenez plus que votre part de jours de repos pour cause de migraines, tension nerveuse, et autres maux imputables au stress.
- ✓ Vous allez au travail "à reculons" presque tous les matins.
- ✓ Vous courez la campagne par -15°, alors que vous exercez un travail de bureau.
- ✓ Vous n'aimez tout simplement pas ce travail, parce qu'il ne vous permet pas d'exprimer votre créativité.
- ✓ Pour vous, l'intérêt principal de votre travail, c'est de fournir encore quinze ans d'activité avant de percevoir une retraite confortable.
- ✓ Vous passez la première heure de travail à lire les colonnes les plus austères de votre journal.
- ✓ Vous êtes marié à votre profession, qui ne laisse aucune place à la détente.
- ✓ Vous n'arrivez pas à vous rappeler la dernière fois que votre travail vous a paru excitant.
- ✓ Vous avez du mal à justifier votre mode de vie.
- ✓ Votre travail vous mine à cause des problèmes de stress et d'insomnie qu'il entraîne, sans vous laisser le

L'art de ne pas travailler

temps de récupérer.

✓ Vous passez plus de la moitié de vos journées de travail à rêvasser.

✓ Vous essayez, sans succès, de vous convaincre et de convaincre les autres que votre travail est passionnant.

✓ Vous ne faites rien d'autre que suivre le mouvement.

✓ Vous avez du mal à vous concentrer et à produire de nouvelles idées ou solutions dans la conduite de vos projets.

✓ Vous volez votre employeur et tentez de vous justifier.

✓ Ce qui rendait votre travail acceptable hier, vous met en colère aujourd'hui.

✓ Lorsque vous pensez à votre bureau, cela vous déprime.

✓ Vous ne parvenez plus à vous impliquer dans votre travail.

✓ Vous regrettez votre vie d'étudiant, alors qu'à l'époque vous n'étiez pas particulièrement heureux.

✓ Dès 17 h 00 le dimanche, vous vous sentez stressé à l'idée de reprendre le travail le lendemain.

✓ Vous ne trouvez rien de positif à dire au sujet de votre entreprise, bien qu'elle ait été classée parmi les cent plus performantes.

Nous tendons tous à nous accommoder de nos conditions d'existence, aussi peu satisfaisantes qu'elles soient (après tout, la névrose prend de multiples formes). Et professionnellement, nous finissons par nous contenter de carrières qui ne mènent nulle part, d'un métier que nous n'aimons pas, et d'employeurs qui nous traitent mal. Sans parler des tâches fastidieuses dont nous nous acquittons parfois. Une enquête Louis Harris révèle qu'en Amérique, 40 % des gens s'ennuient à mourir dans leur travail. Mais ils hésitent à changer par peur de l'inconnu. C'est ce qui m'est arrivé lorsque je travaillais comme ingénieur. J'ai

> *Il doit y avoir quelque chose qui cloche avec ma vie : je n'arrive pas à voir l'intérêt d'aller travailler.*
>
> Teddy Bergeron

reculé le moment de partir, jusqu'à ce qu'on me vire. Rétrospectivement, je m'aperçois que j'ai inconsciemment "chaussé" le pied qui m'a fichu dehors.

Le jour où votre travail cesse de répondre à vos attentes et ne suscite plus en vous aucun enthousiasme, il faut songer à le quitter. Si votre employeur oublie de vous licencier, faites-le à sa place. Même si, dans l'ensemble, vous aimez votre profession, si elle vous prend plus de cinquante heures par semaine et que vous souffrez de ce déséquilibre, il est temps d'agir. Si votre conjoint ne vous connaît plus, si vos enfants flirtent avec la drogue, si vous vous sentez malheureux, pourquoi ne pas essayer de changer de vie ? Je n'ai qu'un seul conseil, **démissionnez!** Oubliez les mauvaises excuses : je ne peux pas quitter mon job, parce que c'est la sécurité, parce que je dois rembourser le crédit de ma villa, parce que je veux que mes enfants puissent faire des études... et tous les prétextes habituels. N'attendez pas le "bon moment" pour partir, faites-le maintenant. Car il n'y a jamais de "bon moment" ; l'attendre n'est qu'une autre excuse pour différer votre décision.

Peu importe ce que vous gagnez, vous ne pourrez jamais récupérer les quarante heures et plus que vous perdez dans un travail qui vous épuise. Tout le plaisir que vous prendrez pendant votre retraite ne rachètera jamais celui que vous avez perdu en restant dans un emploi que vous détestez. Demandez-vous simplement : "A quoi bon gagner de l'argent, si je dois y laisser ma santé ?". Combien de personnes fortunées ont oublié de se la poser !

Beaucoup de gens restent dans la même entreprise jusqu'à la retraite, alors qu'ils n'aiment ni leur travail ni leur entreprise, parce qu'ils ne veulent pas renoncer à un bon salaire. D'autres, comme deux enseignants que je connais, détestent ce qu'ils font, mais ne changeront pas de voie pour ne pas perdre des conditions de retraite avantageuses. Non seulement ils ne donnent pas le meilleur d'eux-mêmes, mais ils risquent d'épuiser leurs forces bien avant l'âge de la retraite et de ne jamais en récolter les bénéfices.

> *Tous les travaux rémunérés absorbent et amoindrissent l'esprit.*
>
> Aristote

L'art de ne pas travailler

Autrement dit, si vous travaillez pour l'argent, vous devenez prisonnier du système. Ne laissez pas l'idéal social de sécurité matérielle vous dicter votre vie. Plus vous perdrez de temps dans un boulot que vous haïssez dans le seul but de gagner de l'argent, moins vous profiterez de l'existence. Et, aussi paradoxal que cela puisse paraître, moins vous gagnerez d'argent. On croit généralement que le fait d'assurer sa sécurité matérielle permet de satisfaire ensuite tous ses autres besoins. Or c'est généralement l'inverse qui se produit. Beaucoup d'études ont montré que ce sont les gens qui font ce qu'ils aiment qui deviennent les plus prospères. Il est essentiel de pouvoir évoluer dans sa profession, de faire quelque chose que l'on aime et d'exploiter ce qu'on sait faire le mieux. C'est là que de nouveau la notion d'attitude intervient. Si vous appréciez votre travail, vous aurez beaucoup plus de chances d'attirer à vous suffisamment d'argent pour jouir de la vie.

> *Le travail est la chose la plus précieuse au monde, c'est pourquoi il faudrait toujours en garder pour demain.*
>
> Don Herold

Quitter un emploi n'est pas impossible, c'est seulement difficile. Ne vous faites pas le tort de penser qu'une chose est impossible alors qu'elle est seulement difficile ; si vous êtes déterminé, rien ne vous empêche de sauter le pas. Certes, il y a un prix à payer, mais vous verrez qu'à terme, vous ne le regretterez pas. Faites plaisir à votre femme, faites plaisir à vos enfants, faites plaisir à votre entreprise, et faites-vous plaisir. Et si vous êtes enseignant et que vous détestez votre travail, faites plaisir à la société en démissionnant, car votre place n'est pas dans une salle de classe.

Si l'idée de quitter votre travail vous effleure, posez-vous la question : "Au pire, qu'est-ce que je risque si je démissionne ?" Une fois que vous aurez fait le tour de toutes les catastrophes qui peuvent arriver, demandez-vous : "Et après ?" Si le pire des risques n'est pas la mort ou la maladie, qu'importe. Il faut relativiser les choses et les voir sous l'angle positif plutôt que négatif ; toute votre vie en sera transformée. D'abord, vous êtes vivant et en bonne santé. Songez maintenant à toutes les opportunités qui s'offrent à vous. Que vous viviez dans n'importe quel pays développé, même sans

emploi, vous avez un choix infiniment plus grand que des millions de gens sur la planète. Quant à se soucier de la sécurité, ce n'est pas en vous accrochant à un travail qui vous déplaît que vous la trouverez. Compter sur ses capacités personnelles et son inventivité pour subvenir à ses besoins est le meilleur gage de sécurité matérielle qui soit.

Pensez à tout ce que vous pourrez entreprendre entre le travail que vous quitterez et le suivant. Vous pouvez vendre ce que vous possédez et faire un grand voyage. Que diriez-vous d'aller en Chine, au Brésil ou au Mexique ? Vous pouvez aller en Espagne et peindre. Vous pouvez écrire le livre que vous avez toujours rêvé d'écrire. Vous pouvez dormir tous les jours jusqu'à dix heures. Et bien sûr, quand il sera temps de reprendre le travail, il a toutes les chances d'être plus exaltant que le précédent. A partir du moment où vous démissionnez, pourquoi vous hâteriez-vous de rempiler si vous pouvez l'éviter sans risquer de sérieux problèmes financiers ? Beaucoup de gens expriment un mieux-être dès lors qu'ils quittent le monde du travail. Même ceux dont la situation financière n'est pas florissante, retourneraient avec beaucoup de réticence à leur ancienne occupation.

Comme toutes les choses qui valent la peine, quitter son travail comporte un risque. Par ailleurs, avec la vogue actuelle des fusions

> *Arrêtez-vous de temps en temps, ou rien d'intéressant ne parviendra jamais à vous rattraper*
>
> Doug King

et regroupements d'entreprises, la probabilité de vous retrouver licencié à un moment ou à un autre, augmente de jour en jour. (Si l'on vous donne une secrétaire incompétente, c'est imminent !) En choisissant de partir volontairement, vous vous donnez les moyens de gérer la perte de votre emploi. Et vous serez mieux armé si les circonstances vous imposent plus tard un licenciement.

Avant que je ne commence à remettre à jour cette édition, plusieurs lecteurs m'ont écrit pour m'annoncer leur satisfaction d'avoir quitté leur emploi après avoir lu *L'art de ne pas travailler*. Certains ont trouvé dans ce qui précède le petit coup de pouce qui leur manquait pour sauter le pas, tel ce lecteur londonien, Bernard, dont voici la lettre.

L'art de ne pas travailler

Cher Ernie,

*Je viens de terminer votre livre le **L'art de ne pas travailler**. Grâce à lui, je vois la vie autrement. J'ai toujours cru
que je résoudrais mes problèmes en bossant le plus possible.
Tout ce que j'ai réussi à faire, c'est à m'en créer davantage et à
me compliquer l'existence. Vous m'avez donné le courage de
quitter mon travail (j'étais conseiller fiscal). Aujourd'hui, je me
sens redevenir un être humain.*

*C'est vrai. Ce matin, je suis arrivé au bureau et je leur ai
dit : "Je vous quitte, parce que ma femme, mes enfants, et ma
santé sont plus importants à mes yeux". Je recherchais la sécurité en me tuant au travail, mais j'ai compris que ce n'est pas
la solution. Il y a tant de choses que j'ai rêvé de faire en me
disant que je n'y arriverais pas. Par exemple, j'adore lire, et j'ai
toujours senti que l'écriture serait un prolongement naturel de
ma personnalité. Si un jour vous avez le temps de me répondre,
j'aimerais bien savoir comment vous êtes venu à l'écriture.
Sachez que moi aussi, j'ai échoué en première année de lettres...*

D'avance merci.

Bernard

Le plus grand risque, c'est parfois de *ne pas* quitter son
travail, comme c'était apparemment le cas pour Bernard. Il
m'a écrit deux fois depuis sa première lettre. Aux dernières
nouvelles, tout allait bien pour lui. Si l'on ne prend pas le
risque de vivre, quel risque peut-on prendre ? Continuer
machinalement à travailler, c'est passer huit à dix heures par
jour sans surprises et sans joie. Mais lorsqu'un travail commence à vous miner moralement et physiquement, il est
temps de le quitter, que vous ayez ou non un autre emploi. Il
y a des sacrifices qu'aucun travail ne mérite. A commencer
par celui de votre dignité et de votre valeur. Si votre liberté
est en jeu, partez immédiatement. Aucun travail ne vaut la
peine qu'on lui sacrifie son épanouissement et sa joie de
vivre.

L'abus de travail est dangereux pour la santé

Avez-vous découvert votre vocation ?

Une des principales sources de satisfaction des gens qui réussissent est le sentiment d'avoir une vocation, voire une *mission* personnelle. Si vous avez du mal à vous lever le matin, c'est probablement que vous ne l'avez pas trouvée. Avoir un objectif important dans l'existence donne une sensation de vivre telle qu'en s'éveillant à une nouvelle journée, on a du mal à contenir son ardeur et son enthousiasme. On a hâte de sauter du lit, qu'il pleuve, qu'il vente, ou qu'il fasse beau dehors.

Si tant de *baby boomers* traversent une crise profonde aux alentours de la quarantaine, c'est qu'ils n'ont jamais écouté leurs aspirations. Dans les années 80, la plupart poursuivaient des carrières ou exerçaient les métiers les plus rémunérateurs possibles, afin de pouvoir se conformer au style de vie excessivement maté-

> *La différence entre ce qu'on aurait pu devenir et ce qu'on est devenu constitue notre plus grande défaite.*
>
> Ashley Montagu

rialiste des *yuppies*. Peut-être ont-ils "réussi" selon leurs critères : atteindre le sommet de la hiérarchie et accumuler toutes sortes de biens matériels. Mais n'est-ce pas souvent au prix de la débâcle de leur couple, d'une démission parentale et d'un niveau intense de stress et de frustration ?

Trouver notre mission, c'est trouver un sens et un but qui nous portent dans la vie. Faute d'avoir découvert leur voie véritable, bien des gens sont malheureux. Certains, tout simplement parce qu'ils ne l'ont pas cherchée ; d'autres, parce qu'ils ne savaient pas comment la trouver.

> *Il ne suffit pas d'être occupé... L'important, c'est ce qui nous occupe.*
>
> Henry David Thoreau

Dès l'instant où nous prenons le temps et la peine de découvrir notre mission et que nous nous y engageons de tout notre être, notre vie devient infiniment plus satisfaisante. Rester sourd à son appel nous expose au contraire à une profonde frustration. Renier ce que nous sommes peut déclencher une véritable tourmente émotionnelle et des somatisations multiples. Ceux qui refoulent leurs désirs et leurs aspi-

rations fuient dans le travail, la télévision, l'alcool ou la drogue pour tenter vainement de faire taire leur souffrance.

> *Toute vocation est grande, pourvu qu'on l'exerce avec grandeur.*
> Oliver Wendell Holmes, Jr.

Une mission est autre chose qu'un but. Un but, tel que devenir PDG d'une entreprise, crée un vide dans l'existence une fois qu'on l'a atteint. Une mission - aider par exemple un talent musical à éclore - répond à un idéal plus profond, qui peut remplir la vie entière.

Chacun peut découvrir sa mission personnelle. Celle-ci peut s'exprimer à travers une carrière ou une vocation, mais elle n'implique pas nécessairement un travail. Elle peut également prendre la forme d'une action bénévole, d'un violon d'Ingres ou de n'importe quelle activité de loisirs. Elle peut combiner différentes facettes de votre personnalité, telles que des intérêts, des relations et des activités importants pour vous.

Le journal *Vancouver Sun* a récemment publié un reportage concernant une religieuse, sœur Beth Ann Dillon, qui exprime sa mission d'une manière originale puisque c'est à travers le basket, son sport favori. Une mission qui, cela va sans dire, consiste à servir Dieu en servant les autres. Elle mène une vie simple et souriante, libérée des contraintes matérielles. Le basket ajoute à sa joie, dit-elle, et l'aide à suivre sa vocation. La passion qu'elle éprouve pour ce sport est aussi ancienne que sa foi. Elle enseigne bénévolement le basket dans un cours élémentaire de jeunes filles. Elle est persuadée que pratiquer un sport peut rapprocher de Dieu.

Dans son livre, *The seven spiritual laws of success* (les sept lois spirituelles du succès), Deepak Chopra indique quelles sont d'après lui les sept lois pour réussir sans effort. La septième loi est celle du "dharma". Le dharma représente à la fois le devoir et le but important de

Parfois, je reste là à méditer sur le but ultime de ma destinée. Mais la plupart du temps, je finis par m'imaginer tout ce que je pourrai faire quand j'aurai gagné le super gros lot.

notre vie, ainsi que nos talents singuliers. Si nous découvrons le sens de notre mission personnelle, le goût de vivre ne nous fera jamais défaut. C'est notre être essentiel qui détermine la nature de ce que nous désirons accomplir et de ce que nous désirons faire de notre vie.

"Faire de l'argent" n'a rien à voir avec une mission personnelle. Avoir une mission ou un but personnel, c'est utiliser notre talent particulier pour participer à l'évolution de l'humanité. Notre vie grandit grâce à la satisfaction et au bonheur que nous en retirons. Exploiter nos talents dans la poursuite de notre mission apporte d'autres bénéfices de surcroît ; l'un d'eux peut être de gagner beaucoup d'argent !

> *Un musicien doit faire de la musique, un artiste doit peindre, un poète doit écrire, s'il veut être en paix avec lui-même.*
>
> Abraham Maslow

Votre mission personnelle est étroitement liée à vos valeurs et à vos intérêts. Mais elle est également déterminée par vos forces et vos faiblesses. Travailler dans le seul but de gagner de l'argent, ou se consacrer à un loisir dans le seul but de tuer le temps, n'a rien à voir avec une mission personnelle. Lorsque vous avez un but qui vous porte dans la vie, vous savez que l'humanité bénéficie de vos efforts. Une mission peut sembler modeste aux yeux des autres. Par exemple, le père d'un ami est gardien d'école. Sa mission consiste à créer l'école la plus propre et la plus accueillante possible pour les élèves et les professeurs. Voici d'autres exemples de mission personnelle :

> *La musique est ma maîtresse, et elle n'a pas de rivale.*
>
> Duke Ellington

- ✓ Améliorer la qualité de l'environnement en combattant la pollution.
- ✓ Collecter des fonds pour venir en aide à des gens en difficulté.
- ✓ Permettre à des enfants de développer un don, comme le chant ou la musique.
- ✓ Ecrire des livres pour enfants qui leur fassent découvrir les merveilles de ce monde.
- ✓ Organiser, dans votre région, le plus beau circuit possible pour des touristes étrangers.

L'art de ne pas travailler

✓ Créer une relation profonde et la maintenir vivante et stimulante.

Votre mission personnelle vous met en étroite relation avec vous-même comme avec le monde qui vous entoure. Prenez le temps de répondre aux questions suivantes, elles ont pour but de vous aider à découvrir la nature de votre mission.

1. Quelles sont vos passions ? Chacune de vos passions est un indice important sur la nature de votre mission person-nelle. Lorsque vous vous adonnez à vos passions, vous en tirez énormé-ment de joie et d'énergie. Ecrivez toutes les choses que vous aimez faire et qui vous plaisent. L'éventail peut être large et comprendre les activités les plus diverses : aller à la pêche, faire de l'équitation, servir les autres, faire des recherches historiques, faire rire les gens, voyager à l'étranger... etc. Accordez une attention particu-lière à ce qui vous tire hors du lit une à deux heures plus tôt que d'habitude.

> *Je n'ai jamais pensé à la réussite. Je me suis contentée de faire ce qui s'offrait à moi, c'est-à-dire la chose qui me faisait le plus plaisir.*
>
> Eleanor Roosevelt

2. Quels sont vos points forts ? Vos points forts permettent de cerner votre personnalité et les domaines où vous aimez canaliser votre énergie. Si vous avez des talents artistiques, vous pourriez être tenté de composer de la musique, de peindre un tableau ou de sculpter une œuvre, selon votre ins-piration. Les points forts soutiennent généralement les pas-sions.

3. Quels sont vos héros ? Réfléchissez un moment et deman-dez-vous quels pourraient être vos modèles. Il peut s'agir de personnages appartenant au présent ou au passé, que vous admirez, ou même vénérez. Des gens, célèbres ou obscurs, qui ont accompli quelque chose de particulier ou de remar-quable. Si l'occasion vous était donnée, quelles seraient parmi vos héros les trois personnes avec lesquelles vous aimeriez dîner ? Qu'ont-elles fait que vous admirez tant ?

Analyser leurs qualités ou leurs actes vous donnera des indications précieuses quant à vos propres aspirations.

Le but de la vie n'est pas d'être heureux ; c'est d'être utile et de vivre dans la dignité et la compassion. C'est cela qui fait qu'on a vécu, et bien vécu.

Ralph Waldo Emerson

4. Qu'aimeriez-vous découvrir ou apprendre ? Qu'est-ce qui stimule votre curiosité. Quels sujets ou quels domaines aimeriez-vous explorer ou approfondir ? Pensez aux cours et aux stages que vous choisiriez si tout d'un coup un oncle richissime et généreux tombait du ciel et vous offrait de financer deux années d'études n'importe où dans le monde.

Répondre à ces questions peut vous mettre sur la voie de votre mission personnelle. Lorsque vous êtes à l'écoute de vos désirs les plus intimes, vous vous reliez à votre mission personnelle. Nul autre que vous ne peut découvrir le but ultime de votre vie.

La sécurité de l'emploi est un leurre

La comédie musicale des années 60 : *How to succeed in business without really trying* (comment réussir dans les affaires sans réellement essayer), une parodie de l'entreprise à l'américaine, fut reprise en mars 1995 à Broadway. Cette comédie suggère que quiconque veut réussir sa carrière doit savoir entrer dans les bonnes grâces de ses supérieurs, intégrer la bonne équipe, et glisser les peaux de bananes sous les bonnes semelles. Il convient aussi de flatter les bonnes personnes. Autre impératif : choisir une entreprise suffisamment importante de façon à ce que jamais quiconque ne sache exactement ce que fait son voisin (une grande administration fait très bien l'affaire). Bien que les notes de service aient peu d'utilité, il faut en lire et en écrire un maximum, afin de faire circuler son nom le plus possible. Le succès dépendra davantage de l'habileté à éviter les risques que d'une réelle compétence ou production.

Cela vous évoque-t-il quelque chose ? Faites-vous partie de ceux qui recherchent avant tout la sécurité de l'emploi au

sein d'une grande entreprise, publique ou privée, en échange de votre loyauté et de votre dévouement ? Peut-être attendez-vous qu'au fil de votre carrière votre employeur reconnaisse votre valeur grâce à votre aptitude à rédiger les notes de services et à vous incliner devant lui. Peut-être espérez-vous aussi vous voir régulièrement promu et récompensé financièrement.

Selon certains conseils en carrière, il faut être fou dans un monde de fous pour entretenir ce genre d'illusions. Or beaucoup de gens, jeunes et moins jeunes, fondent sur elles tous leurs espoirs. Il faut dire que le désir d'un emploi stable à temps plein et la possibilité de gravir les échelons de la hiérarchie étaient jusqu'ici fortement encouragés par la société, par le biais de l'éducation notamment. Mais caresser cette ambition, c'est perdre contact avec la réalité et lui substituer un mirage.

Aujourd'hui, la sécurité de l'emploi, telle qu'on l'a connue, est un leurre. L'environnement du travail a tellement changé ces dernières années, qu'un emploi stable fait presque figure aujourd'hui de dinosaure. Ceux qui entretiennent encore ce genre de fantasmes ne peuvent s'en prendre qu'à eux-mêmes. Le temps où l'on restait au sein de la même entreprise du début à la fin de sa carrière est révolu et n'est pas près de revenir...

Ne faites pas comme tant de gens aujourd'hui qui attendent de l'entreprise qu'elle incarne un lieu de stabilité et de sécurité sur lequel s'appuyer. Contrairement à une réaction répandue, il n'y a pas lieu de le regretter ni de s'en attrister. Un monde sans sécurité d'emploi n'est pas une calamité, mais il appartient à chacun de prendre en compte cette donnée. Car aucun employeur ne peut plus la garantir désormais.

Charité bien ordonnée commence par soi-même. Cette attitude peut paraître égoïste, mais ne l'est guère plus que celle de l'employeur qui veut s'attacher votre loyauté pour le bien de son entreprise. En tout cas, si vous voulez réussir, il est important de redéfinir ce que vous entendez par sécurité d'emploi. La sécurité d'emploi signifie aujourd'hui savoir que vous pouvez compter sur vos propres forces et sur votre courage pour faire face à n'importe quelle situation. La personne la plus apte à assurer votre sécurité d'emploi, c'est vous-même. Votre créativité et vos propres ressources.

Avoir sa part du gâteau... et la manger

Si vous souhaitez poursuivre votre carrière actuelle, et en même temps vivre une vie plus détendue, vous faites partie des gens qui veulent avoir leur part du gâteau, mais aussi pouvoir la manger. J'ai une bonne nouvelle pour vous : contrairement à ce qu'on croit généralement, c'est possible. C'est même très simple : il suffit de vous offrir deux gâteaux. Vous voyez, vous devancez déjà tous ces bourreaux de travail et ces carriéristes acharnés, qui n'y auraient jamais pensé.

Bien que peu de gens en quête de réussite professionnelle parviennent à se ménager de vrais loisirs, vous le pouvez si vous le voulez vraiment. Pour cela, il faut d'abord apprendre à devenir plus performant en travaillant moins. Comme nous l'avons vu au chapitre 3, les grands hommes de l'histoire furent souvent des "fainéants créatifs". Les gens très performants savent ce que veut dire "se hâter lentement", ils dépassent les autres en allant moins vite. Ils ne s'agitent pas en permanence, car ils savent prendre leur temps. Devenir très performant ne demande pas de travailler plus dur mais plus intelligemment. La question de savoir comment réaliser cet objectif déborde le cadre de ce livre, mais il existe déjà d'excellents ouvrages sur ce sujet.

Si l'on se base sur certaines études concernant le temps de loisirs dont dispose le travailleur moyen, il apparaît que le parcours professionnel classique laisse peu de place au temps libre. Une de ces études, un sondage Louis Harris effectué en 1988, indique que la durée de travail hebdomadaire est passée de moins de quarante heures à plus de quarante-sept heures en moyenne de 1973 à 1988 aux Etats-Unis. Le temps de loisirs a diminué en conséquence de 37 %. Ce qui signifie moins de temps disponible pour partir en vacances, pour se consacrer à ses hobbies, ou simplement pour "se la couler douce".

D'autres études contredisent ces résultats. L'une d'elles indique par exemple qu'en raison de la baisse de la natalité et de l'allégement des tâches ménagères, le temps libre s'est

accru d'environ cinq heures par jour. D'après ces études, le problème ne tient pas à un manque de loisirs, mais plutôt au fait qu'on sous-estime le temps libre dont on dispose et qu'en conséquence on l'utilise mal. En règle générale, les gens ont environ quarante heures de temps libre par semaine ; ce n'est donc pas le temps libre qui leur manque, mais la plupart le gaspillent. Ils passent environ 40 % de ce temps devant la télévision, le reste étant consacré à s'occuper de la cuisine, du nettoyage, des courses, des réparations domestiques, du règlement des factures... ou du travail ramené à la maison. C'est tout simplement une question de dispersion, on se lance dans trop d'activités à la fois. Ce qui explique, comme on l'a vu, que la plupart des travailleurs se sentent plus fatigués le dimanche que le vendredi.

Quoi qu'en disent les études, je crois qu'il est parfaitement possible à chacun de maîtriser la durée de ses loisirs. Si nous n'avons pas assez de temps pour aller respirer un peu d'air pur (ne parlons pas de sentir le parfum des roses), c'est en nous qu'il faut en chercher la cause. Pratiquement tout dans notre vie est une question de choix. Il en est de même pour le manque de loisirs qui n'est que le résultat des contraintes qu'on s'impose. Si vous manquez de temps, c'est probablement que vous entreprenez trop de choses ou que vous avez accumulé trop de biens matériels.

Pour trouver un meilleur équilibre, il faut apprendre à se relaxer. Garder du temps pour la détente devrait être une priorité. Pour cela, il existe des solutions élémentaires. L'une consiste à quitter votre bureau à 16 h 30 ou 17 h 00, vous aurez alors plus d'énergie pour vous livrer à d'autres activités. De plus, vous démontrerez que vous faites partie des gens compétents et motivés qui sont les véritables pionniers de la nouvelle ère qui s'annonce. Apprenez aussi à entreprendre moins de choses à la maison et à consacrer moins de temps aux courses, à la cuisine, au nettoyage, à l'entretien et aux travaux de réparation. La plupart d'entre nous se laissent dévorer par toutes ces tâches domestiques.

L'abus de travail est dangereux pour la santé

Comme nous l'avons vu, le modèle d'organisation du travail des années 70-80 ne constitue pas le contexte idéal pour profiter de la vie. Cependant, une nouvelle génération de dirigeants prend conscience qu'un style de vie équilibré doit concilier travail et loisirs, et que le personnel doit pouvoir bénéficier de son temps libre quand il en a besoin, et non pas dans des périodes restreintes aux week-ends, aux vacances ou à la retraite. Voici quelques améliorations dans l'organisation professionnelle qui gagnent en popularité depuis quelques années :

- ✓ Congés sabbatiques (payés ou non) pour tous les employés.
- ✓ Départ progressif à la retraite pour augmenter graduellement les loisirs.
- ✓ Télétravail afin de réduire le temps perdu dans les transports.
- ✓ Travail à temps choisi pour la flexibilité des loisirs et la réduction des temps de transport.
- ✓ Bourse d'activités.
- ✓ Récupération des heures supplémentaires sous forme de congés payés.
- ✓ Partage du travail pour en réduire la durée.
- ✓ Travail à temps partiel.

Toutes ces solutions constituent autant de moyens d'améliorer la qualité de vie. Trouver des entreprises qui soutiennent ce genre de programmes est peut-être encore difficile, mais elles sont de plus en plus nombreuses à voir l'intérêt de ces nouvelles options. Si votre entreprise n'est pas prête à les adopter, il est peut-être temps de rechercher un nouvel employeur. Pour ceux qui souhaitent se rendre plus disponibles, il existe encore d'autres possibilités : se reconvertir dans une profession où la durée de travail est moindre, ou encore se rapprocher de son lieu de travail pour réduire le temps de transport.

Une vie équilibrée suppose de disposer chaque jour d'au moins un quart d'heure de temps non planifié. Accordez-vous du temps pour mieux vous connaître et développer votre personnalité. Ce serait une erreur de renoncer à faire du sport, à voyager, à vous adonner à vos passions, à cause de votre conjoint, de vos enfants, ou du besoin de gagner votre vie. Vous pouvez toujours faire de la place à vos activités de

loisirs si elles vous apportent quelque chose. Ne serait-ce que pour votre santé, ne vous privez pas de prendre le temps de flâner. Le plaisir que vous procurera votre temps libre rejaillira sur votre vie professionnelle : vous apprécierez davantage votre travail parce que vous y serez plus détendu.

> *Je ne donnerais pas mes heures de loisirs pour tout l'or du monde.*
>
> Mirabeau

L'important est que vous consacriez du temps à ce qui vous intéresse **maintenant**. Cela risque de vous demander de jongler avec votre carrière, vos dettes, vos biens, et peut-être vos enfants. Si votre profession ne vous permet pas de concilier tout ça, alors peut-être faut-il en changer. Mais quoi qu'il vous en coûte, faites-le. La vie est trop courte pour la vouer à l'esclavage.

Si vous choisissez une nouvelle carrière, un dosage harmonieux entre travail et loisirs devrait être une de vos priorités. C'est cela "avoir sa part du gâteau... et la manger" : une vie qui concilie un travail satisfaisant et de nombreuses activités fécondes en dehors de celui-ci. Avoir sa part du gâteau et la manger n'est pas donné à tout le monde, mais seulement à ceux qui assument la direction de leur vie.

La joie de ne pas travailler
de neuf à six

En 1982, Ben Kerr connaissait une brillante réussite au sens

où on l'entend généralement. Il décida cependant de quitter son poste de directeur financier adjoint de la Commission Portuaire de Toronto, après qu'une restructuration de son service lui imposa de partager le bureau d'un fumeur. Or Ben était totalement allergique à la fumée. Comme ses supérieurs restaient sourds à ses doléances, il prit ses cliques et ses claques. Depuis, il n'a plus jamais travaillé pour aucun autre employeur. Il est maintenant

chanteur de rue et met de l'animation sur une place de Toronto.

Lorsque j'ai rencontré Ben, la première chose qui m'a frappé, c'est la joie extraordinaire qu'il dégageait. L'après-midi, pendant qu'il chantait, toutes sortes de gens l'abordaient, le saluaient et lui donnaient quelques pièces.

On lui a fait plusieurs propositions de boulot, mais travailler pour quelqu'un d'autre ne l'intéresse pas. Il trouve bien plus amusant de chanter.

Si vous avez été victime récemment d'un licenciement, n'oubliez pas que c'est peut-être un cadeau du ciel, et en tout cas le moment de remettre en cause votre besoin de sécurité et votre refus de prendre des risques. Retrouver un travail régulier peut vous sembler la meilleure solution, mais c'est peut-être demander trop peu. Ne trouverez-vous pas une sécurité plus grande en poursuivant une carrière conforme à votre *mission* ? Dès lors, si votre métier vous plaît, vous n'aurez jamais plus l'impression de "travailler" de votre vie.

Chapitre 5

Chômeur, découvrez qui vous êtes vraiment

Voici venu le temps de prendre du bon temps

Ce chapitre se propose de vous aider à passer le plus aisément possible du monde du travail à celui des loisirs. On se prépare généralement pendant de nombreuses années à entrer dans la vie professionnelle mais on oublie complètement, ou presque, de se préparer à la quitter. Ce n'est qu'à la retraite, ou lorsqu'on se retrouve momentanément sans emploi, que l'on songe à prendre du bon temps. Loin du travail, vous découvrirez qu'un monde nouveau et passionnant vous attend. Ne plus être contraint de travailler donne accès à des plaisirs dont ne peuvent profiter ceux qui travaillent. C'est le moment de jouir de vos loisirs comme jamais vous n'avez pu le faire auparavant.

> *Pouvoir employer intelligemment ses loisirs est le meilleur fruit de la civilisation.*
>
> Bertrand Russell

Vous retrouver avec une quantité de temps libre illimitée, parce que vous êtes à la retraite ou au chômage, est l'occasion rêvée de découvrir qui vous êtes vraiment. Ces heures de liberté sont une aubaine, si vous avez pris le soin de déve-

lopper des intérêts personnels et si vous ne vous êtes pas totalement identifié à votre profession. Profiter du chômage ou de l'inactivité suppose d'être capable de vivre les choses à partir de ce qu'on est vraiment, plutôt qu'à travers les attentes et les orientations véhiculées par la société, l'entreprise ou les médias.

Ce moment-ci, comme tous les autres, est idéal pour peu qu'on sache quoi en faire.

Ralph Waldo Emerson

Que l'on soit au chômage ou à la retraite, il est tout aussi important de savoir gérer son temps libre. Les conseils en carrière disent qu'en règle générale, les gens devront repenser leur carrière plusieurs fois dans leur vie. Aux Etats-Unis, par exemple, le temps moyen passé à un poste est aujourd'hui inférieur à quatre ans. Les salariés sont plus vulnérables que jamais aux licenciements et aux restructurations ; aucun emploi n'est garanti désormais. Le cadre de quarante ans peut encore s'attendre à changer trois fois d'employeur au cours de sa carrière, et à connaître au moins un licenciement. Si vous êtes vous-même entre deux boulots, sachez donc en profiter !

Le bénéfice que vous tirerez de votre disponibilité dépendra dans une grande mesure de votre état d'esprit et de votre motivation. Car, on l'a vu, l'augmentation massive du temps libre n'est pas nécessairement bien vécue. En effet, ce n'est pas alors qu'on travaille dur pour "devenir riche et célèbre", qu'on apprend à profiter de ses loisirs... on apprend seulement à travailler dur pour "devenir riche et célèbre". Un apprentissage qui ne se laisse pas facilement oublier. Même lorsque vous avez l'occasion de vous détendre et de profiter de la vie, vous pouvez trouver difficile de rompre l'habitude de travailler dur.

Ecrire un nouveau scénario pour votre vie

Toute personne qui quitte son emploi, suite à un licenciement ou un départ à la retraite, est affectée à un degré ou à un autre. Ceux qui prétendent le contraire sont fous ou menteurs. Etre licencié ou mis à la retraite est une épreuve pour la très grande majorité des gens.

Bien entendu, plus on s'est identifié à son travail, plus

l'épreuve est redoutable. La perte d'emploi est souvent plus traumatisante pour les cadres et les dirigeants que pour les ouvriers, car ils ont tendance à s'identifier davantage à ce qu'ils font.

Nous comptons généralement sur des éléments extérieurs, tels que les médias, l'école, ou l'entreprise, pour nous fournir le scénario socialement convenu d'une "vie réussie". Mais aucune de ces institutions n'a pensé à imaginer une vie dédiée aux loisirs. C'est donc à nous d'inventer un nouveau scénario...

Bien que les gens qui approchent de la retraite craignent d'affronter une vie dépourvue d'activité et de sens, beaucoup réussissent, plus ou moins rapidement, à s'adapter à leur nouvelle situation. D'autres, malheureusement, ont été si fortement influencés par des valeurs morales rigides que pour eux "l'inactivité" se révèle très difficile à vivre. A cause de leur attitude négative et de leur résistance au changement, ces personnes perdent confiance en leur propre valeur, comme le démontre aux Etats-Unis un taux de suicide quatre fois plus élevé chez les hommes à la retraite qu'à n'importe quel autre stade de l'existence.

Ceux qui prétendent qu'il est très difficile, voire impossible, de vivre sans travail, admettent par là qu'ils n'ont aucune individualité ; leur personnalité n'est en fait qu'une enveloppe creuse.

Je fais l'hypothèse que vos principes ne sont pas rigides au point qu'il n'y ait aucun espoir pour vous. (Elle est d'autant moins risquée que les gens rigides ne lisent pas ce genre de livres.) De plus, j'imagine que vous êtes capable de concevoir un nouveau scénario pour votre vie. Si vous vous êtes fortement identifié à votre profession, ne vous attendez pas à un changement immédiat. Reconstruire son image est un processus qui prend du temps. Au début, vous risquez d'éprouver un sentiment de ratage, qui s'estompera au fur et à mesure que vous aurez une meilleure image de vous-même. L'objectif de réussite personnelle, exprimé en termes de loisirs, devra se substituer au désir de réussite sociale par l'argent. Pour cela, vos loisirs devront vous apporter un sentiment d'accomplissement. Jusqu'à ce que graduellement, le sentiment d'échec se transforme en un sentiment de victoire.

> *La rigidité est une forme de rigor mortis.*
>
> Henry S. Haskins

Redécouvrez votre vraie nature

Avec la perte du travail, une des sources de notre identité se tarit. Si aucun autre emploi ne vient remplacer celui que vous avez perdu, ce sont vos loisirs qui devront satisfaire les besoins auxquels le travail répondait. Lorsqu'on accède à plus de temps libre, les premiers jours, voire les premières semaines, peuvent paraître éprouvants. Certaines personnes expérimentent la peur, voire la panique ; d'autres éprouvent un sentiment d'étrangeté.

Pour réussir cette transition, il est important de redécouvrir qui vous êtes vraiment. Si vous vous êtes laissé entièrement absorber par votre travail, peut-être ne savez-vous pas ce que les loisirs signifient. Vous avez peut-être même oublié ce que vivre signifie !

Vous avez fondé l'essentiel de votre identité sur votre profession. Au fil des années, vous avez laissé votre carrière, et ses exigences, modeler votre personnalité. Ce qui comptait pour votre entreprise, plutôt que ce qui comptait pour vous, s'est enraciné en vous. Les "carrières" ont la fâcheuse habitude de gommer notre personnalité.

Redécouvrir votre vraie nature et ce qui compte pour vous, peut demander du temps. Peut-être faudra-t-il creuser en vous, pour trouver ce qui vous fait vibrer. Vous devrez vous engager totalement dans cette aventure, et profiter de votre capacité à grandir et à apprendre dans ce contexte nouveau. Lorsque vous vous serez "retrouvé", vous n'aurez plus besoin d'un rôle professionnel pour vous définir.

L'expérience montre qu'avec le temps la plupart des gens finissent par s'adapter à leur situation - ou plutôt leur "absence de situation" -, et s'en trouvent heureux, voire même plus heureux qu'avant. Morris Schnore, ancien professeur de psychologie à l'Université d'Ontario, a mené une vaste enquête sur la condition des retraités. Ses résultats, cités dans son livre *Retirement : Bane or Blessing* (la retraite : fléau ou bénédiction), conforte l'idée que les gens n'ont pas besoin de travailler pour être heureux dans la vie.

> *Il y a deux choses vers lesquelles on doit tendre dans l'existence : tout d'abord obtenir ce qu'on veut et ensuite, en profiter. Seuls les plus sages réalisent la seconde.*
>
> L.P. Smith

Chômeur, découvrez qui vous êtes vraiment

Après avoir cessé leur activité, la majorité des individus finissent par retrouver leurs marques. Seule une faible minorité souffre d'une crise d'identité prolongée. Schnore observe que pour un petit groupe - environ 10 % - la retraite pose de sérieuses difficultés d'adaptation. Ces personnes qui ont une attitude négative vis-à-vis de la retraite, placent le travail au centre de leur vie.

Schnore conclut qu'en règle générale la satisfaction ressentie est aussi grande, voire plus grande, chez les personnes âgées que chez les plus jeunes générations. Il s'est aperçu que, contrairement à certaines représentations négatives de la retraite, les personnes concernées sont plus heureuses et plus satisfaites de leur vie que les actifs d'âge moyen. Près de la moitié des retraités, 43 %, déclarent que leur santé s'est améliorée depuis leur cessation d'activité. Certains jugent même la retraite plus agréable qu'ils ne s'y attendaient. Selon Schnore, plusieurs facteurs contribuent à cette bonne adaptation :

✓ Ils se fixent des objectifs réalisables.
✓ Ils sont capables d'apprécier ce qu'ils ont.
✓ Ils ont confiance dans leur capacité à gérer les problèmes.

Si vous êtes en passe d'avoir plus de temps libre, votre vie va subir de grands changements. Ce passage du travail au loisir va vous obliger à renouer avec votre nature profonde. Vous vous apercevrez qu'il n'y a aucune raison de se sentir incompétent ou inutile sous prétexte qu'on n'a pas d'emploi. Et lorsque vous saurez apprécier les loisirs à leur juste valeur, il vous sera facile de garder votre esprit en éveil et d'entretenir votre vitalité, avec ou sans l'aide de quelqu'un.

Le nouveau paradigme de la réussite

Si vous vous êtes toujours senti anxieux ou coupable de vous livrer à des activités sans relation avec le travail, il ne vous faudra rien de moins qu'un changement de paradigme pour parvenir à apprécier la disponibilité qu'octroie la perte d'un emploi. Un paradigme étant la vision ou l'explication d'un fait partagée par tout un groupe de personnes, changer de paradigme est un peu comme trouver une solution nouvelle à un problème ancien. Un nouveau paradigme fait en général appel à un principe qui a toujours existé, mais que l'on a jusqu'ici négligé.

> *Le succès c'est avoir ce qu'on veut ; le bonheur c'est vouloir ce qu'on a.*
>
> Un sage anonyme

Ce changement de paradigme suppose de modifier votre conception de l'activité de loisir. Vous devez tout d'abord l'envisager comme une chose bonne en soi, aussi valable que tous les emplois que vous avez jamais exercés. Une vie dédiée aux loisirs n'est pas nécessairement frivole et dépourvue de sens. Elle ne se résume pas à une vie solitaire remplie de "séries américaines ennuyeuses" ou de énièmes rediffusions des *Simpsons*, même si c'est l'idée que s'en font les gens qui s'accrochent à leurs préjugés. Le monde des loisirs peut vous ouvrir de grandes possibilités d'épanouissement.

Le sentiment d'accomplissement peut parfaitement éclore sur d'autres terrains que celui du travail. Lorsqu'une personne change de paradigme, sa définition de la réussite change elle aussi. Pour ma part, j'aime bien la définition que Ralph Waldo Emerson en propose.

Qu'est-ce que la réussite ?

Rire souvent et beaucoup aimer ;
Gagner le respect d'êtres intelligents et l'affection des enfants ;
Obtenir l'approbation de critiques honnêtes et supporter la trahison d'amis peu sincères ;
Apprécier la beauté ;
Voir ce qu'il y a de meilleur dans les autres ;

Donner de soi-même sans rien attendre en retour ;
Rendre le monde un peu meilleur, que ce soit par la grâce d'un enfant en
bonne santé, d'une âme sauvée, d'un carré de jardin ou d'une condition
sociale meilleure ;
Avoir joué et ri avec enthousiasme et chanté de tout son cœur ;
Savoir qu'un seul être a mieux respiré parce que vous avez vécu.
C'est cela, la réussite.

Ralph Waldo Emerson

Notez que tout ce qui définit la réussite selon Emerson est réalisable en dehors du monde professionnel. Ne pas avoir d'emploi ne signifie pas nécessairement être un individu "improductif" ou un "perdant". Vous n'êtes un "perdant" que si vous vous percevez comme tel. Et rappelez-vous que la perception est tout, comme nous l'avons vu au chapitre 2. Si, parce que vous n'avez pas d'emploi, vous vous considérez comme "improductif", alors il faut changer l'image que vous avez de vous-même. Vous pourriez au contraire vous estimer un "privilégié" et un "gagnant" parce que vous avez tout le loisir de vous consacrer à la réalisation de votre potentiel (une tâche éminemment productive !). C'est en effet un privilège rare dans l'histoire de l'humanité...

Souvenons-nous de l'exemple donné dans l'Antiquité par de grands philosophes, tels Platon et Aristote. Ils ne considéraient pas les loisirs comme une quête inutile ou paresseuse. L'oisiveté permettait de mieux se connaître, et il n'existait pas de but plus élevé. Quiconque gagnait l'oisiveté et le loisir de se réaliser passait clairement pour un être privilégié. Vous devriez donc accueillir comme un privilège l'opportunité que vous offre une vie de loisirs.

Comment se consoler d'avoir quitté son travail

Pour connaître la satisfaction d'avoir quitté son travail, il faut surmonter le regret de l'avoir perdu. Lorsque nous évoquons les souvenirs passés, nous avons tendance à nous rappeler les bonnes choses et à oublier les mauvaises. Je connais même des gens qui arrivent à se rappeler des choses qui ne sont jamais arrivées. De même avec les postes que nous avons occupés, nous nous souvenons plus volontiers des choses

L'art de ne pas travailler

agréables que des détails pénibles ; et bien souvent nous regrettons le "bon vieux temps", qui en fait n'a jamais existé.

Je vais vous raconter maintenant comment j'ai réussi à surmonter la nostalgie de mon ancien emploi. Il y a environ quatre ans, j'éprouvais encore quelques difficultés à passer d'un emploi de formateur à temps partiel à l'oisiveté totale. Malgré le plaisir que m'avaient procuré de fréquentes et longues périodes de *farniente* et le fait que ce travail ne m'occupait que seize heures par semaine, ce passage à plus de loisirs se révélait plus difficile que je ne m'y étais attendu. Le matin, je me réveillais tout fringant, j'avais hâte d'y aller et de m'y mettre. Il y avait juste un petit problème : où ça ? à quoi ? Et je me mis à regretter les avantages que mon dernier emploi m'offrait... ou du moins le croyais-je.

Pendant les deux ou trois premiers jours, je me sentais coupable d'avoir démissionné ; je me demandais si je ne n'avais pas fait une erreur en quittant ce travail. Mais vers le quatrième jour, j'étais revenu d'aplomb, j'avais de nouveau le sentiment d'être un privilégié, je commençais à plaindre les gens qui devaient se rendre tous les jours au bureau pour accomplir un travail qu'ils n'aimaient pas. Bientôt j'en vins même à plaindre aussi ceux qui aimaient leur métier. Comment pouvaient-ils s'amuser autant que moi?

> *Aussi noires que soient les choses aujourd'hui, elles seront le bon vieux temps de quelqu'un demain.*
>
> Gerald Barzan

Un des moyens qui m'aidèrent à quitter définitivement ce boulot consistait à penser aux défauts de cette entreprise, et de celles qui m'avaient employé auparavant. Cela m'aida à envisager ma situation d'une manière plus objective. En tout cas, quelle qu'ait été ma nostalgie, elle s'est évanouie d'un coup.

Exercice 5-1. Admettre la vérité au sujet de votre ancien travail

Pensez au dernier emploi que vous avez quitté. Enumérez les choses que vous n'aimiez pas concernant l'entreprise ou votre employeur, toutes les contraintes et tous les gestes monotones et répétitifs qu'impliquait le simple fait de vous rendre au travail.

En m'inspirant de l'organisation qui m'employait comme formateur, et d'autres pour lesquelles j'ai travaillé, j'ai recensé une liste d'inconvénients typiques de l'environnement professionnel. Voici vingt-cinq bonnes raisons de se sentir privilégié d'être sans emploi :

> *La nostalgie n'est plus ce qu'elle était.*
>
> Un sage anonyme

Vingt-cinq bonnes raisons de détester le milieu du travail

- ✓ Supporter une surcharge de travail en raison des compressions de personnel.
- ✓ Rester enfermé dans un bureau toute la journée alors que le soleil brille.
- ✓ N'avoir aucune chance de promotion d'ici les quinze prochaines années, parce que la génération du *baby boom* occupe les postes-clés et n'est pas près d'en bouger.
- ✓ Devoir travailler avec des crétins et des incompétents qu'on aurait dû mettre à la porte il y a dix ans.
- ✓ Subir des luttes de pouvoir au sein de la société sous la forme d'une compétition féroce, de coups bas et de sourires factices.
- ✓ Etre moins bien payé que quelqu'un qui est beaucoup moins productif mais qui a plus d'années derrière lui.
- ✓ Perdre quotidiennement une à deux heures matin et soir dans les embouteillages.
- ✓ Etre condamné à la sédentarité.
- ✓ Travailler sous pression et subir des interruptions continuelles qui vous empêchent de réfléchir.
- ✓ Etre envahi par la paperasserie, les notes de service qui ne veulent rien dire, et les rapports que personne ne lira jamais.
- ✓ Souffrir du manque de coopération entre services.
- ✓ Etre confronté au double langage (voire triple langage) des supérieurs.
- ✓ Perdre régulièrement deux heures et plus dans des réunions qui tournent vite en rond.
- ✓ Travailler avec des fous de boulot qui refusent de prendre des vacances même quand leurs employeurs les y encouragent.
- ✓ Devoir respecter des calendriers de vacances trop

rigides qui ne permettent pas de prendre de congés au meilleur moment de l'année (les mois sans "r").

✓ Se voir fortement incité à ne pas prendre toutes les vacances auxquelles on a droit parce qu'il y a trop de travail.

✓ Se voir voler le mérite de son travail ou de ses idées par ses supérieurs.

✓ Avoir des difficultés à obtenir une place de stationnement (parce qu'on n'est pas dans les petits papiers du patron).

✓ Devoir rester toute la journée au turbin même si vous êtes deux fois plus productif que votre voisin et que votre travail est terminé bien avant l'heure.

✓ Se débattre avec la bureaucratie, ses méandres, ses règlements idiots, ses procédures illogiques, et ses serviteurs bornés, spécialisés dans l'immobilisme actif.

✓ Subir des discriminations liées à la race, au sexe, à l'apparence physique, ou même au simple fait d'être célibataire.

✓ Faire partie d'une entreprise qui se vante d'innover mais qui ne supporte pas les idées neuves.

✓ Travailler dans un bureau où la climatisation ne marche qu'en hiver.

✓ Ne recevoir aucune reconnaissance pour la qualité de son travail.

✓ Travailler avec d'insupportables béni-oui-oui, prêts à toutes les bassesses pour décrocher une augmentation ou une promotion.

Toutes ces situations se rencontrant dans la plupart des entreprises, il n'est pas étonnant que beaucoup de gens trouvent le milieu du travail démoralisant. Si vous pleurez votre dernier boulot, réfléchissez à toutes les situations décrites ci-dessus que vous avez subies. Si vous avez vécu un grand nombre d'entre elles et que malgré tout vous vous sentez toujours nostalgique, c'est que vous avez un problème ! Posez ce livre et courez chez un psychiatre avant qu'il ne soit trop tard. Au moins lui vous aidera à vous sortir de ce mauvais pas.

Relire la liste ci-dessus de temps en temps permet de remettre les pendules à l'heure et vous redonne le sourire en un rien de temps si vous êtes sans emploi. En revanche, si vous travaillez, vous risquez de le perdre.

Chômeur, découvrez qui vous êtes vraiment

Trois besoins que vos loisirs doivent satisfaire

Beaucoup d'entre nous préfèrent se mentir au sujet des emplois qu'ils quittent et disent regretter ensuite. C'est rarement le travail lui-même qu'on regrette, mais ce qu'il nous apporte indirectement. Bien que beaucoup de gens n'en soient pas conscients, un emploi représente beaucoup plus qu'un moyen de gagner de l'argent. Surtout si nous avons des responsabilités de gestion ou de direction, notre emploi nous procure beaucoup de satisfactions : rôle valorisant, statut social, accomplissement, reconnaissance, développement personnel et pouvoir. En perdant notre travail, nous perdons ces gratifications. Nous ne serons donc satisfaits de nos loisirs que s'ils parviennent à leur tour à répondre à ces besoins. Tous les besoins que le travail avait charge de combler devront trouver à se satisfaire autrement.

Il existe trois besoins humains fondamentaux que le travail remplit, presque malgré lui pourrait-on dire. Ce sont les besoins de structure, de but et d'intégration. Même si nous occupons un emploi peu exaltant, le milieu professionnel fournit généralement la possibilité de satisfaire ces trois besoins. A partir du moment où nous le quittons, nos loisirs doivent prendre le relais.

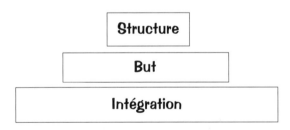

Trois besoins essentiels

1. Etablir une nouvelle structure

De l'enfance à l'âge de la retraite, la structure nous est fournie par la société : aller à l'école, travailler, se marier, fonder un foyer, tous ces actes correspondent à une structure préétablie. Le problème survient quand nous quittons le milieu du travail et que nous disposons d'une grande quantité de

temps libre. Lorsque nous perdons notre emploi, suite à un licenciement ou à un départ à la retraite, la structure qu'il nous donnait disparaît brutalement. Nous devons alors créer notre propre structure et réorganiser notre vie, ce qui demande un certain effort.

A première vue, sortir de la routine d'une structure pré-établie, peut sembler séduisant : plus besoin de se lever le matin, plus besoin d'avaler notre petit déjeuner à toute vitesse, plus besoin de courir de réunion en réunion, plus besoin de prendre les transports aux heures de pointe. En d'autres termes, notre temps n'est plus lié à la marche des aiguilles de notre montre. Le problème c'est que, aussi créatifs que nous soyons, nous avons tous besoin d'un minimum de structure dans notre vie. Nous sommes des créatures d'habitude, accoutumées à vivre au sein d'un temps structuré. La routine a quelque chose de confortable et de sécurisant. Et bien sûr nous aimons tous le confort.

L'obligation de renoncer à une structure établie peut créer un grand désordre, surtout pour des gens au caractère rigide et carré. Il faut bien passer le temps et trouver à l'occuper, mais les temps morts peuvent devenir la règle plutôt que l'exception. Cette vacuité entraîne l'ennui et la tristesse. Les gens rigides peuvent même se retirer du monde et mener une vie de désespoir, parce qu'ils refusent de s'adapter à une existence dans laquelle ils ont en principe la liberté de faire ce qu'ils veulent. Dans les cas extrêmes, les facultés mentales et physiques se détériorent rapidement.

En revanche, si vous êtes d'un naturel indépendant, créatif et motivé, la perte de structure sera pour vous une bénédiction, car vous apprécierez le fait de pouvoir créer votre propre structure et de jouir d'une entière liberté. Il y a différentes manières d'établir une structure. Par exemple, lorsque j'ai dû organiser mes journées, après avoir quitté mes anciens employeurs, la première chose que je faisais le matin, c'étaient des exercices de stretching, pendant cinquante minutes à une heure environ. En fin d'après-midi, je prenais encore une heure et demie d'exercice (vélo, jogging, ou tennis). En dehors de tous les bénéfices que procure l'exercice physique, deux heures et demie de mon temps étaient ainsi occupées quotidiennement. Un autre moyen de structurer mes journées par des activités agréables consistait à me

rendre régulièrement dans mon bistrot favori, prendre un café, bavarder avec les habitués, et lire trois journaux diffé-rents. Et, bien entendu, me fixer des créneaux horaires réguliers pour écrire ce livre ainsi que deux autres, me permettait de planifier encore davantage mon temps.

> *J'essaie d'organiser ma vie de manière à n'avoir même plus besoin d'être là.*
>
> Un sage anonyme

Les gens motivés parviennent sans mal à remplacer le cadre que leur fournissait leur ancien travail. Les activités innombrables qu'offrent les loisirs sont autant de moyens de se créer un nouvel emploi du temps. Voici quelques suggestions parmi tant d'autres pour structurer votre temps :

- ✓ Prendre des cours.
- ✓ Jongler avec les clés de votre voiture, tous les jours à quatre heures de l'après-midi.
- ✓ Vous joindre à des associations qui ont des activités régulières.
- ✓ Pratiquer des sports que vous pouvez faire souvent, par exemple la natation...
- ✓ Vous lancer dans une activité bénévole.

Lorsque votre ancienne structure s'effondre, c'est à vous qu'il appartient d'en établir une nouvelle, car personne ne le fera pour vous (ni moi non plus, trop de bistrots m'atten-dent). La manière dont vous structurerez votre temps dépen-dra de vos inclinations. Si vous êtes soucieux de votre déve-loppement personnel, vos intérêts devraient être si variés que l'absence de routine ne devrait pas poser de problèmes. Et bien sûr, cette tâche de restructuration sera d'autant plus faci-le à réaliser, que vous vous serez fixé des buts conformes à vos aspirations profondes.

2. Se donner un but

Beaucoup de gens, très investis sur le plan professionnel, savent très bien comment obtenir des résultats dans leur pro-fession, mais se sentent complètement démunis sitôt qu'ils se retrouvent livrés à eux-mêmes. Lorsqu'ils perdent leur

emploi, le sentiment de valeur personnelle qu'ils retiraient de leurs succès professionnels vole en éclat. Leur travail leur donnait un but tout tracé, qui disparaît avec lui. Ces individus n'ont jamais pris le temps de se connaître ni de découvrir leurs véritables aspirations.

Retrouver un but lorsqu'on n'a plus d'emploi peut être vital. Il semble que les gens qui n'ont pas, ou plus, de finalité dans l'existence vivent moins longtemps que les autres. Les statistiques montrent que les retraités qui n'ont pas d'objectif pour cette période de leur existence ne battent pas des records de longévité, bien au contraire... Ceci confirme que les personnes identifiées à leur profession, perdent avec elle à la fois le sens de leur valeur et de leur utilité. Faute d'avoir trouvé un autre but à leur vie, elles manquent de la motivation profonde qui aurait pu prolonger leur vie de nombreuses années.

Si vous êtes retraité et que votre travail a beaucoup compté pour vous, à la fois comme expression de votre caractère et comme exutoire à votre créativité, vos loisirs peuvent parfaitement servir le même but. En fait, maintes activités permettent d'exprimer notre créativité. Le but de notre vie n'est plus alors fixé par quelqu'un d'autre comme dans le travail. Même en dehors de celui-ci, il est possible d'avoir le sentiment de produire et de réaliser quelque chose.

Lorsque je me suis retrouvé licencié, il y a plus de dix ans, mon but était de vivre heureux sans travailler. J'ai développé une véritable passion pour les loisirs et j'en ai tiré un sentiment d'accomplissement, alors que bien des gens capables et intelligents seraient devenus fous dans les mêmes circonstances. Je peux affirmer que j'ai savouré pratiquement chaque minute des deux années qui ont suivi ; parce que je n'étais plus distrait par le travail, j'ai plus appris sur le monde et sur moi-même qu'à aucune autre période de ma vie.

Nous devons apprendre à nous concentrer sur notre but... ou sur son absence. Car pour exprimer notre créativité, nous avons besoin d'un objectif. Notre plus grand défi est de regarder en nous-même, afin de découvrir en quoi il consiste. Compléter ces phrases devrait vous aider à mieux le cerner :

Chômeur, découvrez qui vous êtes vraiment

Pour changer le monde, je voudrais_____
Ce serait merveilleux si je pouvais_____
Une personne qui a un but dans la vie et que j'admire est_____
Quand j'aurai quatre-vingt-quinze ans, j'aimerais pouvoir regarder en arrière et dire voilà ce que j'ai accompli : _____
Je serais content de ma vie si je pouvais_____

Tous ceux qui réussissent, dans le domaine professionnel ou ailleurs, se sont découvert un but dans l'existence. Voici les moyens que certains ont trouvés pour donner un sens à leur vie en dehors du travail :

- ✓ Changer quelque chose dans la vie des gens.
- ✓ Apporter une contribution personnelle, dans une œuvre collective ou humanitaire, par exemple.
- ✓ Trouver une expression artistique ou créative.
- ✓ Participer à une découverte, une expérience ou un projet ambitieux.
- ✓ Contribuer à préserver l'environnement.
- ✓ Aider les gens à mieux profiter de la vie.
- ✓ Améliorer la santé et le bien-être.
- ✓ Créer un sentiment de bonheur et d'accomplissement personnel.

De nombreux loisirs peuvent vous donner un but, que ce soit à travers un projet éducatif, une mission d'aide ou une réalisation personnelle. Celui-ci vous insufflera plus d'énergie que vous ne pourrez en dépenser. Vous vous sentirez moins tendu et plus équilibré.

Mais pour cela, il faut que votre but coïncide avec une de vos passions. Si vous parvenez à identifier votre but ultime ou votre mission, vous disposerez

> *Le secret de la réussite est de s'en tenir au but qu'on s'est fixé.*
>
> Benjamin Disraeli

d'un puissant moteur qui maintiendra intérêt et stimulation dans votre vie. Ainsi, vous ne cesserez jamais de grandir et d'apprendre, la satisfaction que vous tirerez de vos loisirs ne sera jamais vaine, parce qu'elle sera toujours en relation avec votre nature profonde et vos rêves. Avoir un but signifie que vous serez présent dans chacun de vos actes et que chaque situation recevra toute votre attention.

L'art de ne pas travailler

3. Retrouver un sentiment d'intégration

Au-delà de la fonction, de la valeur et du pouvoir qu'elle confère aux individus, l'entreprise joue le rôle d'une communauté. Elle n'est plus, comme par le passé, uniquement le lieu où l'on gagne sa vie, mais aussi celui où se tissent des relations et où s'organise une vie sociale qui se prolonge en dehors du cadre professionnel. Le sentiment d'appartenir à un groupe et de participer à la vie d'une communauté est une composante importante du bonheur. Avoir un emploi nous donne généralement la satisfaction d'être apprécié et valorisé par nos collègues, et la sensation que l'on s'intéresse à nous. Pour certains, même le besoin d'être aimé trouve à se satisfaire dans le cadre du travail.

> *Je ne peux pas décemment appartenir à un club qui m'accepterait parmi ses membres.*
>
> Groucho Marx

Pour beaucoup de gens, le lieu de travail est la seule source de relations sociales. Le travail d'équipe, les réunions, le regroupement par service, et les rencontres amicales en dehors des heures de travail, contribuent au sentiment d'intégration. Le travail fournit aussi les contacts nécessaires à la socialisation. Un grand nombre d'amitiés se nouent dans le cadre du travail. Si nous avons été "socialisés" quarante heures par semaine pendant trente-cinq à quarante ans grâce au travail, il n'est pas facile de perdre d'un coup tous ces contacts. En perdant notre travail, nous perdons en même temps la meilleure opportunité de nous faire de nouveaux amis.

Beaucoup d'entre nous ont besoin d'un soutien psychologique et affectif qui nous est, lui aussi, souvent fourni par le travail. Lorsque nous perdons notre emploi, ce soutien disparaît.

Lorsque brutalement tous vos systèmes de socialisation et d'entraide s'effondrent, il ne faut pas attendre que les autres s'aperçoivent de votre désarroi ! La seule façon de reconstruire un tissu social est d'intégrer de nouveaux groupes ou associations, de se tourner vers les amis, voisins, parents, associations, humanitaires ou non, et anciens collègues.

Vos choix en ce domaine dépendent bien sûr de votre personnalité, mais ce qui compte, c'est que vous sortiez au moins deux fois par semaine hors de chez vous pour rencontrer du monde. Tâchez de vous impliquer dans un groupe - peu importe sa taille - qui a un projet précis. Il peut s'agir d'un groupe lié à la vie de la commune, de la paroisse, ou à une activité de loisirs. De cette manière, vous établirez de nouvelles relations sociales. De plus, vous aurez un but et l'occasion de retrouver une forme de reconnaissance.

> *Ne vous tenez pas à l'écart des églises parce qu'il s'y trouve trop d'hypocrites, il reste toujours de la place pour un de plus.*
>
> Un sage anonyme

Lorsque vous avez l'occasion de faire de nouvelles rencontres, rappelez-vous qu'apprendre des autres est un excellent moyen de grandir en sagesse. Trouvez des gens qui ont une vie après le boulot et intéressez-vous à ce qu'ils font. Après tout, rechercher la compagnie de personnes qui savent tirer parti de leurs loisirs est une bonne stratégie. Vous constaterez qu'ils se donnent eux-mêmes un but, une structure, et un sentiment d'intégration.

Faire carrière dans les loisirs

Le jour où l'on se retrouve à la retraite, ou provisoirement sans travail, pourquoi ne pas songer à "faire carrière dans les loisirs" ? Les gratifications de cette nouvelle carrière se nomment la satisfaction, l'épanouissement et la réalisation de buts personnels importants. Au lieu de se sentir inutile parce qu'on n'a plus d'emploi, on devrait au contraire se dire que l'on apporte une contribution significative à la société, en démontrant qu'il est possible de vivre sans travailler.

L'idée de faire carrière dans les loisirs rencontrera fatalement le scepticisme de nombre de vos amis et connaissances. Ignorez ces regards réprobateurs qui suggèrent que vous n'apportez pas votre part à la société dès lors que vous ne faites plus partie des "forces vives de la nation". Ces critiques

sont le fait d'esprits médiocres. Considérez-les comme déplacées et sans importance.

Si certaines personnes continuent de mettre en doute votre légitimité, faites leur savoir qu'il faut une motivation bien supérieure pour devenir un pro des loisirs que pour travailler. Car finalement, il n'est pas besoin d'être très intelligent ni très motivé pour accomplir un boulot qui vous donne une structure et un but préétablis. Gérer une vie de loisirs où vous devez créer votre propre structure et fixer vos propres buts est un défi bien plus exigeant. Concevoir soi-même le plan de ses journées de manière constructive demande une autre motivation que de répondre à une demande définie par d'autres.

Durant mes longues périodes sans emploi, on me demandait souvent ce que je faisais pour gagner ma vie. A quoi je répondais : "Je ne fais rien. Je suis trop riche pour travailler. A présent, je suis expert en loisirs. "

> *Les grands esprits ont toujours suscité l'opposition des esprits médiocres.*
>
> Albert Einstein

Un jour qu'une personne me demandait avec un peu trop d'insistance, si j'étais financièrement indépendant, je lui dis : "Je parle de richesse intellectuelle (et non matérielle). Il est dommage que vous en soyez dépourvu, mais je suis sûr qu'avec beaucoup de travail vous y arriverez."

J'ai reçu récemment la lettre suivante d'une lectrice de Toronto.

Cher Monsieur,

*Je viens de relire votre livre, **L'art de ne pas travailler** et j'ai eu envie de vous remercier.*

En juillet dernier, j'ai quitté un emploi à la fois frustrant et stressant, où je me ruinais la santé. J'ai lu votre livre après vous avoir vu dans une émission de télévision. Tout ce que je ressentais depuis plusieurs mois était décrit dans ses pages. C'était réconfortant de voir que quelqu'un d'autre percevait le monde du travail de la même manière que moi.

Pendant six mois merveilleux, j'ai mené la belle vie. C'était à la fois très excitant et délassant. Cela m'a donné l'occasion de voyager au Canada et en Thaïlande, et de lire une tonne de bouquins et de magazines. J'ai repris contact

avec ma famille et mes amis. Et, plus important, j'ai repris contact avec moi-même. Bien sûr, les autres sont très jaloux de ma situation, il faut dire qu'elle ressemble comme deux gouttes d'eau à la LIBERTÉ

Malheureusement, je n'ai pas les moyens financiers de me passer d'un emploi régulier. Et je recommence - hélas - à travailler en janvier prochain. Mais mon attitude a changé, car je sais maintenant que j'ai raison de ne pas être "accro au travail", et je suis déterminée à m'offrir de nouveau la belle vie (à temps partiel au moins).

Sincèrement,

Karen Hall

Karen est experte en loisirs. Pour elle, ne pas travailler est un privilège. C'est en effet ainsi que devrait nous apparaître un supplément de loisirs, au lieu d'accroître notre anxiété. Découvrir votre vraie nature peut donner beaucoup de sens à votre vie en dehors de tout contexte professionnel. Une attitude positive vous aidera à préserver le sentiment de votre valeur personnelle. Loin du travail, votre liberté grandit : liberté de penser, de réfléchir, d'agir. Il existe des possibilités infinies pour employer fructueusement votre temps libre. N'oubliez pas que se retrouver sans travail est l'occasion idéale pour découvrir qui l'on est vraiment, et la meilleure des opportunités pour réaliser nos promesses...

CHAPITRE 6

Quelqu'un m'ennuie, je pense que c'est moi

Une maladie très ennuyeuse

Deux riches voyageurs, un Américain et un Italien, discutent de la meilleure manière de jouir de la vie, lorsque l'Italien laisse tomber négligemment qu'il connaît cent manières différentes de faire l'amour. L'Américain, d'abord muet d'admiration, déclare que lui n'en connaît qu'une. Lorsque son interlocuteur lui demande laquelle, il lui décrit la manière la plus conventionnelle. L'Italien lui dit alors : "Très intéressant, je n'y aurais jamais pensé! Merci infiniment, grâce à vous, je connais maintenant cent et une manières de faire l'amour."

> *Il était connu pour son ignorance. Il n'avait qu'une seule idée et elle était fausse.*
>
> Benjamin Disraeli

Etes-vous plutôt comme cet Américain ou cet Italien? N'y a-t-il pour vous qu'une seule manière de faire les choses ? Ou bien cherchez-vous à les connaître toutes ? Celui qui se contente de la seule manière conventionnelle, s'expose à développer les symptômes décrits dans l'exercice suivant.

Exercice 6-1. N'attrapez pas cette maladie

Plus de vingt millions d'américains sont atteints de cette maladie, qui peut entraîner migraines, mal de dos, insomnie et impuissance. Pour certains médecins, elle pourrait également être une des causes du comportement boulimique, hypocondriaque, voire même de la passion du jeu. Quelle est donc cette maladie?

Si en ce moment même, vous avez mal à la tête, ou vous lisez ce livre parce que vous n'arrivez pas à dormir, ou encore vous rêvez d'un sandwich géant de cinq étages, alors que vous venez d'en avaler un, c'est que probablement vous vous ennuyez. Car l'affection décrite ci-dessus n'est rien d'autre que l'ennui.

Aujourd'hui reconnu comme l'un des problèmes de santé les plus préoccupants aux Etats-Unis, l'ennui est à l'origine de nombreux troubles physiques. Problèmes respiratoires, migraine, excès de sommeil, éruptions cutanées, étourdissements, problèmes menstruels et troubles sexuels... font partie du cortège des symptômes de cette terrible maladie.

L'ennui ôte peu à peu toute couleur à la vie. On pourrait s'attendre à ce qu'il touche plus particulièrement les personnes oisives et sans emploi, or les travailleurs sont autant concernés.

Les individus qui souffrent d'ennui chronique présentent certaines caractéristiques ; ils sont :

✓ très préoccupés des choses matérielles,
✓ très susceptibles,
✓ conformistes,
✓ inquiets,
✓ peu sûrs d'eux,
✓ peu créatifs.

Au travail comme ailleurs, l'ennui guette plus particulièrement ceux qui choisissent la voie sûre et sans risque. Parce qu'ils ne prennent aucun risque, les gens qui s'ennuient récoltent rarement les bénéfices de l'accomplissement et du contentement de soi. Tandis que ceux qui recherchent la voix stimulante de la variété connaissent rarement l'ennui. Pour les êtres créatifs, toujours à l'affût de nouvelles choses à faire, et des multiples manières de les faire, la vie se pare d'incroyables attraits et est une source continuelle de joie et d'excitation.

Comment se rendre ennuyeux

Les gens ennuyeux sont victimes de leur propre comportement, et communiquent malheureusement leur ennui à toute personne qui les approche. Si l'aventure la plus exaltante qui vous soit arrivée est d'avoir rencontré quelqu'un qui connaît quelqu'un qui a pris le Concorde, alors sans doute êtes-vous déjà la proie de l'ennui.

> *Certaines personnes sont si ennuyeuses qu'elles vous font perdre une journée entière en cinq minutes.*
>
> Jules Renard

Deux chercheurs, Mark Leary et Harry Reis, tous deux professeurs de psychologie à l'université, ont établi une échelle des comportements perçus comme ennuyeux. Parmi les comportements cités dans leur étude, on trouve notamment :

- ✓ Abuser des gros mots.
- ✓ Etre bavard.
- ✓ Se plaindre.
- ✓ Essayer d'être gentil avec tout le monde pour se faire aimer.
- ✓ Ne montrer aucun intérêt pour les autres.
- ✓ S'efforcer d'être drôle pour attirer l'attention.
- ✓ Se perdre en digressions.
- ✓ Parler de choses banales ou superficielles.

> *L'ennui s'épanouit aussi sur le terrain de la sécurité, c'est même l'un de ses symptômes.*
>
> Eugène Ionesco

Tous ces comportements sont jugés ennuyeux par la plupart des gens. (Il suffit donc de les adopter tous si vous voulez être assommant.) Certains sont jugés pires - ou plus efficaces, si vous voulez - que d'autres. Ainsi les comportements les plus ennuyeux sont : "parler de choses banales ou superficielles" et "ne montrer aucun intérêt pour les autres" ; tandis que les moins ennuyeux sont : "essayer d'être gentil avec tout le monde... " et "s'efforcer d'être drôle...".

Il nous arrive à tous d'être ennuyeux à certains moments, comme il nous arrive d'être intéressants à d'autres. Mais certains ont le chic pourtant de nous faire bâiller d'ennui au bout de quelques minutes. La question est de savoir à quel

L'art de ne pas travailler

point nous ennuyons les autres. Car si nous sommes ennuyeux pour les autres, il est probable que nous le sommes pour nous.

> *Platon est un raseur.*
>
> Friedrich Nietzsche

Si vous êtes ennuyeux ou que vous avez des manières bizarres, vous pouvez gâcher les occasions que vous avez de vous divertir en société. Voici, par exemple, quelques comportements qui pourraient passer pour étranges ou assommants :

✓ Penser que le bon temps, c'est de passer une heure ou deux à parler à son chien en sirotant des canettes de bière.

✓ Collectionner les tours Eiffel et autres monuments touristiques dans son salon.

✓ Inviter sa dernière conquête à dîner au *fastfood* du coin.

✓ S'indigner qu'un type grand, fort et costaud ait besoin de faire appel à un groupe d'entraide.

✓ Faire partie d'un club de mise en forme dont la moitié des membres possèdent un pit bull et l'autre moitié rêve d'en avoir.

✓ Aimer sa voiture, sa chaîne stéréo, son chien ou son boa constrictor, plus qu'aucun être humain.

✓ Se faire une idée de la fièvre du samedi soir qui se résume à prendre un bus et à traîner une heure ou deux au lavomatic.

✓ Proclamer sur son T-shirt préféré : "J'aime le sexe, la télé et la bière".

✓ Conduire avec plus d'un pneu dégonflé.

✓ Avoir vingt-cinq ans et trois divorces à son actif.

✓ Porter des polos tellement semblables, que quelqu'un finit toujours par demander quelque chose comme : "Tu dois le porter combien de temps ton polo, pour gagner ton pari ?"

✓ S'imaginer qu'un souper fin c'est un plateau télé arrosé de deux ou trois canettes de bière ordinaire.

✓ Se vanter de son instruction quand on a triplé sa sixième.

Si vous êtes affligé de l'un quelconque des comportements cités ci-dessus, votre amour-propre risque d'en souffrir. Quant à savoir si vous êtes réellement ennuyeux, cela dépend du nombre de gens qui le pensent.

Voici un bon moyen de savoir si vous êtes ce que les autres prétendent. Si vous rencontrez vingt personnes dans la même journée et que l'une d'elle vous prend pour un cheval, vous n'avez aucun souci à vous faire. Si vous rencontrez vingt personnes dans la même journée et que deux d'entre elles vous prennent pour un cheval, il n'y a toujours pas lieu de s'inquiéter. Cependant, si vous rencontrez vingt personnes dans la même journée et que dix-

Je sais que nous nous sommes déjà rencontrés, mais impossible de me rappeler votre nom.

Vous trouvez que je suis ennuyeux?

sept ou plus vous prennent pour un cheval, courez immédiatement vous procurer une selle et de l'avoine ! Bien sûr, une autre solution consiste à cesser de vous prendre vous-même pour un cheval.

Si vous avez la réputation d'un rabat-joie, qui met de l'ambiance dans une soirée dès qu'il s'en va, peut-être faudrait-il faire quelque chose pour tenter d'améliorer la situation. Certains psychologues affirment que le charisme n'est pas une caractéristique innée mais une qualité qui s'acquiert. Ce charme particulier qui attire les autres tel un aimant et entraîne les foules, comme beaucoup de choses, s'apprend. Cela demande de développer votre rayonnement intérieur et de projeter votre amour de la vie sur les êtres et tout ce qui vous entoure. Les personnes douées de charisme ont une haute idée d'elles-mêmes ; lorsque vous avez un sens aigu de votre valeur, celle-ci se reflète dans l'énergie positive et la joie de vivre que vous manifestez.

La véritable cause de l'ennui

Il nous arrive tous de bâiller d'ennui de temps à autre. Paradoxalement, beaucoup de conquêtes pour lesquelles nous avons âprement lutté, finissent par nous ennuyer. Un

nouvel emploi devient un jour fastidieux. Une relation d'abord excitante devient terne. Le temps libre qui nous avait paru si précieux se transforme en temps mort.

Lorsque l'ennui nous tombe dessus, il y a mille coupables à incriminer : la société, les amis, la famille, les programmes insipides de la télévision, les villes anonymes, la crise économique, le chien débile du voisin, ou encore le ciel maussade. L'imputer à des causes extérieures est évidemment la solution la plus simple ; ainsi nous évitons de reconnaître notre propre responsabilité.

D'après les psychologues, plusieurs facteurs contribuent à l'ennui. Parmi les plus courants qu'ils recensent, mentionnons :

Pour vivre libre et heureux, vous devez sacrifier l'ennui. Mais ce sacrifice n'est pas toujours facile à faire.

Richard Bach

✓ les aspirations déçues,
✓ les emplois subalternes,
✓ le manque d'activité physique,
✓ la tendance à rester spectateur,
✓ le manque de participation.

Ce qui soulève naturellement une question : qui est responsable de notre manque d'activité physique, de nos aspirations déçues, de notre emploi subalterne, de notre tendance à rester spectateur plutôt qu'acteur ? Ce n'est que parce que nous acceptons ces situations que l'ennui s'installe dans notre vie.

Car bien sûr, en dernier ressort, c'est nous qui sommes responsables de notre ennui. Il ne tient qu'à nous de rendre notre vie plus intéressante, si c'est ce que nous voulons.

En rejeter la faute sur les autres ou sur les circonstances ne risque pas de résoudre notre problème. Nous seuls en détenons la clé. Pour vaincre l'ennui, nous devons en accepter la responsabilité et décider de faire quelque chose pour y remédier. Dès l'instant où nous sommes prêts à l'affronter, l'ennui cesse d'être un problème.

Dylan Thomas disait : S'il vous arrive de souffrir de langueur, rappelez-vous qui en est la cause : vous, et vous seul. Si vous vous ennuyez, c'est probablement que vous êtes ennuyeux.

Quelqu'un m'ennuie, je pense que c'est moi

Le paradoxe de la vie facile

Les personnes qui souffrent d'ennui empruntent la voie facile parce que c'est la plus confortable et la plus sûre. Beaucoup ont tendance à rechercher la facilité. A vrai dire, la plupart d'entre nous recherche *toujours* la facilité. Le problème c'est qu'en optant pour la facilité, la vie devient de plus en plus difficile à long terme. Ce qui se résume dans une règle très simple et paradoxale :

Figure 6-1

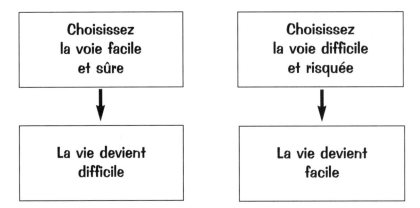

La figure 6-1 illustre cette règle : lorsqu'on choisit la voie facile et sûre, la vie devient un jour difficile. 90 % des gens choisissent cette route parce qu'ils privilégient leur confort immédiat. Lorsque nous choisissons la voie difficile et risquée, la vie devient facile. Seuls 10 % d'entre nous prennent cette seconde voie, parce qu'ils savent que pour être gagnant demain, il faut accepter un certain risque et donc un certain inconfort aujourd'hui.

Le plus grand obstacle à la réussite est précisément l'étape inconfortable qu'il faut franchir pour atteindre le succès. Or il est parfaitement humain de vouloir éviter de souffrir et de rechercher le plaisir. Choisissons la voie facile et nous sommes sûrs de tomber dans l'ornière de la routine[5]. La seule différence entre cette ornière et une tombe est une question de dimension. Dans cette ornière nous rejoignons le flot des morts-vivants, alors que dans la tombe, nous rejoignons les morts-morts. Attention, le paradoxe de la vie facile est une loi aussi puissante que celle de la pesanteur.

---

[5] Le même mot signifie à la fois routine et ornière en anglais. NdT

Plaisantez avec la loi de la pesanteur, en sautant du haut d'un bâtiment, et vous verrez comme elle se rappellera durement à votre souvenir. De même, si vous plaisantez avec la loi que nous venons d'énoncer, en préférant la voie facile, là aussi vous aurez du mal à vous relever. Cela semble se vérifier à tous les coups.

Dans la vie, tout a un prix. Avoir des loisirs de qualité demande aussi un effort. La plupart des gens choisissent la passivité, parce que sur le moment, c'est ce qui semble le plus commode. Mais au bout du compte, ils passent à côté de plaisirs immenses. Suivez mon conseil, et ne rejoignez pas la cohorte de ceux qui choisissent le confort aux dépens de leur accomplissement et de leur satisfaction.

Il semble que le paradoxe de la vie facile ait influencé Lynn Tillon, une habitante de New York. Celle-ci m'a écrit la lettre suivante, après avoir lu la première édition de ce livre :

Cher Monsieur,

    Dans les cinq dernières minutes, j'ai suivi plusieurs des suggestions de votre livre **L'art de ne pas travailler.**

    1. Vouloir vous écrire... et le faire.

    2. Choisir la difficulté maintenant, pour que la vie devienne plus facile ensuite.

    3. Oublier le style formel qu'on utilise généralement pour écrire à un "étranger".

    4. Ecrire une lettre, ce que je n'ai pas fait depuis des années (bien que je me sois toujours promis de le faire).
Contrairement à d'autres livres, à certains moments je pouvais mettre celui-ci de côté (pour y réfléchir et faire les exercices), mais à d'autres moments, j'en étais incapable. Il me tenait en haleine, je le lisais compulsivement. La nuit dernière il m'a tenue éveillée pendant des heures, m'obligeant à faire le point, à construire des projets, à imaginer ce que je voulais vraiment faire de ma vie. Et finalement, ce matin, je l'ai terminé. Puis, comme je me disais que j'aimerais bien vous écrire, je suis tombée sur votre adresse, à la fin du livre.

    Je m'occupe de jeunes délinquants, au sein d'un organisme public de la ville de New York. J'ai fait des copies du "paradoxe de la vie facile". Les adolescents ont paru intéressés et enthousiastes. Cette règle leur a inspiré des rapprochements avec leur propre vie qui m'ont épatée. Par exemple,

l'argent facile gagné en vendant de la drogue, entraîne beaucoup de souffrances pour les familles ainsi que de graves dangers, sans parler de la prison. Si moi-même j'avais essayé de dire ces choses, j'aurais eu l'air de prêcher.

*Personnellement, j'aspire à **quitter** ce travail, qui m'impose entre autres de passer trois heures par jour dans les embouteillages, et qui me laisse si peu de loisirs alors qu'il est plutôt stressant. Votre livre m'a donné de l'espoir (et des outils) pour envisager, dans un premier temps, de vivre plus librement et de profiter du moment présent, en attendant de sauter le pas...*

J'aimerais beaucoup recevoir de vos nouvelles. De mon côté, je vous tiendrai au courant des progrès de ma "reconversion".

Amicalement,

Lynn Tillon

Comment se comporter avec les raseurs ?

Nous connaissons tous quelques raseurs, qui semblent tout connaître sur l'art d'assommer les gens. Disons que leur compagnie est un petit peu pénible à supporter. Si vous êtes comme moi, au bout de quelques instants, vous commencez à vous tortiller sur votre siège et à essayer de trouver une porte de sortie.

> *Il y a plus de gens assommants maintenant, qu'il y en avait quand j'étais petit garçon.*
>
> Fred Allen

Pour surmonter l'ennui que nous inspirent ces personnes, nous devons agir et admettre tout d'abord que ce ne sont pas ces pauvres bougres qui sont responsables de notre ennui, mais nous-même. Une solution quand on a affaire à des gens ennuyeux consiste à changer le regard que nous portons sur eux. Peut-être, les avons-nous jugés un peu vite. Souvent nous attendons trop des autres, et ne savons pas reconnaître leurs mérites. Pour vous aider à surmonter l'ennui que suscitent certaines personnes, exercez-vous à être un saint. Essayez de trouver quelque chose d'intéressant et de fascinant à leur

sujet. Et, souvent, vous vous apercevrez que ces personnes ne sont pas si ennuyeuses que ça. Peut-être trouvez-vous que cette solution convient pour la plupart des gens, cependant vous connaissez un individu si ennuyeux qu'il viendrait à bout de toutes les patiences, même les plus angéliques. Dans ce cas, vous devez prendre les dispositions nécessaires afin de réduire au maximum le temps que vous passez avec lui. Dans un cas extrême, peut-être devrez-vous carrément l'éliminer de votre vie... puisqu'en fin de compte, cela ne tient qu'à vous.

Si vous faites un travail ennuyeux, vous deviendrez ennuyeux

Si vous rencontrez des gens vraiment heureux et enthousiastes, vous remarquerez qu'ils sont en fait pris par le *but* de leur vie. Souvent ce but ne fait qu'un avec leur profession ;

Tu sais, Georges, tu m'ennuies à mourir, je vais te mettre en attente un moment

mais il peut aussi s'exprimer par une passion ou un violon d'Ingres. Les personnes douées pour la vie éprouvent généralement une vraie passion pour leur travail. Et vous, vous faites bien votre travail, mais est-ce que votre travail vous fait du bien ? Si c'est le cas, votre travail est votre passion et fait partie de votre but essentiel. Celui-ci se manifeste à travers votre occupation, quelle qu'elle soit, lorsque vous utilisez vos talents pour produire quelque chose d'unique.

De la même manière, si vous ne travaillez pas, parce que vous êtes au chômage ou à la retraite, est-ce que vos loisirs sont faits pour vous ? Si vous avez des passe-temps ennuyeux et monotones, vous risquez fort de devenir à votre tour ennuyeux et monotones. Dans ce cas, vous devez vous orienter vers des loisirs plus stimulants, qui comportent un minimum de risque et mettent un peu de piquant dans votre vie.

Si vous travaillez et que votre fonction comporte surtout des tâches que vous jugez extrêmement fastidieuses, il serait bon d'envisager des changements dans votre travail ou de le quitter. Dans son pamphlet, *Abolish work : workers of the world : relax!*[6] abolissons le travail : travailleurs du monde entier, reposez-vous), Bob Black tente de

> *Je faisais un boulot vraiment ennuyeux : je nettoyais les fenêtres des enveloppes.*
>
> Rita Rudner

secouer notre torpeur : "On est ce que l'on fait", écrit-il. "Si l'on s'adonne à un travail monotone, stupide et ennuyeux, il y a de grandes chances que l'on devienne à son tour monotone, stupide et ennuyeux."

Si vous êtes attaché à votre carrière, quitter un boulot même médiocre ne sera pas facile. Peut-être l'argent vous manque, et le temps de rechercher un autre emploi. Cependant, si vous avez la moindre opportunité de quitter un boulot ennuyeux et déshumanisant, il faut le faire maintenant, pour votre santé et pour votre avenir. Faire trop de concessions pour conserver votre travail vous conduira tout droit à l'ennui (et à être ennuyeux).

Inutile d'être riche pour prendre un congé sabbatique

Si quelques semaines de vacances permettent de récupérer, elles ne suffisent pas à prévenir l'ennui et l'épuisement au travail. Perdre tout enthousiasme pour sa profession n'est souhaitable pour personne. Si votre travail se résume à répéter les mêmes tâches que vous faisiez déjà il y a cinq ans, un congé sabbatique pourrait vous faire le plus grand bien. Si votre travail ne vous inspire plus, peu importe la détente que vous procureront vos quelques semaines de vacances, cellesci ne suffiront pas à vous redonner le goût de votre travail. Rien ne vaut un vrai congé sabbatique pour retrouver un esprit frais et dispos.

Envisagez sérieusement un congé sabbatique afin de changer d'entourage et d'environnement et de voir le monde avec

---

[6] Publié en français sous le titre : *Travailler, moi ? Jamais ! L'abolition du travail*, aux éditions L'Esprit Frappeur. NdT

> *Toujours travailler sans jamais s'amuser, vous rend aigri, et fait de votre femme une riche veuve.*
>
> Ivan Esar

d'autres yeux. Si vous n'avez pas pris plus d'un mois de vacances depuis des années, il est temps aujourd'hui d'expérimenter une vie différente et d'élargir votre horizon.

Dans un monde qui évolue si vite, nous devrions tous prendre un congé sabbatique tous les cinq ou dix ans. C'est une cure de jouvence pour le corps et l'esprit, qui permet aussi de se renouveler sur le plan professionnel. S'éloigner de son travail pendant un certain temps rafraîchit les idées. Pour être efficace, un congé sabbatique doit durer au moins six mois. Au-delà de deux ou trois ans, il peut permettre d'acquérir un nouveau diplôme ou de nouvelles compétences.

Richard Procter, un habitant de Toronto, m'a envoyé cette lettre durant l'été 1995.

Cher Monsieur,

Il y a quelques années, j'ai remporté une loterie dans l'entreprise où je travaillais, bien que je n'aie pas participé à l'événement. J'ai trouvé cela curieux, mais quoi qu'il en soit, j'ai accepté le bon d'achat de cent francs que j'avais gagné chez un libraire. Je faisais le tour des rayons, quand le titre de votre livre a attiré mon attention ; alors je l'ai acheté.

*Eh bien, cela vous intéressera peut-être de savoir que votre livre **n'a pas** changé ma vie, cependant il a confirmé un bon nombre des principes que j'applique depuis des années. Vous êtes parvenu à formuler et à présenter d'une manière tout à fait appropriée de nombreuses idées qui tournaient dans ma tête depuis que je me suis trouvé confronté au besoin de gagner ma vie, il y a plus de vingt ans maintenant.*

Je travaille en tant que consultant et formateur en informatique. A présent, j'effectue des missions de courte ou moyenne durée. Entre deux, je prends un à plusieurs mois de congé. Cette façon de travailler me permet de me livrer à quelques-unes des activités de loisir que vous suggérez dans votre livre et à d'autres encore auxquelles vous n'avez pas

Quelqu'un m'ennuie, je pense que c'est moi

pensé. Je ne pourrais pas imaginer de vivre autrement. Je suis reconnaissant à la révolution informatique de m'avoir permis de continuer comme ça ! J'adore voyager. Je viens de passer deux mois au Mexique et en Californie. Mais je me consacre aussi à plein d'autres choses que personne ne semble avoir le temps de faire.

En tout cas, j'ai prévu de me rendre dans votre région et de visiter Edmonton fin août, avant de descendre en canoë la rivière Nahanii. Si vous en avez le temps, je serais heureux de vous inviter à déjeuner ou à dîner pour parler du travail et des loisirs. Seriez-vous disponible à ce moment-là ?

Un grand merci pour avoir écrit un si bon bouquin.

Richard Procter

Comme je travaillais à un autre livre, je n'ai pas répondu tout de suite à Richard, du moins pas avant qu'il ne quitte Toronto pour venir à Edmonton. Cependant, le hasard a encore frappé. Alors que je me trouvais avec un ami dans mon café favori, à Edmonton, Richard entra, accompagné d'une cousine, Nancy, et me reconnut à la photo qu'il y avait au dos de mon livre. Richard et Nancy m'invitèrent à dîner quelques jours plus tard.

> *Si vous voulez n'être personne, ne faites rien.*
>
> B. C. Forbes

Je pus ainsi me rendre compte à quel point Richard était fin connaisseur en matière de loisirs. Conscient que parfois moins veut dire plus : moins de travail signifie plus de temps pour se faire plaisir. Pour lui, un congé sabbatique au moins une fois par an, est un moyen idéal de profiter pleinement de la vie. L'ennui n'a pas sa place dans sa vie. La dernière fois que j'ai reçu de ses nouvelles, c'était juste avant que j'entreprenne la révision de cet ouvrage. Il était précisément dans une de ses périodes sabbatiques au Moyen Orient, avec une de ses anciennes petites amies australiennes. Son courrier portait un timbre d'Egypte.

Notez que les congés sabbatiques ne sont pas réservés aux riches. Bien que je n'aie pas gagné beaucoup d'argent au fil des années, je n'ai eu besoin de travailler que la moitié du temps depuis que je suis adulte. Avec l'autre moitié, j'ai repris des études à l'université, et je me suis offert toutes sortes de vacances. Ayez suffisamment d'imagination pour concevoir un mode de vie avec peu de besoins matériels et vous pourrez vous aussi vous accorder plus facilement des congés sabbatiques. Et qui sait, votre fraîcheur d'esprit retrouvée pourrait vous conduire à gagner beaucoup plus d'argent que si vous ne vous étiez pas offert cette trêve salutaire.

Quelle chance vous avez d'avoir des problèmes !

Le refus d'accueillir les problèmes peut encore aggraver l'ennui qui règne dans notre vie. Les esprits créatifs considèrent les problèmes les plus complexes comme des occasions de grandir. Nous devrions tous accueillir les problèmes d'abord comme une opportunité d'avoir la satisfaction de les résoudre.

Comment envisagez-vous les problèmes qui se posent à vous ? Considérez-vous toujours un problème important et complexe comme une situation pénible ? Eh bien, c'est dommage, car plus un problème est sérieux, plus il représente un défi stimulant. Et plus le défi est grand, plus on a de satisfaction à le relever. Etre créatif signifie accueillir les problèmes comme des opportunités de progrès. La prochaine fois que vous rencontrez un gros problème, soyez attentif à vos réactions. Si vous avez confiance en vous, vous serez content de cette nouvelle occasion de tester votre inventivité. Si ce problème réveille votre anxiété, souvenez-vous que vous avez comme tout le monde la faculté de lui apporter une réponse originale. En fait, tout problème constitue une occasion idéale de trouver des solutions neuves.

> *Tout problème tient entre ses mains un cadeau. Nous recherchons les problèmes parce que nous avons besoin de leurs cadeaux.*
>
> Richard Bach

On écrit beaucoup de choses sur les problèmes et la façon de les gérer. Ceux-ci peuvent nous apparaître comme la meilleure ou la pire des choses. A ce propos, voici quelques points qui méritent réflexion. Que vous considériez ces points comme positifs, négatifs ou... horribles, n'est qu'une question d'interprétation.

Il se peut que vous rêviez d'une vie sans problème, mais alors elle ne vaudrait pas la peine d'être vécue. Si vous étiez relié à un robot qui ferait tout pour vous, tous vos problèmes seraient résolus. Et pourtant, il est probable que vous regretteriez votre vie actuelle et toutes ses vicissitudes. Pensez-y, chaque fois que le rêve d'une vie sans problèmes vous reprend.

Si vous voulez vous débarrasser d'un problème, il suffit d'en trouver un plus grand. Supposons que vous ayez du mal à décider quoi faire de votre après-midi et, alors que vous vous apprêtez à vous pencher sur ce problème, apparaît un ours énorme et terrible, qui se tourne vers vous l'air menaçant. Le petit problème de votre indécision n'aura pas résisté à celui de l'ours. La prochaine fois que vous rencontrez un problème, imaginez-en un plus sérieux, et votre petit problème aura disparu.

Résoudre un problème en crée souvent d'autres. Cela peut se vérifier de maintes manières. Admettons que notre problème soit de ne pas être marié. Alors nous nous marions... et goûtons tous les problèmes du mariage. Ou bien, supposons que notre garde-robe nous paraisse insuffisante. Une fois ce problème résolu, nous n'avons plus assez de place pour ranger tous nos vêtements, et nous ne savons plus quoi mettre. Ou encore, imaginons qu'un gros lot nous fasse passer de la précarité à l'opulence. Cette nouvelle situation crée toute une série de problèmes, comme d'être soudain encombré d'amis dont nous n'avons rien à faire.

Quant aux problèmes réellement graves, qui concernent des événements pénibles ou des échecs personnels cuisants, ils se révèlent très souvent des opportunités de grandir et de se transformer. De nombreuses personnes confirment que traverser un divorce, perdre sa chemise dans une affaire ou au casino peut ébranler sérieusement notre moral, mais aussi nous sortir de notre torpeur.

Essuyer un revers tel que se voir refuser une promotion attendue peut provoquer un sursaut et réveiller notre imagination endormie. Combien de gens témoignent que leur licenciement est la meilleure chose qui leur soit jamais arrivée. Comme vous le savez maintenant, j'en fais partie ; me retrouver sur le carreau m'a permis de découvrir ce que je voulais vraiment faire de ma vie. Les problèmes sérieux agissent comme des secousses qui ébranlent nos certitudes et nous aident à rompre nos habitudes de pensée.

Prenez le risque de sacrifier votre ennui

Dans ce qui précède, nous nous sommes attachés à montrer que les problèmes cachaient en fait des opportunités ; que plus ils étaient sérieux, plus grande était notre satisfaction de les résoudre. Dans ce cas, pourquoi tant de gens tentent de les éviter comme s'il s'agissait d'une meute de pit bulls enragés. Une des raisons essentielles réside dans leur crainte d'échouer à trouver la solution. Or la meilleure façon de nous débarrasser de l'ennui est de prendre des risques. En nous exposant à l'éventualité d'un échec, c'est notre ennui que nous mettons en péril.

> *Pour cueillir le fruit de l'arbre, vous devez prendre des risques.*
>
> Shirley MacLaine

C'est ce qu'a fait Moe Roseb. Après avoir acheté mon premier livre, Moe m'a appelé de San Diego pour parler du pouvoir de la créativité. Notre conversation a beaucoup tourné autour de la nécessité de prendre des risques dans la vie. A quarante-six ans, ses enfants étant partis de la maison, Moe a décidé de changer complètement de vie et de quitter Toronto pour s'installer en Californie. Il m'a raconté à quel point ses amis, qu'il connaissait pour la plupart depuis longtemps, manquaient de fantaisie. Certains passaient le cap difficile de la quarantaine. Beaucoup ne s'apercevaient pas que Moe et sa femme n'étaient plus les mêmes, bien qu'ils aient tous deux profondément évolué. Moe trouvait que dans l'ensemble la relation avec ses amis stagnait.

Moe en voulait-il à ses amis de cette situation ? Pas du tout. Il a choisi de sacrifier son ennui et de trouver une solu-

tion à ce problème. Il est parti pour la Californie, vers un nouvel environnement, une nouvelle vie et de nouveaux amis.

Moe voyait ainsi les choses : "A quarante ans, la plupart de mes amis traversent une crise, moi j'ai décidé de vivre plutôt une nouvelle aventure."

Seuls les nuls ont peur de passer pour des nuls

D'un côté, les Occidentaux sont obsédés par la réussite, de l'autre, la plupart ont une peur bleue de l'échec et font tout pour l'éviter. Or le désir de réussir et celui d'éviter l'échec sont contradictoires. L'échec est une étape nécessaire pour atteindre la réussite. Il faut souvent faire l'expérience de multiples échecs avant de connaître le succès. Finalement, le chemin de la réussite ressemble à peu près à ceci :

échec échec échec échec échec **réussite**

La route de maints succès est en effet pavée d'échecs, d'échecs, et encore d'échecs. Et pourtant, les gens essayent à tout prix de s'en préserver. La peur de l'échec est liée à d'autres peurs : la peur de passer pour un imbécile, la peur d'être critiqué, la peur de perdre le respect d'autrui, la peur de perdre sa sécurité financière. Mais fuir l'échec revient à fuir la réussite.

> *Si vous voulez doubler votre taux de réussite, il suffit de doubler celui de vos échecs.*
>
> Tom Watson

Nous nous abstenons généralement de prendre des risques car nous craignons de passer pour des nuls si nous échouons. Nous sommes si anxieux d'être aimés que nous renonçons à faire quoi que ce soit qui puisse nous desservir. Eviter le risque est devenu la norme. Ce qui bride énormément notre créativité et notre vitalité. Nous devons prendre le risque de passer pour des imbéciles et de nous tromper, si nous voulons être créatifs et vivre au maximum de nos possibilités.

Si vous vous gardez de prendre des risques par peur de ce que les gens vont penser en cas d'échec, rassurez-vous,

L'art de ne pas travailler

sachez que beaucoup de gens penseront du mal de vous de toutes façons. Si vous réussissez, ils seront encore moins indulgents à votre égard. Car plus on réussit, plus on s'expose à être condamné. A vrai dire, la plupart des pensées que nous inspirent les autres se fondent sur la critique. Peu importe que vous réussissiez ou non, vous serez de toute façon mal jugé. Alors quelle importance? Autant prendre le risque ! Au moins aurez-vous éliminé l'ennui, et introduit un changement radical dans votre vie.

Figure 6.2 La pyramide des nuls

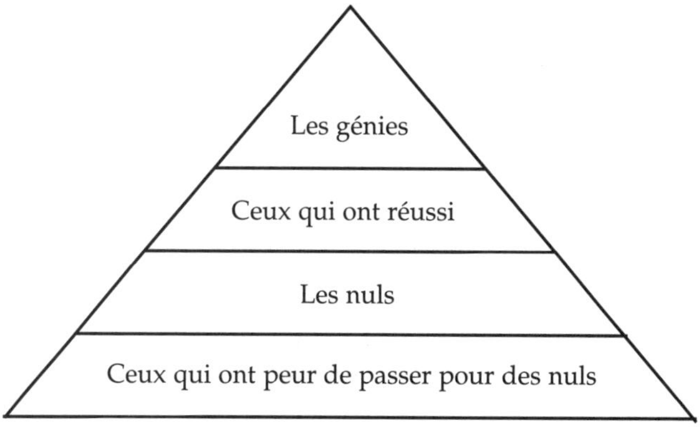

Les génies

Ceux qui ont réussi

Les nuls

Ceux qui ont peur de passer pour des nuls

La "pyramide des nuls", figure 6-2, illustre le fait qu'avoir peur de passer pour un nul est pire qu'être effectivement nul. Les génies et les gens qui ont réussi, que ce soit dans leur travail ou dans leurs loisirs, ont surmonté leur peur du ridicule. Ils savent que pour mener à bien leurs entreprises, ils doivent essuyer de nombreux échecs et prendre régulièrement le risque de se tromper.

Prendre le risque de faire des erreurs est essentiel si l'on veut maîtriser sa vie. Se tromper est bien plus favorable sur le plan du développement personnel que d'avoir peur de se tromper. Car réussir dans la vie *nécessite* que l'on fasse des erreurs.

Osez être différent

Etre inventif dans ses loisirs, c'est être capable de penser et de faire des choses inhabituelles. Ainsi vous pouvez créer quelque chose de nouveau et d'intéressant dans votre vie. Cela demande du courage, car on vous critiquera pour avoir l'audace de sortir de la mêlée. Mais si vous gardez un état d'esprit positif, vous parviendrez à ignorer les critiques, ou même à les trouver parfaitement injustifiées.

Oser vivre différemment est le moyen le plus sûr de vaincre l'ennui. Ce n'est pas en restant conformiste que l'on accomplit de grandes choses. Pour réaliser quelque chose de différent dans ce monde, il faut commencer par être soi-même différent. Faites quelque chose qui sorte de l'ordinaire et oubliez le regard des autres.

Einstein, Edison, Mère Teresa, Gandhi, John Kennedy... avaient tous quelque chose en commun : ils se distinguaient de la foule. Aucun d'eux n'était conformiste.

Ne soyez pas une copie, mais plutôt un "original". Réfléchissez à la façon dont vous limitez votre vie en vous efforçant d'être comme les autres. Si vous avez un besoin maladif de toujours vous adapter et de vous faire accepter, vous vous préparez à vivre une vie d'ennui et en plus vous risquez de passer

> *J'aimerais mieux être assis sur une citrouille et l'avoir à moi tout seul, que de m'agglutiner avec d'autres sur un coussin de velours.*
>
> Henry David Thoreau

pour quelqu'un d'ennuyeux. Autrement dit, si vous voulez mener une vie terne, soyez conformiste, si vous voulez une vie intéressante et excitante, osez être différent.

Si vous ressentez de l'ennui, c'est que vous l'avez laissé s'installer dans votre vie. La meilleure façon de le vaincre, c'est de lutter contre lui. N'oubliez pas que si vous vous ennuyez, c'est probablement parce que vous êtes ennuyeux. La seule personne qui puisse vous aider à vaincre cet ennui, c'est vous-même. Vous avez le pouvoir de rendre votre vie intéressante, servez-vous en. C'est un ordre !

Réveillez votre flamme, plutôt que de vous réchauffer à celle d'un autre

La danse de la motivation

Il y a longtemps de cela, un jeune homme rassembla tout son courage et invita une jeune fille à danser. Au bout de quelques minutes, celle-ci lui déclara qu'il dansait "comme un pied", pire "comme on conduit un camion".

Cette expérience était suffisamment traumatisante pour le décourager et lui couper à jamais l'envie de danser. Tout un chacun eût préféré rester chez soi à regarder la télévision, faire tapisserie ou s'ennuyer à regarder les autres danser... Bien au contraire, ce garçon se prit d'une véritable passion pour la danse, et s'y adonna de nombreuses années.

> *Je pourrais danser avec toi jusqu'à ce que les vaches rentrent à l'étable. A la réflexion, j'aimerais mieux danser avec les vaches jusqu'à ce que tu rentres à la maison.*
>
> Groucho Marx

Ce jeune homme a persévéré parce qu'il avait un amour propre et une motivation solides. C'est ainsi qu'il est devenu l'un des grands danseurs de notre temps. A sa mort, en mars 1991, cinq cents écoles de danse ont reçu son nom. Pendant onze années, il a animé une émission de télévision au cours de laquelle toutes sortes de gens ont appris à danser, y compris des "conducteurs de camion". Cet homme s'appelait Arthur Murray. C'est à la force de sa motivation qu'il doit d'être devenu un danseur de talent. Sa confiance dans sa capacité à apprendre et à s'améliorer lui a permis de révéler son véritable potentiel.

L'histoire d'Arthur Murray souligne l'importance de la motivation mais aussi de l'attitude personnelle. L'une ne va pas sans l'autre. On ne peut rien accomplir sans motivation. Si vous voulez réussir vos loisirs, vous devez apprendre la "danse de la motivation".

Etes-vous suffisamment motivé pour lire ce qui suit ?

Une joueuse de tennis motivée

Si vous lisez ce livre, c'est qu'à un moment ou à un autre vous en avez éprouvé la motivation. Peu importe sa nature : vous étiez en proie à l'ennui et n'aviez rien de mieux à faire ; vous appréciez les livres à thème qui stimulent la réflexion; vous êtes un tantinet masochiste et vous aimez lire des livres qui vous barbent ; vous lisez ce genre de livres pour vous endormir la nuit ; ou bien vous vous sentez obligé de lire ce livre qu'un ami vous a offert. Quoi qu'il en soit, quelque chose vous a poussé à ouvrir ce livre et à le lire jusqu'à maintenant.

La motivation, c'est le processus qui provoque en nous l'impulsion d'agir. Un manque de motivation se traduira par une absence d'action. Or pour accomplir quoi que ce soit, il faut bien commencer par agir.

CHAPITRE 7

Réveillez votre flamme,
plutôt que de vous réchauffer à celle d'un autre

On sait qu'une attitude négative et une motivation faible constituent des obstacles majeurs à l'épanouissement. Même si le talent et la connaissance constituent des atouts importants, ils ne garantissent pas la réussite. Ils y contribuent disons pour 15 %, les 85 % restants dépendent de la qualité de notre motivation et de notre attitude.

Un chercheur, David McClelland, qui s'est beaucoup intéressé aux liens qui existent entre réussite et motivation, révèle que seuls 10 % de la population américaine se sentent fortement motivés et déterminés à réaliser quelque chose dans leur vie. Ceux qui réussissent en ce monde sont motivés par un désir d'accomplissement. La plupart des gens se croient mus par ce désir, mais bien peu passent réellement à l'action.

McClelland affirme qu'un des signes les plus significatifs du désir d'accomplissement se repère à la tendance qu'ont certaines personnes, à toujours se donner des défis alors que rien ne les y contraint. Les individus dotés d'un fort désir d'accomplissement réfléchiront au moyen de le concrétiser au lieu de se laisser aller à la détente, par exemple.

> *Apprendre, c'est découvrir ce que tu sais déjà. Faire, c'est prouver que tu le sais.*
>
> Richard Bach

Ce qui distingue ceux qui réussissent, c'est qu'ils réfléchissent de manière active et non passive. Les études dont ils font l'objet montrent qu'ils passent même beaucoup de temps à réfléchir. Leur sentiment de s'accomplir ne se fonde pas simplement sur leur action physique, mais aussi sur leur aptitude à la méditation, à la réflexion et à la rêverie.

Ceux qui réussissent réfléchissent au sens de leur accomplissement personnel. Et pour finir, ils réalisent ce qu'ils avaient prévu. C'est toute la différence.

Il n'y a pas de satisfaction sans motivation

Bien qu'une faible minorité d'entre nous se motive suffisamment pour vivre une vie satisfaisante, les psychologues disent que tous les individus sont motivés en permanence. Il semble qu'il y ait là une contradiction. Je connais beaucoup de personnes qui ne peuvent même pas prononcer le mot

L'art de ne pas travailler

"motivation", alors de là à en faire l'expérience...

Ce que ces psychologues veulent dire, c'est que tout ce que nous faisons est le résultat d'une motivation. Cependant, beaucoup de gens sont surtout motivés à faire le minimum, voire rien du tout. C'est ce que j'appelle une *motivation néga-tive*, car elle détermine des comportements qui vont à l'encontre de la réussite.

Parce qu'elles sont victimes de leur propre insécurité et de leurs échecs passés, les personnes qui ont une attitude négative et une motivation médiocre, se contentent de suivre le mouvement. Elles passent leur temps à se plaindre. Elles commencent des choses qu'elles ne finissent pas. Elles répè-tent constamment les mêmes erreurs, et rien autour d'elles ne semble marcher. Le plus triste, c'est qu'elles sont incons-cientes de leur négativité.

> *J'apprends de mes erreurs. De sorte que je peux les refaire plus faci-lement la fois suivante.*
>
> Un sage anonyme

Le besoin de sécurité et la peur de prendre des risques aboutissent généralement à une motivation faible sinon à l'inaction totale. Si la peur peut être parfois un moteur puissant, le plus souvent, elle agit négativement en induisant des comporte-ments contraires à notre satisfaction.

D'autres schémas de pensée négatifs, tel le syndrome de "la-réponse-à-tous-nos-problèmes", ont également une influence néfaste. Ce syndrome correspond au mythe adoles-cent du "sauveur", auquel nous avons tous adhéré étant jeunes. Je connais malheureusement beaucoup de gens qui poursuivent ce fantasme alors qu'ils ont la cinquantaine voire la soixantaine bien tassée. Les rêves adolescents sont d'ailleurs une spécialité des adultes faiblement motivés qui doutent d'eux-mêmes.

> *Défendez vos limitations, au moins vous serez sûr qu'elles sont les vôtres.*
>
> Richard Bach

Voici quelques-unes des formes que peut prendre le syndrome de "la-réponse-à-tous-nos-problèmes" : "Si seulement je pouvais gagner 20 millions à la loterie, alors je serais heureux" ; "Si seulement je pouvais rencontrer un homme (une femme) plus intéressant(e), alors je ne m'ennuierais plus" ; "Si seulement je pouvais trouver un boulot plus motivant et bien payé, alors je commencerais à

vivre"... Les personnes affligées par ce syndrome cherchent en fait une voie facile au bonheur, alors qu'il n'y en a pas. Attendre que surgisse "la-réponse-à-tous-nos-problèmes" est en fait un moyen d'éviter de faire l'effort nécessaire pour que ça marche.

Il existe bien d'autres modes de raisonnement inadaptés qui traduisent une motivation défaillante. Si, par exemple, vous partagez l'une des idées suivantes, vous vous soumettez à des incitations négatives qui ne peuvent que contrarier votre réussite :

✓ Je suis le seul à avoir des problèmes pareils. Il n'est pas possible que quelqu'un d'autre soit aussi malheureux que moi.

✓ Vous ne pouvez rien m'apprendre que je ne sache déjà.

✓ Il faut que tout le monde m'aime. Si quelqu'un ne m'aime pas, je me sens terriblement mal.

✓ J'ai le droit d'avoir ce je veux dans la vie et il n'est pas normal que je sois déçu.

✓ Le monde devrait être juste, particulièrement envers moi.

✓ Les gens sont tellement différents de ce qu'ils devraient être.

✓ Je ne peux pas changer, je suis fait comme ça.

✓ Je serai toujours influencé par mon enfance. C'est de la faute de mes parents si je suis comme ça.

✓ Les pouvoirs publics ne font pas assez pour les gens comme moi.

✓ Je suis désavantagé parce que je n'ai pas l'argent, le physique ni les relations qu'il faut.

✓ Je suis quelqu'un de brave, bien intentionné avec tout le monde, pourquoi les autres ne sont-ils pas gentils avec moi ?

Entretenir ce genre d'idées, c'est s'exposer à beaucoup de souffrance et de frustration. Car ce sont autant d'excuses pour ne pas se donner les moyens de réussir.

Reprocher au monde de vous être hostile est le meilleur moyen pour qu'il continue de vous être hostile. Même si vous croyez apercevoir la lumière au bout du tunnel, ce ne sera qu'un train qui vient en sens inverse. Vous finirez par

donner raison à ce vieil adage norvégien : "Rien n'est si grave qui ne puisse empirer".

L'exercice suivant a pour but de mieux cerner la cause de votre satisfaction, ou de son absence.

Exercice 7-1. Quelle est la cause de votre satisfaction ?

Prenez quelques minutes pour répondre aux questions suivantes :

- ✓ Souhaitez-vous réussir votre vie ?
- ✓ La satisfaction est-elle pour vous un but à atteindre ?
- ✓ Quand vous éprouvez un sentiment de satisfaction, qui en est la source ?
- ✓ Lorsque vous n'êtes pas content de votre vie, qui blâmez-vous dans votre for intérieur ?
- ✓ Lorsque vous êtes satisfait de ce que vous avez accompli, qui félicitez-vous ?
- ✓ Si vous n'avez pas de satisfaction dans votre vie, qui en est la cause ?

Le but de l'exercice précédent est de vous rappeler qui est le véritable responsable de la satisfaction - ou de son absence - dans votre vie. Si vous avez tendance à blâmer les autres ou les circonstances de ce que vous ressentez, vous vous mettez à la merci des autres et des circonstances. Nous devons ancrer en nous la conviction que c'est nous qui créons la qualité de notre vie, sinon les autres et les événements se ligueront pour nous faire échouer. Il est vain de croire que si la vie était plus facile, nous accomplirions davantage. La vie est ce qu'elle est, et non ce qu'elle devrait être. Le feu brûle, l'eau mouille, et il n'y a pas de satisfaction sans motivation. Si vous voulez que les choses changent, il faut agir.

> *Ma vie est remplie d'obstacles. Le plus grand, c'est moi.*
>
> Jack Parr

Tous, à un moment ou à un autre, nous caressons le secret espoir que nous n'aurons pas à assumer la direction de notre

existence. Nous espérons que quelqu'un s'en chargera pour nous. Mais la vie ne marche pas comme ça, et rien n'arrive tout seul.

Tout ce que nous voulons accomplir d'important dépend de nous. Afin de nous motiver positivement pour atteindre nos buts, nous devons trouver le moyen d'éliminer nos schémas de pensée négatifs, pour les remplacer par une vision plus saine des choses. Une fois que l'on a trouvé des raisons positives d'agir, nous sommes sur la voie de l'accomplissement et de la satisfaction.

> *Il n'y a que ce qui est, et ce qui devrait être n'est qu'une vaste fumisterie.*
>
> Lenny Bruce

Se motiver pour grimper la pyramide de Maslow

Plusieurs théories de la motivation ont été développées. La plus célèbre est sans doute celle d'Abraham Maslow. Sa théorie sur la hiérarchie des besoins propose une explication sur ce qui motive l'activité humaine.

La théorie de la hiérarchie des besoins se fonde sur trois hypothèses :

1. Il existe un ordre, une priorité, autrement dit, une *hiérarchie* des besoins, qui dicte notre comportement.
2. Les besoins de rang supérieur ne peuvent s'exprimer que lorsque les besoins de rang inférieur sont satisfaits.
3. Nous sommes motivés par les besoins non satisfaits.

Il existe cinq besoins fondamentaux que les humains s'efforcent de satisfaire. Ces besoins sont, dans l'ordre croissant :

✓ **Les besoins physiologiques**, qui assurent le fonctionnement normal du corps et incluent le besoin de se nourrir, de dormir, d'avoir des rapports sexuels, et de respirer...

L'art de ne pas travailler

✓ **Le besoin de sécurité**, qui tend à nous préserver de la douleur, de la privation, et du danger.

✓ **Le besoin d'appartenance**, qui inclut le besoin d'amour et d'affection, et s'exprime par le désir de nouer des amitiés ainsi qu'une relation privilégiée. En règle générale, ce besoin reflète notre désir d'être accepté par les autres.

✓ **Le besoin de reconnaissance**, qui s'exprime par le désir d'être respecté et d'avoir l'estime de soi-même et celle des autres.

✓ **Le besoin de réalisation de soi**, qui traduit notre désir d'exprimer notre créativité et d'actualiser notre potentiel.

Nos besoins ne sont pas statiques, ils évoluent constam-

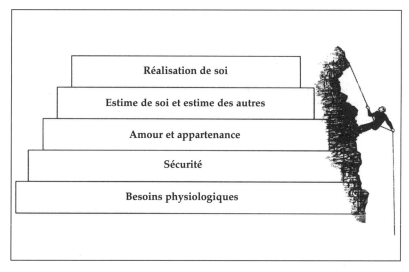

ment. Selon Maslow, dès lors que nos besoins actuels sont satisfaits, d'autres apparaissent, qui nous dominent à leur tour. Il ajoute que tout au long de notre vie, nous désirons quelque chose. (Nul doute que cette théorie fait le délice des publicitaires !).

Ce n'est qu'à la dernière étape, celle de la réalisation de soi, qu'on est en mesure de profiter pleinement de ses loisirs ; encore que la réalisation ne soit jamais complète. Un état de satisfaction totale aurait vite fait de nous ennuyer (et serait bien sûr un cauchemar pour les publicitaires). Le sentiment de plénitude ne dure pas ; dès l'instant où un désir s'évanouit, un autre le remplace...

Notre aptitude à satisfaire nos besoins dépend avant tout de notre capacité à les identifier. Il est donc essentiel de les reconnaître, ce qui est plus facile à dire qu'à faire. Selon Maslow, nous ne sommes pas nécessairement conscients de nos besoins fondamentaux. Il pense même que la plupart du temps ces besoins restent inconscients, bien qu'ils puissent, moyennant des techniques appropriées et un certain niveau de maturité, parvenir à la conscience.

Quoi qu'il en soit, nous exprimons nos besoins d'une manière ou d'une autre, le plus souvent à notre insu, si bien qu'ils peuvent très bien rester pour nous un mystère tout en étant transparents aux yeux des autres.

Exercice 7-2. Avez-vous besoin de ce test ?

Prendre conscience de ses convictions et de ses comportements, c'est déjà faire un grand pas vers la découverte de ses besoins et de ses motivations. Le test qui suit vous aidera à déterminer où vous vous situez sur la pyramide de Maslow. Bien que cette dernière soit mentionnée dans de nombreuses "études académiques", dans aucune d'elles vous ne trouverez de test équivalent à celui-ci (tout simplement parce qu'il n'est pas "académique" et n'a aucune prétention scientifique, ne prenez donc pas ses résultats à la lettre).

Vous trouverez énumérés ci-dessous des signes caractéristiques de chaque degré de la pyramide de Maslow. Ils vous donneront une idée du profil auquel vous appartenez, ainsi que du chemin qu'il vous reste à parcourir avant d'atteindre la dernière étape où l'on profite pleinement de ses loisirs, c'est-à-dire l'étape de la réalisation de soi.

Tout d'abord, analysez comment vous vous percevez. Ensuite, essayez d'imaginer comment les autres vous perçoivent. Comme il est rare que ces deux perceptions coïncident, demandez à une ou deux de vos connaissances de vous aider à vous évaluer.

1. Besoins physiologiques

- Manifeste un manque d'énergie, se plaint souvent d'être fatigué.
- A peu ou pas d'ambition.
- Néglige sa tenue et son apparence, et roule souvent dans une vieille guimbarde toute cabossée.
- Est souvent malade, souffre d'hypochondrie.
- Reste solitaire, et évite en particulier de se mêler aux groupes.
- A une image très dévalorisée de lui-même et se sent victime de la société.
- Se montre improductif au travail.

2. Besoin de sécurité

- Souffre d'inquiétude chronique, évite de prendre des risques.
- Manifeste une attitude négative, un manque de créativité et de confiance en soi.
- Est atteint du syndrome "le-monde-doit-subvenir-à-mes-besoins".
- A toujours l'impression d'avoir des revenus insuffisants.
- Parle beaucoup d'argent, de plans de retraite et de prévoyance.
- Possède une voiture antique dont la valeur double avec un plein d'essence.
- Porte des vêtements depuis longtemps passés de mode.
- Est peu productif au travail, et se contente de soutenir les syndicats.

3. Besoin d'amour et d'appartenance

- Cherche toujours à faire plaisir et à se faire apprécier par tout le monde. Il a besoin que tout le monde l'aime.
- Porte des vêtements au goût du jour mais ordinaires.
- Fait partie de nombreux clubs et associations.
- Accepte beaucoup trop de responsabilités et d'invitations à dîner.
- Est conformiste et essaie toujours de s'adapter.
- Participe à de nombreuses activités collectives.
- Se montre compétent dans son travail, mais peu créatif.

4. Besoin narcissique et besoin d'estime

- Se vante de ses récompenses et de ses trophées.
- Aime les sports très compétitifs.
- Est plutôt grande gueule et recherche toujours l'attention des autres.
- Connaît plein de monde.
- Conduit une voiture luxueuse, pour laquelle il s'est endetté jusqu'au cou.
- Se ballade avec un téléphone portable dans les restaurants pour se faire remarquer.

C'est bien ça "se réaliser" ?

- Se révèle un concurrent dangereux, qui essaie de dépasser tout le monde.
- Porte des vêtements voyants avec la marque bien apparente.
- Aime relever des défis et se montre créatif.

5. Besoins de réalisation de soi et d'actualisation

- A confiance en lui et se sent bien à sa place dans la société.
- Se crée son propre but dans la vie.
- Est créatif et indépendant.
- A une vie intérieure riche.
- Se fiche pas mal des signes extérieurs de richesse.
- Se montre ouvert au point de vue des autres.
- S'habille avec élégance mais de manière classique.
- Est sociable mais apprécie l'intimité.
- Ne compte pas sur les biens matériels pour asseoir son image de soi.
- Recherche des amitiés de qualité plutôt qu'en quantité.

Je rappelle que le test ci-dessus

> *Mes complexes d'infériorité ne sont pas aussi bons que les tiens.*
>
> Un sage anonyme

n'a rien de scientifique. Il a seulement pour but de vous ame-
ner à vous poser des questions sur vous-même. Je ne tiens
pas du tout à ce qu'un lecteur perde sa
propre estime parce qu'il s'est retrouvé
placé au plus bas de la pyramide de
Maslow.

> *La véritable clé du suc-
> cès est l'enthousiasme.*
>
> Walter Chrysler

Une fois de plus, on peut toujours tirer
quelque chose de positif d'un tel résultat.
Car nous devrions constamment être à l'affût des points sur lesquels nous pouvons
nous améliorer. Il y aurait de quoi concevoir
quelque inquiétude, si vous ne parveniez même pas au premier degré de l'échelle. Mais même dans ce cas, la situation
n'est pas désespérée. Vous seriez surpris d'apprendre combien d'entre nous, à certains moments de l'existence, s'estiment si peu qu'ils doivent se hisser sur la pointe des pieds
simplement pour atteindre ce premier échelon.

De nombreuses personnes, malgré leur assurance, se sont
trouvées paralysées un jour à cause de leur incapacité à repê-
cher leur estime du fond du trou où elle avait sombré. Si vous
avez une piètre opinion de vous-même, il est essentiel que
vous fassiez la démarche nécessaire pour sortir de cette
impasse et améliorer l'image que vous avez de vous. Tant
que vous vous dévaloriserez, vous connaîtrez la frustration et
l'échec. Une mauvaise image de soi est un gros handicap, qui
rend invariablement malheureux.

Retrouver l'estime de soi demande de porter un autre regard
sur la réalité et sur soi-même. Réaliser quelque chose ne peut
que rehausser l'image qu'on a de soi. Toutes les réussites,
petites ou grandes, que l'on obtient dans ses loisirs peuvent
y contribuer. En ayant une meilleure opinion de soi-même,
on se sent plus motivé pour atteindre ce qu'on veut dans la
vie.

Réveillez votre flamme,
plutôt que de vous réchauffer à celle d'un autre

Etes-vous bien sûr de vouloir
ce que vous voulez ?

Obtenir ce qu'on veut dans la vie exige de faire un effort et d'agir. Employer vos loisirs à des occupations futiles ou qui ont peu de sens pour vous, a peu de chances de vous apporter satisfaction. Les loisirs peuvent être l'occasion d'améliorer votre vie dans la mesure où vous avez identifié vos aspirations et déterminé comment vous pouvez les réaliser. L'exercice suivant vous demande de répondre à une simple question.

Exercice 7-3. Une autre question simple ?

Que voulez-vous réellement dans la vie ?

"Les questions les plus simples sont les plus profondes" écrit Richard Bach dans son livre *Illusions*. La question que je vous pose est simple mais ses implications profondes, et y répondre n'est pas si facile.

Imaginons que, sans en être tout à fait conscient, vous désiriez passer vos vacances d'été tranquillement à la maison; que, pour une fois, vous vouliez vous prélasser au soleil et profiter de votre intérieur douillet, en prenant le temps de lire quelques bons bouquins, et de vous offrir de temps en temps un bon dîner à l'auberge du coin avec votre épouse.

Après dix ans de vacances exotiques, je me suis rendu compte que tout ce que je voulais, c'était passer mes vacances peinard au fond de mon jardin.

Seulement voilà, vos parents voudraient que vous les rejoigniez sur la Côte d'Azur, où ils ont décidé de passer leurs vacances. Réussir à vous convaincre leur prouverait qu'ils ont fait le bon choix, même s'ils ont parfois quelques raisons d'en douter.

Vos amis, Bob et Alice, veulent vous entraîner dans les Alpes, parce que c'est là qu'ils vont, et qu'ils aimeraient

mieux avoir des copains pour dîner, car ils n'ont pas grand-chose à se dire quand ils sont en tête-à-tête (bien qu'ils soient mariés depuis un an à peine).

Et, naturellement, votre interlocutrice à l'agence de voyage vous suggère d'opter pour une destination lointaine, comme la Martinique, les Bermudes, Puerto Vallarta ou Cuba, où elle vous promet des "vacances inoubliables" (en réalité, elle voudrait surtout augmenter sa commission pour passer, elle, des vacances inoubliables).

Vous choisissez donc de partir quinze jours à Hawaï parce qu'elle a su vous convaincre que vous méritez "des vacances sublimes", que c'est la dernière destination à la mode et qu'il faut qu'on sache que vous êtes dans le coup.

Au bout de deux jours de vacances, vous avez l'impression d'avoir tout vu. Vous vous morfondez toute la journée sur la plage, à regarder les autres vacanciers se morfondre en vous regardant. Vous n'avez emporté qu'un seul bon bouquin que vous avez lu, et il n'y a pas moyen d'en trouver d'autres sur place. Il est de plus impossible de faire un bon repas à l'hôtel où vous séjournez. Le voyage de retour vous fatigue. Vous rentrez déçu de vos vacances. En définitive, vous êtes encore plus fatigué qu'avant votre départ, et vous êtes frustré parce que vous n'avez pas eu les vacances que vous vouliez.

Découvrir ce que nous voulons vraiment est certainement une des choses les plus difficiles dans la vie. Mais si la plupart des gens ne savent pas ce qu'ils veulent, c'est qu'ils n'ont pas pris la peine de se le demander.

Nous préférons définir nos aspirations et notre réussite en fonction des attentes des autres. La norme sociale a pris le pas sur les besoins individuels.

> *La vie progresse de désir en désir et non de satisfaction en satisfaction.*
>
> Samuel Johnson

Nous prenons les désirs des autres pour nos désirs à nous. Notre famille désire notre désir. Nos amis désirent notre désir. Et tant d'autres, journalistes, annonceurs publicitaires, agents de voyage, désirent notre désir. Tous désirent notre désir à tel point que nous perdons complètement de vue ce que *nous* nous désirons.

Pour compliquer encore les choses, le désir est versatile,

aussi changeant qu'une girouette. Des besoins cachés le façonnent, des forces mystérieuses le transforment. Bien souvent, quand nous obtenons l'objet de notre désir, nous n'en voulons plus.

La meilleure façon de ne pas obtenir ce que vous voulez est de ne pas savoir ce que vous voulez. Comment atteindre votre but, si vous ne le connaissez pas ? Il faut sonder votre âme pour tâcher de mieux vous comprendre et découvrir vos véritables aspirations.

Que désirez-vous vraiment ?

Beaucoup de gens ont perdu de vue le véritable sens de leur vie. Ils ont sacrifié l'enfant en eux, qui seul connaît le secret de leur joie et de leur satisfaction. Lorsqu'ils renoncent à leur désir profond, l'existence devient si terne qu'elle perd tout intérêt.

Peut-être avez-vous sacrifié vos rêves d'enfant depuis si longtemps, que vous avez oublié ce qu'ils étaient. Si vous ignorez vos véritables aspirations, il est important de prendre le temps et de faire l'effort de mieux vous connaître. C'est une recherche que vous pouvez tenter seul ou avec l'aide de quelqu'un d'autre.

Tout d'abord, vérifiez que le but que vous poursuivez n'est pas dicté par le désir de vos parents, l'influence de votre meilleur ami, ou encore le poids des conventions. Pour sonder vos aspirations, vous devez d'abord essayer de les identifier par écrit. Les inscrire sur le papier permet de les rendre moins abstraites et de les examiner avec plus d'objectivité.

Notez vos aspirations - telles que vous les percevez - sur une feuille, un tableau noir, ou sur l'écran de votre ordinateur. Puis réfléchissez un moment à ce que vous avez écrit, en vous demandant d'où peut venir tel ou tel désir. Il est en effet très important de savoir s'il s'agit bien là de *votre* désir, ou si celui-ci vous a été suggéré par quelqu'un d'autre.

En faisant la part des souhaits qui vous appartiennent en propre et de ceux qui résultent d'un conditionnement, vous êtes mieux à même de satisfaire vos véritables intérêts. Vous découvrirez peut-être que la plupart de vos objectifs sont le

L'art de ne pas travailler

fruit d'influences diverses, qu'ils vous ont été imposés par d'autres, voire par vous-même, mais qu'au fond ce n'est pas ce que vous voulez. Il vous faudra donc remonter plus loin à la source de votre désir. Ne reculez pas devant cette tâche, ou vous risquez de passer le restant de votre vie à satisfaire le désir de quelqu'un d'autre. Et cela ne contribuera certainement pas à rendre votre vie satisfaisante et heureuse.

> *Un souhait ne nous est jamais donné, sans que nous soit donné aussi le pouvoir de le réaliser. Mais il se peut que cela nous demande un effort.*
>
> Richard Bach

Donc écrivez quels sont, d'après vous, vos aspirations, vos besoins et vos objectifs, en pensant à ce que vous aimeriez accomplir et à ce que vous voudriez devenir. Cette prise de conscience vous permettra de choisir les activités les plus propres à vous stimuler.

Créer un arbre de loisirs

Le monde des loisirs est un vaste pays de Cocagne, regorgeant d'opportunités. On y trouve une variété incroyable de gens, de lieux, de choses, d'événements. La vie y déploie ses possibilités infinies pour notre plus grande joie.

Pour choisir de manière créative vos activités de loisirs, il faut d'abord faire le tour de ce qui est disponible et voir où se portent vos préférences. Et parce que la mémoire nous joue souvent des tours, il est important de noter toutes les idées qui vous viennent, avant de sélectionner celles qui vous plaisent vraiment et dans lesquelles vous voulez vous engager.

> *J'essaie tout une fois, même le Limburger Cheese.*
>
> Thomas Edison

Si vous êtes comme la plupart des gens, vous ferez appel à une liste pour y piocher des idées. Or vous inspirer d'une liste risque de vous limiter. Ce n'est en effet pas le meilleur outil pour trouver des idées. Il existe un outil beaucoup plus performant, et particulièrement utile au stade initial d'un projet, pour générer un grand nombre d'idées. Cet outil s'appelle un "arbre à idées". Il s'agit d'un outil à la

Figure 7-1. Un arbre de loisirs

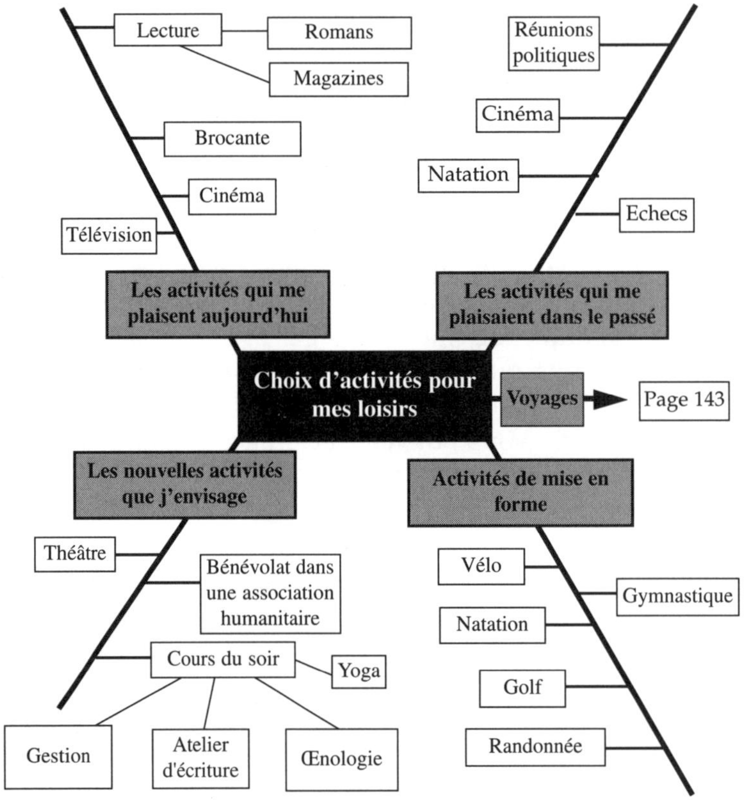

fois simple et puissant. Il est même curieux que la plupart d'entre nous n'apprennent jamais à s'en servir au cours de leurs études. A vrai dire, la première fois que j'en ai entendu parler, c'est par la bouche d'un garçon de café.

On commence un arbre à idées en inscrivant au centre d'une feuille de papier le but, le thème ou l'objectif de cet arbre. Ainsi au centre de la figure 7-1, vous trouverez la mention "Choix d'activités pour mes loisirs".

Une fois que vous avez noté le thème ou l'objectif central de votre arbre à idées, vous tracez plusieurs lignes qui partent du centre et vont jusqu'au bord de la feuille. Sur chacune de ces branches, vous inscrivez un sujet important en rela-

tion avec le thème de votre arbre. A chaque branche correspond une rubrique principale notée à proximité du centre du graphique.

Votre arbre doit comprendre au moins trois branches principales pour générer des idées de loisirs en nombre suffisant :

1. Les activités qui vous plaisent aujourd'hui.
2. Les activités qui vous plaisaient dans le passé.
3. Les nouvelles activités que vous envisagez.

Vous tracez ensuite des branches secondaires, partant des premières, où vous indiquez différentes activités en relation avec chaque rubrique principale. Comme indiqué sur la figure 7-1, sur la branche principale : "Les nouvelles activités que j'envisage", vous pouvez ajouter les branches secondaires : "Théâtre", "Bénévolat dans une association humanitaire", "Cours du soir". Vous pouvez tracer encore d'autres ramifications à partir des branches secondaires, où vous indiquerez un troisième niveau d'idées, telles que "Yoga", "Œnologie", "Atelier d'écriture", "Gestion", afin d'élargir l'éventail des "Cours du soir" qui vous intéressent. Vous pouvez même ajouter un quatrième niveau d'idées, telles que : "marketing", "comptabilité" (qui n'est pas montré ici), pour enrichir vos possibilités.

A vous maintenant de démarrer votre "Arbre de loisirs", en vous inspirant du modèle de la figure 7-1. A partir des trois branches principales, essayez de générer le plus grand nombre possible d'activités qui vous plaisent aujourd'hui, qui vous plaisaient dans le passé, ou que vous avez envisagées sans jamais vous l'accorder. Notez chaque idée, aussi farfelue qu'elle vous paraisse. Il est important de ne pas vous censurer. Vous devez obtenir au moins une cinquantaine d'activités, même si cela doit vous prendre deux jours. Quarante-neuf idées, ce n'est pas assez !

Vous pouvez également ajouter d'autres branches principales, s'il y a des formes de loisirs que vous aimeriez plus particulièrement explorer. Par exemple, vous pourriez souhaiter à la fois vous maintenir en forme et voyager pendant vos loisirs. Dans ce cas, comme sur la figure 7-1, vous pouvez créer deux branches principales correspondant aux

Réveillez votre flamme,
plutôt que de vous réchauffer à celle d'un autre

"Activités de mise en forme" et aux "Voyages". Notez que si vous manquez de place, vous pouvez prolonger votre arbre sur une autre page, comme nous l'avons fait ici pour le thème des "Voyages".

La vie est un banquet, où la plupart des hommes, par sottise, crèvent de faim.

Un sage anonyme

Une même idée peut très bien apparaître dans plusieurs catégories différentes. En fait, cela indique qu'il s'agit sans doute d'une activité prioritaire pour vous. Ainsi, dans la figure 7-1, la "Natation" apparaît à la fois dans "Les activités qui me plai-

Figure 7-2. Un arbre de loisirs personnalisé

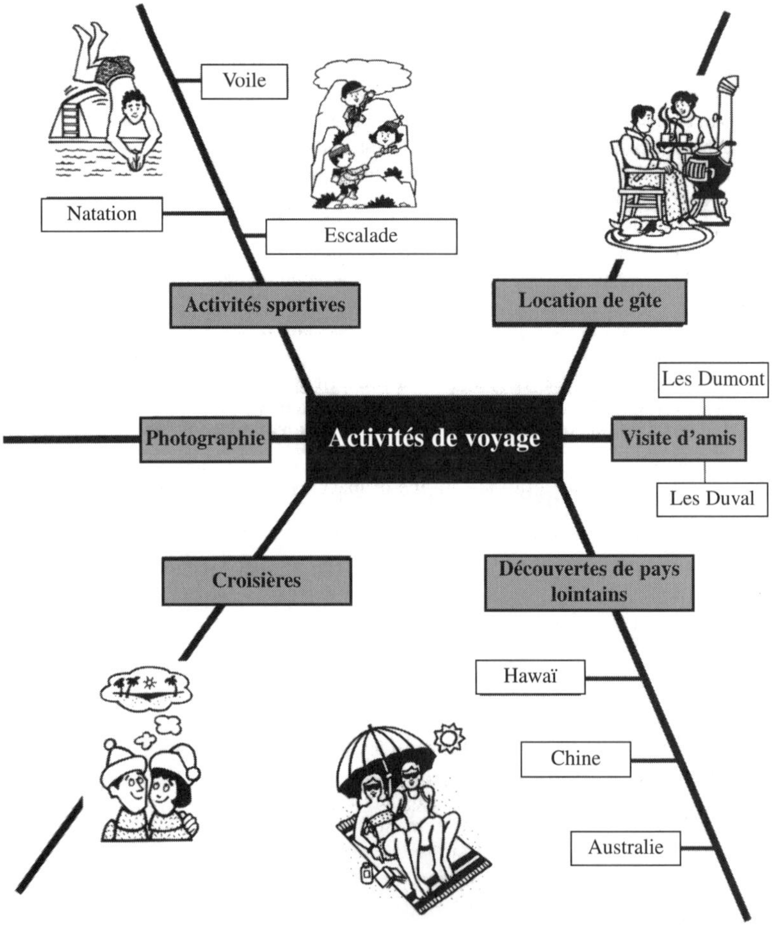

L'art de ne pas travailler

saient dans le passé", "Les activités de mise en forme" et les "Voyages". S'il s'agissait de votre arbre de loisirs, la natation devrait faire partie des activités à pratiquer en priorité.

Examinons les avantages d'un arbre de loisirs pour faire fleurir les idées. Premièrement, c'est un outil compact ; vous pouvez énumérer de nombreuses idées sur une seule page, et si nécessaire déployer certaines branches de votre arbre sur d'autres pages. Deuxièmement, les idées sont classées par rubriques et donc plus faciles à grouper. De plus, vous pouvez vous inspirer de vos idées actuelles pour en générer beaucoup de nouvelles. Autre avantage, l'arbre à idées est utilisable à long terme. Vous pouvez le mettre de côté, y revenir de temps à autre et le compléter. En le mettant à jour régulièrement, vous êtes sûr d'avoir à votre disposition une manne inépuisable d'activités de loisirs.

Vous pouvez agrémenter votre arbre à idées en utilisant de la couleur et des images, cela facilite la mémorisation. La figure 7-2 montre un arbre de loisirs plus élaboré, accompagné d'illustrations, qui a le mérite d'être plus parlant et attractif qu'une liste.

Une fois que vous avez développé votre arbre de loisirs sur cinq ou six pages, vous disposez à tout moment d'un grand choix d'activités auxquelles consacrer votre temps libre. Si vous avez le moindre goût pour la vie, vous devriez avoir suffisamment d'idées pour vous occuper pendant cinq à sept vies. Si vous n'avez pas écrit de quoi vous occuper pour au moins deux existences, c'est que vous avez choisi la facilité. Retournez à votre arbre et appliquez-vous ! Si vous éprouvez des difficultés à générer des idées, inspirez-vous des activités énumérées sur les trois pages suivantes. Votre arbre de loisirs devrait devenir suffisamment touffu pour que vous ne soyez jamais à court d'idées pour vous occuper.[7]

Exercice 7-4. Ne vous éloignez pas de votre arbre

Trouver les activités les plus adaptées à vos loisirs est une affaire personnelle. Vous risquez de négliger de nombreuses activités que vous avez pratiquées dans le passé et que vous avez aujourd'hui oubliées.

La liste qui suit comprend deux cents activités de loisirs

---

[7] La technique de "l'arbre à idées" exposée ici a été élaborée par Tony Buzan sous le nom de *Mind Mapping*. Pour en savoir plus, se reporter à son livre *Une tête bien faite*, Editions d'Organisation, 2e édition 1998. NdE

Réveillez votre flamme,
plutôt que de vous réchauffer à celle d'un autre

parmi lesquelles vous pouvez puiser suivant vos préférences. Parcourez cette liste et notez chaque suggestion de la manière suivante :

1. Les activités qui me plaisent aujourd'hui
2. Les activités qui me plaisaient dans le passé
3. Les nouvelles activités que j'envisage
4. Celles qui ne me plaisent pas du tout

Activités pour votre arbre de loisirs

Jouer d'un instrument
Apprendre à jouer d'un instrument
Marcher
Courir
Avoir une activité bénévole
Préparer un bon repas
Apprendre à cuisiner
Créer une nouvelle recette
Voir des amis
Reprendre contact avec d'anciens amis
Vous faire de nouveaux amis
Faire de la randonnée
Ecrire à des gens que vous admirez
Faire un sondage
Dormir
Méditer
Faire un tour en ville
Faire une virée à la campagne
Compter les activités de cette liste pour vérifier s'il y en a bien 200
Lire des livres
Ecouter la radio
Regarder la télévision
Ecouter de la musique
Voyager
Aller au cinéma
Tourner un film
Apprendre à vous servir d'un ordinateur
Ecrire un programme informatique
Jouer au tennis
Repeindre votre maison
Apprendre à jouer au golf
Aller à la pêche
Marcher pieds nus dans la mer
Camper
Faire de l'escalade en montagne
Vous engager dans la politique
Faire du vélo
Faire de la moto
Inviter des amis
Inventer un nouveau jeu

Aller à la bibliothèque
Reconstituer votre arbre généalogiqueJouer avec des enfants
Participer à une émission de télévision
Proposer gratuitement vos services
Jouer au billard
Danser seul(e) pour vous détendre
Danser avec un(e) partenaire
Prendre des cours de danse
Restaurer une voiture ancienne
Restaurer un meuble ancien
Rénover votre maison
Nettoyer votre maison
Ecrire un livre
Ecrire votre journal
Créer un dessin animé
Ecrire l'histoire de votre vie
Confectionner une robe ou un chapeau
Essayer de composer une jolie garde-robe à moins de 300 francs
Démarrer une collection de ...
Chercher de l'or
Prendre un bain de soleil
Faire l'amour
Nager
Plonger
Vous initier à la plongée sous-marine
Nager avec un tuba
Aller à l'église
Passer le brevet de pilote
Apprendre la photographie
Composer un album-photo
Déchiffrer un rébus et en inventer dix autres
Découvrir ce qui s'est passé le jour de votre naissance

L'art de ne pas travailler

Organiser un vide-greniers
Changer la disposition de votre salon
Prendre un cours de théâtre
  Ecrire une pièce de théâtre
  Jouer au cerf-volant
  Apprendre à marcher à l'envers
  Apprendre à imiter quelqu'un de connu
  Créer un jardin
  Monter à cheval
  Cueillir des fleurs et composer un bouquet

  Ecrire des poèmes
  Ecrire une lettre à un ami
Jouer à qui marchera le plus vite à l'envers
Apprendre à chanter
Composer une chanson
Apprendre un poème
Aller au café philo
Apprendre des citations célèbres
Apprendre une chanson
Observer les étoiles
Contempler un coucher de soleil
Admirer la lune
S'intéresser à d'autres religions
Construire une maison
Dessiner une maison originale
Aller vivre dans un autre pays
  Faire de la voile
  Jouer au bridge
  Construire un bateau
  Assister à des audiences intéressantes au tribunal
  Apprendre comment marche la bourse
  Inventer un piège à souris plus efficace
  Lancer une nouvelle association
  Faire du lèche-vitrines
  Apprendre à réparer votre voiture
Inviter à dîner des gens très variés

Voir combien d'étrangers vous diront bonjour
Vous acheter de nouveaux vêtementsObserver les gens dans la rue
Faire du patin à roulettes
Jouer aux cartes
Téléphoner à un débat télévisé pour exprimer votre opinion
Improviser un dîner aux chandelles avec quelqu'un
Participer à un cours de communication et apprendre à parler en public
Vous inscrire à un cours d'œnologie
Retourner à l'université
Vous initier au ski nautique
Etudier les techniques de santé et de mise en forme
Cueillir des fruits dans un verger
Visiter les curiosités locales
Découvrir un nouveau hobby
Créer un palindrome
Trouver des solutions pour combattre la pollution
Aller au marché aux puces
Faire une petite sieste
Chiner
Grimper à un arbre
Assister aux courses hippiques et parier 50 francs
Jouer le guide touristique pour vous amuser
Lancer un petit journal
Faire du soutien scolaire
Ecrire à un correspondant étranger
Marcher dans la nature
Faire des mots-croisés
Ouvrir un gîte
Construire une piscine
Rêver
Assister à un match sportif
Retourner sur les lieux de votre enfance
Faire du rafting
Faire un tour en montgolfière
Aller dans votre restaurant favori
Essayer un nouveau restaurant

Réveillez votre flamme,
plutôt que de vous réchauffer à celle d'un autre

Vous offrir un massage

Faire un stage de tennis pour améliorer votre jeu

Apprendre de nouveaux tours à votre chien

Assister à une pièce de théâtre

Aller au concert

Faire une retraite dans un monastère

Essayer d'avoir une vraie conversation avec quelqu'un d'important pour vous

Participer à un concours de cuisiniers amateurs

Inventer un nouveau produit

Jouer avec votre animal favori

Exercer votre créativité

Vous porter candidat sur la liste municipale

Visiter un zoo

Fabriquer votre vin

Vous débarrasser de votre téléviseur

Elargir votre vocabulaire

Apprendre à déchiffrer les relevés de compte

Apprendre à mieux jauger les gens

Améliorer votre personnalité

Terminer la soirée en faisant le bilan de votre journée

Organiser une vente de charité

Etudier les nuages

Faire la liste de tout ce que vous avez réussi dans votre vie

Faire une farce à un ami

Imaginer des canulars

Prendre deux fois plus de temps pour manger

Observer et apprendre à reconnaître les oiseaux

Inventer un nouveau jeu

Essayer de ne rien faire

Visiter un musée

Vous inscrire dans un club

Jouer au loto

Jouer au cerf-volant

Sauter à la corde

Provoquer une dispute

Regarder quelqu'un travailler

Vous allonger sur la plage

Laver et faire briller votre voiture

Démarrer un élevage de chihuahuas

Vérifier s'il n'y a pas de répétition dans cette liste

Participer à la lutte contre la délinquance

Apprendre à utiliser l'énergie solaire

Ecrire un livre sur les loisirs

Apprendre l'auto-hypnose

Vous faire lire les lignes de la main

Faire un puzzle

Visiter une exposition d'artisanat

Apprendre un tour de magie

Préparer un mauvais repas pour quelqu'un qui vous barbe

Apprendre l'espagnol, le javanais, etc.

S'occuper d'une personne malade

Philosopher

Dire du mal des politiciens

Allonger cette liste jusqu'à 500 activités pour me surpasser

Les activités qui appartiennent aux catégories 1, 2 et 3 vous intéressent et devraient donc faire partie de votre arbre de loisirs. Tandis que vous ajoutez ces activités à votre arbre, elles peuvent vous inspirer de nouvelles idées que vous inscrirez également. Très rapidement votre arbre de loisirs devrait être suffisamment vaste pour vous préserver de l'ennui pendant un bon bout de temps. Avec toutes ces occupations, vous devriez même avoir du mal à terminer ce livre...

Une fois que vous avez créé votre arbre de loisirs, il est

L'art de ne pas travailler

temps de le mettre en œuvre. Si vous avez de quoi vous occuper pour une vie ou deux, vous devez sélectionner les activités que vous voulez pratiquer en priorité. Un bon moyen de hiérarchiser votre liste est d'imaginer ce que vous feriez s'il ne vous restait qu'un temps limité à vivre.

Exercice 7-5. Plus que six mois pour en profiter

Imaginez que vous n'ayez plus que six mois à vivre. Choisissez dans votre arbre de loisirs les activités que vous voudriez faire absolument pendant ces six mois.

Les activités que vous avez retenues dans l'exercice précédent sont celles qui comptent le plus à vos yeux. Vous devriez les pratiquer immédiatement. Demain ou la semaine prochaine, c'est trop tard. La vie ne dure pas éternellement. Qui sait combien de temps il vous reste à vivre ? En vous concentrant sur vos activités privilégiées, vous ferez ce qui vous motive le plus et ce qui peut vous apporter le plus de satisfaction.

Choisir sa destination

Si vous progressiez dans le sens des aiguilles d'une montre sur l'étrange objet dessiné ci-contre, vous auriez l'impression d'atteindre un niveau supérieur. Mais très vite, vous vous apercevriez que vous êtes en réalité revenu à votre point de départ. Peu importe l'énergie que vous aurez dépensée pour gravir ces escaliers, vous n'aurez que *l'illusion* de vous élever. Cette activité mécanique vous laissera un sentiment d'insatisfaction.

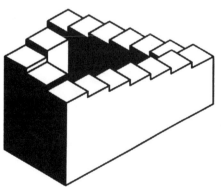

Telle est l'illusion que procure une occupation à laquelle on se livre sans but et sans désir. Beaucoup de gens confondent une

activité machinale avec l'orientation de leur vie. Même s'ils consacrent une énergie substantielle à poursuivre ces "non-buts", cela ne les mène nulle part. Pour avancer, il faut non seulement agir mais aussi se fixer un but. Si nous voulons arriver à une destination nouvelle et valable, il faut d'abord la choisir. Le voyage n'a de sens qu'une fois que nous connaissons sa destination. Avoir une idée précise de celle-ci nous donne ce dont nous manquons le plus souvent : un but. Dès lors que nous avons un but et une direction, nous sommes en mesure d'innover et de créer. Se fixer des buts demande de l'effort et de la discipline. Une fois qu'on les a établis, il faut encore plus d'effort et de discipline pour les atteindre et s'en proposer de nouveaux. En raison de l'effort et de la discipline demandés, beaucoup renoncent à se fixer des objectifs et à évoluer.

Se fixer un but demande d'élaborer un plan d'action. Un plan qui nous indique ce que nous devons faire et par où nous devons passer pour aller là où nous désirons aller, et qui prévoit les activités auxquelles nous devons nous consacrer tandis que nous poursuivons notre objectif.

Si vous avez défini vos objectifs de loisirs, tôt ou tard vos envies évolueront. Vous aurez atteint certains de vos buts et certaines activités auront perdu de leur attrait. Vous devrez donc réviser votre arbre de loisirs et la liste de vos activités favorites. Une révision tous les un ou deux mois est d'ailleurs une excellente idée.

Votre défi est de découvrir, d'accepter et de développer votre véritable personnalité. Pour cela vous devez faire face à la réalité et admettre que tous les buts qui méritent d'être atteints : l'aventure, la paix de l'esprit, l'amour, l'épanouissement spirituel, la satisfaction et le bonheur, ont un prix. Tout ce qui peut rehausser votre existence demande d'agir et de fournir un effort, sinon vous vous exposez à beaucoup de frustration.

Il est plus exaltant de gravir la montagne que de se laisser glisser sur ses pentes assis sur son derrière. Attendre tranquillement que quelqu'un réveille votre enthousiasme ne

> *L'un des signes les plus caractéristiques du génie est sa capacité à allumer sa propre flamme et à n'avoir besoin de personne pour l'alimenter.*
>
> John Foster

marche pas. Allumez vous-même votre flamme, plutôt que de vous réchauffer à celle d'un autre, cela seul rendra cette existence (et les suivantes si vous croyez à la réincarnation) digne d'être vécue.

CHAPITRE 8

L'inertie active ne mène nulle part

Vous êtes en vie, mais êtes-vous vivant ?

Un homme, l'allure triste et le regard vide, entre dans un bar et demande au barman : "Garçon, faites-moi un Zombie". Le barman lui jette un coup d'œil et lui répond : "Vous le faites très bien vous-même, M'sieur."

Beaucoup de gens ressemblent à ce client. Ils passent la majeure partie de leur temps libre d'une manière passive. A force de rester inactifs, ils ne sont ni vraiment vivants ni vraiment morts. Ils errent quelque part entre les deux, tels des zombies.

L'inertie active n'est pas le monopole de quelques bureaucrates, en fait beaucoup le pratiquent durant leurs loisirs, bien que ça ne les mène nulle part. Il n'y a quasiment pas de limites à ce que les gens peuvent inventer pour ne pas avoir à se fatiguer. Le problème, c'est qu'après quarante ou cinquante ans d'ennui, ils errent toujours dans le même tunnel sans fromage, en se demandant quand le scénario de leur vie deviendra un peu plus palpitant.

> *L'action n'apporte pas toujours le bonheur mais il n'y a pas de bonheur sans action.*
>
> Benjamin Disraeli

Ce n'est pas parce qu'on a une voiture que l'on sait néces-

sairement la conduire. De même, ce n'est pas parce qu'on a des loisirs que l'on sait s'en servir. Au fil des années, les distractions des citadins sont devenues largement passives : regarder des cassettes vidéo, assister à un match de tennis ou de football, écouter la radio... Dans le passé, cette préférence pour des loisirs passifs pouvait s'expliquer : au moment de la révolution industrielle, les énergies actives étaient largement exploitées par le travail manuel. Cette raison n'est plus valable aujourd'hui pour un grand nombre de gens. La part des travailleurs effectuant un travail manuel a fortement diminué. La plupart des métiers n'exigent qu'une faible dépense physique. De plus, les personnes qui exercent encore une activité manuelle, ne travaillent plus de manière aussi intensive qu'auparavant, en raison de la mécanisation des tâches.

> *Les loisirs peuvent se révéler une calamité plutôt qu'une bénédiction, à moins que l'éducation ne nous apprenne que la légèreté n'est pas forcément synonyme de distraction.*
>
> William Bogan

La raison principale pour laquelle les gens privilégient les loisirs passifs n'est rien d'autre que la paresse. La plupart cherchent le moyen le plus facile d'occuper leur temps libre. Même dans les années 30, alors que les travailleurs accomplissaient des tâches plus physiques, les loisirs étaient plus actifs qu'aujourd'hui. On lisait, on sortait pour aller au cinéma ou pour aller danser. L'Occident est devenu une civilisation de "spectateurs" plutôt qu'une civilisation "d'acteurs". Les gens passent dix fois plus de temps à regarder la télévision qu'à aucune autre activité. Lorsqu'ils se décident à sortir, ils ne sont pas nécessairement plus actifs. Les statistiques révèlent qu'après la maison et le lieu de travail, les centres commerciaux constituent le premier pôle d'attraction et lieu de loisirs. Des études ont montré que 90 % des Américains d'aujourd'hui sont passifs et réactifs. Au lieu de se consacrer à des loisirs dynamiques, ils choisissent au contraire les plus immobiles.

Mais quel est l'inconvénient des loisirs passifs me direz-vous ? La qualité de nos loisirs dépend du sentiment d'accomplissement qu'ils nous procurent grâce à des activités comportant un défi et un but.

Les "activités passives" nous donnent rarement, sinon

jamais, l'enthousiasme apte à dissiper l'ennui. Ces activités se caractérisent par une absence de défi ou d'objectif, une faible stimulation, la monotonie et l'absence de nouveauté. Bien que ces loisirs prévisibles et sans risque nous sécurisent, nous en tirons peu de satisfaction et d'épanouissement. Si des activités plus dynamiques ne viennent pas les compléter, nos loisirs resteront de qualité médiocre. Voici quelques exemples de loisirs passifs :

- ✓ regarder la télévision
- ✓ se saouler ou se droguer
- ✓ grignoter n'importe quoi
- ✓ se promener en voiture
- ✓ faire du lèche-vitrines
- ✓ dépenser de l'argent
- ✓ parier au jeu
- ✓ assister à un match sportif

Je ne veux pas dire qu'il faut bannir toute forme de loisirs passifs. Il y a des moments où ils sont particulièrement bienvenus. Par exemple, s'abandonner à la paresse peut nous faire le plus grand bien. Les loisirs passifs ne posent pas de problèmes, tant qu'on s'y adonne avec modération et qu'on les complète par des loisirs plus toniques.

> *Il n'a rien fait de particulier mais il l'a fait très bien.*
>
> W.S. Gilbert

L'action est indispensable à notre bonheur et à notre santé. Les activités dans lesquelles nous nous investissons à la fois physiquement et mentalement, telles que jouer à la pétanque ou écrire un roman, sont beaucoup plus stimulantes que les activités passives telles que regarder la télévision. Même des occupations comme la rêverie, la méditation ou la réflexion, sont actives par nature - bien plus que de regarder la télévision ! Des études ont montré que les adultes qui restent actifs pendant leur temps libre se portent généralement mieux sur le plan physique et psychologique. Voici quelques suggestions de loisirs plus actifs :

- ✓ écrire
- ✓ lire

L'art de ne pas travailler

✓   faire du sport
✓   se promener dans un parc
✓   peindre un tableau
✓   jouer de la musique
✓   suivre des cours

Les loisirs devraient être quelque chose que l'on aime cultiver. Ils nous fournissent l'occasion de connaître le plaisir, la jouissance, la détente, l'épanouissement et la réalisation. Nous trouvons la satisfaction dans la vie à partir du moment où nous sommes capables de mettre à l'épreuve et de développer nos aptitudes et nos talents. Les activités qui comporte un risque et une dépense d'énergie modérés, nous procurent plus de satisfaction que celles qui en sont dépourvues.

J'ai toujours voulu être un artiste à mes heures perdues. Si seulement je pouvais me rappeler si je dois utiliser mon cerveau gauche ou mon cerveau droit...

Quand le corps obéit à l'esprit

Le conditionnement social nuit souvent à notre liberté de choix. Le plus sûr moyen de vieillir et de devenir inactif consiste à adopter, sans se poser de question, la façon dont la société dans son ensemble envisage la vieillesse. On considère comme allant de soi la représentation qu'en donnent les médias, la télévision, les livres. En conséquence, on s'imagine que devenir vieux signifie renoncer à la plupart de nos activités. Si bien que l'on finit par être gagné par la "vieillerie", en d'autres termes, l'ensemble des mythes relatifs au troisième âge. Ces mythes confortent un mode de vie passif dès que l'on atteint cinquante ou soixante ans ; alors qu'une vie active et énergique est parfaitement possible. Ceux qui participent à des stages de préparation à la retraite s'attendent généralement à accroître leurs loisirs passifs à partir du moment où ils seront à la retraite. Peu envisagent de se lancer dans de nouvelles activités.

L'aptitude à choisir un mode de vie actif illustre, de manière positive cette fois, comment le corps peut obéir à l'esprit. Tant que nous ne souffrons pas d'un sérieux handicap, l'âge ne devrait pas être une excuse pour abandonner toute activité physique. Là encore, il s'agit d'une question d'attitude. C'est en effet l'attitude individuelle qui détermine si l'on va rechercher des loisirs actifs ou non. Ken Dychtwald, dans son livre *The age wave* (la vague de l'âge), se penche sur les défis et

> *Qu'est-ce que l'esprit ?*
> *Matière à réfléchir*
> *Qu'est-ce que la matière ?*
> *Une vue de l'esprit.*
>
> T.H. Key

les opportunités auxquels est confrontée une Amérique vieillissante. Dychtwald anime un stage sur le thème de l'âge. Lorsqu'il demande aux participants ce qu'ils considèrent comme le facteur le plus important pour bien vivre sa vieillesse, la réponse est unanime : une attitude positive. Dychtwald cite le cas d'un grand nombre de personnes âgées de soixante, soixante-dix, voire quatre-vingts ans, qui courent des marathons, jouent au tennis, nagent et font du vélo, jusqu'à huit heures par jour, parfois quotidiennement. Malheureusement, ces personnes énergiques sont encore une minorité. La plupart des gens se laissent aller avec l'âge. Ce comportement répond à un conditionnement plutôt qu'à une nécessité. En dernière analyse, on peut le mettre sur le compte de la paresse. Aux Etats-Unis, les retraités marchent en moyenne 40 kilomètres par an, et même ceux du Canada, qui marchent 120 kilomètres, semblent paresseux comparés aux Danois qui marchent 450 kilomètres par an.

Regarder la télévision peut être mortel

Regarder la télévision est le premier passe-temps des Américains. Selon les statistiques, ils passeraient jusqu'à 40 % de leur temps libre devant leur poste de télévision ! Il ne faut donc pas s'étonner qu'ils ne soient plus disponibles pour faire du sport, sortir avec des amis ou admirer un coucher de soleil. Sur les quarante heures hebdomadaires de temps libre dont dispose un Américain âgé de dix-huit à soixante-cinq

L'art de ne pas travailler

ans, il en passe seize devant la télévision, alors qu'il n'en passe que deux à lire, quatre à parler avec des parents, amis ou connaissances. Le plus intéressant, c'est que sur une liste groupant vingt-deux activités de loisirs, la télévision arrive seulement en dix-septième position, et la lecture en neuvième position, en termes de satisfaction. On pourrait donc se demander pourquoi les gens optent massivement pour un loisir qui les satisfait si peu. Tout simplement parce que c'est la solution de facilité. Mais bien entendu, vu le faible bénéfice qu'ils en tirent, la voie facile se révèle périlleuse et décevante à long terme.

Si un homme regarde trois matches de foot d'affilée, il devrait être déclaré mort cliniquement.

Herma Bombeck

Tout comme l'abus de travail, l'excès de télévision est une forme de dépendance dangereuse. C'est le propos du livre de Mary Winn, *The Plug-in drug*, dont le titre même assimile la télévision à une drogue. S'il est incontestable que la télévision joue un rôle éducatif et informatif, la dépendance qu'elle crée entraîne beaucoup d'effets négatifs. Elle peut même pousser votre famille au meurtre. Ainsi un journal rapporte qu'en décembre 1990, en Floride, plusieurs membres d'une même famille ont avoué avoir tenté de tuer plusieurs fois leur père avant d'y parvenir. Ils ont fini par l'abattre d'un coup de fusil, parce qu'il était devenu un lamentable rouspéteur qui passait tout son temps libre avachi sur un divan devant la télévision. Sa fille a déclaré : "Dès qu'il rentrait du travail, la première chose qu'il faisait, c'était de s'affaler sur le divan, et d'allumer la télévision. C'est tout ce qu'il faisait, comme s'il n'avait jamais su faire autre chose dans sa vie".

Je trouve la télévision très instructive : chaque fois que quelqu'un l'allume, je vais dans la pièce à côté lire un livre.

Groucho Marx

Exercice 8-1. Comment profiter de la télévision ?

Bien que regarder la télévision soit une activité essentiellement passive, il y a néanmoins un moyen de passer toutes les

semaines de longues heures devant son écran et de s'épanouir malgré tout pendant ses loisirs. Quel est ce moyen ?
(Pour le savoir, reportez-vous à la fin de ce chapitre.)

En-dehors de la passivité inhérente à cette activité, regarder la télévision est nocif pour d'autres raisons. En effet,
beaucoup d'émissions et de publicités proposent une vision
du monde qui n'a pas grand-chose à voir avec la réalité. Cela
déforme la perception que nous en avons et entretient en
nous des fantasmes souvent irréalisables.

Si vous passez un nombre d'heures excessif devant le
petit écran, réduire ce temps vous permettra d'améliorer la
qualité de vos loisirs. Personne ne peut dire quelle est la dose
de télévision idéale pour vous et je ne tenterai pas de le faire.
Cependant, si vous êtes trop souvent rivé à votre téléviseur,
et que vous pensez que votre vie ne ressemble pas à ce qu'elle devrait être, alors vous engager dans des activités plus
énergiques et stimulantes est probablement la solution.

La nouvelle association *TV-free America*, basée à
Washington, milite pour une Amérique sans TV. Elle s'est
fixé pour objectif d'alerter la population sur les méfaits de la
dépendance télévisuelle. Cette organisation recommande de
remplacer celle-ci par des activités plus productives telles
que : pratiquer des sports, observer la vie réelle, participer
aux initiatives locales, s'engager dans le volontariat... Il existe même un groupe, les *couch potatoes* (les patates de divan),
pour venir en aide aux Américains qui ne peuvent plus se
passer de télévision. Les "téléphages" peuvent aussi tenter
de s'éloigner de leur téléviseur en se lançant dans les activités suggérées par *L'Institute of Totally Useless Skills* (l'institut
des talents totalement inutiles), telles que :

✓ mesurer le poids d'une plume
✓ fabriquer des cocottes en papier
✓ se spécialiser dans le vol acrobatique de crayon.
✓ créer des objets à base de canettes de bière écrasées
✓ apprendre à simuler la surdité.

Toutes vous feront beaucoup plus de bien que la plupart des
programmes de télévision.

N'attendez pas trop longtemps avant de satisfaire vos attentes

Personne ne vit sur une île déserte, bien que certains pourraient le laisser penser, à les voir grappiller sans cesse des cacahuètes, des graines, des chips et tout ce qui leur tombe sous la main. Le grignotage est une activité passive dans laquelle beaucoup de gens se montrent très alertes. On se gave de nourriture comme on se gave de télévision, et de préférence en même temps. L'abus combiné de ces deux activités est très nuisible à la santé.

Harold, ce n'est pas en te repassant indéfiniment les cassettes de "Allo, docteur", que tu résoudras tes problèmes.

Beaucoup de gens mangent trop et souffrent d'un excès de poids. Au début des années 60, un peu moins d'un quart de la population américaine était obèse. Or, selon le ministère de la santé, l'obésité touchait plus d'un tiers de la population au début des années 90. Même ceux qu'on penserait *a priori* en bonne santé ne le sont pas réellement. Une étude conduite en 1996 par la fondation des maladies cardio-vasculaires en Ontario, montre que, bien qu'elle passe pour une génération très sportive, la génération des *baby boomers* se porte plutôt moins bien que celle de leurs parents au même âge.

L'excès de poids réduit notre aptitude à apprécier les nombreux plaisirs de la vie. La meilleure façon de grossir est de trouver de bonnes excuses à nos kilos en trop. En voici une pour ceux qui seraient à court d'imagination. Récemment, j'ai entendu l'animateur d'une radio locale affirmer que, selon un médecin, il était normal au-delà de la trentaine de gagner un kilo et demi par an. Ce n'est qu'un exemple parmi tant d'autres, où des gens, en l'occurrence

Je me suis mis au régime : j'ai renoncé à l'alcool et aux aliments trop riches, et en quinze jours j'ai perdu deux semaines.

Joe Lewis

L'inertie active ne mène nulle part

le médecin qui a fait cette déclaration et l'animateur qui l'a reprise, évitent de trop se fatiguer les méninges à réfléchir. Cette affirmation est non seulement ridicule mais dangereuse. Si je m'autorisais à prendre un kilo et demi par an, à soixante-quinze ans je pèserais plus de cent vingts kilos et j'aurais la jolie silhouette d'une barrique. Et si l'on se fie toujours à l'avis de ce médecin, cela voudrait dire que les gens qui affichent un poids confortable de quatre-vingts kilos à quatre-vingt ans, n'en pesaient guère qu'une vingtaine à quarante ans.

Dans un article du *Washington Post*, paru en janvier 1996, on peut lire ceci : "Bien que la plupart des gens prennent du poids avec l'âge, un rapport du ministère de la Santé indique qu'à partir de l'âge adulte la courbe de poids ne suit pas nécessairement celle de l'âge. Les normes de poids indiquées dans le cadre de ces nouvelles recommandations ne font plus apparaître de corrélation significative entre le poids et l'âge. Un responsable aurait même déclaré que l'on ne devrait pas prendre plus de cinq kilos une fois que l'on a atteint son poids adulte, ce qui est généralement le cas aux alentours de la vingt et unième année."

> Je ne vais quand-même pas mourir de faim juste pour pouvoir vivre un peu plus longtemps.
>
> Irene Peter

Nous avons un tas d'arguments à notre disposition pour justifier notre prise de poids. Avec cette avalanche d'excuses, la bataille contre les kilos superflus est perdue d'avance. Même s'il est sans doute inévitable de gagner un kilo ou deux en vieillissant, nous pouvons parfaitement maîtriser notre poids, en faisant du sport et en surveillant notre alimentation. Une fois que l'on a déterminé son poids idéal, on peut parfaitement faire l'effort de s'y maintenir de nombreuses années, comme je l'ai fait. Il appartient à chacun d'entre nous d'avoir cette discipline, si nous voulons nous sentir bien dans notre peau. La meilleure façon d'y parvenir est de rester aussi actif que possible, y compris dans ses loisirs.

Vous dépensez-vous en excuses pour ne pas vous dépenser ?

Plus on est en forme, plus il est facile de se maintenir en bonne condition physique en faisant de l'exercice. Cependant, la santé ne va pas de soi. Rester en forme, et à son poids idéal, demande un entraînement régulier. Une étude effectuée par les chercheurs du *Aerobics Research Institute* (Institut de Recherche Aérobique de Dallas), citée dans le *Journal of the American Medical Association* montre une forte corrélation entre la forme physique et la longévité. Même une pratique sportive modérée peut suffire à améliorer sensiblement la santé. Comparés aux hommes en parfaite condition physique, ceux dont la santé est moins bonne multiplient par trois le risque de mortalité. Chez les femmes, ce risque est multiplié par quatre.

> *Donnez un poisson à votre homme, et il mangera toute la journée. Apprenez-lui à pêcher, et vous en serez débarrassée tout le week-end.*
>
> Zenna Schaffer

Un numéro de 1992 de la *Wellness Letter* (Courrier de la forme), édité par l'université de Californie, rapporte que 18 % des habitants du Montana, et 52 % des habitants du District de Columbia, disent n'avoir pris part à aucune forme d'activité physique dans le mois précédent. Personnellement, je me sens mal dans mes baskets, si je ne prends pas un peu d'exercice pendant plus de deux jours, *a fortiori* pendant un mois. Il y a un certain nombre d'années, j'ai cru que je pourrais continuer à manger comme un ogre sans faire d'exercice. J'ai dû déchanter ! Je me suis rendu compte, alors que la poste s'apprêtait à m'attribuer un code postal individuel en raison de mon gabarit, que l'excès de nourriture et le manque d'entretien physique allait me coûter au minimum une nouvelle garde-robe, sans parler de détails aussi insignifiants que la santé et le bien-être. Depuis quinze ans, je m'entraîne deux fois par jour, au moins deux heures en tout, en pratiquant des sports toniques tels que le tennis, le jogging et le vélo.

Entretenir sa forme par un exercice régulier est à la portée de tout le monde, cependant seul un petit nombre fait cet effort. Bien qu'on sache aujourd'hui que l'activité physique

est nécessaire pour être en bonne santé, vivre longtemps et rester séduisant, une étude hospita-
lière de 1996 sur l'activité physique et la santé, indique qu'au moins 60 % des adultes mènent une vie trop sédentaire et ne font pas assez d'exer-cice. En juillet 1996, *USA Today* écri-vait même que les Américains étaient devenus une "nation paresseuse", seuls 22 % d'entre eux fournissaient l'effort physique minimum nécessai-re, soit une demi-heure par jour d'exercice modéré.

> *Ceux qui ne trouvent pas le temps de prendre de l'exerci-ce, devront trouver celui d'être malade.*
>
> Un sage anonyme.

Ce n'est pas faire du vélo, une fois de temps en temps, à trois kilomètres heure, ou marcher un quart d'heure tout en faisant du lèche-vitrines, qui vous maintiendra en forme. Une étude faite à l'université de Harvard en 1995 montre que seul un effort intensif et soutenu peut y parvenir. Cette étude, qui fait apparaître une relation significative entre entraîne-ment vigoureux et longévité, indique également qu'un par-cours de golf standard ne constitue pas un effort suffisant. De même, jardiner une demi-heure est préférable à ne rien faire, cependant cela ne suffit pas pour se maintenir en bonne santé ; le bénéfice se limite à ça : c'est mieux que rien.

Pour obtenir une forme optimale, l'Académie américaine de médecine du sport recommande de vingt à soixante minutes de sport dit "aérobie", au moins trois fois par semai-ne, par exemple, marcher à six ou huit kilomètres/heure, pendant quarante-cinq minutes d'affilée. La mise en forme ne devient effective que si vous vous engagez dans des acti-vités qui sollicitent le système cardio-vasculaire. Une demi-heure de marche intensive, de course à pied, de randonnée, de natation, de danse, ou de bicyclette, est un minimum. Votre entraînement doit vous faire transpirer pendant au moins vingt minutes pour être efficace.

Il n'est guère surprenant que la plupart des gens soient mal fichus. Selon une association sportive nationale, quatre-vingt-dix millions d'Américains font du sport moins de deux fois par mois. Tous ont de bonnes excuses. Les cinq excuses qui reviennent le plus souvent sont, dans l'ordre :

L'art de ne pas travailler

1. Manque de disponibilité.
2. Manque de discipline.
3. Manque d'intérêt pour une quelconque activité.
4. Manque de partenaire.
5. Manque d'argent pour s'équiper.

A propos d'excuses, voici ce que Mark Twain disait : "Mille excuses mais pas une seule bonne raison". Si vous utilisez une seule des excuses citées plus haut, n'oubliez pas que ce ne sont pas des raisons. Les excuses sont faites pour les gens qui ne veulent pas se prendre en charge ; examinons-les de plus près.

Si j'avais su que j'allais vivre aussi longtemps, j'aurais davantage pris soin de moi.

Pour ce qui est du "manque de disponibilité", c'est généralement un problème de gestion du temps, que l'on peut résoudre en s'organisant autrement. Par exemple, en prenant conscience du nombre d'heures que l'on perd quotidiennement à regarder la télévision et que l'on peut remplacer par de l'exercice. La deuxième excuse, "manque de discipline", signifie en clair "paresse". Vous devez agir, car personne ne peut le faire pour vous. Il faut beaucoup d'effort et d'entraînement pour surmonter la paresse ou le manque de discipline.

Le "manque d'intérêt pour une quelconque activité" est la plus creuse des excuses que l'on puisse trouver. Il suffit de faire appel à son imagination, il y a mille et une manières de prendre de l'exercice. Si vous ne trouvez aucune activité intéressante, ce n'est pas qu'elles sont toutes ennuyeuses, mais que *vous* êtes ennuyeux. L'excuse du "manque de partenaire" est elle aussi une piètre excuse. Car il est très facile de contourner ce problème, en se livrant aux multiples sports que l'on peut faire seul. Il en existe un grand nombre. Et si vous ne pouvez rien faire seul, parce que la solitude vous fait peur, je vous renvoie au chapitre 10, consacré à ce sujet.

L'inertie active ne mène nulle part

Recourir à l'excuse que l'on "manque d'argent" pour s'offrir un équipement dénote surtout un manque de jugeote ! Contrairement à ce que les publicitaires voudraient nous faire croire, le sport ne requiert aucun équipement coûteux et il y a plein d'activités que vous pouvez faire, qui ne vous coûteront pratiquement rien. De plus, si vous vivez comme moi sous un climat peu clément, là encore, faites preuve d'imagination, et songez à toutes les activités qui peuvent se pratiquer à l'intérieur. Les tenues ou combinaisons dernier cri ne sont pas essentielles, à moins que vous pensiez participer à une revue de mode en faisant votre jogging ou en jouant au ballon dans un parc. Les magazines suggèrent que s'habiller à la dernière mode est un moyen important de s'affirmer. Si c'est votre opinion, ce n'est pas d'un nouvel équipement dont vous avez besoin, mais plutôt de retrouver confiance en vous. Les autres excuses auxquelles les gens ont recours pour ne pas faire d'exercice sont généralement :

- ✓ Je suis trop vieux pour m'y mettre.
- ✓ Il fait trop froid dehors.
- ✓ J'ai vingt ans et je n'en ai pas besoin.
- ✓ Je ne veux pas risquer de me faire mal.

Ceux qui ont recours à ce genre d'arguments ne dupent qu'eux-mêmes. Car ce ne sont jamais que des excuses pour ne pas s'avouer sa paresse. La seule solution consiste à bannir les excuses une fois pour toutes.

Si vous pensez par exemple que vous êtes trop vieux pour faire de l'exercice, parce que vous entrez dans votre quarantième ou cinquantième année, réfléchissez-y à deux fois. Chaque année, le jour de son anniversaire, un Canadien court autant de kilomètres qu'il a d'années. "La belle affaire, s'il a vingt ans, me direz-vous, mais attendez qu'il ait quarante ou cinquante ans, et nous en reparlerons." Eh bien, détrompez-vous, Joe Womersley ne commença à courir que le jour de ses cinquante-deux ans, âge auquel il était passablement enrobé, essoufflé, et gros fumeur.

> *J'aime les longues promenades, quand elles sont faites par les gens qui m'ennuient.*
>
> Fred Allen

La première fois que j'ai entendu parlé de Joe Womersley, c'était sur la radio CBC, dans une émission du matin. Nous étions en septembre 1994, Joe venait d'avoir soixante-neuf ans et s'apprêtait à courir ses soixante-neuf kilomètres. De même, en septembre 1995, au matin de son soixante-dixième anniversaire, il était prêt à avaler les soixante-dix kilomètres qui l'attendaient. Lors d'un marathon de 57 kilomètres, sur l'île de Baffin, en 1994, Joe courut plus de 83 kilomètres parce qu'il trouvait que 57, c'était tout juste bon pour les "mauviettes". Démontrer que l'on peut courir de longs marathons et rester en forme à tout âge, est sa passion. Depuis l'âge de cinquante-deux ans, Joe a pris part à plus de 120 marathons.

Lorsqu'on a un emploi régulier, l'excuse la plus commode consiste à se dire que l'on est trop fatigué en rentrant du travail pour faire de l'exercice. Mais c'est souvent lorsqu'on en a le moins envie, qu'on en a le plus besoin. Car ce manque d'envie est davantage l'expression d'une fatigue mentale, que l'exercice physique a précisément pour effet d'alléger. Le plus difficile, c'est de se faire violence au début pour sortir et tenir bon les dix premières minutes. Après quoi, c'est tout juste si l'on sent passer la demi-heure ou l'heure qui suit. En fait, après dix ou vingt minutes d'exercice, cela peut même devenir si agréable, que l'on continue bien au-delà de ce qu'on avait prévu.

Cela s'explique très bien : en faisant de l'exercice, notre corps libère dans le sang des hormones, appelées endorphines, qui créent une sensation d'ivresse et d'euphorie. Cette ivresse naturelle aide à éliminer la sensation de lassitude. Et l'on constate avec surprise que l'exercice physique dissipe l'ennui qui nous avait d'abord retenu d'en faire.

Si la télévision, le canapé et le réfrigérateur sont devenus vos trois meilleurs compagnons, il est temps de faire quelque chose. La première chose à faire est d'établir un programme de remise en forme et de vous y tenir. Faire du sport vous aidera à préserver votre forme et votre santé et vous rendra de bonne humeur et plus dynamique pour entreprendre de nouvelles activités. Les individus en bonne santé s'adonnent plus volontiers à des loisirs actifs, tandis que les gens de santé médiocre préfèrent les loisirs passifs. S'exercer régulièrement et soigner sa forme a une profonde influence sur notre bien-être. Les capacités physiques se maintiennent

L'inertie active ne mène nulle part

beaucoup plus longtemps si on les entretient régulièrement par des exercices pratiqués de préférence en plein air. Car elles auraient plutôt tendance à s'user quand on se s'en sert pas. Le vieillissement est un processus qu'on ne peut stopper, mais qu'on peut certainement ralentir en pratiquant un exercice physique. Le tout est de bien vouloir s'y mettre.

Les grands esprits posent des questions idiotes

Nous entretenons régulièrement nos maisons, nos voitures, nos vélos ; certains entretiennent même leur corps, mais peu songent à entretenir leur esprit. Notre condition mentale est pourtant aussi précieuse que notre condition physique. Beaucoup de gens se maintiennent en forme physiquement, mais leur forme mentale laisse à désirer. Ainsi, ils exercent rarement leur aptitude à la pensée

> *Les grands esprits ont des buts, les autres des souhaits.*
>
> Washington Irving

critique et créative. Ce que nous appelons "penser" dans nos sociétés se résume souvent à dégurgiter des faits passés et des chiffres empruntés aux médias ou entendus dans la bouche de quelqu'un d'autre.

Enfants, nous posions plein de questions "idiotes". Nous étions curieux de tout. Le monde ne cessait de nous émerveiller. Devenus adultes, nous pouvons conserver notre fraîcheur d'esprit au contact du neuf et du mystérieux. Nous devrions poser au moins une question idiote par jour. Ce monde nous donne tant de prodiges à admirer et tant de mystères à contempler. La nature peut nous offrir de quoi nous interroger jusqu'à la fin de nos jours. En réalité, nous savons peu de choses (contrairement à ce que nous croyons souvent) en regard de tout ce qui reste à apprendre. En fait, les idiots ont réponse à tout, alors que les grands esprits posent des questions idiotes. Avec toute cette matière pour nourrir notre curiosité et notre réflexion, notre cerveau n'a aucune raison de se rouiller. Si aujourd'hui, plus rien ne vous étonne, voici quelques "questions idiotes" (ou quelques mys-

L'art de ne pas travailler

tères à contempler) au cas où vous seriez en panne d'inspiration :

- ✓ Existe-t-il un autre mot pour *thesaurus*?
- ✓ Comment la vertu, qui désignait à l'origine ce qu'il y a de plus masculin a-t-elle fini par désigner ce qu'il y a de plus féminin ?
- ✓ Pourquoi nos doigts de pied poussent-ils devant et non derrière ?
- ✓ Pourquoi les vaches ne bronchent-elles pas quand le fermier leur pique leur lait ?
- ✓ Pourquoi cette question est-elle idiote ?

Une autre manière d'entretenir son esprit consiste à suivre des cours du soir, comme ceux proposés par les instituts de formation permanente et les universités. Etudier est une des activités les plus gratifiantes qui soient, que l'on ait un emploi ou pas. Un des cours les plus passionnants qu'il m'ait été donné de suivre est un cours d'œnologie. Quel délice ! Dans quel autre cours pouvez-vous goûter du vin pendant une demi-heure et apprendre quelque chose de nouveau par la même occasion ?

> *Les universités regorgent de connaissances : les nouveaux venus en apportent un peu, et les anciens n'en retirent aucune, si bien qu'elles s'accumulent.*
>
> Lawrence Lowell

Entre autres bénéfices, prendre des cours :

- ✓ procure fierté et confiance en soi ;
- ✓ crée un contexte idéal pour se faire de nouveaux amis ;
- ✓ favorise le développement personnel et la connaissance de soi ;
- ✓ entretient la vitalité intellectuelle ;
- ✓ facilite le retour au travail, lorsqu'on est au chômage ;
- ✓ développe une plus grande aptitude à faire face au changement.

Un esprit créatif est avant tout un esprit actif : il est curieux et pose beaucoup de questions. C'est ce questionne-

ment intense qui garde son esprit en éveil et lui permet d'évoluer - en s'interrogeant, par exemple, sur le bien fondé des
valeurs, des idées et des usages de son temps. Le grand phi-
losophe Socrate encourageait ses étudiants à tout remettre en
question, y compris ce qu'il leur enseignait. Nous devons
exercer nos facultés intellectuelles. De même que les aptitudes
corporelles, elles ne s'usent que si l'on ne s'en sert pas !

Soyez un voyageur plutôt qu'un touriste

Voyager, intelligemment, élargit et renouvelle notre manière
de voir la vie. Rencontrer d'autres personnes, d'autres cou-
tumes, d'autres paysages, d'autres environnements et
d'autres manières de vivre enrichit notre propre existence.
L'important, c'est de voyager activement. Lorsque j'ai visité
les Antilles, j'ai été très surpris de voir autant de gens, affalés
sur la plage, l'air blasé. J'étais d'autant plus perplexe que la
plupart avaient fait tout ce chemin dans le but évident de se
distraire. A part ma compagne et une famille allemande, personne ne semblait s'amuser ni s'étonner de rien. Chacun
semblait passer ses huit ou quinze jours de vacances à regarder les autres s'ennuyer à l'unisson.

Si vous le pouvez, évitez les voyages organisés qui vous
transportent d'un lieu à l'autre. C'est une façon de voyager
trop passive. Voyager peut offrir bien plus que cela. Mieux
vaut être un voyageur plutôt qu'un touriste. C'est ainsi que
l'entend un de mes amis, Jim MacKenzie, dont le métier d'enseignant lui permet de prendre un congé sabbatique tous les
quatre ou cinq ans.

Le touriste est passif et demande que tout soit organisé
pour lui. Il s'offre le voyage standard d'une ou deux
semaines. Cette formule lui impose des horaires fixes et
l'obligation de suivre un groupe. Jim, quand il voyage, préfère l'aventure, il choisit lui-même sa destination et n'est lié à
aucun horaire. Il n'a pas à se rallier à l'avis d'un groupe, il
prend tout son temps pour explorer les sites qui lui plaisent
et profiter du pays qu'il visite. Parce qu'elles laissent la place
à l'improvisation, ses vacances comportent plus de surprises
et d'intérêt.

L'art de ne pas travailler

Si vous voulez vraiment apprendre quelque chose sur le pays que vous visitez, allez là où les touristes ne vont pas. Parlez à ses habitants, si vous connaissez leur langue. Intéressez-vous à leur vision du monde. Prenez de nombreuses photos et notez tous les détails et événements qui vous ont frappé dans votre "journal de bord". De plus, en vous écartant des sentiers battus, vous avez plus de chances de tomber sur d'excellents restaurants typiques délaissés des touristes. Découvrez où vont manger les gens du cru, et vous ferez un repas inoubliable.

Si vous cherchez une destination originale, consultez les guides *Lonely Planet*, aujourd'hui disponibles en français. Tony Wheeler, grand voyageur, auteur et éditeur du *Lonely Planet*, recommande notamment les destinations suivantes : Hanoi, Mexico, Calcutta, Nagasaki et Belfast. Elles n'ont peut-être pas grande réputation, mais selon Wheeler, elles ont beaucoup à offrir. Il dit par exemple de Calcutta : "On ne s'y ennuie jamais, et cette ville possède une vitalité contagieuse".

Une autre façon active de voyager consiste à s'engager dans le bénévolat. Cela peut être une expérience amusante et très gratifiante. Vous n'avez pas besoin d'aller très loin pour cela, il existe de nombreuses possibilités dans votre pays. Vous pouvez offrir vos services à des organisations où vos aptitudes ou vos compétences seront les bienvenues. Cette aventure vous donnera la satisfaction de contribuer à un projet ou d'apporter votre aide à des gens moins favorisés que vous.

Ne négligez pas l'endroit où vous vivez car il ne se compare à aucun autre. Toute ville a des charmes uniques que beaucoup de ses habitants ignorent ou ne savent pas apprécier. Explorez votre ville et laissez-la vous dévoiler ce qu'elle a d'original et de fascinant. Prenez le temps de découvrir ses restaurants et ses cuisines du monde, ses couchers de soleil, ses voies piétonnes, ses promenades, ses jardins, ses parcs, son architecture, ses devantures et ses différents quartiers. Vous pourriez bien vous apercevoir que le paradis se trouve à deux pas de chez vous... ou dans votre arrière-cour.

Essayez la lecture, l'écriture, ou bien...

Deux autres activités de loisirs peuvent ajouter énormément à la qualité de vos loisirs : lire et écrire. En fait, relativement peu de gens se consacrent réellement à l'une ou à l'autre. On constate malheureusement un déclin général de la lecture, à la fois en quantité et en qualité (sans doute y aura-t-il quelques beaux esprits pour me juger en partie responsable, à cause de la qualité de mes livres ...). Bien qu'en Amérique ou au Canada, par exemple, il se vende beaucoup de livres (des best-sellers essentielle-

> *Celui qui ne lit pas de bons livres n'a aucun avantage sur celui qui ne sait pas lire.*
>
> Mark Twain

ment), ceux-ci servent plus souvent de mobilier décoratif, voire de cale-porte, que d'objet de lecture. Tom Peters estime que sur les cinq millions de personnes qui ont acheté son livre, *In search of excellence* (en quête de l'excellence), un million n'ont même pas pris la peine de l'ouvrir, et seules cent mille l'ont lu jusqu'au bout.

N'importe quelle librairie recèle des trésors. Et toutes les bibliothèques publiques sont de véritables mines d'or. Lire des livres achetés en librairie ou empruntés en bibliothèque est un plaisir à la fois actif et fructueux, que chacun devrait rechercher. Pourtant j'ai lu quelque part qu'aux Etats-Unis, les diplômés lisent en moyenne un livre par an, une fois leurs études terminées.

> *Employez votre temps à vous améliorer grâce aux écrits des autres, ainsi vous apprendrez facilement ce qui leur a demandé beaucoup de travail.*
>
> Socrate

Seuls 3 % de la population américaine possèdent une carte de bibliothèque, et seuls 20 % de la population consacrent une partie de leurs loisirs à la lecture.

Pourquoi cette proportion est-elle si faible ? C'est une question que je me suis souvent posée. La plupart des gens pourraient être illettrés que cela ne ferait guère de différence tant ils lisent peu. Apparemment, ils trouvent que lire des livres est trop difficile. Le "paradoxe de la vie facile", évoqué au chapitre 6, s'applique ici : faire ce qui leur paraît difficile leur donnerait plus de satisfaction.

L'art de ne pas travailler

La lecture est le moyen le plus rapide d'acquérir sagesse et connaissance sur le monde où nous vivons. Si vous voulez emprunter la voie la plus courte pour réussir dans quelque domaine que ce soit, alors lisez l'œuvre des grands philosophes. C'est le moyen le plus facile (et le moins onéreux, ajouterais-je) d'acquérir le savoir nécessaire pour connaître le succès au travail comme au jeu.

Ecrire demande un peu plus d'effort. Rédiger une lettre ou un livre vous permet d'exprimer vos idées et votre créativité. Ecrire des lettres est quelque chose que nous pourrions tous faire plus souvent. Si vous aimez recevoir des lettres, alors écrivez-en et vous en recevrez plus souvent. Ajoutez-y une touche personnelle, citation, dessin, quoi que ce soit qui rende vos lettres différentes. Leurs destinataires seront agréablement surpris par ces missives originales.

> *Quand on n'a aucun talent particulier, on devient écrivain.*
>
> Balzac

Il est plus difficile d'écrire un livre qu'une lettre, je vous l'accorde. Mais ce n'est pas parce qu'une chose est difficile qu'il ne faut pas la faire. Je rencontre régulièrement des gens qui me disent qu'ils "rêvent" d'écrire un livre mais qui se trouvent un tas d'excuses pour ne jamais s'y atteler. Vous voulez écrire un livre ? Alors faites-le. Si je peux le faire, vous le pouvez. (Dois-je préciser que j'ai raté ma première année de lettres à l'université, et que j'ai dû m'y reprendre à trois fois pour avoir l'examen. Cela ne m'empêche pas d'écrire des bouquins.) Commencez par y consacrer au moins un quart d'heure par jour. (C'est comme ça que j'ai démarré ce livre.) Même si vous vous contentez de ce minimum, vous n'en aurez pas moins fait avancer votre projet.

Lorsque vous aurez terminé votre livre, publiez-le à vos frais si vous croyez en lui. Beaucoup de livres, qui sont devenus des best-sellers, ont été publiés par leurs auteurs. Mais ne faites pas de cet objectif la condition de votre réussite. Si une seule personne, autre que vous, a eu plaisir à lire votre livre, c'est un succès ! Et tout lecteur supplémentaire une prime en plus.

J'ai hâte de grandir, comme ça je pourrais faire comme les grandes personnes et ne lire qu'un livre par an.

Il me semble qu'il faut être illettré ou paresseux pour n'avoir aucun goût pour la lecture et l'écriture. Bien sûr, je peux me tromper. Il se peut que vous ne soyez ni l'un ni l'autre et que vous n'aimiez ni lire ni écrire. Dans ce cas, il ne vous reste plus qu'à choisir une autre activité parmi l'infinie variété qu'offrent les loisirs.

L'action vaut tous les discours

Dès l'instant où l'on comprend que la qualité de nos loisirs dépend de notre attitude et de notre motivation, nous sommes en mesure de créer les événements et les situations favorables à notre épanouissement. William Shakespeare a dit que "l'action vaut tous les discours". Avoir la volonté d'agir, c'est déjà vaincre l'inertie qui empêche la plupart d'entre nous de s'investir activement dans les loisirs. Pour vivre de manière intense et créative, il faut dépasser cette inertie. De plus, s'engager résolument dans l'action est un excellent antidote à la dépression et au stress.

Dans la vie, il existe deux sortes de gens : ceux qui y participent, et ceux qui se contentent de la regarder ; autrement dit, les acteurs et les spectateurs. Certaines personnes passent le plus clair de leur temps à provoquer les événements, d'autres le passent à le regarder s'écouler. Un jour, il est trop tard, et ils se demandent encore ce qui a bien pu se passer.

S'abrutir pendant des heures devant la télévision est le plus sûr moyen de sombrer dans l'ennui et de se sentir fatigué, physiquement et intellectuellement. Tuer le temps ne sert qu'à hâter sa propre mort. Si vos loisirs ne se partagent pas de manière équilibrée entre activités "passives et actives", ils vous laisseront insatisfait. Le meilleur remède à l'ennui est de vous découvrir de nouvelles passions. Les activités les plus satisfaisantes sont celles qui comportent un défi et qui proposent un but. Lorsqu'on s'y adonne, on oublie le temps et même l'endroit où l'on est tant elles nous absorbent.

> Sois tout au plaisir d'agir et laisse-les dire.
>
> Baltasar Gracian

Il existe forcément plusieurs domaines qui vous passionnent - peut-être est-ce l'alpinisme ou la randonnée en montagne, le jardinage, le ski nautique, l'équitation, la collection d'orchi-

L'art de ne pas travailler

dées, que sais-je ? Une seule chose compte, que cette activité suscite en vous l'enthousiasme indispensable pour vous y engager à fond. Si vous aimez ce que vous faites, vous serez plus tonique, plus présent et plus rayonnant.

Exercice 8-2. Mesurez vos passions

Revenez à votre arbre de loisirs ou à la liste des activités que vous envisagez d'essayer, et accordez à chacune d'elles une "note de passion" en fonction de l'enthousiasme qu'elle suscite en vous : de 1 (passion quasi nulle) à 5 (passion brûlante).

Lorsque vous aurez évalué votre envie pour chacune des activités envisagées, promettez-vous de pratiquer celles dont la cote de passion atteint au moins 4. Celles qui obtiennent moins de quatre points ne vous stimuleront pas assez pour entretenir votre motivation.

Aiguillonné par votre enthousiasme, vous n'aurez aucun mal à vous absorber dans ces activités. Peut-être faudra-t-il au contraire réfréner l'ardeur que vous y mettrez. La passion, l'enthousiasme, le désir, sont les seuls ingrédients nécessaires pour vous investir dans des occupations qui vous procureront à la fois un sentiment de satisfaction et d'accomplissement. Dès l'instant où vous êtes prêt à entreprendre des activités qui représentent un défi, vous ne pouvez pas faire autrement que d'apprendre et de grandir.

Réponse à l'exercice 8-1 : Pendant que vous vous livrez à des activités saines et enrichissantes devant la télévision, assurez-vous qu'elle est bien débranchée.

CHAPITRE 9

Vivre le moment présent

Maintenant est seulement maintenant

Dans le cadre d'un sondage, d'une portée hautement philosophique, sur les rapports qu'entretiennent le tennis et le sexe, une revue consacrée au tennis mondial, le *World Tennis Magazine*, a interviewé 500 joueurs.
54 % ont répondu qu'ils jouaient au tennis en pensant au sexe. Qu'est-ce que cela signifie ? Cela peut vouloir dire beaucoup de choses. Peut-être qu'ils s'ennuient en jouant au tennis, ou peut-être qu'ils jouent avec des partenaires très "sexy". Et pourquoi pas une explication plus freudienne :

> *Le jour est infini pour qui sait en jouir et en user.*
>
> Goethe

ils sont si obsédés par le sexe qu'ils ne pensent qu'à ça, qu'ils jouent au tennis, mangent, recousent un bouton, ou montent à cheval !

Pour ma part, je dirais simplement que ces joueurs de tennis ont du mal à vivre le moment présent. Ils "s'absentent", peu importe ce qu'ils font. Les enquêteurs n'ont pas pensé à les interroger là-dessus, mais je suis sûr qu'ils pensent au tennis en faisant l'amour (nous laisserons à une revue

consacrée au sexe mondial le soin de réaliser cette enquête). Il serait également intéressant d'effectuer un sondage parmi les musiciens pour savoir combien pensent au sexe en interprétant une symphonie...

Comme ces joueurs de tennis, la plupart d'entre nous ne vivent pas le moment présent. Nous sommes tellement préoccupés par le passé ou l'avenir, que nous passons à côté des moments les plus précieux de la vie. L'idée de vivre dans le présent n'est pas une idée bien nouvelle, mais rares sont ceux qui la mettent en pratique.

Nous marchons la plupart du temps comme des somnambules, indifférents à ce qui se passe autour de nous. Certains philosophes disent même que nous vivons dans l'inconscience la plupart du temps.

Si vous voulez faire partie de la minorité consciente, rappelez-vous que maintenant - et seulement maintenant - est maintenant. Vivre le moment présent est essentiel, car c'est le seul qui nous appartienne vraiment. Il n'est pas d'autre expérience que celle du moment présent. Etre dans le présent signifie accepter que l'on ne peut jamais vivre le passé ou le futur. **Et c'est tout !** Que vous le croyiez ou non, le *présent* est tout ce que la vie vous offrira jamais.

Maîtriser l'instant

Dans certaines cultures, un "moment" peut durer un après-midi entier, les activités ont un début et une fin naturels qui ne sont pas dictés par la montre. Une conversation ne se déroule pas dans un temps limité à quinze ou trente minutes, elle commence quand elle commence, elle finit quand elle finit. Malheureusement, beaucoup d'Occidentaux ne sont plus capables de parler tranquillement avec un parent, un ami, un voisin ; cela impliquerait un "flou" qui n'a pas sa place dans notre emploi du temps.

> *Perdues, hier, quelque part entre l'aube et le crépuscule, deux heures en or, chacune sertie de soixante minutes précieuses. Pas de récompense, elles ont disparu à jamais.*
>
> Horace Mann

L'inertie active ne mène nulle part

Vivre "maintenant" n'est rien de plus que de savourer l'instant présent pour ce qu'il est. C'est ce que Mij Relge, un très bon ami, a su faire. A l'âge de quarante-trois ans, Mij a quitté son poste de professeur à l'université pour se lancer dans une recherche spirituelle et se réaliser en tant que personne. Par curiosité, je lui ai demandé ce qu'il faisait de son temps libre et quels étaient ses projets pour l'avenir. A l'époque, il avait cessé de travailler depuis deux ans. Mij m'a fait cette réponse, digne d'un maître Zen, montrant qu'une vie sans emploi ne lui posait pas de problème : "Je m'occupe à maîtriser l'instant".

Maîtriser l'instant est essentiel pour profiter de ses loisirs et apprécier sa liberté. La qualité de nos loisirs dépend de notre capacité à nous absorber totalement dans une activité. Alors seulement, nous tirons un véritable plaisir de ce que nous faisons - quoi que ce soit : jouer aux échecs, parler à un ami, barboter dans un ruisseau, admirer un coucher de soleil... Vivre ses loisirs au présent se traduit par une attention intense ainsi qu'une sensation d'être en harmonie avec le monde.

Cette attitude est un des fondements de la sagesse Zen. L'histoire qui suit illustre l'importance de maîtriser l'instant : Un disciple Zen interroge son maître :

- Maître, qu'est-ce qu'être Zen ?
- Etre Zen, c'est balayer le sol quand tu balayes le sol, manger quand tu manges, et dormir quand tu dors.
- Maître, c'est donc si simple !
- Bien sûr, mais si peu de gens le font.

Il est vrai que très peu vivent le moment présent. C'est regrettable, car ainsi nous passons à côté de nombreuses opportunités. L'attention au moment est une attitude que nous pouvons essayer d'acquérir pour notre plus grand bénéfice. La capacité à être dans le moment présent et à nous concentrer sur ce que nous sommes en train de faire, est un aspect important de la créativité, que ce soit dans notre travail ou dans nos loisirs. Pour

> *Le temps est le moyen que choisit la nature pour empêcher que les choses n'arrivent toutes en même temps.*
>
> Un sage anonyme

maîtriser l'instant, nous devons apprendre à faire une seule chose à la fois, et non deux ou trois. Avoir une activité physique et penser à autre chose en même temps, sont deux occupations contradictoires. Nous ne sommes pas libres de prendre part à l'activité que nous avons choisie, si nous pensons à autre chose. Dans nos loisirs, nous avons souvent du mal à choisir une activité et à nous y tenir jusqu'à ce qu'il soit temps d'arrêter. Toute action, toute tâche qui mérite d'être accomplie, devrait recevoir toute notre attention.

La capacité à faire l'expérience de l'ici et maintenant est une des caractéristiques de la créativité. Les gens qui vivent de manière créative sont ceux qui parviennent à s'immerger totalement dans un projet. Leur degré de concentration est tel qu'ils perdent complètement la notion du temps. Leur projet les absorbe entièrement. Ils ne sont jamais distraits par leurs pensées. Quel est leur secret ? Ils jouissent de l'instant présent, pour ce qu'il est et ne s'inquiètent pas de savoir ce qui vient après.

Vous est-il jamais arrivé d'être transporté d'enthousiasme, loin de vos soucis habituels, jusque dans un état d'exaltation totale ? C'est cela *maîtriser l'instant*. C'est un sentiment rare. Deux professeurs de psychologie de l'université de l'Illinois, Howard et Diane Tinsley, notent que les individus qui profitent pleinement de leurs loisirs éprouvent les sentiments suivants :

✓ Une sensation de liberté.
✓ Une absorption totale dans l'activité en cours.
✓ Un oubli de soi.
✓ Une perception accrue des objets et des événements.
✓ Une perte de la notion du temps.
✓ Une conscience accrue des sensations physiques.
✓ Une sensibilité aiguë aux émotions.

Cam Gase, de San Diego en Californie, m'a envoyé la lettre suivante. Cam est manifestement quelqu'un qui sait apprécier l'instant présent.

L'inertie active ne mène nulle part

Cher Ernie,

J'ai beaucoup aimé votre livre. Je l'ai lu alors que j'étais de quart la nuit dernière, de minuit à huit heures du matin. Je suis matelot de deuxième classe sur un navire dans l'Océan Indien. Mon bateau a jeté l'ancre dans un lagon. Cette nuit, j'ai contemplé la pleine lune, et peu de temps après j'ai assisté à un lever de soleil fabuleux. Les gens qui ne travaillent pas se lèvent rarement pour admirer le lever du soleil. J'ai publié à mon compte un livre de citations, et j'en ai retrouvées beaucoup dans votre livre.

Etant marin, j'ai la chance de beaucoup voyager. Il y a quelques années, j'ai emmené ma fiancée à Hong Kong et Bangkok. L'année dernière, nous sommes allés à Londres, à Amsterdam, à Münich, à Venise, en Suisse et à Paris. En janvier, nous partons en croisière aux Caraïbes.

Les gars qui travaillent comme moi sur les bateaux bossent dur, sept jours sur sept, particulièrement pendant les vacances et les week-ends où la paye est plus élevée. Qu'importe, j'ai pris mon jour de congé, et je suis parti à la plage, pour nager, et écrire des lettres. Les copains étaient étonnés que je puisse flemmarder un jour de "prime". Demain, c'est dimanche, et je recommencerai. J'ai tellement de choses à faire pendant mes loisirs, lire, écrire, nager, etc. Je ne regarde pas la télé, mais je regarde quelques films et quelques vidéos.

Votre idée de vivre comme s'il ne nous restait plus que six mois à vivre est une de celles que j'ai retenues alors que j'étudiais la philosophie et l'art Ninja. Vivre l'instant présent y est décrit comme : "Etre là, totalement concentré sur le moment qui s'offre". Le Yoga et le Zen proposent de se concentrer sur un seul objet, comme vous le faites.

J'aime aussi beaucoup la solitude. C'est tout simplement génial, quand je lis un livre avec lequel je suis d'accord sur toute la ligne. Et je suis toujours agréablement surpris quand quelqu'un parvient à dire l'essentiel dans un seul bouquin.

Amicalement,

Cam

L'art de ne pas travailler

Cam a compris que le secret des loisirs est de privilégier les activités dans lesquelles on maîtrise l'instant. Si vous parvenez à en faire autant, vous connaîtrez beaucoup de joie et vous ferez des expériences très épanouissantes. Maîtriser l'instant, c'est aussi bien passer l'après-midi à flâner dans une bibliothèque sans but précis, ou écrire une lettre en laissant courir la plume au fil de votre inspiration. C'est accomplir quelque chose qui vous fascine au point que vous perdiez complètement la notion de temps et d'espace. Quand vous maîtrisez l'instant, rien n'a d'importance, si ce n'est ce que vous êtes en train de faire, maintenant.

ça doit être génial de se balader en Porsche.

ça doit être génial de buller tout l'après-midi.

Le temps c'est du plaisir

> Si vous n'êtes pas servi dans cinq minutes,
> eh bien, vous serez servi dans huit, neuf ou...
> peut-être douze minutes.
> DETENDEZ-VOUS !
>
> Menu du *Ritz Diner*, à Edmonton

Beaucoup de gens courent comme des fous pour arriver quelque part, mais il est manifeste qu'ils n'ont pas la moindre idée de ce qui les fait courir ; ou pire même, de l'endroit où ils vont. Ils semblent être pressés d'arriver quelque part, pour y être plus vite et attendre plus longtemps.

Pourquoi se dépêcher de vivre ? Quand avez-vous ouvert votre cœur à un ami pour la dernière fois ? Vous est-il arrivé de faire une pause et de vous demander ce qui vous faisait courir comme ça ? Vous précipitez-vous sur le téléphone dès qu'il sonne, alors que c'est inutile ? Est-ce que ce serait vraiment une catastrophe, si vous le laissiez sonner encore une fois ?

L'inertie active ne mène nulle part

La précipitation est une maladie. Ceux qui en sont atteints connaissent d'ailleurs de nombreux problèmes de santé, ainsi qu'un taux de mortalité élevé pour cause d'infarctus. Les gens qui se laissent dévorer par le temps présentent une accélération du rythme cardiaque, de l'hypertension, des problèmes gastriques et des tensions musculaires. A la longue, cette agitation continuelle entraîne une aggravation des troubles, et peut aboutir à une fin précoce.

> *Le temps est notre bien le plus précieux.*
>
> Proverbe français

Vous trouverez ci-dessous différents moyens de ralentir votre rythme et de mieux profiter de la vie.

✓ Cessez de vous projeter dans le futur et de vous demander si vous aurez le temps d'achever tout ce que vous avez à faire : si vous l'avez, vous en viendrez à bout, si vous ne l'avez pas, vous terminerez demain.

✓ Lorsque vous vous arrêtez pour prendre un café, accordez-vous le temps de le savourer. Buvez-le lentement en vous concentrant sur cet instant, comme si le monde entier s'était arrêté pour vous permettre de l'apprécier.

✓ Au volant de votre voiture, levez le pied, même si vous êtes pressé.

✓ Accordez-vous une "récréation" d'une demi-heure ou plus par jour, à utiliser de manière impromptue, selon l'envie du moment.

✓ Ménagez-vous une heure ou deux de solitude chaque jour, et laissez le répondeur se charger de vos appels.

✓ Lorsque vous admirez un coucher de soleil, regardez-le jusqu'à ce que le dernier rayon ait disparu derrière l'horizon.

✓ Quand vous parlez avec votre voisin, laissez la conversation avoir un début et une fin naturels plutôt que dictés par la montre.

✓ Lorsque vous prenez votre douche le matin, abandonnez-vous à ce moment, jusqu'à ressentir le bien qu'il vous fait.

L'art de ne pas travailler

Notre époque vouée au matérialisme, au stress et à la vitesse, semble n'avoir qu'un seul *credo* : "le temps c'est de l'argent". Quelle barbe ! Je préfère infiniment mesurer mon temps en termes de plaisir. Si au lieu de ce triste mot d'ordre, nous adoptions plutôt la devise : "le temps c'est du plaisir", nous nous porterions tous considérablement mieux...

Au fond, rien n'a d'importance... et même si ça en a, qu'est-ce que ça change ?

S'inquiéter de choses insignifiantes ou sérieuses est une des activités qui nous dérobent l'instant présent. Des chercheurs de l'université de Pennsylvanie révèlent qu'environ 15 % des Américains passent au moins la moitié de leur journée à s'inquiéter. Le phénomène prend une telle proportion, que certains chercheurs estiment qu'un Américain sur trois souffre de sérieux problèmes psychologiques liés à l'inquiétude. A ce propos, pensez à deux de vos amis : si vous trouvez qu'ils jouissent d'une bonne santé mentale, alors vous devez être celui des trois qui souffre de problèmes psychologiques (je plaisante !).

> *Je suis un vieil homme, et j'ai connu beaucoup de problèmes, dont la plupart ne sont jamais arrivés.*
>
> Mark Twain

Exercice 9-1. Deux jours au sujet desquels il ne faut pas s'inquiéter

Il y a deux jours de la semaine au sujet desquels vous ne devriez pas vous inquiéter. Quels sont-ils ?

La petite histoire qui suit, issue de la sagesse Zen, constitue une bonne introduction au thème de l'inquiétude.

Deux moines, Eanzan et Tekido, marchent le long d'un chemin boueux, lorsqu'ils rencontrent une belle jeune fille qui n'ose pas traverser le chemin de peur de salir ses souliers de soie. Sans dire un mot, Eanzan prend la

jeune femme dans ses bras et la dépose de l'autre côté du chemin. Puis les deux moines reprennent leur marche sans échanger une parole jusqu'au soir. Une fois arrivés à destination, Tekido dit à son compagnon : "Tu sais que les moines doivent éviter les femmes, pourquoi as-tu porté cette jeune fille dans tes bras ce matin ?" Eanzan lui répond : "Moi, je l'ai laissée de l'autre côté de la route, comment se fait-il que tu la portes encore ?"

Cette histoire illustre l'importance qu'accorde la philosophie Zen au fait d'avancer dans la vie sans s'encombrer des problèmes du passé. Cependant bien des gens restent obnubilés par des problèmes anciens. L'inquiétude forme la trame de la plupart de nos pensées, à tel point que certaines personnes s'inquiètent même de n'avoir à s'inquiéter de rien.

> *Ce n'est pas ce qu'ils vivent aujourd'hui qui rend les hommes fous. C'est le remords de ce qui a eu lieu hier, et la crainte de ce que leur réserve demain.*
>
> Robert Jones Burdette

Si vous faites partie de ces inquiets chroniques et que vous manquez de sujets d'inquiétude, voici de quoi nourrir votre anxiété. J'ai rédigé cette liste après avoir proposé une soirée, dans mon café préféré, sur le thème de l'obsession et des idées fixes, pour changer un peu de la poésie. Comme toutes les grandes idées, celle-ci ne suscita guère l'enthousiasme.

Quelques sujets d'inquiétudes supplémentaires :

- ✓ Qu'arrivera-t-il si je deviens trop motivé ?
- ✓ Qui me vole mes chaussettes ?
- ✓ Qu'est-ce que je vais bien pouvoir me mettre si on m'invite à l'opéra ?
- ✓ Qui a inventé les chaussettes ?
- ✓ Est-ce que quelqu'un d'autre se réincarnera un jour en moi ?
- ✓ Comment se fait-il que tous les gens bizarres semblent me connaître ?
- ✓ Le chat de mon voisin ne serait-il pas un peu névrosé ?

L'art de ne pas travailler

✓ Pourquoi Céline Dion a-t-elle épousé un autre que moi ?
✓ Quel genre de voiture devrais-je acheter si je gagne au loto ?
✓ Est-ce que je suis vraiment le seul client de ce bar ?
✓ Combien de rébus a-t-on inventés ?
✓ Suis-je si intelligent que je me gaspille ?
✓ Est-ce que les dyslexiques apprécient les palindromes ?
✓ Est-ce que le but de ma vie est d'alerter l'humanité ?
✓ Qui est cette belle blonde, là-bas ?
✓ Est-ce que je préfère vraiment les blondes ?
✓ Si j'épouse une blonde, est-ce que je finirai par préférer les brunes ?
✓ Pourquoi les gens ne mettent-ils plus de bâches sur leur voiture ?
✓ Est-ce qu'un perfectionniste comme moi peut changer de paradigme ?
✓ Suis-je le seul à n'avoir jamais changé de paradigme ?
✓ Est-ce que quelqu'un va me piquer cette liste et essayer de la revendre à un éditeur pour se faire d'argent ?
✓ Est-ce qu'on va m'enfermer pour avoir pondu cette liste ?

La peur, l'anxiété et la culpabilité, tous ces sentiments sont liés à l'inquiétude. A tout moment, au travail ou ailleurs, notre esprit s'égare, essentiellement absorbé par des soucis et des regrets. Si on ne regrette pas ce qui s'est passé hier, on se soucie de ce qui arrivera demain. Ce qui nous amène à la réponse de l'exercice 9-1: les deux jours de la semaine dont vous ne devriez pas vous inquiéter sont hier et demain.

> *Le monde se dirige en laissant les choses suivre leur cours, et non par notre intervention.*
>
> Lao-Tseu

Perdez-vous trop de temps à vous inquiéter au lieu de profiter du moment ?

Etes-vous capable de vous concentrer et d'être présent ici et maintenant ? Passer votre temps rongé par la crainte d'échouer ou de vous tromper, ne peut qu'accroître votre niveau de tension et d'anxiété. Un excès d'inquiétude prédispose au stress, aux migraines, aux bouffées d'angoisse, aux ulcères et autres maux du même acabit. La majorité de nos soucis naissent de l'autosuggestion et sont dans l'ensemble

parfaitement vains. La plupart des inquiétudes que nous nous infligeons n'ont pas lieu d'être et peuvent se résumer à ceci.

Le petit tableau qui précède montre que 96 % de l'énergie

Vaines inquiétudes

40 % de nos inquiétudes concernent des événements qui n'arriveront jamais.

30 % de nos inquiétudes concernent des événements qui sont déjà arrivés.

22 % de nos inquiétudes concernent des événements anodins.

4 % de nos inquiétudes concernent des événements auxquels nous ne pouvons rien.

4 % de nos inquiétudes concernent des événements réels sur lesquels nous pouvons agir.

---

dépensée à s'inquiéter l'est pour des choses sur lesquelles nous n'avons pas prise. Autrement dit, c'est autant de temps perdu. En fait, c'est même pire que cela, car s'inquiéter des choses que nous pouvons contrôler ne sert à rien, puisque précisément nous pouvons agir dessus. 100 % de nos inquiétudes sont donc parfaitement vaines. (Maintenant, vous pouvez vous inquiéter de tout le temps que vous avez perdu à vous inquiéter.)

S'inquiéter au sujet d'événements passés ou futurs est une perte d'énergie. Les individus créatifs ont conscience qu'il y a quelque vérité dans la loi de Murphy. Autrement dit, "si une chose peut aller de travers, elle ne manquera pas de le faire".

> *Nous passons la moitié de notre vie à nous demander que faire du temps que nous avons gagné avec tant de peine.*
>
> Will Rogers

Les obstacles sont une certitude dans la vie. Un être créatif n'imagine pas la vie autrement. Il sait qu'il n'y a aucun moyen de les supprimer tous : d'autres apparaîtront régulièrement. En revanche, il sait qu'il peut pratiquement tous les surmonter. Lorsqu'il rencontre un obstacle, il essaiera d'imaginer un moyen de l'éliminer ou de le franchir. S'il ne peut pas passer par-dessus, il tentera de passer par-dessous. S'il ne peut pas passer par-dessous, il essaiera de le contourner. Et s'il est impossible de le contourner, il tentera de passer au

travers. Avec tous ces choix, ce n'est pas la peine de s'inquiéter de savoir s'il y a des obstacles ou pas. S'il n'y en a pas, tant mieux. S'il y en a, tant mieux. Car cela veut dire un défi à relever, un problème inédit à résoudre !

La plupart de nos inquiétudes, sinon toutes, ne font que nous priver de l'énergie qui pourrait servir à résoudre nos problèmes. Se dire que finalement, rien n'a d'importance (et même si ça en a, qu'est-ce que ça change ?) est une saine philosophie. Si vous parvenez à l'appliquer à votre vie, vous verrez disparaître la plupart de vos soucis.

Lâcher le contrôle pour gagner la maîtrise

La plupart des gens cherchent constamment à garder le contrôle ; ils se sentent anxieux et insécurisés dès qu'ils ont l'impression de le perdre. Cependant, ce besoin permanent de contrôle peut conduire à l'échec. Une personne créative vous dira que pour vivre pleinement, il faut savoir s'abandonner, autrement dit renoncer au contrôle. Bien entendu, cela va à l'encontre de ce que nous avons appris.

> *Quand vous tenez un éléphant par la patte arrière et qu'il tente de s'échapper, mieux vaut le laisser filer.*
>
> Abraham Lincoln

Si vous êtes déjà monté à cheval, vous avez dû vous rendre compte qu'il est beaucoup plus facile de le conduire dans la direction où il veut aller. De même, il est plus facile de se diriger dans le monde si vous allez dans le même sens que lui. Cela signifie qu'il faut renoncer à vouloir contrôler sans cesse le cours des choses.

Voici une analogie qui illustre bien ce propos. Imaginez que vous êtes sur un radeau, en train de descendre le courant tumultueux d'un fleuve. Brusquement, le radeau chavire, et vous tombez à l'eau. Vous avez deux possibilités : soit vous essayez de garder le contrôle et de lutter contre le courant, et vous avez toute chance de vous retrouver blessé en étant précipité sur un rocher. Soit vous n'essayez pas de résister, au contraire vous laissez faire. Dès l'instant où vous abandonnez le contrôle, vous êtes "porté" par le courant, or l'eau ne

se jette pas sur les rochers, elle les contourne.

La vie est comparable à ce fleuve turbulent. Pour s'y frayer un chemin sans trop de bleus ni d'égratignures, nous devons apprendre à aller avec le courant. Autrement dit, abandonner le contrôle et accepter le fait que nous ne pouvons pas agir sur le cours des choses. Le meilleur moyen de maîtriser notre destinée est de cesser de vouloir la contrôler et de nous inquiéter de la manière dont les choses vont tourner. Trop de facteurs qui échappent à notre volonté peuvent ruiner le meilleur des plans.

Les gens qui vivent de manière créative se laissent porter par le courant et se laissent guider par lui. De cette manière, ils reconnaissent l'importance de maîtriser l'instant.

Ne prévoyez pas d'être spontané

Contrairement à la plupart des adultes, une personne créative vit le moment présent et se montre capable de spontanéité. Mark Twain faisait sans doute référence à son propre manque de spontanéité lorsqu'il dit : "Il me faut généralement plus de trois semaines pour préparer un bon discours improvisé".

Selon Abraham Maslow, le célèbre psychologue humaniste dont nous avons déjà parlé, la spontanéité est une qualité que l'on perd trop souvent en grandissant. Il affirme que presque tous les enfants sont capables de composer une chanson, un poème, une danse, un tableau, une pièce ou un jeu, sur l'impulsion du moment, sans intention

J'avais prévu d'être spontané à trois heures cet après-midi, mais je suis complètement débordé. Remettons ça à demain.

ni plan préalables. La majorité des adultes perd cette aptitude. Cependant, Maslow a découvert qu'un petit nombre conservent cette faculté, ou la recouvrent plus tard dans la vie. Il s'agit des individus "réalisés" qui ont, pour reprendre ses termes, "actualisé" leur potentiel. Comme nous l'avons vu au chapitre 7, l'actualisation de soi correspond à l'état de

santé mental optimal. Etat que Maslow décrit aussi comme la pleine humanité. Il observe que les personnes actualisées se montrent très spontanées et créatives tout au long de leur vie.

La spontanéité est essentiellement synonyme de créativité. Les gens qui vivent de manière créative ne manifestent pas d'inhibition, et sont capables d'exprimer ce qu'ils ressentent vraiment. Ils peuvent, comme les enfants, "faire les fous". Ils sont aussi capables de suivre l'inspiration du moment et de faire quelque chose qu'ils n'avaient pas du tout prévu. Et ils n'ont également aucun mal à improviser un discours. Là encore, ils se montrent plus proches de l'enfant que de l'être adulte.

A quel point, êtes-vous spontané ? Suivez-vous toujours le programme que vous vous êtes fixé ? Vous conformez-vous à une routine établie ? Ou vous en écartez-vous souvent pour faire quelque chose de complètement différent ? J'ai constaté que lorsque j'agissais de manière spontanée et imprévue, il se passait souvent des choses intéressantes et inattendues, qui ne me seraient jamais arrivées sinon.

Pour rafraîchir votre notion de la spontanéité, observez les enfants. Si vous pouvez retrouver l'enfant en vous, vous retrouverez aussi cette qualité. Etre spontané, c'est être capable de remettre ses projets en question, de tenter une expérience nouvelle sur une inspiration soudaine, parce que cela vous fait plaisir. Mais être spontané ne se prévoit pas, croire le contraire est une lubie de comptable, d'ingénieur à la rigueur. Personne ne peut "programmer la spontanéité", c'est un contresens.

Etre spontané signifie aussi admettre le hasard dans sa vie. Plus vous lui laisserez de place dans la vôtre, plus vos loisirs deviendront intéressants. De même, si vous admettez plus de personnes dans votre monde, et si vous communiquez avec elles en exprimant votre point de vue, particulièrement s'il diffère du leur, c'est une chance d'apprendre quelque chose de nouveau.

La spontanéité ne se programme pas, mais elle peut se "pratiquer". C'est par exemple s'exercer quotidiennement à faire quelque chose que l'on n'avait pas prévu, en suivant l'inspiration du moment. Cela peut être une chose infime, comme de changer d'itinéraire à un moment donné, ou de manger dans un nouveau restaurant, ou d'essayer une dis-

traction inédite. Car vous pouvez rendre vos activités de loisirs beaucoup plus intéressantes en y introduisant la nouveauté.

Vivre heureux pour l'éternité... sans se soucier du lendemain

Un matin, j'ai vu un homme, à moitié clochard, sortir d'un hôtel de troisième zone. Il était seul et n'avait pas perçu ma présence. Et je l'ai entendu s'exclamer avec beaucoup de gaieté : "Bonjour, le Monde, comment vas-tu ce matin ?" Puis, il a regardé autour de lui, la place baignée de soleil, et a ajouté, radieux : "Incroyable, tout bonnement incroyable !"

J'ai regardé cet homme, saisi d'admiration. Il était capable d'exprimer un tel enthousiasme, alors qu'il semblait manquer de la plupart des choses "essentielles" pour lesquelles nous luttons. Il était si heureux de vivre, que je m'attendais presque à le voir léviter. Puis j'ai pensé à tous ces visages renfrognés que j'aurais croisés si je m'étais promené dans le centre-ville ce matin-là. Aurais-je rencontré une seule mine aussi réjouie parmi tous ces gens munis d'un travail ? Non, j'aurais vu de nombreux visages reflétant le sérieux qu'affichent généralement les musiciens d'un orchestre symphonique. Et je suis persuadé que si j'avais entendu leurs conversations, elles n'auraient pas été plus gaies.

> *Nous n'avons pas plus le droit de consommer du bonheur sans en produire, que nous n'avons le droit de consommer de richesses sans en produire.*
>
> George Bernard Shaw

Abraham Lincoln disait que les gens sont dans l'ensemble aussi heureux qu'ils se disposent à l'être. Je suis sûr que mon "demi-clochard" l'aurait approuvé. Voilà, maintenant vous savez qu'il ne tient qu'à vous. Depuis des siècles, les sages et les mystiques de toutes les traditions religieuses et philosophiques, répètent tous à peu près la même chose et s'accordent pour l'essentiel sur l'origine du bonheur. Mais ils pourraient le crier sur les toits ou le graver sur toutes les pierres, que la plupart des gens ne comprendraient toujours

Mon but dans la vie c'est d'être heureux, de vivre pleinement chaque instant et d'apprendre à faire une seule chose à la fois.

pas. Le bonheur n'est pas à l'extérieur, il est à l'intérieur. Le véritable bonheur consiste à trouver le contentement en soi. Tous les biens de ce monde ne peuvent apporter la joie que des êtres démunis trouvent en eux-mêmes.

Tout le monde veut être heureux. Comme les héros des contes de fée que nous lisions dans notre enfance, nous voudrions "vivre heureux pour l'éternité", et ne connaître que de bons moments.

Mais le bonheur "pour l'éternité" ne peut se vivre qu'au jour le jour. Car le bonheur se vit au présent. Si notre but essentiel est le bonheur, celui-ci nous échappera. C'est en réalisant nos aspirations que nous le trouverons, mais il ne peut être un but en soi.

De même ne vouloir vivre que de bons moments est un leurre. La poursuite du plaisir n'est en général qu'une tentative d'échapper à l'inconfort. L'excès de plaisir sécrète rapidement l'ennui. Si la vie n'était que plaisir et rien d'autre, il n'y aurait pas de bonheur possible.

Le secret du bonheur réside dans l'engagement. C'est vrai dans le monde du travail comme ailleurs. S'engager signifie se lancer corps et âme dans ce qu'on entreprend. Autrement dit, faire une seule chose à la fois, et savoir l'apprécier pleinement.

"Si vous ne trouvez pas le bonheur là où vous êtes, où croyez-vous le trouver ?" demande un sage Zen. Ce qu'il résume plus simplement encore : Où, si ce n'est ici ? Les grands maîtres de la philosophie orientale ont toujours dit : "Le bonheur est la voie". En d'autres termes, ce n'est pas la destination ; le bonheur ne se cherche pas, c'est vous qui le créez. Inutile de partir en quête du bonheur, puisque c'est le pays d'où vous venez.

C'est précisément quand on n'a plus de temps pour ça, qu'il faut songer à se détendre.

Sydney Harris

Il ne faut pas plaisanter avec l'humour

Savoir rire est un immense atout pour profiter de la vie. Beaucoup de gens se croient dotés du sens de l'humour, mais peu en font preuve. Je connais des gens si sérieux qu'ils pourraient faire dérailler un train.

L'acteur George Burns, célèbre pour ses talents comiques, était persuadé qu'il vivrait centenaire. Peu après son quatre-vingt-dixième anniversaire, il commença à prendre les paris pour le centième. S'il a vécu aussi longtemps, c'est en bonne partie grâce à l'attitude qu'il a adoptée toute sa vie. L'humour est ce qui le faisait vivre. Il ne fait aucun doute que son travail a été bénéfique à sa santé. Des études - très sérieuses – révèlent qu'éclater de rire plusieurs fois par jour fait autant de bien à la santé que de courir pendant dix kilomètres.

> *Une journée où l'on n'a pas ri, est une journée perdue.*
>
> Chamfort

Un autre personnage à qui le rire profita beaucoup s'appelle Norman Cousins. Le diagnostic des médecins ne lui laissait aucun espoir : il était atteint d'une maladie incurable en phase terminale. Norman Cousins démentit ce sombre pronostic, en se repassant les films des Marx Brothers et les émissions de la Caméra Cachée. Il rit tellement fort qu'il découragea la maladie et recouvra la santé.

En plus d'être bon pour la santé, l'humour constitue un moyen efficace d'éveiller la créativité. Les gens qui se sont intéressés à la créativité se sont aperçus que les solutions géniales naissent souvent d'un trait d'humour. Si vous vous sentez submergé par le stress et que vous prenez vos problèmes trop au sérieux, la meilleure chose qu'il vous reste à faire est d'ouvrir un recueil de blagues, d'aller voir un ami capable de rire de tout, de faire le fou. Bref, décrochez un peu ; et vous serez étonné de voir combien d'idées créatives et originales vous viendront à l'esprit.

Les gens qui gardent toujours la tête sur les épaules, devraient la perdre de temps en temps. Tout le monde connaît le dicton : "La vie est trop grave pour être prise au sérieux", mais qui s'en souvient ? Nous sommes tous beaucoup trop sérieux la plupart du temps. Et vous, jusqu'à quel

point l'êtes-vous ? Trouvez-vous le temps de rire ? de faire le fou ? Si vous vous efforcez d'être toujours raisonnable, vous sabotez votre créativité. Les individus trop sérieux pour s'amuser accouchent rarement d'idées géniales.

> *Le sérieux est le seul refuge des esprits peu profonds.*
>
> Oscar Wilde

Le jeu est au cœur de la créativité. Jouer et s'amuser sont de grands stimulants pour l'esprit. Lorsqu'on s'amuse, on est généralement détendu et enthousiaste. Parfois, il arrive même qu'on dépasse les bornes. Tous ces états participent de la créativité. Savez-vous pourquoi les enfants sont si créatifs ? Parce qu'ils savent rire, s'amuser et être spontanés. Rappelez-vous quand vous étiez enfant, en jouant, vous appreniez. Et sans doute avez-vous plus appris dans les moments de légèreté que dans les moments de sérieux. Essayez de retrouver cet enfant en vous et vous verrez renaître votre créativité. Gardez-le vivant et ne perdez pas contact avec cette part d'insouciance que nous avons tous. Et votre vie ne sera jamais ennuyeuse.

La comédie et le rire ouvrent l'esprit. Le rire nous aide à voir les choses autrement parce qu'il change notre état d'esprit. Lorsque l'esprit est détendu, il se soucie peu d'être exact ou réaliste : je déraisonne, et alors ? Il est bon de "perdre la raison" de temps en temps. Cela permet d'ouvrir la porte à des solutions neuves et créatives. La créativité a besoin du jeu et d'une certaine folie, ce que d'ailleurs la société n'apprécie guère. On vous dira que vous feriez bien de grandir et de devenir "adulte". On ne devrait jamais devenir une "grande personne", car alors on cesse de croître en tant qu'individu. Si vous êtes du genre trop sérieux, apprenez la légèreté. Comme un ami m'a dit un jour : "On ne surestimera jamais assez l'insignifiance de presque toute chose."

Le but ultime est le chemin

Le temps libre n'est pas nécessairement fructueux. Pour avoir une vie satisfaisante, nous devons fournir un effort et réaliser quelque chose qui a un sens. Pour cela, nous devons former un projet, l'initier et le mener à terme.

Les gens qui sont réellement satisfaits de leur vie ne comptent pas sur un apport extérieur pour les rendre heureux. Ils agissent et font en sorte que quelque chose se passe. Les véritables acteurs dans ce monde ne se contentent pas d'attendre que les événements leur tombent dessus. Ils se fixent des buts, puis se donnent les moyens de les atteindre. Mais une fois qu'ils se sont fixé un but, c'est de cheminer vers lui qui compte plus que le fait de l'atteindre. Le voyage est pour eux plus important que la destination.

> *Je préfère la route à l'auberge.*
>
> Miguel de Cervantes

Léon Tolstoï posa ces trois questions :

1. A quel moment faut-il faire attention ? Maintenant.
2. Quelle est la personne la plus digne d'estime ? Celle qui est à présent à vos côtés.
3. Par quoi doit-on commencer ? Par ce qui nous fait du bien.

Par ses réponses, Tolstoï soulignait la puissance que recèle la présence au moment, et l'intérêt de se concentrer sur l'expérience à vivre plutôt que sur son résultat. En appliquant ce principe, nous apprécions à la fois le processus et son aboutissement.

Vivre le moment présent signifie que nous tirons plus de joie et de satisfaction de notre effort que de la réalisation de notre objectif. La satisfaction de réaliser notre but, aussi ambitieux soit-il, est de courte durée. Robert Louis Stevenson a dit : "La qualité du voyage compte plus que l'arrivée". Lorsque le but ultime devient le chemin, notre vie est transformée. Nous laissons libre cours à notre créativité, nos échecs deviennent des succès, et perdre signifie gagner ; le voyage devient la destination.

Si vous voulez faire un beau voyage, apprenez à apprécier ce qui vous entoure : la musique, les gens, les paysages, et toutes les merveilles de ce monde. Ne faites pas comme si elles allaient de soi, car alors vous passerez à côté de la vie. N'oubliez pas qu'un coucher de soleil ne ressemble à aucun

autre, de même que chaque flocon de neige est unique. Réveillez-vous et écoutez le chant des oiseaux, humez le parfum des fleurs et sentez la texture des arbres.

Essayez de savourer chaque minute de la journée. Cherchez le côté positif de chaque chose. Commencez et vivez chaque jour avec un objectif en point de mire. Pratiquez consciemment l'idée de jouir et de profiter du moment. Agissez en étant présent, corps et âme, à ce que vous faites. Soyez dans l'instant. Et souvenez qu'il n'y a pas d'autre moment que celui-ci ; et qu'on ne peut vivre qu'un moment à la fois. En fin de compte, vous *êtes* le moment.

CHAPITRE 10

Mieux vaut être seul
que mal accompagné

La clé de la solitude est cachée à l'intérieur

Il y a quelques années, des publicités télévisées montraient le réparateur d'une célèbre marque d'appareils ménagers, sous les traits d'un homme très solitaire, *the Maytag man*. On avait rarement besoin de lui, en raison de la qualité des appareils de ladite marque. Dans une des réclames, on le voyait prendre une chambre d'hôtel et signer sa fiche du nom de sa société. La jeune personne qui l'accueillait lui disait alors quelque chose comme : "Nous veillerons à ce que vous ne vous sentiez pas seul ici." Dans la réalité, cette phrase ne veut rien dire.

> *Celui qui ne trouve aucune satisfaction en lui-même la cherche en vain ailleurs.*
>
> La Rochefoucauld

Personne ne peut empêcher qui que ce soit de se sentir seul (sinon lui-même). De plus, ce n'est pas parce que cet homme fait un métier solitaire qu'il se *sent* esseulé.

Il y a deux manières de vivre la solitude. La première consiste précisément à se sentir seul et à en souffrir, la seconde à savoir en jouir. Autrement dit, découvrir une foule d'oc-

cupations délicieuses que seule la solitude permet. Malheureusement la plupart des gens ne connaissent que le revers de la médaille.

Pour la grande majorité, être seul signifie en fait se *sentir* seul. Je connais des gens qui perdent littéralement les pédales s'ils doivent rester seuls plus de dix minutes. Dès l'instant où ils se retrouvent seuls, ils se sentent abandonnés.

> *La vie citadine : des millions de gens qui se sentent seuls ensemble.*
>
> Henry David Thoreau

En réalité, la solitude est une excuse au fait qu'ils s'ennuient quand ils se retrouvent livrés à eux-mêmes. Un de mes amis, qui venait de découvrir les joies de la promena-de à bicyclette, s'en acheta une, qu'il utilisa une seule et unique fois, dans le mois qui suivit, sous prétexte qu'il "n'avait personne pour se promener avec lui". Je le plains sincèrement car il rate une bonne occasion de profiter de son temps libre. Souvent, je tiens à partir seul faire un tour à pied ou en vélo, même quand un ou plusieurs amis se proposent de m'accompagner. Bien sûr, je dois leur expliquer que ce n'est pas parce que leur compagnie m'ennuie, mais que je recherche tout simplement la solitude, pour moi si précieuse. Il y a en effet des moments où je préfè-re ma propre compagnie.

Au contraire d'autres personnes - j'en connais et vous en connaissez sûrement - qui allumeront la télévision ou la radio dès l'instant où elles se retrouvent seules. Elles préféreront regarder des feuilletons insipides ou écouter des débats futiles à la radio, plutôt que d'affronter un moment de silen-ce. Il est tout à fait regrettable que le fait d'aimer la solitude soit considéré comme un comportement asocial. Conditionnés par ce type de préjugé, nous apprenons très tôt à consacrer tout notre temps libre à des activités collectives et préétablies. Nous intégrons des clubs, des équipes, ou toute autre forme d'organisation qui nous garantira que nous serons entourés. Si bien que lorsque nous nous retrouvons seuls à la veille d'un long week-end, sans avoir rien prévu, nous sommes complètement perdus.

Les psychologues disent que la solitude est devenue un problème préoccupant, particulièrement dans les grandes villes. Des études révèlent, par exemple, qu'un quart de la

population des villes américaines souffre de "solitude chronique". Pour certains, cette solitude devient si insupportable qu'elle les conduit au suicide. Voici quelques-unes des raisons que les gens avancent pour expliquer leur solitude :

✓ Je manque d'amis.
✓ Je suis célibataire.
✓ Je n'ai personne dans la vie.
✓ Je viens de m'installer dans la région.
✓ Je vis dans une grande ville.
✓ Je n'ai que des relations superficielles.

Leur solitude paraît plus tragique encore lorsqu'on s'aperçoit qu'aucune des raisons avancées n'en est véritablement la cause. Tout au plus peuvent-elles la favoriser, mais certainement pas l'expliquer. Les gens se sentent seuls parce qu'ils se laissent envahir par le sentiment de solitude, qui n'est que le reflet de leur ennui.

Pour vaincre l'ennui, nous devons apprendre à utiliser de manière créative les moments où nous sommes livrés à nous-mêmes. La plupart d'entre nous cherchent à fuir la solitude dans l'excitation de la vie mondaine, aussi creuse soit-elle, pour échapper au vide plus grand encore qu'ils sentent en eux. Nous nous évadons aussi dans la société, parce que la solitude nous fait peur. Nous croyons pouvoir l'éviter, alors que nous pouvons nous sentir plus seuls encore parmi la foule.

Si c'est ça la solitude, j'en reprendrais bien une petite tranche.

Solitude ne veut pas dire isolement. L'incapacité à être seul reflète une insécurité profonde. Les personnes les plus seules au monde sont souvent aussi les plus entourées. Beaucoup sont bourrées de charme, paraissent sûres d'elles-mêmes et pleines de sang-froid. Pourtant, dès l'instant où elles se retrouvent seules, la solitude les submerge. L'absence de sécurité intérieure les pousse à rechercher à chaque seconde la compagnie d'autrui.

L'art de ne pas travailler

La plupart des gens n'ont aucune envie de savoir ce qu'il y a au fond d'eux-mêmes. Certains préfèrent s'adonner à la drogue ou à l'alcool pour maintenir un état d'excitation permanente. D'autres, tournent le bouton de la télévision ou de leur chaîne stéréo pour tromper leur solitude. La folie qui consiste à rechercher à l'extérieur ce qui se trouve à l'intérieur a inspiré aux soufis la parabole que voici :

> Un jour, Mulla se trouvait dans la rue, devant le porche de sa maison, en train de chercher fébrilement quelque chose. Un ami passa par là et s'enquit de ce qu'il avait perdu. "Mes clefs", répondit Mulla. Ils se mirent tous les deux à quatre pattes pour essayer de les retrouver. Au bout d'un moment, son ami, las de chercher, s'avisa de lui demander :
>
> "As-tu une idée de l'endroit où elles sont tombées ?
> - Oui, je les ai perdues chez-moi.
> - Mais pourquoi diable les cherches-tu dans la rue ? -
> Parce qu'il y a bien plus de lumière dehors."

Cette parabole n'est pas seulement amusante, elle recèle une vérité profonde. Plutôt que d'affronter la solitude, la plupart des gens se tournent vers l'extérieur, "parce qu'il y a plus de lumière", exactement comme Mulla. Mais de même que ce dernier n'a aucune chance de retrouver ses clés hors de chez lui, celui qui cherche à fuir la solitude à l'extérieur ne trouvera pas la clé qui lui permettrait de bien la vivre. Car cette clé est cachée à l'intérieur. Une fois que l'on comprend d'où vient le sentiment de solitude, cette dernière devient l'occasion de faire plein de choses agréables, qu'on ne saurait faire en compagnie d'autrui.

Aimer la solitude implique de s'aimer soi-même

La peur d'être seul est le signe qu'on ne s'estime pas, que l'on se sent médiocre et sans mérite. Or la vie de quelqu'un qui ne s'aime pas peut ressembler à un cauchemar.

Un grand nombre de gens semblent toujours en quête d'une marque d'estime ou d'approbation d'autrui. Mais même s'ils l'obtiennent, ils ne s'aiment pas d'avantage. Car l'estime des autres et l'estime de soi sont deux choses différentes. Comme on l'a vu dans la hiérarchie des besoins établie par Maslow, on a tous besoin d'être apprécié des autres et de soi-même, mais ces deux besoins ne puisent pas à la même source.

Dans la vie, rien ne remplace le bonheur, or il n'y a pas de bonheur imaginable quand on ne s'estime pas. L'amour de soi ne dépend pas des autres ou de l'environnement, c'est quelque chose que nous seuls pouvons nous donner. Ceux qui ont une piètre estime d'eux-mêmes dépendent de la façon dont ils sont perçus par les autres.

> *Celui qui est capable d'y arriver avec les autres mais pas tout seul, n'est pas capable.*
>
> Clark Moustakas

Ce qui les rend très vulnérables à ce qu'on dit ou pense d'eux. Or les autres sont loin d'être les meilleurs juges, parce qu'eux-mêmes souffrent souvent d'un complexe d'infériorité et sont piégés par le même désir de se faire aimer d'un monde tourné vers l'extérieur, la réussite et l'argent.

Savez-vous goûter la solitude ? Si vous ne savez pas, c'est probablement le signe que vous ne trouvez pas grâce à vos propres yeux. L'autodépréciation peut vous empêcher totalement de profiter des loisirs solitaires. Et puis, si vous ne vous aimez pas, pourquoi d'autres vous aimeraient-ils ?

On peut évaluer l'estime de soi aux efforts que l'on fait pour se faire apprécier. Si vous avez constamment peur de déranger ou d'indisposer les autres, sans doute l'image que vous avez de vous-même n'est-elle pas très reluisante. A l'inverse, si vous avez une bonne opinion de vous-même, vous ne craignez pas de vous affirmer quitte à être en désaccord avec autrui. Si vous avez une haute idée de votre valeur, vous avez sans doute des amis de qualité ayant du caractère, plu-

tôt que des amis en quantité mais superficiels.

Si vous manquez d'estime pour vous-même, il faut trouver le moyen de la renforcer. Celle-ci repose sur votre capacité à vous aimer quoi que les autres pensent de vous. Cela peut vous demander de renoncer à certaines amitiés ou relations qui se montrent trop négatives à votre égard, et qui n'encouragent pas ce changement. Par là, vous faites confiance à votre propre jugement.

Il faut s'aimer soi-même et aimer le monde avant de pouvoir le servir. Avoir du respect pour soi permet de sortir de toutes les impasses. C'est en se réconciliant avec soi-même, qu'on parvient à s'accomplir et à apprécier la solitude. On apprend à se connaître, et par là à connaître l'univers.

Ne vous éloignez pas des gens négatifs : fuyez !

Si vous avez suffisamment de respect pour vous-même, vous éviterez naturellement la compagnie de certaines personnes, même si le prix en est la solitude. Tandis que vous vous efforcez de raviver la passion dans votre vie, ayez soin de vous protéger de ceux qui voudraient l'éteindre. Les individus ennuyeux dont nous parlions au chapitre 6 peuvent l'étouffer quelque peu, mais les gens négatifs représentent une menace bien plus sérieuse pour votre bonheur.

Les gens négatifs se repèrent en particulier à leur manque d'humour. Ils ont de la vie l'idée délicieuse qu'elle est une escroquerie, et que "rien n'est si grave qui ne puisse empirer". De plus, ils chercheront à vous convaincre que le monde est un endroit pourri. Rien ne contrarie plus les gens négatifs et désabusés que les individus positifs qui ont le culot de réussir. Particulièrement agacés par les gens satisfaits et hautement motivés, les êtres négatifs feront tout ce qui est en leur pouvoir pour tirer les autres vers le bas. Dans les soirées, ces tristes personnages mettent de l'animation quand ils s'en vont.

Mieux vaut être seul que mal accompagné

Il est important de repérer et d'éviter les gens suscep-tibles de pomper votre énergie. Si vous avez des amis ou rela-tions qui ne cessent de gémir et de se plaindre de leur vie, leur négativité finira par saper votre propre énergie. Ne res-tez pas trop longtemps en compagnie d'une personne qui a une attitude négative, à moins que son état soit temporaire et dû à un problème sérieux. Il est dans votre intérêt d'éviter le plus possible ce type de personne.

La vie est bien plus facile sans excès de bagage. Or les gens négatifs représentent une char-ge dont vous n'avez pas les moyens de vous encombrer. En avion, des bagages en excès vous coûtent de l'argent. Les gens négatifs vous coû-teront bien plus que de l'argent : ils vous coûteront votre temps, votre énergie, et votre bonheur. Ils peuvent même au bout du compte, vous saper complètement le moral. Si vous vous entourez de trop de gens négatifs, au mieux, vous n'atteindrez pas les buts que vous vous êtes fixés.

> *Je m'apprêtais à acheter un bouquin sur " Le pouvoir de la pensée positive", quand je me suis dit : "à quoi bon !"*
>
> Ronnie Shakes

Peut-être connaissez-vous l'histoire de cet ivrogne qui dort au fond d'un ruisseau, où un porc a également fait halte pour se reposer. Passe une dame, qui remarque : "On juge un caractère à ses relations". A ces mots, le porc se dresse vive-ment sur ses pattes et s'en va. Une autre erreur, que certains commettent parfois, est de s'attarder en compagnie de gens paresseux et négatifs, parce qu'en comparaison ils passent pour des génies. Malheureusement, le reste du monde nous juge, comme cette femme, à nos relations.

Entourez-vous d'hommes et de femmes enthousiastes qui ont une vision positive de la vie. Les gens optimistes ont une joie de vivre et une ardeur irrésistibles. Ils créent, par leur énergie, un champ magnétique que tous ceux qui les approchent ne peuvent manquer de sentir. Vous pouvez apprendre beaucoup à leur contact. Ces personnes ont acquis beaucoup de sagesse et de connaissance à propos de la vie. Le bon sens à lui seul nous dicte de nous entourer de gens hautement motivés, plutôt que de gens qui pompent notre énergie.

L'art de ne pas travailler

Ne commettez pas l'erreur de penser que vous pouvez changer un être négatif et le voir se métamorphoser en un tour de main en une personne optimiste et enjouée. Dans son livre, *One* (Un), Richard Bach écrit : "Personne ne peut résoudre les problèmes de quelqu'un dont le problème est précisément qu'il ne veut pas les résoudre." Au cas où vous l'ignoreriez, les personnes négatives ne changent pas ; ou si elles changent, ce n'est qu'après un temps très long que vous ne pouvez vous permettre de perdre. Au lieu de dépenser votre énergie à essayer de changer quelqu'un malgré lui, utilisez-la plutôt pour vous transformer vous-même et vous améliorer.

Si vous vous sentez l'âme d'un Bon Samaritain prêt à prendre sous son aile un ou deux névrosés, je dois vous avertir de la futilité de cette entreprise. A moins que vous n'ayez les moyens de leur greffer une nouvelle personnalité, tous vos efforts seront vains. Je vais vous raconter une vieille histoire à ce sujet, qui a pour héros un scorpion et une grenouille.

Un scorpion veut traverser un étang. Il avise une grenouille sympathique et lui dit :
- Grenouille, je voudrais que vous m'emmeniez de l'autre côté de l'étang. Je ne sais pas nager, et je vous serais très reconnaissant de m'aider.
- Pas question, je vous connais, Scorpion, si je vous laisse grimper sur mon dos, vous me piquerez de votre dard quand nous serons au milieu de l'étang, et je ne pourrai pas regagner la rive. Je n'ai aucune envie de mourir noyée.
- Voyons, Grenouille, ne soyez pas sotte. Si je vous pique, je me noierai aussi. Pourquoi ferais-je une chose pareille ?
La grenouille réfléchit un moment et finit par céder :
- Vous avez raison, allez-y, grimpez sur mon dos.
Le scorpion s'exécute, et ils se dirigent vers la rive opposée. Arrivés au milieu de l'étang, le scorpion, qui s'était retenu jusque-là, plante violemment son dard dans le dos de la grenouille.
Tandis qu'ils commencent tous deux à couler, la grenouille s'écrie : mais qu'est-ce qui vous a pris ? Maintenant nous allons tous les deux mourir.

La réponse du scorpion est celle que l'on entend souvent dans la bouche des gens du même signe :
- C'est plus fort que moi, je n'ai pas pu m'en empêcher.

La morale de cette histoire est que même si leur bonheur,
voire leur survie, est en jeu, les êtres négatifs ne changent pas
de nature. Ils pourraient changer, mais ils continuent de
défendre leur point de vue coûte
que coûte ; et ils ne se contentent
pas de sombrer, mais cherchent à
entraîner les autres avec eux. Le
malheur n'aime pas seulement la
compagnie, il l'exige !

*Je chérirai toujours les illusions
que je me faisais sur toi.*

Un sage anonyme

Si vous avez affaire à des gens
négatifs, rappelez-vous ce que
George Washington disait : "Mieux vaut être seul que mal
accompagné". D'après mon expérience, il n'y a qu'une seule
manière efficace d'agir avec les personnes négatives : les éliminer de votre vie. Evitez-les pour préserver votre bien-être.
Et lorsque vous les rencontrez, ne vous éloignez pas : **fuyez !**

Evadez-vous en solitaire

Aimer être seul signifie faire la paix avec soi. S'il y a une règle
d'or pour profiter de la solitude, c'est d'apprécier notre
propre compagnie. La solitude nous confronte à nous-même.
Elle permet d'expérimenter le monde et soi d'une manière
unique. Nous prenons goût à ces évasions solitaires, parce
qu'elles nous entraînent vers des sommets plus élevés et des
joies inconnues.

Le jour où nous nous sentons seuls, il y a deux manières
de réagir : la première consiste à nous morfondre. Pleurer,
gémir, dormir ou manger à l'excès, s'apitoyer sur son sort...
tous ces comportements entrent dans cette catégorie. Cette
réaction vient d'une absence d'objectifs pour les moments de
solitude. Cette absence d'objectif nous amène à "voler" trop
bas. L'inaction est la seule cause de notre sentiment de solitude.

L'art de ne pas travailler

L'autre réponse possible est la "solitude créative". Elle fait appel à des objectifs définis pour bien utiliser la solitude. Ces activités planifiées peuvent consister à lire, écrire des lettres, écouter de la musique, étudier, jouer d'un instrument de musique, ou pratiquer un violon d'Ingres quelconque. Lorsque nous agissons selon nos plans, nous renforçons notre sentiment d'identité et de sécurité.

Exercice 10-2. Evadez-vous en solitaire

La solitude offre l'occasion d'entreprendre des choses qu'il est difficile de faire en présence d'autrui. Retournez à votre arbre de loisirs, et ajoutez-y une branche pour les activités que vous pouvez faire seul. Et maintenant, agrandissez votre arbre en détaillant les activités solitaires que vous envisagez.

Voici un petit échantillon des innombrables activités que vous pouvez pratiquer sans l'aide de personne.

- ✓ Méditer ou réfléchir.
- ✓ Lire des livres et des magazines que nous n'avez pas le temps de lire d'habitude.
- ✓ Voir des gens que vous n'avez pas la possibilité de voir quand vous n'êtes pas seul.
- ✓ Pratiquer une activité artistique ou créative.
- ✓ Essayer le bénévolat.
- ✓ Trouver le temps de rêver vos rêves.
- ✓ Découvrir un nouveau hobby.
- ✓ Vous amuser à observer les gens.
- ✓ Aller au café rencontrer des gens.
- ✓ Faire du vélo, courir, nager.

✓ Inventer un nouvel appareil ou objet.

✓ Réparer votre voiture.

✓ Transformer votre maison.

✓ Aller vous promener dans un parc.

✓ Marcher sous la pluie.

✓ Faire la sieste.

✓ Ecrire des lettres.

✓ Ecouter de la musique.

✓ Etudier.

✓ Pratiquer un violon d'Ingres.

✓ Vous mettre au jardinage.

Il y a encore bien d'autres activités qui peuvent se pratiquer en solo. Vaincre la solitude demande d'agir et de s'investir. L'inaction et l'isolement mènent tout droit à l'ennui et à la dépression. Etre seul fournit l'occasion de développer sa personnalité et de goûter des loisirs de qualité.

On peut trouver beaucoup d'apaisement en passant une nuit solitaire à la maison et en appréciant pleinement cet espace de tranquillité. La solitude est riche de sens parce qu'elle teste notre aptitude à compter sur nous-même. Etre seul exige plus de responsabilité, car nous ne pouvons plus compter sur notre conjoint ou sur nos amis pour nous prendre en charge. Prendre nos responsabilités signifie être l'auteur de nos expériences, quelles que soient celles que nous avons choisi de vivre.

Il est bon, de temps à autre, de s'éloigner du monde, d'oublier les journaux, la radio et la télévision pendant un jour ou deux. Même si vous n'avez pas spécialement de raison d'être seul, c'est une bonne habitude à prendre. Il est bon aussi de s'éloigner de temps en temps de son travail et de prendre un congé sabbatique. Si vous vous y préparez maintenant, la solitude sera plus facile à vivre le jour où elle s'imposera à vous. Certaines circonstances peuvent altérer les liens amicaux et les structures sociales auxquels nous sommes accoutumés. Une mutation professionnelle, la retraite ou le décès d'un proche, peuvent nous contraindre à la solitude. Se familiariser avec elle nous aide à être prêts pour le jour où nous serons moins entourés.

Une "Journée Créative"
pour célébrer le bonheur d'être seul

La solitude peut être une grande source d'inspiration pour l'artiste et le créateur, une opportunité de se renouveler et de réfléchir. La plupart des peintres, sculpteurs, poètes, écrivains et compositeurs, passent le plus clair de leur temps dans la solitude, parce qu'elle est plus propice au travail de création.

Un des moyens d'entrer en contact avec vous-même est de rencontrer l'artiste ou le créateur qui est en vous, en aménageant, une fois par semaine, une "Journée Créative". Appelez-la comme vous voulez, ce sera une journée spéciale, entièrement dédiée à votre imagination et à vos intérêts personnels. Si vous pensez que vous manquez de talent artistique, cela n'a aucune importance. Ce rendez-vous hebdomadaire a justement pour but de réveiller les dons créatifs que vous avez laissés en sommeil, ou même que vous ignoriez. Pendant les trois ou quatre prochains mois, isolez-vous pour ce rendez-vous hebdomadaire, afin de vous consacrer à une activité que vous avez toujours rêvé de faire, ou que vous avez aimé pratiquer puis abandonnée. Il est important que vous soyez seul, afin d'être à l'abri des éventuelles critiques ou sarcasmes d'autrui. En effet, vous n'avez aucun besoin de ce genre d'encouragements. Et puis, c'est aussi l'occasion de profiter de la solitude.

> *Connaître les autres est la sagesse, se connaître soi-même est l'illumination.*
>
> Lao-Tseu

Si jusqu'à présent vous avez négligé les dons créatifs que vous aviez étant enfant, les redécouvrir embellira votre vie. Vous pouvez écrire un roman, ou un journal, dans lequel vous raconterez votre histoire. Si l'écriture n'est pas faite pour vous, pourquoi ne pas essayer le modelage, ou la restauration de voitures anciennes ? Vous pouvez choisir une activité dite artistique, telle que la peinture, la sculpture, la musique, ou un autre type d'activité telle que la photographie, que les esprits élitistes considèrent généralement comme un "art mineur". Commencez par faire la liste d'une

quinzaine d'activités que vous avez toujours voulu pratiquer ou que vous aimeriez essayer. Voici quelques suggestions :

- ✓ Ecrire un livre.
- ✓ Peindre un tableau.
- ✓ Faire la critique d'une dizaine de films.
- ✓ Visiter tous les sites intéressants de votre région.
- ✓ Composer des chansons.
- ✓ Photographier toutes les espèces d'oiseaux de votre région.
- ✓ Essayer les restaurants de votre ville, afin d'en découvrir la richesse et la diversité gastronomique.
- ✓ Assister à un concert ou une pièce de théâtre, et en faire la critique.
- ✓ Apprendre à jouer d'un instrument de musique.

Une fois que vous aurez constitué votre liste, choisissez un objectif suffisamment stimulant pour mobiliser votre énergie et votre intérêt. Vous devez vous tenir à cette activité pendant au moins un trimestre. Pendant ces trois mois ou plus, devenez artiste ou créateur. Lorsque vous exercez cette activité, c'est le processus qui compte et non le résultat. Si, par exemple, vous avez choisi d'écrire un livre, peu importe qu'il soit publié ou non. Ce qui importe, c'est le fait de l'écrire au lieu de seulement y penser.

Une fois que vous aurez pris la plume, ou le pinceau, vous commencerez à découvrir votre créativité et à apprécier aussi la solitude. Votre Journée Créative vous reliera à la créativité qui a toujours existé en vous, mais que vous avez peut-être négligée. Vous découvrirez que vous avez beaucoup plus de dons que vous ne le pensez.

> *La solitude nous rend plus dur avec nous-même et plus tendre avec les autres ; dans les deux cas, elle améliore notre caractère.*
>
> Friedrich Nietzsche

Lorsque vous aurez achevé votre projet, vous éprouverez une grande satisfaction et une nouvelle assurance, mais rien ne vous empêche de célébrer aussi le résultat. Si vous avez choisi d'écrire un livre, vous pouvez prendre le risque de le montrer à des amis ou à des proches. Si vous avez choisi de peindre quelques toiles, qu'est-ce que cela peut faire si certains trouvent qu'elles ressemblent à des "croûtes" ? Quoi qu'en disent

les autres, vous ressentirez un formidable sentiment d'accomplissement. Vous aurez découvert en vous des qualités créatives que vous ignoriez. Laisser libre cours à votre imagination, et vous engager à prendre du temps pour vous de manière régulière, vous donnera la confiance et le courage nécessaires pour vivre avec bonheur vos instants de solitude.

Laissez sa chance à la solitude

Beaucoup de gens, lorsqu'ils sont confrontés à la solitude, ne lui laissent aucune chance. Ils allument immédiatement la télévision, ou décident subitement d'aller faire des courses, et d'acheter quelque chose dont ils n'ont aucun besoin (et encore moins les moyens). Et parce qu'ils ne laissent aucune chance à la solitude, ils n'apprendront jamais à l'apprécier.

> *Tout notre mal vient de ne pouvoir être seuls.*
>
> La Bruyère

Lorsque l'on est habitué à vivre avec d'autres, on ne sait plus s'en passer, surtout si l'on est entouré de gens de qualité. Richard Bach, dans son livre *Illusions*, raconte combien cela lui coûtait d'efforts pour se réadapter à la solitude après avoir vécu entouré de gens pendant quelques temps. Il écrit : "Lorsqu'on se retrouve à nouveau seul, on se réhabitue à la solitude, mais rompez-la une seule journée, et il vous faudra à nouveau vous réhabituer".

Alors que j'écrivais ce livre, comme le précédent du reste, il a fallu que je m'habitue à être seul moi aussi. Pendant le premier quart d'heure, j'avais tendance à passer des coups de fil, à mettre la radio pour entendre des gens causer, ou à lire des choses qui n'avaient rien à voir avec mon projet. Il me fallait d'abord accepter le fait d'être seul. Alors seulement, je me mettais à écrire et à apprécier réellement ma solitude.

Lorsque vous vous retrouvez seul, n'essayez pas de fuir au premier signe d'anxiété, il n'y a aucune raison de vous sentir abandonné et coupé du reste du monde. Au lieu de penser que vous êtes "sans personne", prenez conscience au contraire que vous êtes en présence de quelqu'un de très important : vous. Et que l'occasion précieuse vous est donnée

de recevoir les récompenses que seule la solitude créative peut offrir.

Nous faisons tous un jour ou l'autre l'expérience du sentiment de solitude. Même ceux qui réussissent le mieux, qu'ils soit mariés ou non, connaissent des périodes où ils sont livrés à eux-mêmes. Les gens qui sont souvent seuls, sans pour autant se sentir abandonnés, sont à l'aise avec eux-mêmes. Ils apprécient leur propre compagnie autant que celle d'autrui. Ils savent aussi que la satisfaction et le bonheur sont possibles dans la vie sans nécessairement la partager avec quelqu'un d'autre.

Lorsque je me retrouve seul, avec tout le confort et les facilités qu'offre la vie moderne - téléphone, radio, ordinateur, livres, magazines, et autres moyens de communication -, il m'arrive de me sentir esseulé pendant un court instant, mais je me rappelle alors que des individus hautement motivés ont vécu de longues périodes dans la réclusion, sans pour autant trouver que leur vie manquait de sens. L'histoire de Sidney Rittenberg, par exemple, suffit à relativiser le sentiment de solitude.

Sidney Rittenberg a passé onze ans dans une geôle chinoise, dans l'isolement le plus complet. Pendant des années, ses gardiens ne lui permettaient même pas de se parler à lui-même. Il n'avait pas le droit d'avoir ne serait-ce qu'un crayon et du papier. Il a dit qu'il gardait toujours à l'esprit qu'il aurait pu se trouver à New York au milieu de dix mille personnes et se sentir encore plus seul que pendant toutes ces années passées en prison. Si Sidney Rittenberg a pu passer onze années dans l'isolement et l'inconfort le plus total et en sortir sain d'esprit, je suppose que nous pouvons supporter quelques heures de solitude.

Sidney Rittenberg a fait le choix d'être heureux en sa propre compagnie, et vous pouvez le faire aussi. Si vous êtes célibataire, il est possible que le goût de la solitude soit la clé de votre contentement, mais aussi la meilleure façon de rencontrer quelqu'un d'unique sur votre route. Pouvoir être heureux lorsqu'on est seul démontre un sens aigu de soi-même, une caractéristique généralement appréciée par les gens de qualité.

> *La conversation enrichit la compréhension, mais la solitude est l'école du génie.*
>
> Edward Gibbon

La solitude est un trésor

Si vous voulez vraiment connaître la joie de ne pas travailler, vous devez apprendre à apprécier le temps que vous passez seul. C'est non seulement l'opportunité d'apprendre et de développer votre personnalité, mais c'est aussi la possibilité de rompre avec le rythme trépidant de la vie quotidienne. Les Hindous ont un dicton puissant : "On ne grandit que lorsqu'on est seul". Un espace de solitude est nécessaire pour apprendre à se connaître, et pour approfondir les questions que l'on se pose.

Génial, toutes les autres feuilles sont parties, je vais enfin pouvoir profiter d'un peu de solitude !

Bien que la solitude signifie parfois la tristesse et le découragement, elle peut aussi être synonyme de contentement et même d'extase. Pour les gens évolués, ceux qui se situent au plus haut niveau de la pyramide de Maslow - celui de la réalisation de soi - la solitude est un trésor. Ils ne fuient pas la solitude mais la recherchent au contraire. Durant leurs loisirs, c'est seuls qu'ils se révèlent les plus productifs et les plus efficaces. Les êtres "réalisés", au sens de Maslow, sont centrés, ce qui signifie qu'ils tirent une grande satisfaction d'eux-mêmes, parce qu'ils savent apprécier la solitude plus que la plupart des gens.

Ces personnes ne ressemblent pas à ces individus misanthropes, solitaires et secrets, et psychologiquement inadaptés. Au contraire, ce sont des individus sains et sociables, qui se lient facilement. Selon Abraham Maslow, ce sont des êtres très indépendants, mais qui néanmoins aiment les gens.

Paradoxalement, une personne "réalisée" peut passer pour quelqu'un de solitaire bien qu'elle aime la compagnie des autres. Elle peut même être la personne la plus sociable et la plus communicative de votre entourage. Elle est à la fois la plus individualiste et la plus amicale et tendre. Elle s'entend bien avec les autres et avec elle-même. Autonome, elle ne cherche pas à impressionner les autres ni à les séduire.

Mieux vaut être seul que mal accompagné

Vivante et créative, elle a développé une aptitude naturelle au bonheur. Elle a appris l'indépendance et sait travailler et se distraire seule. Elle ne fonde pas son identité sur l'appartenance à un ou plusieurs groupes. Elle n'hésite pas à exprimer ses idées et ses aspirations, même si elle doit souvent les défendre contre celles d'autrui.

Bien qu'elle apprécie la compagnie des autres, une personne réalisée n'a pas constamment besoin d'une présence auprès d'elle. Les honneurs, le prestige, les récompenses ne sont pas essentiels pour cet esprit libre. Parce qu'elle est moins vulnérable au regard des autres, elle recherche moins leur approbation et leur affection.

Atteindre la réalisation de soi exige d'aimer la solitude. Autrement dit, savoir que la qualité de notre vie extérieure dépend de la qualité de notre vie intérieure. Le chemin vers la réalisation de soi peut être merveilleux, mystérieux, fascinant. Lorsque nous commençons à passer beaucoup de temps seuls, nos loisirs revêtent alors une dimension spirituelle. Ces espaces de tranquillité nous offrent l'occasion de réfléchir, de méditer et de grandir. Nous découvrons que le bonheur réside en nous-même.

Vivre comme un prince
pour moins de cent francs par jour

Remettons l'argent à sa place

Ce chapitre concerne l'argent et le rôle qu'il joue dans la satisfaction que l'on tire de ses loisirs. Car il est vrai que l'argent y joue un rôle, mais il est loin d'avoir l'importance qu'on lui attribue généralement.

Il y a deux catégories de personnes qui sont continuellement obsédées par l'argent : celles qui en ont beaucoup et celles qui en ont peu. Dès qu'on aborde le sujet de l'argent, on dirait que tout bon sens disparaît. Les psychologues se sont aperçu qu'il suscitait encore plus de fantasmes que la sexualité. Compte tenu de tous les problèmes qu'il nous pose, nous nous porterions mieux si nous pouvions éviter de tomber dans le jeu de l'argent.

Malheureusement, que l'on soit riche ou pauvre, il

> *Trop de gens pensent en termes de sécurité plutôt qu'en termes d'opportunité. Ils semblent avoir plus peur de la vie que de la mort.*
>
> James Byrnes

L'art de ne pas travailler

semble qu'il soit impossible d'y échapper et que nous devions tous jouer à ce jeu d'une manière ou d'une autre. La nourriture, le logement, l'éducation, les transports, la santé, les vêtements, tous ces besoins nécessitent d'avoir de l'argent. De plus, nous devons tous dans l'ensemble dépenser du temps et de l'énergie pour assurer notre subsistance, ce qui nous empêche de profiter des choses vraiment intéressantes de la vie.

En Amérique, l'argent ne devrait pas représenter un problème aussi grave que le sous-entendent la plupart des gens. En fait, il est facile de jouer au jeu de l'argent si l'on connaît le secret qu'un sage m'a transmis. Il y a en fait deux moyens puissants de gérer son argent. Si vous ne les connaissez pas, je vous les communiquerai un peu plus loin dans ce chapitre.

Ceux qui parviennent à satisfaire leurs besoins élémentaires pourraient alléger leurs soucis financiers en redonnant à l'argent sa juste place. Nos problèmes "économiques" relèvent davantage de nos valeurs et de nos attentes que de l'économie à proprement parler. La plupart d'entre nous peuvent parfaitement subvenir à leurs besoins matériels. En fait, nous n'avons même pas le temps de profiter de ce que nous avons, mais nous voulons toujours plus. Or, si nous ne sommes pas capables aujourd'hui de profiter de ce que nous avons, comment pourrions-nous profiter de plus de choses demain ?

> *Ma fortune ne consiste pas dans l'étendue de mes biens, mais dans la modestie de mes besoins.*
>
> J. Brotherton

La poursuite de l'argent et des biens matériels est en fait une tentative maladroite de combler un manque dans notre vie. Cette quête nuit à ce que nous avons déjà, comme par exemple à nos relations. Le problème vient de ce que nous voulons prouver notre valeur à travers l'argent. Mais en travaillant plus dur pour consommer davantage, nous réduisons le temps que nous pouvons consacrer à profiter de la vie. La quête de biens matériels en cache en fait une autre.

Quand assez n'est jamais assez

Il y a quelques années, le *Wall Street Journal* demanda une étude à l'institut Roper afin de déterminer ce que signifiait le "Rêve américain" dans l'esprit des gens, et si ce rêve leur paraissait réalisable. A une certaine époque, ce rêve se nommait "Liberté". Aujourd'hui, pour la majorité, il s'appelle désormais "Prospérité". On se sent libre à partir du moment où on a accès à l'argent. Autrement dit, l'argent est devenu synonyme de liberté.

On pourrait raisonnablement penser que la plupart des citoyens aisés s'estiment plus satisfaits que les gens défavorisés. Il n'en est rien. Selon cette même étude, seuls 6 % des individus qui gagnent 30 000 francs et plus par mois considèrent qu'ils réalisent leurs aspirations, à comparer aux 5 % qui en gagnent 10 000. Ceux qui gagnent 10 000 francs pensent en général que leur idéal deviendrait accessible avec un revenu moyen de 30 000 francs par mois. Et ceux dont les revenus sont de 30 000 francs par mois, estiment qu'il leur faudrait gagner au moins le double pour réaliser leur "rêve".

> *Rares sont les gens qui possèdent leur fortune, c'est plutôt leur fortune qui les possède.*
>
> Robert Ingersoll

La croissance économique ne rend guère plus heureux les membres de la classe moyenne. Les problèmes dits économiques marquent en fait des problèmes psychologiques. En effet, de nombreux Occidentaux souffrent de carences affectives et psychologiques, parce leur vie relationnelle est insuffisamment riche et satisfaisante et qu'ils n'ont tout simplement pas assez de temps pour profiter de ce qu'ils ont. Les gens les plus favorisés se rendent littéralement malades - jusqu'à mettre leur vie en danger - pour acquérir encore plus d'argent et de biens. Et beaucoup se sentent frustrés et vides une fois leur objectif réalisé.

Le "seuil de pauvreté", tel qu'il est défini dans nos sociétés, correspond souvent à la situation des classes moyenne et supérieure du Tiers-Monde. A une certaine époque, un téléviseur noir et blanc était considéré comme un luxe au sein des classes moyennes occidentales ; luxe bientôt supplanté

par le téléviseur couleur. A présent, ce dernier n'est plus un luxe mais une nécessité. Pratiquement toutes les familles qui vivent au-dessous du seuil de pauvreté en ont un. Aujourd'hui, si vous avez deux téléviseurs couleur, vous ne faites pas pour autant partie des "nantis" puisque près de la moitié des foyers en possèdent *au moins* deux.

> *Si je garde ma bonne humeur, je serai bien assez riche.*
>
> Un sage anonyme

En 1957, l'indice de satisfaction des Américains affichait le plus haut niveau jamais atteint. Depuis, cet indice a notablement chuté, dans les années 80 et 90 en particulier, et ce malgré le fait que le nombre de foyers équipés d'un lave-vaisselle ait été multiplié par sept et que le pourcentage de familles possédant deux voitures et plus ait triplé. Dans les années 90, un Américain possède et consomme en moyenne deux fois plus que dans les années 50... mais il se plaint probablement aussi deux fois plus !

Ce n'est ni plus ni moins qu'un problème d'avidité. On veut tout : beaucoup d'argent, une grande maison, deux ou trois voitures, des vacances exotiques aux Caraïbes ou en Orient. Ce besoin de tout avoir explique que les gens se sentent davantage frustrés, alors qu'ils possèdent plus que toutes les générations qui les ont précédés.

Nous nous sommes persuadés que le confort matériel était la clé du bonheur. Dans la plupart des sociétés occidentales, la majorité des individus sont protégés de l'extrême pauvreté, de la faim, de la maladie, des catastrophes naturelles, à un point que leurs ancêtres n'auraient jamais pu imaginer. Pourtant, ils se plaignent des conditions terribles qu'ils doivent supporter si par malheur ils subissent un revers passager ou si un certain nombre d'entre eux se trouvent temporairement sans emploi.

La consommation ostentatoire n'est pas un comportement naturel mais bien un conditionnement. Ce besoin d'accroître constamment nos biens matériels est un produit du capitalisme, de la révolution industrielle, et de la morale du travail. La télévision joue ici un rôle non négligeable. Toutes les incitations dont elle nous bombarde nuisent à notre bien-être. Elles nous entraînent à croire que nous serons des

"ratés" ou des "perdants" si nous ne nous précipitons pas sur le dernier gadget à la mode. Nous sommes submergés par un flot d'images qui nous montrent ce à quoi nous devrions ressembler : le "look" que nous devrions avoir, les vêtements et la coiffure que nous devrions porter, la voiture que nous devrions conduire, la maison que nous devrions habiter, et les milliers de choses que nous devrions posséder. Les produits que nous vante la publicité nous promettent le bonheur, le pouvoir et même la satisfaction de soi. Certains d'entre nous finissent par se sentir mal à l'aise de ne pas "coller" à cet idéal qu'on leur projette. Nous ne nous porterions pas plus mal sans ces sollicitations perpétuelles.

> *Lorsqu'on vous donne beaucoup d'argent, c'est comme si on vous tendait un sabre de verre par la lame. Mieux vaut le manipuler avec précaution, pendant que vous tentez de deviner à quoi il peut bien servir.*
>
> Richard Bach

Des aisselles qui sentent le chèvrefeuille, ou des voitures climatisées, ne sont peut-être pas la clé du bonheur. Le consumérisme n'existe que parce qu'il entretient notre frustration. C'est toujours le prochain achat qui est censé nous rendre heureux. Mais comment le pourrait-il ? Nous n'achèterions plus rien si nous avions trouvé le bonheur. En conséquence, la satisfaction que nous tirons de notre dernière acquisition est nécessairement de courte durée et nous conduit à désirer toujours autre chose. Assez n'est jamais assez.

Plaies d'argent...

En avril 1995, l'agence Reuters rapporta que l'évêque de Liverpool avait demandé au gouvernement britannique de revoir le système des loteries et, si une seule mesure devait être prise, de réduire le montant des gros lots. Cette réaction faisait suite au suicide d'un habitant de Liverpool qui avait cru passer à côté d'un gain d'un montant de 65 millions de francs. Timothy O'Brien, un homme âgé de cinquante et un ans, père de deux enfants, se tua d'un coup de fusil après avoir omis de renouveler sa mise hebdomadaire sur les

numéros qu'il pariait depuis plus d'un an. O'Brien se figura qu'il avait raté la chance de sa vie.

> *Il y a des gens qui n'ont de leur fortune que la crainte de la perdre.*
>
> Rivarol

Malheureusement, Timothy O'Brien ignorait que sa vie ne se serait pas forcément améliorée s'il avait gagné. En fait, de nombreux gagnants se portent plutôt moins bien une fois qu'ils ont gagné le gros lot, parce qu'ils se trouvent confrontés à un tas de problèmes inattendus liés au fait qu'ils disposent maintenant de beaucoup d'argent. On peut même être certain que l'argent n'aurait pas fait le bonheur de ce pauvre habitant de Liverpool, ni d'aucun autre individu capable de se suicider à cause de "ce qui aurait pu être". De même qu'il est certain que ce gros lot lui aurait créé des problèmes plus qu'autre chose. Entre parenthèses, l'enquête qui suivit la mort de Timothy O'Brien révéla qu'il n'aurait gagné en fait que cinq cents francs, s'il avait joué ses numéros habituels.

En raison des faux espoirs qu'entretient l'idée de richesse, l'argent fait perdre la tête à beaucoup d'autres gens. Voilà le genre d'illusions dont ils se bercent :

- ✓ Si j'étais riche, je serais heureux.
- ✓ Si j'étais riche, je profiterais de mes loisirs.
- ✓ Si j'étais riche, je serais bien dans ma peau.
- ✓ Si j'étais riche, on m'aimerait et je trouverais quelqu'un avec qui me marier.

Ceux qui partagent ce genre d'illusions vivent sous l'empire de l'argent et de la peur. Ils pensent que la richesse matérielle est synonyme de sécurité. Il n'en est rien. Car ceux qui fondent leur sécurité sur l'argent ne se satisfont jamais du modeste pécule dont on se contente lorsqu'on est sécurisé. Munis de cette modeste somme, ils ont peur de ne pas pouvoir subvenir à leurs besoins, et s'ils ont plus d'argent, ils ne sont pas heureux, parce qu'ils ont peur de le perdre. Et plus ils en ont, plus ils ont peur.

Une vaste étude réalisée en 1993 par Ed Diener, psychologue de l'université de l'Illinois, confirme ces conclusions. Avoir plus d'argent qu'il n'en faut pour satisfaire aux besoins

élémentaires, non seulement ne rend pas plus heureux, mais
ne résout pas non plus les problèmes ;
bien au contraire cela aurait plutôt tendance à en rajouter. A partir du
moment où les besoins fondamentaux
sont satisfaits, augmenter ses revenus
devient de moins en moins important.
Ceux qui reçoivent une augmentation
de salaire sont contents un petit
moment, puis une fois qu'ils sont habi-

> *Pauvre et content, c'est être
> riche suffisamment.*
>
> Shakespeare

tués à leurs nouveaux revenus, ils visent encore plus haut
pour satisfaire d'autres envies : ils veulent une maison plus
grande, une voiture plus extravagante, des vacances plus
luxueuses. Mais cela ne les rend pas plus heureux.

Dès lors que nos revenus dépassent ce dont nous avons
besoin pour subvenir à notre existence, cet excédent d'argent
a des effets négatifs. En voici quelques-uns :

- ✓ Les relations amicales et sociales en souffrent.
- ✓ Le suivi de notre situation financière devient fastidieux et compliqué.
- ✓ La vie d'une manière générale devient plus compli-
  quée.
- ✓ La peur d'être volé s'accroît en même temps que
  nos possessions.
- ✓ La peur de perdre de l'argent dans de mauvais pla-
  cements augmente.

Le bon sens populaire dit
que l'argent ne fait pas le bonheur. Mais beaucoup ignorent
cette sagesse et s'efforcent d'être
riches à tout prix. Ils s'accrochent
à l'idée que l'argent leur procurera la vie qu'ils désirent.
Souvent, les gens accumulent
aussi l'argent pour le pouvoir
qu'il confère. Mais peu savent
utiliser ce pouvoir, et la plupart

*Ce n'est pas parce que nous sommes 20 %
à posséder 80 % des richesses, que les
autres doivent nous regarder de travers.*

finissent par avoir des comportements destructeurs, y compris vis-à-vis d'eux-mêmes.

L'argent est démystifié par ceux-là mêmes qui en sont pourvus, mais qui sont pauvres sur le plan humain. Bien qu'ils soient riches, ils ont une mentalité de pauvres. Ils ne savent pas comment dépenser leur argent, ni comment en profiter ; pas plus qu'ils ne savent d'ailleurs le partager avec ceux qui en ont besoin. Dans les pays riches, la charité est le fait des pauvres plutôt que des gens fortunés.

Certaines personnes acquièrent des fortunes par le labeur, les héritages, la chance, ou des moyens moins avouables. La plupart connaissent alors la déception, et sombrent même parfois dans la dépression. C'est ainsi que beaucoup de gens aisés, qui ont tout le confort matériel qu'ils désirent, mènent pourtant une vie de désespoir silencieux, qu'ils laissent parfois éclater avec violence. Ils souffrent d'une douleur persistante, ils savent que quelque chose leur manque ; qu'il y a dans leur vie un vide qu'ils n'arrivent pas à combler. Peu importe la quantité de mets exotiques et de vins fins, le nombre de cylindrées de leur voiture et de mètres carrés de leur maison, la quantité de meubles luxueux qu'ils y engouffrent, le trou ne cesse de s'agrandir, et plus il se creuse, plus la douleur devient insupportable.

L'argent n'est peut-être pas le placement le plus "sûr"

Que l'on travaille ou non, l'argent est nécessaire à notre survie. Il permet aussi d'améliorer la qualité des loisirs. Malheureusement, pour beaucoup de personnes, l'argent devient une fin en soi, ce qui les expose à la déception et à l'insatisfaction.

Exercice 11-1. Qu'est-ce que la sécurité pour vous ?

Essayez de répondre honnêtement à ces deux questions : A quel degré de sécurité aspirez-vous ? De combien d'argent et

de biens matériels pensez-vous qu'il faut disposer pour mener une vie heureuse et satisfaisante ?

Une lectrice, Lisa Mallet, m'a envoyé la lettre suivante, dont la dernière partie se réfère à l'argent.

Cher Mr. Zelinski,

*Je viens de terminer la lecture de votre livre : **L'art de ne pas travailler**. C'est l'ouvrage le plus utile qu'il m'ait été donné de lire depuis longtemps. J'en ai entendu parler par hasard, alors que j'écoutais la radio avec mon mari. Le thème de l'émission était : "Etes-vous victime du stress ?"*

Voilà deux ans que je n'ai plus de travail. Votre livre m'a aidée à faire face à quelques-uns des problèmes et des tourments qu'entraîne le chômage. Par exemple, je me sentais coupable d'avoir quitté mon dernier emploi. Mais lorsque j'examine froidement la situation aujourd'hui, je reconnais que l'endroit où je travaillais ressemble à ce milieu invivable que vous décrivez dans votre livre. De plus, j'avais souvent des migraines. Au cours des deux dernières années, cette société a d'ailleurs licencié toutes les personnes avec lesquelles j'ai travaillé. Malgré tout, je me sentais coupable de l'avoir quittée, et angoissée à l'idée de ne plus retrouver de travail.

J'ignore ce que me réserve l'avenir, mais mon attitude vis-à-vis du travail a changé. Je ne sais pas encore ce que je vais faire pour gagner ma vie, mais en tout cas je profite pleinement de mes loisirs. Quand les gens me demandent ce que je fais, je leur réponds simplement que je profite de l'instant présent, plutôt que de dire que je ne fais rien. Je vais nager tous les jours avec mon mari. Je me suis aussi inscrite à un cours de poterie ; c'est très délassant et agréable, et j'ai bien l'intention de continuer. C'est un passe-temps formidable.

Il faut que je vous avoue quelque chose, c'est que je n'ai pas réellement besoin de travailler. Je dispose d'une rente. Elle ne m'apporte pas beaucoup d'argent mais elle suffit amplement à payer le logement et la nourriture. Mon mari est à la retraite et reçoit une pension. En fait, j'ai toujours eu peur de manquer d'argent pour ma retraite. Cependant, je pense qu'en faisant un peu attention, je pourrai certainement m'en sortir. Mon mari et moi avons réduit notre train de vie et nous

vivons dans la limite de nos moyens. Cela est certainement préférable à travailler dans une ambiance détestable. J'ai pu aussi me rendre compte de la mauvaise influence que l'argent peut avoir sur certaines personnes. Plusieurs membres de ma famille nagent dans l'opulence, et tous, exceptée ma mère, sont manipulateurs et mesquins.

Je vous remercie encore pour votre livre. Il m'a aidée et m'a ouvert les yeux sur beaucoup de "bagages" dont je m'encombrais inutilement.

Cordialement,

Lisa Mallet

La société nous incite à croire que nous devrions nous constituer un "bas de laine" pour assurer notre retraite et nous prémunir contre les imprévus. Or les problèmes d'argent commencent dès lors qu'on fait de celui-ci la condition de notre sécurité. La sécurité ne s'achète pas plus que l'amour ou l'amitié, quoi qu'en disent les conseillers financiers dans les colonnes des journaux.

Faire reposer sa sécurité sur des bases matérielles présente de nombreuses limites : un millionnaire peut très bien mourir d'un accident de voiture, sa santé est aussi fragile que celle d'un homme moins favorisé. Une guerre peut éclater qui affectera le riche comme le pauvre. Sans parler de la vulnérabilité des fortunes à l'effondrement des édifices financiers.

> *Un million de dollars n'apporte pas nécessairement le bonheur. Un homme qui possède dix millions de dollars n'est pas plus heureux qu'un homme qui en possède neuf.*
>
> Un sage anonyme

Fonder sa sécurité sur "les signes extérieurs de richesse" est illusoire. Ceux qui luttent pour assurer leur sécurité font partie des gens les plus fragiles, tandis que ceux qui s'en soucient le moins, sont les plus solides. Les gens qui souffrent d'une insécurité intérieure cherchent à évacuer ce sentiment pénible en amassant une grande quantité d'argent pour protéger leur ego. Les gens qui aspirent à la sécurité sont par définition très vulnérables, car celle-ci dépend de quelque chose d'extérieur à eux-

mêmes : argent, conjoint, maison, voiture, prestige... S'ils perdent tout ce qu'ils ont, ils perdent leur identité, parce qu'ils se trouvent dépossédés de ce sur quoi elle repose.

Il est intéressant de noter qu'à l'origine, la sécurité faisait référence à la sécurité intérieure et à elle seule. Le mot "sécurité" dérive en effet du latin *securus* qui signifie "assurance, absence de crainte". La vraie sécurité repose sur l'être intérieur et créateur.

Si vous jouissez de la santé et de la capacité à prendre soin de vous-même, la meilleure sécurité sur laquelle vous puissiez compter est la sécurité intérieure. Autrement dit, la confiance dans vos propres ressources pour gérer et faire face à toutes les situations que vous pouvez rencontrer. Si vous possédez cette assurance, vous vous sentez solide, vous savez ce que signifie "l'absence de crainte". Vous ne passez pas votre

J'aime l'argent pour sa valeur intrinsèque, mais à chaque fois il me fait perdre toute retenue.

temps à vous inquiéter de votre sécurité matérielle. L'aptitude à trouver des solutions créatives et originales pour gagner sa vie est la meilleure des garanties. Votre identité repose sur l'être et non sur l'avoir. Si vous perdez vos biens, vous conservez le centre de votre être, et le cours de votre vie n'est pas interrompu.

Si l'argent rend les gens heureux, alors pourquoi... ?

Bien que souvent les gens ignorent ce qu'ils attendent exactement de la vie, ils sont persuadés que l'argent peut le leur donner. C'est que la plupart ne disent pas la vérité au sujet de l'argent, des mauvais usages ou des abus auxquels il donne lieu, car il est rare qu'on en use intelligemment. Les gens prêtent un tas de vertus à l'argent, qui pour la plupart sont com-

L'art de ne pas travailler

plètement absurdes ; à commencer par l'idée qu'il les rendra heureux.

Mais essayons plutôt de voir l'argent pour ce qu'il est. Certes, il est important pour notre survie, mais savoir combien il nous en faut pour être heureux est une autre histoire. Dans certaines formations destinées aux futurs cadres et dirigeants, des intervenants parlent avec feu de la réussite des millionnaires et suggèrent par là que les autres sont des perdants. A vrai dire, je peux trouver un tas de raisons pour démontrer que la plupart des gens qui disposent de moyens modestes ont plus de chances de réussir leur vie que bien des millionnaires dont les tribulations s'étalent dans les journaux.

> *Lorsqu'un homme dit que l'argent peut tout, il est clair qu'il n'en a pas.*
>
> Ed Howe

Dans notre société, l'argent est certes synonyme de pouvoir, de statut social et de sécurité, mais il n'y a rien dans ses qualités intrinsèques qui soit propre à nous rendre heureux. Afin de vous faire une meilleure idée de ces qualités, je vous propose un petit test.

Exercice 11.2 Vous aimez l'argent, mais serez-vous payé de retour ?

Prenez l'argent que vous avez sur vous ou près de vous en ce moment. Touchez-le : quelle sensation offre-t-il au toucher, est-il chaud, est-il froid ? Vous noterez qu'il est plutôt froid (ce n'est pas lui qui vous tiendra chaud la nuit). Parlez-lui, et voyez ce qui se passe. Il ne répond pas. Aussi grand que soit votre amour pour lui, il ne vous le rendra pas.

> *Beaucoup de gens méprisent l'argent, mais peu savent s'en séparer.*
>
> La Rochefoucauld

L'argent n'est qu'une facilité dans la vie. Dans quelle mesure l'argent peut-il améliorer celle-ci ? Cela dépend de notre capacité à l'utiliser intelligemment plutôt que de notre capacité à l'accumuler.

Michael Phillips, ancien vice-président d'une banque, estime que trop de gens s'identifient à leur argent. Dans son livre, *The seven laws of money* (les sept lois de l'argent), il pro-

pose sept idées intéressantes à propos de l'argent :

✓ L'argent fixe et maintient ses propres règles.
✓ L'argent apparaît lorsque vous faites ce qu'il faut au moment où il faut.
✓ L'argent est un rêve et peut être aussi décevant qu'un mirage.
✓ L'argent est souvent un cauchemar.
✓ Vous ne pouvez jamais vraiment donner de l'argent comme un cadeau.
✓ Vous ne pouvez jamais vraiment recevoir de l'argent comme un cadeau.
✓ Il existe de nombreux mondes fascinants d'où l'argent est absent.

L'argent a de multiples usages. Il ne viendrait à l'idée de personne de nier le rôle important qu'il joue dans la société et dans les affaires. Mais rien ne nous empêche de remettre en cause le mythe qui assimile son accumulation au bonheur. C'est juste une question de vigilance.

Si l'argent rend les gens heureux, pouvez-vous m'expliquer pourquoi...

✓ Une étude effectuée par un psychologue de l'Université de l'Illinois, Ed Diener, a montré qu'un tiers des Américains les plus fortunés ne sont pas aussi satisfaits de leur vie que l'Américain moyen.
✓ Un sondage indique que la proportion de gens insatisfaits de leurs salaires est plus forte parmi ceux qui gagnent plus de 30 000 francs par mois que parmi ceux qui en gagnent moins de 30 000.
✓ Ivan Boesky, qui a amassé plus de 100 millions de dollars grâce à des délits d'initiés commis à la bourse de Wall Street, n'a pas cessé ses opérations après avoir gagné 2 ou 5 millions de dollars, mais a préféré continuer jusqu'à se faire pincer.
✓ Les membres d'une famille que je connais m'ont déclaré qu'ils seraient tellement plus heureux s'ils gagnaient un gros lot à la loterie nationale, bien qu'ils appartiennent aux cent plus grosses fortunes des Etats-Unis.

L'art de ne pas travailler

✓ Plusieurs gros gagnants à la loterie ont éprouvé le besoin de former un groupe de soutien pour aider leurs semblables à faire face au "jackpot blues", un cas de dépression grave qu'ils n'avaient jamais connu avant de gagner leur lot.

✓ Tant de joueurs de football, de tennis ou de base-ball, de haut niveau, malgré les cachets faramineux qu'ils reçoivent, connaissent des problèmes de drogue et d'alcool.

✓ Les médecins américains, une des catégories professionnelles les plus favorisées, enregistrent les taux de divorce, de suicide et d'alcoolisme les plus élevés du pays.

✓ Les pauvres donnent plus facilement de l'argent pour les associations caritatives que les riches.

✓ Tant de gens fortunés ont maille à partir avec la justice.

✓ Et enfin, pourquoi tant de gens aisés consultent des psychiatres et des thérapeutes.

Les symptômes énumérés ci-dessus ne font que souligner encore une fois que l'argent n'est pas un gage de bonheur. Benjamin Franklin a lui aussi exprimé l'absurdité de faire dépendre son bonheur de l'argent. Il écrit : "L'argent n'a encore jamais rendu un homme heureux et ne le fera jamais. Rien dans sa nature n'est propre à procurer le bonheur. Plus un homme en a, et plus il en veut. Au lieu de combler un vide, il le crée."

Exercice 11-3. Quel est l'objectif le plus facile à atteindre ?

La plupart des gens voudraient être riches *et* heureux. Quel est l'objectif le plus facile à atteindre : l'argent ou le bonheur? (La réponse se trouve à la fin de ce chapitre).

J'ai personnellement une théorie au sujet du bonheur que l'on gagne en ayant plus d'argent. Une fois que nos besoins élémentaires sont satisfaits, l'argent ne nous rend ni plus heureux ni moins heureux. Si nous sommes satisfaits de notre sort et que nous gérons bien nos problèmes avec 10 000 francs par mois, nous serons tout aussi satisfaits et aptes à gérer nos problèmes avec le double, voire davantage. Si nous

sommes mécontents de notre sort et que nous gérons mal nos problèmes avec 10 000 francs par mois, alors ce ne sont pas 50 000 francs qui nous rendront plus heureux ou qui régleront nos problèmes. Nous serons d'éternels insatisfaits, qui n'arrivent pas à faire face à leurs difficultés. Nous serons toujours aussi névrosés, la seule différence, c'est que vivrons sur un plus grand pied.

> *Avoir beaucoup d'argent ne change rien. La fortune ne fait qu'amplifier les choses : les crétins deviennent encore plus crétins, les gens aimables deviennent encore plus aimables.*
>
> Ben Narasin

Etre indépendant financièrement avec 3000 francs par mois

Inutile de rouler sur l'or pour se la couler douce... Comme nous l'avons vu dans le premier chapitre, ce qui compte c'est d'adopter la bonne attitude. Après, rien ne vous empêche, par exemple, de mener la belle vie avec de l'argent emprunté, en vous inspirant de l'idée proposée par Jerry Gillies dans son livre, *Moneylove* (l'amour de l'argent), qui consiste à considérer l'argent emprunté comme un revenu. Si vous jugez ce parti trop radical, et que vous voulez vivre bien avec votre propre argent, alors vous devez devenir indépendant financièrement. Conquérir une véritable indépendance financière et vivre confortablement sans trop se fatiguer, est plus facile qu'on le croit souvent. Et cela n'a rien à voir avec la fortune.

Pour réaliser cet objectif, il est important d'abord de définir ce que représente pour vous l'indépendance financière. Vous verrez qu'il est possible de devenir indépendant financièrement sans accroître pour autant vos revenus. Tout ce qu'il s'agit de faire, c'est de réviser la conception que vous vous faites de l'indépendance financière.

L'art de ne pas travailler

Exercice 11-4. Qu'est-ce que l'indépendance financière pour vous ?

Parmi les critères ci-dessous, quels sont ceux que vous jugez indispensables pour assurer votre indépendance financière ?
- ✓ Gagner le gros lot.
- ✓ Avoir une bonne retraite ainsi qu'une bonne retraite complémentaire.
- ✓ Faire un gros héritage.
- ✓ Etre marié à quelqu'un de riche.
- ✓ Louer les services d'un conseiller financier pour guider vos investissements.

Les résultats d'une enquête montrent que les préoccupations majeures des gens juste avant la retraite sont, par ordre d'importance : les finances, la santé, la présence d'un conjoint ou d'amis avec qui partager sa retraite. Il est intéressant de noter que peu après leur départ à la retraite, la santé devient la priorité essentielle, et les finances se trouvent reléguées à la troisième place. Apparemment la notion d'indépendance financière a évolué entre temps, bien que le niveau de revenu escompté n'ait pas changé.

Les résultats de cette enquête montrent que les retraités peuvent se contenter de beaucoup moins d'argent qu'ils ne le supposaient. Cette étude fait apparaître également le fait qu'aucun des facteurs énumérés ci-dessus n'est indispensable à l'indépendance financière.

> *Tâchons d'être heureux et de vivre dans la limite de nos moyens, même si nous devons emprunter pour cela.*
>
> Artemus Ward

Ainsi Joseph Dominguez subvient à ses besoins avec un revenu que l'on situe généralement au-dessous du seuil de pauvreté. D'après lui, beaucoup plus de gens pourraient être indépendants financièrement s'ils le voulaient. L'indépendance financière n'a rien à voir avec le fait d'être millionnaire. Elle est réalisable à partir de 3 000 francs par mois, voire moins. Comment ? L'indépendance financière consiste simplement à ne pas avoir plus d'argent qui sorte que d'argent qui rentre. Si vous avez un revenu net de 3 000 francs par mois et que vous

Vivre comme un prince pour moins de cent francs par jour

dépensez 2 999 francs, vous êtes indépendant financièrement.

Dominguez a vécu des années avec cette somme. En 1969, à l'âge de vingt-neuf ans, il s'est mis à la retraite en assurant son indépendance financière. Auparavant, Dominguez était agent de change à Wall Street. A l'époque il était effaré de voir tant de gens malheureux malgré leur niveau de vie élevé.

Il décida finalement qu'il ne voulait plus travailler dans ce milieu. Il a élaboré un plan de financement personnel en simplifiant beaucoup son mode de vie. Il mène une existence confortable, qui ne lui coûte que 3 000 francs par mois, qu'il tire des économies qu'il a investies en bons du trésor. Ses besoins sont si modestes qu'il a pu donner à des associations tout l'argent que lui rapportent en plus les stages de formation qu'il anime depuis les années 80, sur le thème : Transformer votre relation à l'argent et assurer votre indépendance financière.

Une théorie avec laquelle travailler ou s'amuser

Un journaliste, Dominique LaCasse, m'a un jour appelé du Vernon, pour m'interviewer dans le cadre d'un article qu'il écrivait pour la revue BC *Business magazine*. LaCasse et sa femme, Terri, travaillaient tous deux pour le journal *Ottawa Citizen*, lorsqu'ils décidèrent d'abandonner leur profession (qui leur rapportait plus de 50 000 francs par mois), pour partir s'installer en Colombie britannique,

> *Tout bien considéré, je trouve qu'il est plus difficile de veiller sur son argent que de le gagner.*
>
> Montaigne

sans trop savoir comment ils gagneraient leur vie une fois sur place. Leur décision était motivée par le désir de mener une vie plus saine. Je cite les trois premiers paragraphes de son article paru en mars 1994 dans le mensuel *BC Business magazine*.

Est-ce la faute aux *margaritas*, ou à ces *nuits ourlées* de **L'art de ne pas travailler** le livre séduisant mais dangereux de ce conseil en "non-carrière" d'Edmonton, Ernie Zelinski. Quoi qu'il en soit, l'idée avait germé dans nos esprits alors que nous déjeunions au restaurant Mexicali Rosa à Ottawa. Nos vies étaient sur le point de basculer.

C'était un des premiers dimanches ensoleillés, après un hiver long et glacial. Ma femme Terri et moi, stressés et débordés, avions exceptionnellement choisi de nous retrouver pour déjeuner loin du bureau, histoire de profiter de cette embellie. Quelque part entre les *tacos*, les *enchiladas* et une paire de *margaritas* géantes, nous réalisâmes que nous n'étions plus heureux, que nos rêves nous avaient abandonnés et que notre vie était devenue une machine perpétuellement hypothéquée par le travail.

Au moment du café, nous avions décidé de quitter notre boulot lucratif au journal *Ottawa Citizen* et de nous faire la malle, avec nos deux jeunes enfants, pour une vie plus simple et plus agréable, dans une petite ville de Colombie Britannique. Nous étions prêts à "dégringoler l'échelle sociale" et à rejoindre le flot grossissant d'hommes d'affaires et autres professionnels surmenés, qui choisissent de dire adieu à leur patron et à leur agenda électronique pour retrouver la liberté et l'air pur. Nous allions bientôt découvrir que nous étions loin d'être les seuls à penser comme cela en Colombie Britannique, la mecque canadienne de la "vie naturelle" et une province dont la croissance démographique exceptionnelle doit beaucoup aux Occidentaux épuisés qui souhaitent changer de vie...

Ces deux journalistes ont opéré un changement radical afin de mieux maîtriser leur existence et d'avoir l'opportunité de vivre là où ils le désiraient. Leur décision impliquait une perte substantielle de revenus et beaucoup d'incertitudes. Cependant, renoncer à un excédent d'argent conduit dans bien des cas à un mode de vie plus satisfaisant et plus détendu, en un mot plus gratifiant.

Les raisons d'être heureux dans son travail ou dans ses loisirs ne sont guère différentes. Elles sont liées en grande partie à la satisfaction qu'on en tire. Or celle-ci n'a rien à voir avec l'argent : elle dépend avant tout de la qualité de notre motivation et du résultat de nos activités.

> *L'argent ne fait pas le bonheur, mais il en achète l'illusion.*
>
> Un sage anonyme

Il existe une théorie de la motivation, presque aussi connue que la théorie de Maslow sur la hiérarchie des besoins ; il s'agit de "la théorie des deux facteurs", conçue par Frederick Herzberg. Comme celle de Maslow, la théorie de Herzberg est née de l'étude de la motivation professionnelle. Herzberg n'a jamais étendu sa théorie aux loisirs, je vais le faire pour lui, car ses principes me semblent parfaitement applicables à ce domaine.

Après avoir interrogé de nombreux travailleurs appartenant à différents corps de métier, Herzberg a constaté que les facteurs d'insatisfaction professionnelle étaient très différents des facteurs de satisfaction. Ce qui l'a amené à la conclusion qu'il existait deux classes de facteurs bien distincts qui affectent la motivation et la satisfaction professionnelles.

Comme indiqué sur la figure 11.1, il existe un niveau neutre, où les gens ne se disent ni satisfaits ni insatisfaits. L'insatisfaction résulte de facteurs liés à *l'économie* : niveau de revenus, sécurité de l'emploi, conditions de travail, statut. Si ces critères sont convenablement remplis, ils ne génèrent pas en eux-mêmes la satisfaction, mais un simple état de neutralité.

De tous les moyens que j'ai imaginés pour être reconnu, celui-ci est certainement le plus original et le plus fou.

Ce sont les *facteurs de motivation,* ou *facteurs moteurs,* qui déterminent la satisfaction professionnelle : reconnaissance, accomplissement, développement personnel, responsabilité. On les appelle facteurs de motivation, parce qu'ils concernent la qualité du travail lui-même et sont donc directement responsables de la satisfaction professionnelle, qui influe à son tour sur le niveau de performance.

Mais revenons à la question de l'argent. Sur le plan professionnel, l'argent joue un rôle déterminant pour éliminer l'insatisfaction. Pour un charpentier qui se retrouve sans tra-

vail, sans argent et sans domicile, l'argent est évidemment très important. Gagner de quoi louer même un petit appartement fera beaucoup pour rendre sa vie plus confortable. Cependant, une fois qu'il gagnera assez d'argent pour avoir un toit, ce n'est pas le fait de tirer plus d'argent de son travail, même éventuellement de quoi s'acheter un manoir, qui lui apportera plus de satisfaction professionnelle. L'insatisfaction aura disparu, on est au point neutre. A moins que son travail ne comporte des facteurs de motivation, notre charpentier ne tirera pas de satisfaction de son travail, quel que soit le montant de son revenu.

Les principes de la théorie de Herzberg s'appliquent de la même façon à nos loisirs. L'argent ne représente qu'une condition économique, et rien de plus. Sans autre incitation, tout ce qu'on peut espérer, même avec un million de francs à consacrer à ses loisirs, c'est d'arriver à un état neutre. Si nous voulons créer les conditions de satisfaction de nos loisirs, nous devons introduire au moins un ou deux facteurs motivants dans nos activités.

Une des sources essentielles du contentement est l'opportunité d'accomplir des tâches difficiles. Plus grand est le défi, plus grande est la satisfaction qu'on en tire. Par exemple, arrêter de fumer est une chose que les gens jugent très difficile. Beaucoup d'anciens fumeurs vous diront que c'est la chose la plus difficile qu'ils aient jamais faite. Mais ils vous diront aussi que c'est la chose dont ils sont le plus fiers, parce qu'elle représentait pour eux un exploit.

Une tâche qu'il m'a été difficile d'accomplir a été d'écrire

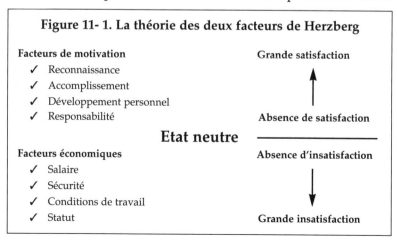

Figure 11- 1. La théorie des deux facteurs de Herzberg

Facteurs de motivation
✓ Reconnaissance
✓ Accomplissement
✓ Développement personnel
✓ Responsabilité

Grande satisfaction

Absence de satisfaction

Etat neutre

Facteurs économiques
✓ Salaire
✓ Sécurité
✓ Conditions de travail
✓ Statut

Absence d'insatisfaction

Grande insatisfaction

et de publier moi-même mon premier livre. Le publier à compte d'auteur représentait une sacrée gageure, car les grandes maisons d'éditions m'avaient dit qu'il n'y avait pas de marché pour un tel ouvrage. Mon manque d'expérience dans l'édition et la commercialisation d'un livre n'arrangeait rien évidemment. De plus, il fallait que j'emprunte de l'argent pour réaliser ce projet. Malgré tout, j'ai pris le risque. Et, Dieu merci, ce livre a eu un grand succès ; il a même fait partie des meilleures ventes des ouvrages hors fiction jamais réalisées sur le marché américain. Parce que j'ai tenté ma chance et accepté dans un premier temps la difficulté et l'inconfort, ma vie est devenue beaucoup plus facile. Pour réaliser cette tâche difficile, j'y ai intégré des éléments moteurs : accomplissement, responsabilité, croissance et reconnaissance. Cette réalisation, qui avait énormément de sens pour moi, m'a donné une satisfaction extraordinaire.

A votre tour, si vous voulez tirer un parti exceptionnel de vos loisirs, veillez à ce que vos activités incluent les facteurs de motivation définis par Herzberg. Opter pour une activité gratuite, telle que le bénévolat dans une association humanitaire, peut vous apporter plus de joie que de dépenser 20 000 francs dans une nouvelle garde-robe. Apporter de l'aide ou des soins aux autres procure un sentiment d'accomplissement, de responsabilité, de développement personnel et de reconnaissance. Il en résulte une fierté que rien ne pourrait acheter.

Appréciez ce que vous avez, et vous serez riche

A la mort de son père en 1971, Jean-Claude Duvalier (Bébé Doc) hérita de la charge de gouverner Haïti. Chassé du pouvoir par la population en 1986, Bébé Doc et sa femme, Michèle, non contents d'avoir rempli un avion cargo d'Air Haïti du produit de leur pillage, se débarrassèrent des grands-parents de

Lorsque vos problèmes vous paraissent insurmontables, regardez autour de vous ceux qu'affrontent les autres. Peut-être trouverez-vous alors que vous avez de la chance.

Ann Landers

L'art de ne pas travailler

Michèle ainsi que de neuf autres passagers pour accroître encore leur butin. Le couple s'enfuit vers la Côte d'Azur, où il mena grand train, dépensant des millions de dollars par an. Bébé Doc et sa femme divorcèrent en 1990. Resté seul, Bébé Doc dilapida tout ce qui subsistait de sa fortune, jusqu'à se retrouver récemment expulsé de sa luxueuse villa.

Il semble que des gens comme Bébé Doc auront toujours des problèmes d'argent quel que soit le montant de leur fortune. Trouver l'équilibre en ce domaine n'est certes pas la chose la plus facile au monde. Gagner de l'argent est le moyen le plus courant de s'assurer confort, sécurité et statut social. Conditionnés à penser que l'aisance matérielle est le gage d'une vie meilleure, nous acceptons peu à peu, et de notre plein gré, des responsabilités et des contraintes financières, dont il devient très difficile de se dégager ensuite. Beaucoup de gens s'évertuent à vivre au-dessus de leurs moyens, alors qu'ils pourraient réduire substantiellement leurs dépenses avec un tout petit peu plus de prudence. Il est surprenant de voir combien nos besoins sont modestes lorsque nous exploitons nos ressources personnelles.

Si vous avez des problèmes financiers, c'est le moment de faire appel à votre imagination pour les résoudre d'une manière créative. Comme tous les problèmes, celui-ci doit être replacé dans une juste perspective. Si, par exemple, vous avez accumulé des dettes, vos créanciers ne parviendront à vous intimider que si vous les laissez faire. On ne met pas quelqu'un en prison parce qu'il doit beaucoup d'argent. A l'époque où j'étais fauché, aux prises avec un huissier qui me réclamait le remboursement d'un

> *Seigneur, apprends-moi à apprécier ce que j'ai, avant que le temps ne m'oblige à apprécier ce que j'avais.*
>
> Susan Lenzkes

emprunt, j'avais mis au point une série de parades. Ma trouvaille favorite, lorsqu'il se présentait au téléphone, consistait à ne plus dire un mot ; je cognais le récepteur contre le bureau jusqu'à ce qu'il raccroche. Il ne tarda pas à renvoyer le dossier à mes créanciers. Lorsque je fus de nouveau en mesure de payer, je repris mes versements à hauteur de ce que je pouvais rembourser, sans plus avoir à subir un tel harcèlement.

Il est temps maintenant de vous livrer le secret des deux moyens puissants (et également efficaces) de gérer son argent. Le premier consiste à dépenser moins que ce que vous gagnez. Si vous l'avez essayé et que vous n'y êtes pas arrivé, alors le deuxième est fait pour vous : il suffit de gagner plus que ce que vous dépensez. Le jeu de l'argent se résume à ça. Adoptez un seul de ces grands principes, et vous n'aurez plus de problèmes d'argent.

> *Quand on doit travailler si dur pour gagner de l'argent, pourquoi devrait-on encore s'imposer l'épreuve de ne pas le dépenser ?*
>
> Don Herold

Si vous n'êtes jamais assez riche, quelle que soit la quantité d'argent que vous gagnez, c'est probablement que vous le jetez par les fenêtres. Dans ce cas, il est important de comprendre pourquoi l'argent vous brûle les doigts, et d'apprendre à mieux le gérer. Ainsi, vous vous apercevrez que vous pouvez réduire vos dépenses et votre train de vie sans avoir la sensation de vous priver. Essayez d'éliminer peu à peu les dépenses inutiles, et vous serez surpris du peu de choses dont vous avez réellement besoin.

A l'opposé des gens qui n'arrivent pas à garder leur argent, on trouve les avares, qui eux ne peuvent pas s'en séparer. Ces derniers sont incapables de profiter de leur fortune, quel qu'en soit le montant. L'avarice est une maladie. L'argent

> *Après avoir dépensé de l'argent dans son sommeil, Hermon, l'avare, perdit la raison et alla se pendre.*
>
> Lucilius

n'a qu'une vocation : être dépensé. Quel serait l'intérêt d'amasser de l'argent, si l'on ne sait pas s'en servir ? Savoir profiter de l'abondance est indispensable pour tirer satisfaction de ce que l'argent peut offrir. Imaginez une manière amusante et originale d'utiliser votre argent. Si vous manquez d'idées, passez-moi un coup de fil, j'en ai plein. Je n'aurai aucun mal à vous aider à dépenser votre argent, vous n'en aurez jamais trop pour moi ! J'ai quelques propositions fascinantes à vous faire qui vous libéreront à jamais de l'avarice.

Remettre l'argent à sa place, c'est comprendre que "plus" n'est pas nécessairement synonyme de "mieux". Définir le bien-être en termes de capital n'est pas un bon investisse-

ment à long terme. En 1996, le psychologue Edward Diener, a montré que les gagnants à la loterie ne se trouvaient guère plus satisfaits un an après leur bonne fortune qu'ils ne l'étaient auparavant.

> *J'ai l'intention de dépenser 90 % de mon argent à m'offrir de l'alcool, des femmes et du bon temps, et les 10 % restants dans des choses déraisonnables.*
>
> Tug McGraw

Réussir à gagner beaucoup d'argent ne rend pas heureux. Et travailler dur dans ce seul but n'est qu'un acte de folie. Que votre but soit l'argent ou le bonheur, vouloir s'en saisir est le meilleur moyen de le faire fuir. Comme nous l'avons vu, dès l'instant où vous cessez d'être obsédé par le gain, pour profiter de ce que vous faites, vous êtes récompensé au-delà de toute espérance par le plaisir que vous tirez de votre travail. Paradoxalement, vous pouvez même vous mettre à gagner beaucoup d'argent à partir du moment où vous renoncez à cette obsession.

L'argent ne devrait être que le reflet de votre énergie créatrice et de votre sécurité intérieure. Utiliser cette énergie dans votre travail en poursuivant un projet personnel vous apportera la prospérité dont vous avez besoin. Plus vous serez prêt à prendre des risques et à écouter votre vocation, et plus, à terme, l'argent viendra à vous. En outre, vous aurez besoin de moins d'argent pour être heureux parce que vous serez comblé par la réalisation qui vous tient à cœur. Gagner beaucoup d'argent grâce à votre travail n'est qu'un plus. Et, bien que vous puissiez vous en passer, vous pouvez aussi célébrer ce cadeau supplémentaire.

D'où l'intérêt de remettre l'argent à sa place. L'insatisfaction peut gâcher la plus belle des existences. Peut-être avez-vous déjà la vie belle, sans parvenir à l'apprécier. Si vous avez de quoi vous nourrir, vous loger et vous vêtir, gagner plus d'argent n'est pas la solution à votre problème. Vous comparer à ceux qui en ont plus que vous ne fera qu'alimenter votre frustration, car vous trouverez toujours quelqu'un de mieux loti que vous.

Vivre comme un prince pour moins de cent francs par jour

Des activités qui ne coûtent rien et rapportent beaucoup

En Occident, on croit souvent que la qualité des loisirs dépend de l'argent qu'on peut y consacrer. Cette croyance est particulièrement répandue en Amérique. Il n'est qu'à voir les vitrines de Madison Avenue, tout ce qu'elles nous suggèrent de faire de nos loisirs repose sur la consommation ostentatoire, et un train de vie effréné. On encourage la création de temps libre que dans la mesure où il

> *Cœur content vaut mieux que bourse pleine.*
>
> Proverbe italien

est l'occasion d'acquérir plus de "choses". Or nous avons vu que mettre l'accent sur l'acquisition de biens matériels ne nous apporte ni satisfaction ni sécurité. Parmi les choses qui nous sont le plus "chères", beaucoup ne coûtent rien ou presque. En fait, quelques-unes des meilleures choses de la vie sont gratuites !

Il n'y a aucune raison pour que les loisirs pèsent lourdement sur notre budget et sur l'environnement. Souvenons-nous que les activités les moins polluantes sont aussi les moins onéreuses. Se promener, regarder un coucher de soleil, méditer, avoir des conversations enrichissantes, marcher pieds nus dans un ruisseau, courir dans un parc, sont autant d'activités qui ne coûtent pas un centime et laissent la nature intacte. Non seulement elles ne coûtent rien, mais elles font tant de bien qu'elles nous rapportent beaucoup.

Les loisirs agréables ne sont pas ceux que les publicitaires voudraient nous vendre. Les vacances, par exemple, n'exigent pas beaucoup d'argent. Inutile d'aller loin pour vous évader. Avant de vous envoler à l'autre bout du monde voir si l'herbe y est plus verte, explorez les merveilles que recèle votre jardin ou votre région. Parfois, c'est de notre côté de la barrière que l'herbe est plus verte. Je ne dis pas qu'il ne faut pas voyager dans le monde, je prétends simplement qu'il n'est pas nécessaire de choisir une destination exotique pour passer des vacances très agréables. Voici une lettre qui aborde à nouveau le thème de l'argent. Elle m'a été envoyée par Dennis Anstett de Calgary.

L'art de ne pas travailler

Cher Monsieur,

*Je viens juste de refermer **L'art de ne pas travailler** et j'ai eu envie de vous envoyer ce petit mot. J'ai trouvé passionnant de lire - et de souligner - tous les conseils de bon sens que ce livre contient. Permettez-moi de vous féliciter. Je pense que ceux-ci aideront beaucoup de gens à dépasser le slogan que "plus on a, mieux c'est".*

Mes beaux-parents se sont mis à la retraite aux alentours de la quarantaine. C'était il y a vingt ans. Ils étaient plutôt en avance sur leur temps. Ils disent maintenant qu'ils ont vingt ans d'ancienneté dans le secteur des loisirs. Seulement le gouvernement et la grande entreprise n'encouragent pas beaucoup ce genre de mentalité, et c'est bien dommage.

J'ai perdu dix-neuf ans de carrière dans une compression de personnel. Au début, j'ai vécu un cauchemar, qui peu à peu a pris l'allure d'un rêve. Après une période de transition, qui a bien duré un an, ma femme et moi avons décidé de quitter définitivement le monde du travail. Nous ne laisserons jamais plus quiconque décider de notre vie.

Nous nous sommes dit que nous avions bien assez de "choses" comme ça ; et que nous étions fatigués de cette course perpétuelle. Avec les 10 000 francs par mois dont nous disposons, nous menons une vie simple et décontractée. Pour le plaisir, je me suis lancé dans l'aventure d'écrire un livre. Quelle satisfaction ! Au départ, je n'aurais jamais pensé le publier, mais de fil en aiguille... Bref, j'ai le plaisir de vous envoyer ci-joint un exemplaire de mon "best-seller" publié à compte d'auteur : The 17 % plan - Investing in mutual funds wisely (Le plan à 17 % ou comment investir sagement dans un fond commun de placement).

Bien que ce livre parle d'argent et de la manière de l'accumuler, vous remarquerez que sa philosophie rejoint la vôtre. Personne n'a jamais dit qu'il fallait attendre d'avoir soixante-cinq ans pour utiliser ses économies et "se retirer". On se dit souvent avec ma femme que nous ne serons pas les plus argentés du cimetière, mais aujourd'hui nous ne manquons de rien. Nous avons du temps, le luxe le plus précieux qui soit. C'est

*plutôt réconfortant de penser que beaucoup d'autres per-
sonnes partagent le même point de vue, même si la majorité
semble aller à contresens.*

Bien sincèrement,

Dennis Anstett

Notre monde matérialiste semble avoir oublié les joies simples. Avoir des loisirs de qualité, c'est bien plus que de se ruiner pour s'offrir des hôtels quatre étoiles, des voyages exotiques, ou des articles de marque. En fait, plus nos besoins sont modestes, plus grande est notre liberté. Adopter un mode de vie simple peut devenir un plaisir en soi. Une façon de devenir riche consiste à prendre conscience de ce que nous avons déjà. Les bouddhistes disent : "Désirez ce que vous avez, et vous aurez toujours tout ce que vous désirez". Bien souvent nous sommes inconscients des richesses que nous possédons, alors que celles-ci feraient figure de trésors aux yeux de bien des habitants du Tiers-Monde. Livres, disques, amis, violons d'Ingres, jeux et distractions oubliés, attendent d'être redécouverts pour peu que nous ouvrions les yeux.

> *L'homme dont les plaisirs sont les plus modestes, celui-là est le plus riche.*
>
> Henry David Thoreau

Apprenez à dissocier le plaisir que vous pouvez tirer de vos loisirs, de l'argent que vous y consacrez. Réviser vos valeurs et vos conceptions dans ce domaine vous apportera plus de sécurité que toutes les économies que vous pourriez réaliser. Quel que soit le montant de vos richesses, celles dont vous comblerez vos loisirs sont incomparables ; elles s'appellent : connaissance, expérience, talent et créativité.

Réponse à l'exercice 11-3 : Il semble que l'argent soit plus facile à obtenir que le bonheur ; quelqu'un a très justement fait observer qu'il n'existait pas de névrosés heureux, mais qu'il en existait beaucoup de riches...

CHAPITRE 12

La fin ne fait que commencer

Avant la fin, ce n'est pas la fin

Peut-être avez-vous remarqué que ce chapitre est le dernier et que le livre est sur le point de se terminer. Cela peut ressembler à une fin, mais dans ce cas, la fin ne fait que commencer. Un yogi, Yogi Berra, a dit cette phrase remarquable à propos d'une partie de base-ball : "Avant la fin, ce n'est pas la fin". C'est ainsi que vous devriez envisager votre vie, quel que soit votre âge. Que vous soyez un jeune adolescent ou un vieillard chenu, ne faites pas comme tous ces gens qui se comportent comme si leur vie s'était arrêtée bien avant son terme. Peut-être connaissez-vous l'histoire de cette vieille dame de quatre-vingt-cinq ans, qui va voir le médecin à cause d'une douleur au genou droit. Le docteur l'examine et déclare : "Voyons, Madame, qu'espérez-vous ? Après tout, ce genou a quand même quatre-vingt-cinq ans". Mais la dame, pas le moins du monde impressionnée par les préjugés de ce médecin, lui répond : "Permettez-moi de ne pas être d'accord avec vous, docteur, mais mon âge ne peut pas être la cause : mon genou gauche a quatre-vingt-cinq ans lui aussi et il se porte très bien".

> *Voici un test simple pour savoir si votre mission sur terre est terminée : si vous êtes vivant, c'est qu'elle ne l'est pas.*
>
> Richard Bach

L'art de ne pas travailler

Atteindre le sommet de la montagne signifie garder le rythme.

Tout le monde - y compris les médecins - entretient des idées préconçues au sujet de l'âge et de ses conséquences. "L'homme est stupide, il prie pour vivre longtemps, mais il redoute la vieillesse", ironise un proverbe chinois. Si nous nous laissons influencer par le "spectre de l'âge", nous risquons de provoquer ce que nous redoutons le plus. A force d'entretenir des idées fausses, celles-ci finiront par devenir réalité. Si l'âge devient une excuse pour cesser toute activité, et pour nous retirer prématurément, alors nous avons raison de le redouter. Changer notre regard est la clé d'une vieillesse sereine. Quels que soient notre âge et le temps qu'il nous reste à vivre, nous devrions toujours rechercher l'épanouissement et la réalisation.

Dans son numéro d'août 1989, le magazine *The Writer* rapportait qu'une ancienne journaliste du Massachusetts âgée de quatre-vingt-quinze ans, Jane Goyer, venait de publier son premier livre chez l'éditeur Harper & Row. Celui-ci déclarait qu'il avait accepté ce livre, non pas à cause de l'âge vénérable de son auteur, mais parce qu'il était tout bonnement excellent, et bourré d'idées nouvelles et originales. L'éditeur trouvait ce "nouvel" écrivain si prometteur, qu'il lui proposa de signer pour un second livre. "J'ai toujours eu un faible pour les auteurs pleins d'avenir, voyez-vous."

Jane Goyer prouve, s'il était besoin, que les jeunes n'ont pas le monopole du succès, dans le domaine de l'édition comme ailleurs. L'énergie et la créativité ne sont pas un privilège réservé à la jeunesse. Voici d'autres exemples de personnes qui sont restées très actives "malgré" leur grand âge :

✓ A quatre-vingt-quatorze ans, Bertrand Russel militait activement pour la paix dans le monde.

✓ A quatre-vingts ans passés, Mère Teresa se dépensait plus que jamais auprès des pauvres au sein des Missionnaires de la Charité.

La fin ne fait que commencer

- ✓ A quatre-vingt-dix ans, Picasso était toujours un créateur prolifique et produisait de nombreux dessins et gravures.
- ✓ A quatre-vingt-dix ans, Linus Pauling, qui reçut à la fois le prix Nobel de Chimie et celui de la Paix, inventait de nouveaux moyens de nous faire avaler des mégadoses de vitamines.
- ✓ Luella Tyra avait quatre-vingt-douze ans en 1984, quand elle prit part à une compétition nationale de natation, dans cinq catégories, en Californie.
- ✓ Lloyd Lambert, à quatre-vingt-sept ans, était un skieur émérite et s'occupait d'un club de "Ski pour les soixante-dix ans et plus". Ce club comptait 3286 adhérents, dont un qui skiait allègrement vers ses quatre-vingt-dix-sept ans.
- ✓ A quatre-vingts ans et des poussières, Maggie Kuhn était l'ardent porte-parole des "Panthères Grises", une association de seniors qu'elle avait fondée avec d'autres, une quinzaine d'années auparavant.
- ✓ Buckminster Fuller, après sa quatre-vingtième année, défendait activement son projet pour un monde nouveau.
- ✓ Harvey Hunter, citoyen d'Edmonton, a fêté récemment son cent quatrième anniversaire. (Lorsqu'on lui a demandé le secret de sa longévité, celui-ci a répondu : "Continuer à respirer").
- ✓ Harvey s'est engagé dans le volontariat à quatre-vingt-dix ans et s'est inscrit à l'université à quatre-vingt-onze. Il poursuit ses activités bénévoles une fois par semaine.

Toutes ces personnes peuvent paraître remarquables, et c'est vrai qu'en un sens, elles le sont. Cependant, elles ne sont pas exceptionnelles. Des centaines de milliers de gens, à soixante-dix, quatre-vingts, quatre-vingt-dix ans et plus, ont un formidable appétit de vivre et font preuve d'une énergie, d'un enthousiasme et d'une vigueur physique étonnants. Pour certaines "têtes grises", atteindre le sommet de la montagne signifie garder le rythme.

Pourquoi les êtres créatifs
ne retombent-ils pas en enfance ?

Après avoir publié un article sur la manière créative de vivre la vieillesse, j'ai reçu beaucoup d'appels de lecteurs et de lectrices. L'une d'elles, June Robertson, était à six mois de son quatre-vingt-dixième anniversaire. Sa voix vibrait d'une énergie et d'un enthousiasme que j'ai rarement rencontrés plus d'une minute chez beaucoup de jeunes gens que je connais.

June Robertson m'a appris des choses très intéressantes à son sujet. Après la mort de son mari, il y a de nombreuses années, elle ne s'est pas remariée. Ses revenus ont parfois sombré sous la ligne de flottaison ; elle n'en a pas moins réussi à voyager en Russie, en Afrique, en Europe et en Inde. Elle a dû remettre un périple en Chine pour cause de maladie, mais elle a toujours l'intention de s'y rendre.

June s'est mise à parler en public vers l'âge de soixante-dix ans. Elle ne savait pas qu'elle avait des talents de communication avant de participer à une émission radiophonique. Les animateurs étaient si enchantés de sa prestation qu'ils lui ont demandé d'animer l'émission pendant une semaine. Elle recevait l'équivalent de cent francs par jour, et trouvait ça très amusant. Elle aurait même continué pour rien. A soixante-dix-huit ans, toujours pour satisfaire son goût de l'aventure, June est montée à bord d'une montgolfière.

> *Lorsque je serai grand, je voudrais être un petit garçon.*
>
> Joseph Heller

Avis aux "*junkies* de la télévision" : quand j'ai mentionné la télévision, June m'a dit qu'elle la regardait très rarement. Elle l'appelle d'ailleurs "cette boîte stupide". Cela dit, June a une drogue : les livres. Je serais tenté de dire que si l'on doit se droguer à quelque chose, c'est plutôt un bon choix.

Lorsque j'ai demandé à June quel conseil elle pourrait donner pour profiter pleinement de la vieillesse, elle m'a dit que la première des choses était de garder bon moral. (Remarquez qu'il s'agit, là encore, d'une question d'attitude,

La fin ne fait que commencer

le premier principe cité dans ce livre.) Puis elle a ajouté : "Nous devons vivre magnifiquement, joyeusement, et dangereusement".

Les *seniors* qui, comme June, mordent la vie à pleines dents, sont très conscients d'être vivants. Ils ont développé des qualités particulières.

Exercice 12-1. Des qualités vitales

Pendant quelques minutes, pensez à des personnes âgées de soixante ans et plus, qui sont toujours pétillantes, actives et pleines d'entrain. Essayez ensuite de repérer leurs principales qualités.

Un des traits les plus frappants qui caractérisent ces personnes, c'est qu'elles ont gardé intact leur émerveillement devant la vie. Elles sont capables de se réjouir chaque fois qu'elles voient un arc-en-ciel, un coucher de soleil, une pleine lune. Voici quelques-unes des autres qualités que les participants de mes stages mentionnent à propos des vieillards "toujours verts" qu'ils connaissent :

- ✓ Créatif
- ✓ Spontané
- ✓ Plein d'humour
- ✓ Espiègle
- ✓ Energique
- ✓ Amical
- ✓ Curieux
- ✓ Rieur
- ✓ Un peu fou
- ✓ Capable d'excentricités
- ✓ Aventureux
- ✓ Adaptable
- ✓ Joyeux

> *Les seuls êtres qui soient vraiment heureux sont les enfants et la minorité des gens créatifs.*
>
> Jean Caldwell

Exercice 12-2. Qui d'autre est plus qualifié ?

Quel autre groupe d'âge possède la plupart de ces qualités, sinon toutes ?

L'art de ne pas travailler

Les enfants bien sûr ! Les gens âgés qui vivent de manière créative ressemblent aux enfants par bien des côtés. Ils s'adaptent facilement au changement. Optimistes et aventureux, ils sont toujours prêts à se lancer dans de nouvelles activités, telles que jouer d'un instrument de musique, parler en public, se mettre au tennis ou à la planche à voile. Les personnes âgées qui ont gardé intact leur enthousiasme, s'efforcent de vivre pleinement chaque instant. Comme les jeunes enfants, elles entrent dans le moment et s'y absorbent à l'exclusion de tout le reste. Elles savent jouer, rire, être spontanées, et exprimer leur joie de vivre. Les gens qui se montrent actifs et heureux dans leur grand âge n'ont pas besoin de retomber en enfance, parce qu'ils ne l'ont jamais vraiment quittée.

> *Pour l'ignorant, le vieil âge est un hiver ; pour le sage, c'est une moisson.*
>
> Proverbe juif

Le monde intérieur des loisirs

Bien qu'il soit important de conserver les qualités de l'enfance pour bien vieillir, plus nous prenons de l'âge, et plus nos activités devraient se tourner vers l'intérieur. Bien vieillir, ce n'est pas exactement "s'efforcer de rester jeune". Avec le temps, nos forces physiques déclinent, quels que soient nos efforts pour les entretenir. Mais notre forme mentale peut non seulement se maintenir, mais se développer. Notre évolution personnelle contribue à rendre la vie plus enrichissante grâce à la sagesse et à l'expérience acquises avec le temps.

> *Il ne suffit pas de vieillir, il reste encore à être...*
>
> Robert Browning

Si vous entrez dans la soixantaine, l'heure de partir à la retraite est proche. Ne prenez pas pour autant le mot "retraite" au pied de la lettre. Car ceux qui ainsi se "retirent", précipitent leur fin, traînant, désœuvrés, d'un fauteuil à l'autre.

La fin ne fait que commencer

On devrait dire plutôt "reconversion" ou "désengagement de la vie professionnelle". Quel que soit le terme choisi, il devrait indiquer que nous recherchons d'autres formes personnelles d'évolution, à la fois sur le plan intérieur et extérieur, pour cette nouvelle époque de notre vie.

Il me semble utile de citer à nouveau l'importante étude de Morris Schnore de l'université d'Ontario (mentionnée au chapitre 5), en particulier, la constatation qu'une bonne adaptation à la retraite ne dépend pas tant de la santé, des ressources matérielles ou du niveau d'instruction, comme on pourrait le penser. Bien que la santé joue un rôle, les revenus et le niveau socioculturel n'ont qu'une part mineure dans la capacité à bien vivre la retraite. En revanche, des attentes réalistes, un regard positif sur sa situation, la confiance en ses propres ressources et une existence davantage tournée vers la vie intérieure, sont les facteurs principaux qui déterminent la satisfaction que l'on tire de la retraite.

Ce n'est qu'en développant une orientation intérieure qu'on peut se construire un "monde intérieur de loisirs". Se tourner vers l'intérieur peut paraître superflu lorsqu'on a quinze ou vingt ans, mais plus on vieillit, plus cela devient un ingrédient essentiel de l'épanouissement. Cet élément est en relation avec le domaine spirituel, l'une des composantes de la roue de la vie (évoquée au chapitre 4), mais aussi la plus oubliée et la plus négligée, pour ne pas dire la plus reniée, dans un monde avant tout préoccupé des choses matérielles. Or développer notre dimension spirituelle exige un état de conscience bien plus élevé que celui que nous mobilisons dans le sport, la distraction ou le travail. Communiquer avec notre moi supérieur et intime suffirait en soi à remplir une longue existence.

Ecouter et suivre votre voix intérieure vous donne une force et une confiance bien plus grandes que n'importe quelle conquête extérieure. Le moyen d'échapper à la solitude et à la dépression est de retrouver le contact avec votre être spirituel. Ainsi vous verrez s'enrichir votre vie intérieure. Le développement de soi est un processus mystérieux, en même temps que merveilleux et fascinant. Vous poser des questions sur vous-même vous aidera à vous déterminer, ce qui vous ouvrira une plus grande liberté. Votre vie gagnera en rayonnement par sa richesse et sa qualité.

Les bons principes

Tout au long de ce livre, nous avons dégagé un certain nombre de principes permettant d'atteindre la satisfaction dans les loisirs. Vous trouverez résumés ci-dessous ceux que j'estime les plus importants.

- ✓ Tout est une question d'attitude, analysez la vôtre : est-elle positive ou négative ?
- ✓ Ne vous éloignez pas des gens négatifs, fuyez !
- ✓ Concentrez-vous sur vos besoins et vos objectifs.
- ✓ Posez-vous la question : "Suis-je assez attentif ?"
- ✓ Veillez à satisfaire ces trois besoins fondamentaux : structure, but et intégration.
- ✓ Créez votre arbre de loisirs.
- ✓ Equilibrez loisirs actifs et passifs.
- ✓ Rappelez-vous que l'argent ne fait ni le bonheur ni le malheur.
- ✓ N'oubliez pas le Paradoxe de la vie facile.
- ✓ Ne vous contentez jamais d'une seule idée, servez-vous de votre imagination.
- ✓ Recherchez la reconnaissance, la responsabilité, le développement et l'accomplissement personnels.
- ✓ Si vous vous ennuyez, rappelez-vous qui en est la cause.
- ✓ Vivez l'instant présent.
- ✓ Souvenez-vous que le but est le chemin.
- ✓ Laissez s'exprimer votre spontanéité.
- ✓ Osez être différent.
- ✓ Prenez des risques.
- ✓ Rappelez-vous que la solitude nécessite la sécurité intérieure.
- ✓ Riez et offrez-vous des moments de folie.
- ✓ N'oubliez pas que les meilleures choses de la vie sont gratuites.
- ✓ Cultivez votre forme.
- ✓ Pratiquez des activités variées.
- ✓ Ne vous gavez pas de télévision.
- ✓ Exercez votre vitalité intellectuelle.
- ✓ Accordez-vous le droit à la paresse.
- ✓ Développez votre monde intérieur et votre être spirituel.

De même qu'il ne suffit pas d'avoir un cheval pour aimer l'équitation, avoir des connaissances en matière de loisirs ne veut pas dire que vous saurez en profiter. Dans toute entreprise qui vaut la peine d'être tentée, il faut d'abord développer sa motivation. Autrement dit, être prêt à faire ce qu'il faut pour atteindre la satisfaction.

> *Seul celui qui se trouve bien avec lui-même peut apprécier le don de l'oisiveté.*
>
> Henry Greber

Beaucoup de gens ne sont pas prêts à mener une vie de loisirs, car ils ne mesurent pas le degré d'implication que cela suppose pour réussir. La lettre qui suit m'a été envoyée, en janvier 1993, par Lynn Bolstad, une lectrice de Toronto. Celle-ci raconte à quel point elle n'était pas préparée à " affronter " une vie de loisirs.

Cher Ernie,

*Après avoir lu **L'art de ne pas travailler** je crois que je peux vous appeler Ernie.*

Tout d'abord, je tiens à vous remercier d'avoir écrit un livre aussi formidable. Moi qui n'ai jamais cru aux livres de "recettes", j'ai trouvé le vôtre très pertinent et très utile.

Il y a six mois, j'ai accepté de partir en préretraite (à moins de cinquante-cinq ans) et de quitter l'entreprise pour laquelle je travaillais depuis trente-sept ans. Rien ne m'avait préparée au choc qui a suivi : je ne savais plus qui j'étais, j'avais peur de l'avenir et j'éprouvais un sentiment d'impuissance. Moi qui jusque-là étais quelqu'un de si structuré, je me sentais complètement déboussolée.

J'ai donc décidé de m'accorder un peu de temps pour y voir plus clair et réfléchir à ce que j'allais faire. Je suis partie passer sept semaines au bord de la mer, simplement à marcher, à lire, bref à prendre le temps de vivre. Ce fut le meilleur des remèdes.

Dans mon métier, j'ai toujours été en contact avec des associations. Je leur consacre à présent plus de temps, et je me suis inscrite à un club de retraités. Et voilà qu'on me propose de travailler à temps partiel dans une de ces associations (j'ai le trac, mais l'idée me plaît bien).

> *Votre livre m'a aidée à me fixer des objectifs pour ma nou-*
> *velle vie. J'ai l'intention de le lire et de le relire, car je sais qu'il*
> *y aura des moments où je perdrai confiance. Et j'ai aussi l'in-*
> *tention de l'offrir à plusieurs de mes connaissances.*
> *Dans cinq minutes, je sors faire du patin à roulettes avec*
> *un ami...*
> *Quel bonheur de ne pas travailler !*
>
> *Amitiés,*
>
> Lynn Bolstad

Lynn Bolstad a compris que les loisirs, comme toute chose qui vaut la peine d'être cultivée, demandent de s'impliquer vraiment. Identifier la nature de notre problème et voir ce qu'il faudrait faire pour y remédier est une chose. Presque tout le monde y parvient. Là où la plupart des gens échouent, c'est à mettre cette solution en œuvre. La connaissance du problème et de sa solution devient parfaitement inutile si elle n'est pas suivie d'action.

Un vieux proverbe dit que la parole est de peu de valeur, parce que l'offre est bien supérieure à la demande. Beaucoup de gens parlent de tous les beaux projets qu'ils vont réaliser, mais le plus souvent ils s'arrêtent avant même d'avoir commencé. Agir, c'est "s'engager". Beaucoup de gens se servent de ce mot sans bien savoir ce qu'il signifie. Ils l'utilisent, parce qu'il sonne bien, mais cela n'a rien à voir avec l'engagement. La plupart disent qu'ils sont motivés par le désir de réussir, mais leur comportement démontre le contraire. Dès qu'ils comprennent qu'atteindre leur but demande du temps, de l'énergie et des sacrifices, ils abandonnent.

Voici un moyen très simple de voir dans quelle mesure vous vous engagez à réaliser vos buts : lorsque vous dites que vous allez faire une chose, la faites-vous ? Ce test s'applique à des projets apparemment aussi anodins que le fait d'appeler une personne que vous aviez prévu de contacter. Si vous ne réalisez pas les petites choses, comment pourriez-

> *Lorsque tout est dit, on n'a encore rien fait.*
>
> Un sage anonyme

vous accomplir les grandes ? Si l'engagement vous fait défaut, à long terme, vous ne connaîtrez pas beaucoup de satisfaction.

Vos actes sont les meilleurs témoins de votre engagement. La force de celui-ci traduit votre volonté d'atteindre les buts que vous vous êtes fixés, quels que soient les obstacles que vous rencontrez. Si un mur vous barre la route, vous tenterez de passer par dessus, de le contourner ou de passer au travers, et si ça ne marche pas, vous tenterez de le brûler ou de le faire sauter. Vous trouverez le moyen de passer outre.

Les loisirs offrent des possibilités infinies d'évolution et de satisfaction. Aussi, lorsque vous êtes loin de votre travail, engagez-vous totalement dans ce que vous avez choisi de faire. Si après avoir lu ce livre, vous trouvez que vous avez encore trop de temps libre, voici d'autres suggestions :

✓ Chaque fois que c'est possible, allez faire vos courses à pied plutôt qu'en voiture.

✓ Aidez les autres au lieu de vous faire aider.

✓ Attardez-vous devant un coucher de soleil, au lieu d'y jeter un simple coup d'œil.

✓ Apprenez à passer plus de temps seul afin d'expérimenter les plaisirs de la solitude.

✓ Lisez un bon livre plutôt que de regarder la télévision.

✓ Choisissez des activités qui représentent pour vous un défi plutôt que la facilité.

✓ Recherchez les échanges avec des personnes originales, qui bousculeront peut-être vos croyances et vous amèneront à remettre en question vos certitudes.

✓ Organisez une soirée réunissant beaucoup de gens intéressants (comme moi par exemple).

Je deviens tellement bon à ça, que je devrais peut-être donner des cours de relaxation.

> *Il n'y a rien de brillant ou d'extraordinaire dans mon itinéraire, excepté peut-être une chose : je fais ce que j'estime devoir être fait. Et quand j'ai décidé de faire quelque chose, j'agis.*
>
> Theodore Roosevelt

"On récolte ce qu'on sème". En d'autres termes, l'univers nous renvoie ce que nous y avons mis. Récolter satisfaction et récompense demande d'agir sans ménager sa peine. Ne faites pas comme la plupart des gens qui ne savent pas mettre leurs paroles en acte. Avoir une attitude positive et enthousiaste est une condition indispensable pour s'engager dans l'action et connaître une vie féconde. A propos de l'engagement, rappelons-nous cette parole de sagesse bouddhiste : "Savoir et ne pas faire, ce n'est pas savoir".

La vie commence à votre loisir

Si ce livre pouvait contribuer à vous donner autant de joie et de satisfaction dans vos loisirs que j'en ai eu à l'écrire, je serais comblé. Le fait que vous l'ayez lu témoigne déjà de votre souhait de tirer le meilleur parti possible de vos loisirs.

Il s'agit maintenant de mettre en pratique ce que vous avez appris. Votre désir de changer et d'agir vous y aideront. Il faut aimer le monde avant de pouvoir le servir, et rechercher l'épanouissement et non la perfection. C'est vous qui créez le monde tel que vous le percevez. Il ne tient qu'à vous de profiter de tout ce que vous entreprenez, et de remplir vos moments de liberté de façon à ce que l'anxiété, l'ennui et la morosité n'y aient plus place. Elargissez vos intérêts au maximum ; la variété est en soi une récompense à l'effort de l'intégrer à votre vie.

Lorsque vous sentez faiblir votre enthousiasme, il faut trouver le moyen de le ranimer au plus vite. La routine et le besoin de sécurité peuvent vous enfermer dans une vie terne et indifférente, tandis que le choix de faire toujours de nouvelles découvertes entretient la fraîcheur et la stimulation. Soyez attentif à provoquer l'inattendu, les rencontres et les

La fin ne fait que commencer

situations inédites. Invitez donc le hasard et sachez prendre des risques. Profitez des personnes intéressantes, des mets intéressants, des lieux intéressants, des spectacles intéressants, des livres intéressants...

Et n'oubliez pas la simplicité. Les plus grandes joies ne viennent pas nécessairement d'événements extraordinaires. Une chose très banale peut nous procurer un plaisir intense.

> *Si seulement j'avais bu plus de champagne.*
>
> Dernières paroles de John Maynard Keynes.

Il est inutile de rechercher le bonheur dans les loisirs. Lorsque vous êtes né, vous avez reçu trois présents : le don de l'amour, celui du rire, et celui de la vie. Utilisez-les, et le bonheur vous suivra partout où vous irez.

Rappelez-vous aussi que votre attitude est déterminante. En façonnant votre propre attitude, vous façonnez votre vie. "Comme on fait son lit on se couche", dit-on. En d'autres termes, vous êtes l'artisan de votre satisfaction, de votre enthousiasme, et de votre motivation à vivre pleinement.

> *On ne vit qu'une fois. Mais si on le fait bien, cela suffit.*
>
> Fred Allen

Le loisir est un trésor à cultiver et à chérir à toutes les saisons de la vie. A ceux qui ne perçoivent pas à quel point ce trésor est précieux, je poserai cette question : avez-vous souvent entendu parler de gens qui, sur leur lit de mort, ont regretté de ne pas avoir assez travaillé ? Je suis prêt à parier que non. En toute probabilité, s'il y a quelque chose que vous regretterez de ne pas avoir fait dans votre vie, ce sera quelque chose que vous auriez pu faire pendant vos loisirs. Il y a une bonne raison à cela : les moments les plus précieux viennent de *la joie de ne pas travailler* !

La vie commence à votre loisir... Bon voyage !